Werner Jung

Schauderhaft Banales

Werner Jung

Schauderhaft Banales

Über Alltag und Literatur

Westdeutscher Verlag

Die Deutsche Bibliothek – CIP-Einheitsaufnahme

Jung, Werner:
Schauderhaftes Banales: über Alltag und Literatur /
Werner Jung. – Opladen: Westdt. Verl., 1994
   ISBN 978-3-531-12565-7   ISBN 978-3-322-94202-9 (eBook)
   DOI 10.1007/978-3-322-94202-9

Umschlaggestaltung: Christine Huth, Wiesbaden

ISBN 978-3-531-12565-7

"Der Alltag hatte eine Dimension gewonnen,
die mich ins Sinnieren lockte, ..."
(Franz Fühmann)

Inhalt

Vorwort: Der Alltag ist grau

Der Alltag ist grau. Die Stunden laufen nach Plan ab. Routine und Mechanik walten. Er ist reizarm und daher in hohem Maße vorhersehbar. Alles, was geschieht, geschieht mit Notwendigkeit so. Gering sind die Abweichungen.

Der Alltag ist mein Alltag und ist jedermanns Alltag. Er ist ebenso allgemein wie besonders; alle Welt lebt ihn und damit ich eben auch. Mein Alltag mag sich von anderen Alltagen abheben, graduell und im Blick auf spezifische Abläufe, strukturell jedoch ist er gewiß identisch mit ihnen, typisch für eine bestimmte Schicht oder Klasse oder Gruppe von Menschen einer Zeit - unbestimmt welche.

Der Alltag ist zugleich geschichtsrelevant wie -irrelevant; er wird bestimmt durch die Geschichte, ändert sich langfristig mit und in ihr, wälzt sich schließlich um, zugleich jedoch tilgt er diese Momente wieder. Man sieht ihm die Geschichte auf den ersten Blick nicht an, denn sie ist nicht das dominante Merkmal an ihm.

Alltag ist beides, Raum und Zeit. Er spielt sich täglich ab nach einer Stundenplanregelung (Arbeit - Freizeit, Wachen - Schlafen, Wochentag - Sonntag usw.), und dies ein Leben lang. Alltag bezieht sich auf jedermanns Lebenszeit, meint die Zeitregularien, geknüpft ins Netz von Linearität und Zyklik. Alltag bezeichnet aber auch einen bestimmten Raum, nämlich den Lebensraum, die Lebenswelt, d. h. die jeweilige Nähe, worin sich der Einzelne aufhält und bewegt, in die er eingreift und die er verändert. Der Alltag ist also primäre Welt, die Umwelt in Reichweite, und meine erste Zeiterfahrung. Er ist immer und überall, solange ich lebe und gleich wo ich mich befinde. Ich finde ihn vor, weil ich in ihn hineingeboren werde: dieser Raum und diese Zeit sind mir vorgegeben. Ich habe mich damit abzufinden.

Der Alltag und das Ich - darunter hat man sich vorzustellen, daß das Ich - jedes Ich - an seinem Alltag einen ersten Außenhalt findet. Seitdem es zu sich Ich zu sagen beginnt, weil Gott tot und andere transzendentale Orientierungsbojen keine vergleichbare Dignität und Autorität mehr ausstrahlen, damit zugleich der Zweifel, metaphysische Schwermut und ganz besonders existentielle Langeweile in die Welt gekommen sind, bietet der Alltag mindestens so etwas wie eine Reservestellung an. Ordnung, Über-

sicht, Orientierung. Alltag bezeichnet weiterhin vor allem eine Erfahrungs-
weise. In der vorgefundenen Alltäglichkeit bilden sich spezifische Denkhal-
tungen, bestimmte Grundprinzipien des Bewußtseins heraus, eine Bewußt-
seinsschicht, die "spontan materialistisch" (Lukács) reagiert, nah zu den
den Dingen und konkret zu den Verhältnissen sich verhält, dabei borniert
an der Oberfläche klebt und sich weitergehender Reflexionen enthält. Es
funktioniert nach dem Prinzip der Entlastung, der Denkökonomie, die die
Bewußtseinsprozesse strikt an die Leine der vorgefundenen Verhältnisse
gelegt hat. Wo das wiederum zu Bewußtsein kommt, wo die Begrenztheit
reflektiert wird, kann das Gefühl der Entfremdung entstehen - hier ein
Sammelname für alle Formen und Erscheinungen von Krankheiten, Leiden
und Unbehaustheiten. Entlastung und Entfremdung sind konstitutiv für das
Alltagsbewußtsein; Entlastung ist überlebensnotwendig, Entfremdung dagegen schärft das Bewußtsein für notwendige Ausbruchsversuche. Der Alltag braucht Verschärfungen, Ablenkungen, Irritationen, will er danach wieder besser ertragen werden.

Alltag und Alltäglichkeit sind immer und überall, an allen Orten und zu
jeder Zeit. Abschaffen lassen sie sich nicht. Man kann nur verschieden darauf reagieren; man kann sich wohl- und aufgehoben fühlen, rundum zufrieden, oder zutiefst betrübt über immer dasselbe Einerlei sein. Man ist
mehr oder weniger gesund oder krank. Tödlich sind dagegen die Extreme,
für Körper und Geist. Denn weder läßt sich - um den Preis des Stumpf-
sinns, der völligen Verrohung - der pure Alltag ohne jegliche Abwechslung
aushalten, noch kann man alle Zeit auf der Pointe seines Lebens, im bewußten, entscheidenden Augenblick, dem Zeitpunkt ohne Dauer, stehen.
Das Leben spielt sich vielmehr in der Mitte, der Mittellage des Alltags ab -
normativ zugeordnet sind hier: Vertrautheit, Nähe und Übersicht, dazu
dann auch die eingebauten Abenteuer, Ablenkungen, Irritationen.

Aus dem Alltag heraus kommt der Mensch nie, jedenfalls nicht im spe-
zifischen Sinne einer Zeiterfahrung. Immer wieder stellt sich eine neue All-
täglichkeit her, oder die alte wird vielmehr unter veränderten Rahmenbe-
dingungen (Arbeitsplatz- oder Ortswechsel, Veränderungen in den
Beziehungsverhältnissen) reproduziert. Das Andere des Alltags ist nicht in
Zeit- und Raumkategorien faßbar. Es ist der ekstatische Augenblick, jener
Moment, in dem das gewohnte Koordinatennetz zerrissen, Zeit aus ihrem
Verlauf genommen und die Topographie des Raumes gestört ist. Die Zeit

erscheint in radikalster, äußerster Verknappung auf einen ausdehnungslosen Punkt, das Ereignis; der Raum staut sich in den Innenraum des Ich zurück. Traum, Rausch und Tod(eserfahrung) können solche ekstatischen Augenblicke sein, Aufhebungen der Alltagszeit, wonach zwar das Leben weitergeht wie bisher, aber dennoch etwas anders geworden ist - radikal oder auch nur unmerklich. Auf jeden Fall anders. Nietzsche hat das mit den "Grenzpunkten der Peripherie" bezeichnet und Erfahrungen der Grenzüberschreitung gemeint, dionysische Feiern, wovon dann auch Foucault gesprochen hat, Exzesse, in denen sich die Alltagswelt "bildet und auflöst."

*

Die Literatur ist farbig, vielgestaltig, noch in der Beschäftigung mit den Grautönen abgestuft. Unter Literatur verstehe ich hier eine Schrift, deren Kunstform bereits in der kleinsten Einheit aufscheint: in der Metapher. (vgl. Ricoeur) Literatur ist Ausdruck, Bild, Erzählung. Sie ist freilich weder Abbild noch - wie auch immer - Spiegel von etwas, seis der Welt, einer Gesellschaft oder eines Ich. Sie ist vielmehr Figuration, Modellansicht, Perspektive, die viel mehr und viel weniger aussagt und festhält. Sie ist mehr als das Leben (G. Simmel), nämlich in jedem einzelnen Werk eine Gedächtnisleistung, worin Erinnerungen und Hoffnungen aufbewahrt werden. Sie ist nicht das Leben, sondern eine immerwährende Möglichkeit, die nie so gewesen ist, aber doch immer sein könnte. "Aus dem, was ist, Schemata des Niegewesenen zu bilden, ist die Aufgabe der Kunst." (N. Bolz)

Literatur und Alltag - das meint soviel: Literatur vom und über den Alltag, Literatur im Alltag. Der Alltag als unsere primäre Lebensweise, als unsere erste und ausgezeichnete Wirklichkeit ist Anlaß, Rohmasse, Material der Literatur (wie Kunst überhaupt). Literatur inszeniert die Dialektik von Begrenzung und Entgrenzung, von Alltag und Ekstase. Sie nistet in den Falten des Gewöhnlichen, oszilliert rastlos zwischen den Amplituden einer "endlosen unbeweglichen Gegenwart" (Schopenhauer) und den "unerhörten Begebenheiten" (Goethe) hin und her. Sie schreibt den Alltag auf, entlarvender als im wirklichen Leben, schöner oder häßlicher, je nachdem; oder sie schreibt von ihm weg, gänzlich, hinein in transzendente Höhen und Weiten, in eine exotische Ferne. Sie transformiert und transzendiert ihn, entstellt ihn schließlich bis zur Kenntlichkeit - ein Verfahren, das Günther Anders einmal als "Übertreibung in Richtung Wahrheit" bezeichnete. Und sie wirkt damit nicht zuletzt auch im Alltag ihrer Rezipienten, Konsumenten und Leser weiter; denn sie unterhält und hilft, indem sie vom Alltag abläßt, über denselben hinweg (Muster Trivialliteratur), oder aber sie verstärkt ihn, klärt über ihn auf und demaskiert ihn geradezu. Die Palette reicht weit.

*

Dennoch: ich habe keinen Begriff des Alltags, keine Theorie der Alltäglichkeit. Vielmehr versuche ich Annäherungen, Einkreisungen. Bestenfalls ist dabei eine Phänomenologie der Alltäglichkeit entstanden. Einsichten, die sich ergeben haben aus einer Durchsicht theoretischer Überlegungen, die im Blick auf die Philosophiegeschichte sowie auf neuere (wie ältere) sozialwissenschaftliche Ansätze gewonnen worden sind. Wo taucht zum ersten Mal Alltäglichkeit als Problem auf, wird als Alltäglichkeit wahrgenommen und reflektiert? Wie verhält sich die Literatur dazu? Und wie gestaltet sich das Verhältnis von Kunst und ästhetischer Reflexion, von Literatur und poetologischem Selbstverständnis?

Der Durchsicht theoretischer Ansätze und Modelle ist ein erster großer Teil meiner Arbeit gewidmet, an den sich allgemeine Überlegungen zum Verhältnis von Kunst und Literatur zum Alltag anschließen. In einem dritten Komplex werden dann exemplarische literarische Beispiele diskutiert, die, unter völligem Verzicht auf jedwede Annalistik, viel mehr noch unter Verzicht auf eine vollständige literarhistorische Chronologie, das weite Feld literarischer Alltags(re)konstruktionen und -dekonstruktionen aufschließen. Und was läßt sich nicht alles in dieser Dialektik des Alltags verschriften: seine Positivierung, Demaskierung und Diskreditierung, seine Tolerierung, Repositivierung ... Beispiele seit dem frühen 18. Jahrhundert, aus dem mittleren 19. und dem späten 20. Jahrhundert werde ich intensiver besprechen. Wie gesagt: kein Abschluß, keine Ausschließlichkeit, keine Teleologie.

*

Wenn auch politischen Theoretikern wie Praktikern schon längst klar war, daß man nicht gleichzeitig in einer Gesellschaft leben und frei von ihr sein kann (so etwa Lenin), so hat sich die Wissenschaft sehr schwer getan und lange mit der Einsicht gerungen, daß der Wissenschaftler wie jeder andere Mensch auch als Beobachter immer zugleich Bestandteil dessen ist, was er beobachtet. (Luhmann) Einen aparten Standort gibt es nicht - weder über allen Wassern noch über den Wolken. Mit anderen Worten: ich stecke immer auch selbst in meinem Beobachtungsfeld. Mein Schreiben, Deuten und Verstehen anderer, fremder Alltäglichkeiten aus dem theoretischen Feld wie aus literarisch-praktischem Gebiet schließt mir nach und nach meinen eigenen Alltag auf. Ich lerne ihn besser kennen, helle schließlich den blinden Fleck auf, wenn man die alteuropäische Diktion vorzieht, das Objekt meiner subjektiven Beobachtungen, eben mich und meinen Körper. Man mag das, neueren Theoremen folgend, mit der "Selbstreferentialität" des Schreibens (allen Schreibens) umschreiben: gemeint ist damit, daß, indem ich schreibe und schreibend über etwas verhandle - man schreibt immer "bei Gelegenheit von" (Lukács) -, zugleich mich selbst schreibe. Schreiben ist immer ein Schreiben von und über sich, ein Schreiben zu sich selbst, das sich im Beschriebenen wieder entgegenkommt. Dies jedenfalls im Sinne des Hegelschen 'auch'; denn es ist dies eine Bestimmung des Schreibens - und gewiß nicht die geringste.

Der österreichische Schriftsteller Robert Menasse hat dieses Problem zum Gegenstand seines Romans "Selige Zeiten, brüchige Welt" (1991) gemacht. Er erzählt darin die Geschichte des angehenden Philosophen Leo Singer, von der vertrackten Beziehung Singers zu Judith Katz, vom Hin- und Hergerissensein zwischen zwei gegensätzlichen Kulturen, der österreichischen und der brasilianischen, schließlich von einer problematischen jüdischen Identität. Singer träumt von einem großen philosophischen Werk, einer Fortsetzung der Hegelschen Philosophie und damit, bekanntlich, vom letztmöglichen höchsten Ausdruck, der eigenen Zeit im Begriff auf die Schliche zu kommen. Das Leben gilt ihm nichts, die Ethik des Werks dagegen alles. Je mehr und je angestrengter er sich jedoch in diese Arbeit vertieft, um so deutlicher bemerkt er, daß, wenn er schreibt und egal was er schreibt, er nur über sich und seine Beziehung zu Judith fabuliert. Jedwedes Schreiben "bei Gelegenheit von" - literaturkundige Leser werden schnell gewahr, daß Menasse auf ebenso kryptische wie kunstvolle Weise die tragische Beziehung des jungen Lukács zur Künstlerin Irma Seidler neu- und umgeschrieben hat - kulminiert bei Leo Singer immer wieder im eigenen Lebensproblem. Zahlreiche Essays entstehen so, "intellektuelle Gedichte" (Lukács), doch das geplante systematische Werk, die Summe, bleibt Torso und Fragment; Singer verzettelt sich, gerät auf die Abwege des Alkoholismus, spielt gelegentlich noch den Biertischprofessor in einer Bar, schwätzt und schwadroniert einem jungen Bewunderer die Ohren voll. Doch "das Sollen tötet das Leben", hieß es beim jungen Lukács, und bei Menasse weitaus schlimmer noch: es tötet beides, das Leben und das Werk. Leo Singer kommt weder zum einen noch zum anderen. Was er aber nicht bemerkt hat, ist, daß sich Judith, die, kokainsüchtig, am Ende völlig debil, von Leo umgebracht wird, peinlich genau alles notiert hat, was Singer im Lauf der Zeit in bezug auf seine Philosophie, "Die Phänomenologie der Entgeisterung. Geschichte des verschwindenden Wissens", geäußert hat. So kann Singer dann doch noch, auf fremde Aufzeichnungen gestützt, sein Werk zusammenschreiben - über dem Grab einer Toten, seines Lebens, seiner Liebe. Der Tod als Voraussetzung des Werks. Das Ende der Philosophie. Der Wahnsinn der Vernunft. Die Hybris des Schreibens. Das Werk, meint Leo Singer einmal, "ist die Aufdeckung der verborgenen Lebenstotalität, das heißt: es ist dem Leben abgetrotzt." Wäre er doch nur bei seinen Essays geblieben!

Einleitung: Am eigenen Leib

Montagabend Sport, Dienstag ist Einkaufstag, Mittwoch trifft sich der Skatklub, Donnerstag wird zu Hause aufgeräumt, danach findet die Gewerkschaftssitzung statt, freitags bleibt offen, samstags wird dann etwas unternommen, von dem man sich sonntags erholen muß. Oder so: montags wird Tennis gespielt, zwei Stunden, weil die Zeiten knapp bemessen sind, für dienstags ist Theater angesagt, wenn nicht Theater, dann Kino oder Lesungen und Vorträge in der VHS oder der öffentlichen Bibliothek, mittwochs einkaufen, am Donnerstagabend sind Freunde eingeladen, übers Wochenende wird weggefahren. Oder auch so: am Montag gibt's die Elternrunde in der Kindertagesstätte, dienstags gehen wir immer mit Freunden einen trinken, mittwochs tagt die Bürgerinitiative "Tempo 30 in allen Wohnstraßen", donnerstags dann der Frauenstammtisch, freitags ist Familientag, am Wochenende wird am Haus gearbeitet. Oder so oder so oder anders.

Typische Fälle - Allerweltsbeispiele. Der Alltag verknüpft Räume und Zeiten in einem Stundenplan miteinander. Er verstetigt lineare Abläufe, läßt sie als zyklische Erscheinungen immer wieder hervortreten. Um diese herum ist das ganze Leben angeordnet. Ordnung und Struktur. Überschaubar, absehbar.

Das Ich, jedes Ich - und damit auch ich selbst, denn das Ich, sagt Hegel, ist zugleich allgemein und besonders - lebt hier und jetzt, an einem bestimmten Ort in einer bestimmten Zeit - unbestimmt welchen. Mein Körper ist mein Zentrum. Von ihm aus organisiere ich meine Welt; er ist ständiger Bezugspunkt. Als erstes kommt der Blick, dann weiter - in aufsteigender Linie - die anderen Wahrnehmungsformen. Von dort zum Denken und Handeln. Der Blick trifft auf die Welt, konstituiert meine Welt, schneidet Stücke aus der großen Welt heraus. Die Welt selbst, ihre Zeit und ihr Ort sind mir vorgegeben, sind unabhängig. Ich kann mir sie nicht aussuchen, sondern mich nur in ihr einrichten, sie zu meinem Umfeld machen: die Welt der natürlichen Einstellung, d. h.: Akzeptanz der Welt als factum brutum, als etwas mir unabhängig Gegenüberstehendes. Ich kann nur in sie eingreifen, indem ich sie mir aneigne. Und Aneignung findet allererst im Blick und als Blick statt.

Der Blick zielt auf Weite und Nähe, wird an den Rändern fließend, aber trennscharf in dem, was er sich aussieht. Er vermißt die Topographie des Raumes, teilt die Welt in oben und unten, hinten und vorne, rechts und links - immer in bezug auf meinen eigenen Körper. Grade der Nähe und Weite. Je näher, um so vertrauter; je weiter, desto unbekannter. Zunächst kommt der eigene Körper, dann dasjenige, was darum herum ist, die Welt in natürlicher Reichweite, die Lebenswelt, auch die, die dazugehören, meine Angehörigen, die Freunde und Arbeitskollegen. Etwas und jemand sind mir um so vertrauter, je näher sie mir stehen, d. h. je enger sie mir sind, je mehr sie mit mir teilen, sowohl an Zeiten wie an Räumen. Weiter entfernt sind schon die bloßen Zeitgenossen, diejenigen, die zwar mit mir in einer Gesellschaft oder einem Staat leben, dieselbe Sprache, Kultur und Lebensweise teilen, aber nie - tatsächlich oder auch nur der Möglichkeit nach - in mein Gesichtsfeld rücken. Noch weiter davon entfernt bewegen sich Menschen, die nur noch die Weltzeit mit mir teilen, ansonsten aber wie Bewohner anderer Planeten auf mich wirken.

Mein Blick eignet sich die Welt an, macht sie zu meiner Welt, indem er sie nach Graden der Nähe und Weite aufschichtet: vom Ich, meinem Körper, zur Lebenswelt und weiter zur Gesellschaft und schließlich zur Welt überhaupt. Welt innerhalb und außerhalb meiner Reichweite, d. h. meines Blickfeldes. Blickfeld und Reichweite beinhalten Kenntnisnahme, Wahrnehmung und Verarbeitung. Sodann auch aktives Eingreifen, Manipulation und Veränderungsmöglichkeiten. Ich eigne mir die Welt in natürlicher Reichweite an und wirke auch auf sie zurück und auf sie ein. Ich lerne sie kennen und lerne sie zu verändern; ich lese sie und präge ihr meinen Stempel auf. Ich richte mich in ihr ein, indem ich mich auf sie einrichte, indem ich ihre Gebrauchsanweisung sehe und lese. Alles hat seine Inschriften, die gesehen, gelesen und verstanden werden müssen: Kultur und Technik, Zivilisation und Fortschritt, der historische und soziale Kontext, Verhaltensformen und moralische Kodizes. Aneignen = sehen, lesen, verstehen und - weiter - kommunizieren.

Die zweite Grundgegebenheit der natürlichen Einstellung: die fraglose Existenz des Anderen, des Neben- und Mitmenschen. Ich habe zwar meine Welt, meinen Blick auf die Welt, teile ihn jedoch immer mit anderen. Und gemeinsam verständigen wir uns auch darüber. Denn auch dem Anderen ist dieselbe Welt vorgegeben. Vielleicht sieht er dasselbe in derselben

Welt, nur aus anderer Perspektive, dann sehen wir gemeinsam mehr am selben Gegenstand. Oder ich täusche mich, und er korrigiert mich. Oder umgekehrt. Wir erschließen uns also gemeinsam die Welt, die, indem wir darüber reden und uns austauschen, zu unserer Welt wird, zu unserer Lebenswelt. (In der es natürlich auch Feinde gibt!) Denn die Lebenswelt umfaßt - mindestens für jeden, der nicht als Solipsist in der Heide lebt (wie Arno Schmidt) - beides, meine Welt und die des Anderen. Hier dann wieder das Verhältnis von Nähe und Ferne, von Vertrautheit und Fremdheit.

Die Lebenswelt ist die Welt in der Nähe, die Welt der natürlichen Einstellung, die Welt der Vertrautheit. Und vertraut sind mir auch die Menschen, die sie mit mir teilen, die in der Nähe sind. Der Lebensgefährte, die Freunde, Bekannten, Kollegen und Nachbarn - all die, mit denen ich gemeinsame Erfahrungen mache, die mit mir diese Welt erleben, die mit mir in sie eingreifen. Zur gemeinsamen Erfahrung gehört hinzu, daß die vorgefundene Welt dauert, daß sie ständig da ist - die eigenen vier Wände, der Garten, die Nachbarschaft etwa. Mögen wir auch die Wohnung und vertraute Umgebung häufiger oder weniger häufig wechseln, wiederfinden werden wir trotzdem eine neue Vertrautheit. Auf Dauer entlastet damit dieses Vertrautsein mit der Nähe unsere Sinne und unser Denken. Wir brauchen nicht ständig die Augen offenzuhalten, müssen uns nicht mehr anstrengen, um neue Erfahrungen zu machen. Wir bewegen uns sicher in der Nähe, routiniert, können uns auch eine gewisse Unaufmerksamkeit leisten. - Die Entkoppelung des Blicks vom Denken. Ist der Baum am Ende der Straße, wo ich mehrfach in der Woche vorbeikomme, nun ein Apfel- oder ein Birnbaum? Ich weiß es nicht, obwohl ich ihn schon oft gesehen habe. Gehören den Nachbarn zwei oder drei Katzen? Hin und wieder haben wir über sie geredet, aber wieviele es sind, weiß ich beim besten Willen nicht genau zu sagen. Wohl bemerke ich, daß der Nachbar auf der anderen Straßenseite einen neuen Wagen gekauft hat. Meine Aufmerksamkeitsrichtung schwenkt also auf Neues ein, auf das bisher nicht oder so noch nicht Gesehene, während die gewöhnliche Wahrnehmung - aus Mangel an Brüchen mit dem Gewohnten, an irritierenden Momenten - zusehends unaufmerksamer wird.

Hierhin gehört Hegels Feststellung, daß dasjenige, was bekannt ist, noch lange nicht auch schon erkannt ist. Schließlich seine Warnungen vor dem gesunden Menschenverstand, der blindlings dem bloßen Schein traut.

"Ich kenne aus eigner Erfahrung", schreibt er in einem Brief, "diese Stimmung des Gemüts oder vielmehr der Vernunft, wenn sie sich einmal mit Interesse und ihren Ahndungen in ein Chaos der Erscheinungen hineingemacht hat und wenn [sie], des Ziels innerlich gewiß, noch nicht hindurch, noch nicht zur Klarheit und Detaillierung des Ganzen gekommen ist." (Hegel: Briefe. I. S. 314) Angst des Philosophen vor der Nähe und (scheinbaren) Vertrautheit der Dinge, die - näher besehen - ein Chaos offenbaren - jedenfalls für den Vernünftler. Denselben Zusammenhang hat dann Bloch rund hundert Jahre später in die griffige Formulierung vom "Dunkel des gelebten Augenblicks" gekleidet. Denn obwohl oder gerade weil wir uns in unserem Leben in jedem Augenblick, mindestens solange wir uns im Feld des Vertrauten aufhalten, sicher bewegen, wissen wir nicht darum und nichts davon. Wir kennen zwar unsere nächste Umgebung, nicht nur zu Hause, sondern auch am Arbeitsplatz, nicht nur in unserem Garten, sondern auch in unserer Straße, in unserem Viertel, wir kennen genausogut auch die Spielregeln und Verhaltensweisen der Menschen unserer Umgebung. Wir können sie einschätzen, können uns dazu verhalten, mögen sie nun wirklich authentische Ausdrücke sein oder nur, wie der amerikanische Soziologe Erving Goffman meint, Rollenspielcharakter tragen. Jedenfalls kennen wir das alles, weil wir das alles schon oft gesehen, nachgeahmt und damit gelernt haben. Wir haben die Inschriften gelesen, die Regeln gelernt, d. h. befolgt. - Aber was wissen wir wirklich davon?

Was wissen wir eigentlich vom Alltag? Denn Alltag und Lebenswelt gehören zusammen; präziser: der Alltag ist das strukturbildende Moment, das Korsett der Lebenswelt oder, wie es Bernhard Waldenfels genannt hat, deren "Netz". Und dieses Netz ist dichtgewebt, so dicht, daß man kaum daraus herausfallen kann. Im Innern ist dann alles übersichtlich, geordnet, auf den ersten Blick erkennbar. - Noch keine Theorie an dieser Stelle, keine Ableitungen und Erklärungen, wohl aber ein Aufriß von Problemfeldern, ein kleiner Einblick. - Alltag und Geschichte - Alltagszeit - Räume des Alltags - alltägliches Denken und Handeln.

Jedermann lebt an einem bestimmten Ort, im Hier und Jetzt; seine Lebenswelt schneidet einen kleinen Sektor aus der Topographie des unendlichen Raumes; seine Lebenszeit ist die seiner Alltäglichkeit, eine begrenzte Zeit auf der unendlichen Zeitachse, die wir Geschichte nennen. Dazu die Paradoxie: Alltagszeit tilgt historische Zeit, Zeitzyklen ersetzen lineare

Verläufe - bedingt nicht nur durch die biologische Uhr, sondern ebenso und gravierender durch internalisierte Gewohnheiten, habitualisierte Muster, durch Rollenverhalten und erprobte Denkschemata: auch in Revolutionen leben die Menschen primär ihr Alltagsleben, mögen die Ergebnisse schließlich und auf längere Sicht zur Veränderung von Gewohnheiten führen. Ein Beispiel aus der Französischen Revolution: das Zerschlagen der Uhren - ein konservativer Akt im Bemühen, die moderne Errungenschaft der Zeitmessung abzuschaffen. Oder das Beispiel der englischen Maschinenstürmer im 19. Jahrhundert. Dennoch schließt uns andererseits gerade der Alltag, die Alltagszeit, an die Geschichte an; er synchronisiert unsere eigene Geschichte mit der großen Geschichte, unsere eigene Zeit mit der Weltzeit, auch wenn wir das nicht genau wissen oder wenn uns das nicht bewußt ist und wir vielmehr der Überzeugung sind, nur in einer dauernden, einer "erstreckten Gegenwart" (Nowotny 1989. S. 9) zu leben. Aber wir leben anders alltäglich als noch die Menschen vor hundert Jahren; wir brauchen uns nicht mehr so zu placken, arbeiten täglich, wöchentlich und in bezug auf unsere Lebenszeit weniger lang, teilen uns auch nicht mehr mit fünf anderen Familienangehörigen zwei Zimmer, sondern genießen die Vorzüge des Fortschritts und materiellen Wohlstands, die Errungenschaften von Technik und Kultur bis zur weltweiten digitalen Vernetzung und verfügen über mehr disponible Zeit, über Frei-Zeit. Wohlbemerkt: wir wissen das nicht, aber wir tun es - genießen es -, wie man mit Marx wird weiter sagen dürfen - in der Regel jedenfalls. Was wir wissen bzw. auf Abruf parat haben müssen, ist nur ein Halb- und Viertelwissen, ein Gebrauchs- und Rezeptwissen (vgl. Schütz/Luckmann 1988. S. 139ff.), das die Verwendung der Dinge und Geräte in unserer Welt kennt (ohne deren Funktionieren erklären zu können), das auf gesellschaftlichem Parkett die Verhaltensweisen der Beteiligten kennt und um moralische Normen, Gebote und Verbote weiß (ohne um deren Genese zu wissen). Man verhält sich zu Menschen und Dingen eben so. Punktum.

Dieses numinose Wesen "man" - auf Schritt und Tritt werden wir ihm begegnen. Heidegger hat es zum Gegenstand seiner Zeitkritik in "Sein und Zeit" gemacht, und einer seiner soziologischen Adepten hat es schließlich gar zum "Subjekt der Alltäglichkeit" gekürt. (vgl. Lehmann 1932/33) - Warum das? Hier nur so viel: die Welt steht in völliger Unabhängigkeit uns gegenüber, wir werden in sie hineingeboren, können uns Ort und Zeit nicht selbst aussuchen. Im Lauf der Zeit lernen wir sie kennen, eignen wir sie uns an - wie gehabt: primär in unmittelbarer Nähe als Lebenswelt. Die Arbeit des Sehens, der Sinne, des Denkens und Kommunizierens - frühkindliche Sozialisation, Schule, Erziehung und Bildung überhaupt. Dabei ist der Horizont, in dem wir unsere Aneignungsleistungen vollziehen, immer schon abgesteckt. Sprache, Denken und Handeln sind, wie die Welt selbst, für uns präexistent. Wir finden sie vor und üben uns langsam, Schritt für Schritt in sie ein - finden uns damit ab. Der Ort des "man" und seines Substituts, des "es". "Man" spricht, denkt, handelt; "es" wird gesprochen, gedacht, gehandelt. "Man/es" heißt das spezifisch-unspezifische Subjekt, in dem das gesellschaftliche Sein der Menschheit seine Erfahrungen und Erkenntnisse, seine Urteile und Vorurteile, sein Bewußtsein abgespeichert hat. Ein Gefäß, in das alles hineingeht und aus dem wir schöpfen müssen, wollen wir uns in der Welt orientieren.

Der Alltag als Korsett, als dasjenige, was Stabilität und Sicherheit verbürgt - sowohl hinsichtlich der Räume, in denen wir uns bewegen (am Arbeitsplatz, im Wohnraum), als auch mit Blick auf die Zeiten, die immer wiederkehren. Kontinuität und Routine. Das Alltagswissen als Garant und unterbewußter Motor für das spontan richtige Verhalten. Palette möglicher Reaktionsweisen darauf: man kann sich dagegen auflehnen oder nicht, kann verzweifeln und sich umbringen, man kann sich nicht damit abfinden, kann ihn ändern wollen, um am Ende wieder in einem anderen Alltag steckenzubleiben, man kann sich resigniert zufrieden geben oder auch wirklich zufrieden sein, kann ihn also verneinen, ihm positiv begegnen oder ihn einfach akzeptieren - nur abschaffen kann man ihn nie.

*

Ansatz- und übergangslos drei beliebige literarische Beispiele von Alltagsdarstellungen aus dem reichhaltigen Angebot jüngster Literatur - Beispiele, die verschiedene Umgangsmöglichkeiten modellieren.

Zunächst das kurze Prosastück "Früh" von Manfred Jendryschik:

"Solang ich mit Hellbracht fuhr, aus Rothausen raus, saß er mir gegen-über im Bus. Er stieg immer als Letzter ein, ich hörte schon von der Tür her sein Schnaufen, die Pumpe ging nicht mehr so, er war längst in Rente, aber kam nicht vom Straßenbau los, oder er brauchte's Geld, ich denk, die Autobahn hoch nach Rostock war's da.

Er ließ sich auf seinen Sitz fallen, daß du meintest, jetzt kracht alles zu-sammen, und ächzend, und drehte sich gleich zum Fenster, starrte hinaus, da stand seine Frau. Die Frau, die brachte ihn immer, ob's regnete, schnei-te, das war egal; verhutzelt wie er, wie gesagt, um die siebzig so, und so klein und wie frierend, zumeist war's ja noch dunkel.

Er also starrte und starrte, sie auch. Und kaum begann der Motor zu fauchen, zu rasseln, noch im Stand, öffnete sie ihr Kopftuch, und es fielen die Haare herunter, bis über die Schultern, ganz dick und lang, so 'ne Pracht, das war nicht zu glauben, und drehte den Kopf leicht, mal so und mal so, und wartete einen Moment und knüpfte sich wieder das Kopftuch zu.

Er sah dann an mir vorbei, jedes Mal. Geredet haben wir erst kurz vor Halle, und früher nie." (Jendryschik 1981. S. 94)

Assoziationen, die sich unwillkürlich einstellen: Jendryschiks Rentner "Hellbracht" wird wohl sein ganzes Leben ereignislos hinter sich gebracht haben, mit einer eintönig-monotonen Tätigkeit, die letzten Jahrzehnte da-von in einem Arbeiter-und-Bauern-Staat, was aber auch nichts geändert hat. Gäbe es da nicht Hellbrachts Frau, gäbe es nicht diese winzige Geste, die ihn die langen Jahre aushalten, die ihn überleben läßt: das Glücksver-sprechen und die Hoffnung. Wiedererinnerung an das erste Glück, die jun-ge Liebe? Wir wissen es nicht, der Text bleibt in der Schwebe.

Birgitta Arens erzählt in ihrem ersten Roman "Katzengold" (1982) die Geschichte einer Kindheit und Jugend auf dem Land, aber nicht nur die der Erzählerin, sondern zugleich auch - in ständigen Brechungen am Le-ben der Erzählerin - die der Eltern und Großeltern. Sie berichtet von dem beschwerlichen Leben des Großvaters, der sein Leben als Arbeiter zuge-bracht hat. Da gibt es keine Zeit zum Nachdenken, zum Reflektieren und zur Beschaulichkeit. Gewiß hat der Großvater eine Weltanschauung, das sozialistische Ideal, doch wirkt es eigentümlich abstrakt, beziehungslos zum eigenen Leben, das immer so weitergeht, in alltäglicher Plackerei.

Man müßte einmal, es sollte dies und jenes - aber das wirkliche Leben geht darüber hinweg, zeichnet nur seine tiefen Furchen in den Körper, läßt Narben und Beschädigungen zurück. "Erst als er langsam zurückkommt und dem Kind seine leeren Hände entgegenstreckt, sind wir wieder dabei. Und wir sehen: die Hände sind gar nicht leer. Da liegen die ganzen sechzig Jahre drin, die er schon gelebt hat. So wenig Platz brauchen die, und sogar vom Zitronenfalter ist noch was geblieben: ein kleiner goldener Schimmer. (...) An der einen Hand fehlen drei Finger, die sind ihm bei der Arbeit abhandengekommen, und die restlichen Finger legt er jetzt über die Innenflächen seiner Hände und preßt sie fest dagegen und immer fester, und da sind am Schluß doch noch zwei Fäuste daraus geworden." (Arens 1985. S. 44f.)

Oder auch der Österreicher Gernot Wolfgruber. Sein Roman "Herrenjahre" (1976) - in der traditionellen Form des Entwicklungsromans konzipiert - folgt einigen Jahren im Leben des Arbeiters Bruno Melzer, einer mittelmäßigen Existenz, die vom Ausbruch aus dem Gehäuse der Alltäglichkeit träumt, zusehends realistischer wird und am Ende sich resigniert mit dem Alltag abfindet. Dabei deutet Wolfgruber nicht, erklärt auch nichts, sondern läßt seinen Protagonisten in der Mitte, seiner Durchschnittlichkeit, hängen bleiben. Die Geschichte eines Arbeiters und die Bewußtseinsgeschichte seiner Alltäglichkeit.

"Am frühen Abend, nach der Arbeit, nach dem aufgewärmten Essen, bei dem er meist allein am Tisch saß, weil die Mutter ständig an etwas herumzuhantieren hatte, Franz, der um zwei Jahre jüngere Bruder, in der Nachmittagsschicht war und Reinhard, der kleine Bruder, nur da war, wenn es gerade regnete, am Tisch nach dem Essen schon seit Jahren immer der gleiche Wunsch, der ziellose Plan: er möchte dorthin, wo sich etwas tut. Er war ständig auf der Suche. Irgendwer, kam ihm vor, müßte es doch schon angefangen haben. Er wußte nicht, wie er es selbst anfangen sollte. Etwas: das mußte garnicht viel sein. Gerade soviel, daß es die Langeweile zudeckte, das stumpfsinnig Tägliche. Manchmal genügte es schon, daß es in der Phantasie passierte. Nur durfte er dabei nicht allein sein, brauchte einen, mit dem er darüber reden konnte, einen, der mitspielte." (Wolfgruber 1988. S. 12)

Soweit die Aufbruchsphantasien des jungen Bruno, die im weiteren Verlauf des Romans auch nicht weiter führen als bis zur nächsten Eckkneipe. Doch ist das immerhin schon etwas und immer noch mehr, ein kleines bißchen Freiheit und Abenteuer, als täglich mit Frau und Kind vor dem Fernseher zuzubringen. So verklärt schließlich die Erinnerung an die vermeintlichen jugendlichen Abenteuer deren tatsächliche Tristesse. Dem Familienvater Melzer erscheint nun die Jugend rosarot: "damals, als er noch da gestanden ist, damals ist seine Zeit gewesen, da hat sich noch etwas getan mit ihm, da ist noch etwas weitergegangen, ständig hat es etwas Neues gegeben, und wenn es nur ein neues Lokal in der Umgebung gewesen ist, in dem er vorher noch nie gewesen war, oder eine neue Zigarettenmarke, zuvor unbekannte Getränke, da ist das Leben, kommt ihm vor, noch wie ein Abenteuer gewesen, und nun schien das alles nur noch in eine Richtung zu rennen, ohne daß er etwas dazutun muß, scheint nur mehr die Zeit zu vergehen, an ihm vorbeizugehen." (a. a. O. S. 116)

Danach passiert nichts mehr, kein Ausbruch, keine Alternative, nicht einmal eine kleine Abwechslung mehr, nur eine Serie von Katastrophen. Melzers Frau stirbt, läßt ihn mit drei kleinen Kindern zurück. Hauptsache aber, es gibt den Alltag noch, etwas, an das man sich nun klammern kann, dessen Routine Sicherheit verleiht, meint Melzer und blickt dabei in eine wenig aufregende Zukunft: "Das Alltägliche, dem er immer wieder vergeblich hatte entkommen wollen, das sich wie eine nachgiebige, sich sofort wieder an geänderte Umstände anpassende zähe Masse über alles drübergelegt, mit den ständig wiederkehrenden täglichen Notwendigkeiten alles unter sich erstickt hatte, schien nun etwas zu sein, das seinem Leben ein Knochengerüst gab, ein hartes Rückgrat, damit er weiterlaufen konnte." (a. a. O. S. 242)

Drei beliebige Beispiele, drei Beispiele von Alltagsbewältigungen: Modelle alltäglichen Lebens, denen man, so oder so, immer wieder hier und heute begegnet. Alltag zwischen Entfremdung und Entlastung; die Reaktionsketten reichen von der Anpassung über den Widerstand bis zur Resignation - auch in bezug auf einen einzigen Lebenslauf und seine Wechselfälle. - Wem ginge das nicht so?

Zur Phänomenologie der Alltäglichkeit

1. Wahrnehmung und Verdrängung

Soll ich sagen, daß es jetzt theoretischer zugeht? Ja, mindestens ein wenig, doch nicht auf Kosten der Lesbarkeit, hoffe ich jedenfalls. Begeben wir uns also auf die Ebene des theoretischen Diskurses, um weitere Anhaltspunkte zu gewinnen.

Das "Kritische Wörterbuch des Marxismus" reiht unter die Nachträge auch den Artikel "Alltag" ein. Dazu bemerkt seine Verfasserin Catherine Régulier: "Der Alltag ist offenbar kein Begriff im strengen Sinne, sondern eine gewöhnliche Vorstellung, ein banaler und einfacher Gedanke, der so alt ist wie die Menschheit selbst. Indes hat sich der Begriff des Alltags in der Moderne durchgesetzt, unter gesellschaftlichen Verhältnissen, die diese Abstraktion hervorgebracht und ihr einen konkreten Inhalt gegeben haben." (KWM. Bd. 8. 1989. S. 1493) Der Alltag - so alt wie die Menschheit selbst; sein Begriff dagegen - ein Produkt der Moderne. Das mag angehen. Aber wo liegen die Unterschiede, wo setzt der Bruch ein? Was geschieht auf dem langen Weg vom bloß gelebten Alltag zur theoretisch reflektierten Alltäglichkeit? Wie und wodurch kommt das zustande, was die Verfasserin als einfachen und gradlinigen Fortschritt im Bewußtsein registriert?

Gewiß haben die Antike ebenso wie das Mittelalter ein Wort (cotidianus), das zur Bezeichnung des Alltags dient und das bis etwa in die Mitte des 18. Jahrhunderts seine angestammte Bedeutung behält. Hans Peter Thurn hat darauf hingewiesen, daß hier "schon im Keim des Wortfeldes der Doppelsinn des Alltäglichen angelegt (ist), als des sich routiniert Wiederholenden wie auch des sich in den eingefahrenen Bahnen mit wenig Aufwand Begnügendem." (Thurn 1980. S. 4) Doch erst auf die Mitte des 18. Jahrhunderts datiert ein differenzierterer Wortgebrauch, datiert auch ein Umfeld ähnlicher Worte und Wortzusammenstellungen. (vgl. Laermann 1975) Um 1760 taucht das Wort Alltag erstmals in deutschen Wörterbüchern auf, während noch die Enzyklopädien von Krünitz und Zedler keine Einträge kennen. 1765 publiziert auch Diderot im 15. Band der Encyclopédie den Artikel "Gesunder Verstand (Metaphysik)" und identifiziert darin das Subjekt der Alltäglichkeit, den "gewöhnlichen Menschen" mit seinem "gesunden Verstand". "Gesunder Verstand (bon sense) ist jenes Maß von Urteilskraft und Intelligenz, mit dem sich jeder Mensch - zu seinem

Vorteil - aus den gewöhnlichen Angelegenheiten der Gesellschaft heraus-ziehen kann." (zit. nach Diderot 1969. S. 369) Auffällig aber dann der Bruch. Denn was in der Glanzzeit der Aufklärung noch positiv konnotiert ist, eben der gesunde Verstand des Bürgers, ein konkretes Denken, das jederzeit auf seinem Posten ist und später dann wegen seines "spontan materialistischen" Charakters von Lukács gelobt worden ist, wird gegen Ende des Jahrhunderts nurmehr negativ besetzt. Übereinstimmend sprechen davon alle Wörterbücher. Campe wie Adelung verstehen unter dem Alltag den gemeinen bzw. gewöhnlichen Wochentag im Gegensatz zum Sonn- oder Feiertag. Das "Alltägige" oder "Alltägliche" erscheint als "gewöhnlich, gemein, niedrig", der "Alltagsgedanke" als die "gemeine(n) Gedanken, die sich nicht über das Gewöhnliche erheben", der "Alltagsmensch" als der gewöhnliche Mensch. (Campe 1807. Bd. 1. S. 105; vgl. Adelung 1807. Bd. 1. Sp. 218f.) Das Grimmsche Wörterbuch schließlich sanktioniert die doppelte Bedeutung des Alltäglichen als "quotidianus" und "vulgaris" (Grimm 1984. Bd. 1. Sp. 239f.) und erhebt damit den disqualifizierenden Anklang des Epithetons "alltäglich" zum vorherrschenden für das gesamte 19. Jahrhundert. (vgl. Thurn 1980. S. 9)

Woher rührt der Bedeutungswandel, woher die anfängliche Akzeptanz und spätere Stigmatisierung? Aber früher noch: woher stammt ein Bewußtsein der Alltäglichkeit? Wann taucht es auf, wie läßt es sich erklären?

Eine mögliche Hypothese dazu. Nach Jahrhunderten eines bloß gelebten und erlittenen Alltags unter feudalem Patronat, der - ohne große Friktionen - andauernd funktioniert, tritt mit dem Bürgertum eine neue Trägerschicht auf, deren Vorstellungen von einer neuen - eben bürgerlichen - Gesellschaft auch einen neuen, in der Sphäre der Privatheit verankerten Alltag umfassen - einen Alltag, der offensiv und polemisch gegen feudale Lebensweisen und Herrschaftsformen gesetzt wird. Das würde die positive Konnotation des aufklärerischen Alltagsbegriffs erklärlich machen. Doch bleiben die aufklärerischen Vorstellungen Ideologie - Vorstellungen und Entwürfe, formuliert im Kampf um die gesellschaftliche Vormachtstellung, damit - und im eigentlichen - erst im Vorfeld der bürgerlichen Gesellschaft. Das Bürgertum an der Macht hingegen - mag diese auch auf lange Zeit bloß ökonomisch armiert gewesen sein - erfährt am eigenen Leib und mit wachsender Differenzierung der Gesellschaft deren Brüchig- und Widersprüchlichkeit: nämlich als Dissoziation von Privatheit und Öffentlichkeit, von Arbeit und Freizeit, - mit Hegel - als Gegensatz von Armut und Reichtum, kurz: als Antagonismus. Im Alltag als der basalen Ebene gesellschaftlichen Lebens spitzen sich diese Widersprüche auf dramatische Weise zu, werden sie erlebt und erfahren als konfliktbesetzter Sozialisationsprozeß. Die Geburtsstunde der "Entfremdung" - eines auratisch umwölkten, nebelhaften Begriffs, dessen theoretische Reflexion die Signatur des 19. Jahrhunderts dann entscheidend mitbestimmt. Erinnert sei - neben der Hauptlinie Hegel-Marx - nur an Schopenhauers Zeitkritik oder an Nietzsches Diagnostik an einer beschädigten Subjektivität. Ich werde in Kürze darauf zurückkommen. Doch bereits die deutsche Klassik und Romantik, konkret: Goethe, Schiller und Novalis, haben den Alltag bekämpft, ihn als inauthentische, triviale Sphäre entlarvt und dagegen literarische Modelle aufgeboten, die sich um "unerhörte Begebenheiten" (Goethe) oder um "Zufälle" (Novalis) als Kehrseite der Alltäglichkeit ranken. In jedem Fall nur heraus aus der "schroffen Wirklichkeit einer zerstreuten Alltäglichkeit", die nur mit "kalten Alltagsmenschen" bevölkert ist. (Goethe, zit. nach Grimm a. a. O. Sp. 239f.) Statt dessen, wie es im 66. "Blüthenstaub"-Fragment von Novalis heißt: "Alle Zufälle unsers Lebens sind Materialien, aus denen wir machen können, was wir wollen. Wer viel Geist hat, macht viel aus seinem Leben. Jede Bekanntschaft, jeder Vorfall, wäre für den durchaus Geistigen erstes Glied einer unendlichen Reihe, Anfang eines unendlichen Romans." (Novalis 1978. Bd. 2. S. 253) Der Zufall als Fluchtpunkt, das besondere Ereignis als Spielplatz einer Literatur, aus der faktisches Alltagsleben immer schon verbannt ist.

Noch einmal aber: wie kommt es allererst zur Wahrnehmung des Alltags und wie dann zur Verschiebung, d. h. zur Aufhebung von schlechter Alltäglichkeit?

Nicht auf Adam und Eva und ihren besonderen Alltag, wohl aber auf die Zeit vor der bürgerlichen Gesellschaft, auf den Feudalismus, soll zurückgegangen werden, um die Differenzen zu verdeutlichen, um klar zu machen, was die Erfahrung und Reflexion von Alltäglichkeit bedeutet. Wie ist im Feudalismus der Alltag strukturiert, wovon werden dort Handeln und Denken geprägt?

"Das Landleben mit seiner ruhigen Gleichmäßigkeit und dem periodischen Wechsel der ewig wiederkehrenden Jahreszeiten war der Hauptregulator des sozialen Rhythmus der Gesellschaft. Die unbedingte Treue zur Tradition, die ihren endgültigen Ausdruck in der Ausrichtung auf das Alte und in der Feindseligkeit oder dem mangelnden Vertrauen zu jedem Neuen, noch nicht Gehörten und folglich noch nicht Sanktionierten erhielt, der Konservatismus des gesamten gesellschaftlichen Lebens, angefangen bei der Wirtschaftsführung und den Ansiedlungsformen bis hin zu den Denkgewohnheiten und der Herrschaft eines Stereotyps im künstlerischen Schaffen, sind diese grundlegenden Kennzeichen des gesellschaftlichen Bewußtseins jener Epoche nicht mit dem Überwiegen der Bauernschaft in der frühfeudalen Struktur verbunden? Kann man denn die Stabilität des 'ursprünglichen', 'prälogischen', magischen Denkens im Europa dieser Zeit befriedigend erklären, wenn man dessen bäuerliches Wesen nicht in Betracht zieht?" (Gurjewitsch, zit. nach Kuczynski 1982. Bd. 2. S. 157)

Der Alltag ist hier noch statisch und fest, seine Räume sind eng begrenzt zwischen Haus, Hof und Feld, die Machtstrukturen klar - auf scheinbar ewige Dauer gestellt. Doch gibt es darin kein Bewußtsein für diese Alltäglichkeit. Und entscheidend dafür ist der Mangel an einem konkreten Zeitbewußtsein, ist die Unfähigkeit, Zeit als linearen und progredierenden Ablauf zu erfassen. Zeit wird vielmehr als bloße Dauer, als wiederkehrender Zyklus wahrgenommen. Dem entsprechen auch die Geräte zur Zeitmessung: die Sonnenuhr, die Sanduhr und die Wasseruhr. Doch wird hier im wirklichen Sinne überhaupt etwas gemessen? Denn im Grunde ist man noch weitgehend gleichgültig der Zeit gegenüber, weil man sie nur als "Stillstand ohne Fortschritt" (Kuczynski a. a. O. S. 167) bzw. - mit Braudel - als ewige Gegenwart unter einer bedrückenden Vergangenheit erlebt.

"Man sät den Weizen wie immer, man pflanzt den Mais wie eh und je, man planiert das Reisfeld nach altem Brauch und befährt das Rote Meer wie schon die Altvorderen ... So zehrt eine aufdringliche, allgegenwärtige Vergangenheit in monotoner Wiederholung die kurze Lebensspanne der Menschen auf ... Und dieser Bereich, in dem die Geschichte stagniert, ist ungeheuer weit gesteckt: Er umfaßt nahezu das gesamte ländliche Leben, mit anderen Worten, 80-90 Prozent der Weltbevölkerung." (Braudel 1985. S. 12f.) Das Erlebnis der ewigen Wiederkehr ein und desselben prägt das Bewußtsein. In den Worten des russischen Historikers Gurjewitsch: "In der Natur gab es keine Entwicklung; auf jeden Fall war sie den Menschen dieser Gesellschaft verborgen. Sie sahen in der Natur nur die regelmäßige Wiederholung, ohne imstande zu sein, die Tyrannei ihrer rhythmischen Kreisbewegung zu überwinden; und diese ewige Wiederkehr mußte in den Mittelpunkt des geistigen Lebens im Altertum und Mittelalter rücken. Nicht die Veränderung, sondern die Wiederholung war das bestimmende Moment dieses Bewußtseins und Verhaltens. Das Einmalige, niemals vorher Gesehene besaß für sie keinen selbständigen Wert - eine echte Realität konnten nur Akte erlangen, die von der Tradition geheiligt waren und die sich ständig wiederholten. Die Archaische Gesellschaft negiert die Individualität und das ungewohnte Verhalten. Norm und sogar Tugend war es, sich wie alle zu verhalten, so aufzutreten, wie die Menschen von alters her es taten. Nur ein solches traditionelles Verhalten besaß eine moralische Kraft." (zit. nach Kuczynski a. a. O. S. 167)

Radikaler und schärfer noch: es gab überhaupt keinen Ort für das Andere, das Auffällige, Abweichende, Spektakuläre, für den Zufall und seine Möglichkeiten. Darum konnte auch kein Bewußtsein entstehen für Alltäglichkeit, kein Bewußtsein außerhalb der "gang und gäben Denkformen". Denn ein Bewußtsein der Alltäglichkeit setzt das Andere des Alltags voraus, es bestimmt sich in und mittels der Differenz. Und wo sollte die herstammen, wenn sich das gesellschaftliche Leben durch Immobilität, Unflexibilität und Statik auszeichnet, wenn Ort der Geburt und des Todes nahezu identisch sind und die Zeit dazwischen nach Jahreszeiten und dem Stand der Sterne gemessen wird?

Wodurch ist dann aber der Bruch in der Mitte des 18. Jahrhunderts zu erklären, aufgrund welcher Veränderungen? Soll man hier tatsächlich von einer "Kulturrevolution" (Beutelspacher 1986. S. 11) sprechen?

Klaus Laermann hat vor allem drei Gründe für die Wahrnehmung des Alltags und damit für eine radikal geänderte Zeitwahrnehmung angegeben: die Verwendung von Uhren zur alltäglichen Zeitmessung, das Weltbild der klassischen Mechanik und die Substitution von Zeit durch Geld. Im einzelnen: "Das Gefühl, im Alltag zu leben, entwickelt sich, so könnte man zunächst vermuten, am Ende des 18. Jahrhunderts mit der Durchsetzung des allgemeinen Gebrauchs von Uhren." (Laermann 1975. S. 89) Diese Beobachtung wird gestützt durch Helga Nowotny, die die Uhr - mit Lewis Mumford - als "Schlüssel-Maschine des Industriezeitalters schlechthin" begreift, weil mit ihr die "abgesicherte Zwangsläufigkeit der Abfolgen" - sei es der der Arbeit oder Freizeit, der Produktion oder Reproduktion - endlich gewährleistet ist. (vgl. Nowotny 1989. S. 49) Hinzu kommt der anhand der klassischen Mechanik gewonnene Blick auf Zeit als linearen Verlauf. Denn: "Die Zeit der klassischen Mechanik (...) ist nicht zyklisch, sondern linear. Sie gilt nicht ausschließlich für dieses oder jenes Stück Natur, das sie in seiner besonderen, nur ihm eigenen Periodizität strukturiert. Vielmehr bricht sie die bannende Macht, die in dem Kreislauf der Zeiten steckt, dem jeder einzelne Lebensraum unterworfen ist. Die Vielzahl der Zyklen hebt sie auf in der einer linearen Zeit." (Laermann a. a. O. S. 91f.)

Schließlich und endlich das dritte, für Laermann entscheidende Moment: "Erst in dieser Epoche nämlich setzt sich die Erkenntnis durch, daß die Zeit durch Geld systematisch substituierbar ist. Erst wenn die Zeit als Arbeitskraft verkauft werden muß und gekauft werden kann, erst wenn sie selbst zur Ware geworden ist, kann es so etwas wie Alltag geben. Das aber geschieht mit der Durchsetzung des industriellen Kapitalismus." (a. a. O. S. 93) Hierzu noch einmal Helga Nowotny, die ganz ähnlich wie Laermann argumentiert, dabei aber vor allem auf den technologischen Faktor, den maschinellen Fortschritt, hinweist. Während Zeit zunächst, in archaischen Gesellschaften, "zu geflossener, langsam in Stein erstarrter, in Sedimente und Ablagerungen eingeschriebene(r) Zeit" wird, wird der entscheidende Schritt der Zeitwahrnehmung und -erfahrung erst spät, nämlich "durch die Analogie mit der Maschine getan. Sie wird zum Träger der natürlichen Zeit, als die physikalischen Bewegungsabläufe in sie hineinkonstruiert werden. Sie wird dadurch zum Regulator für die soziale Zeitordnung der Menschen, die sich danach zu richten haben. Die Zeitstruktur des linearen, homogenisierten, beliebig abteilbaren Kontinuums wird durch die Maschine aus dem Bereich der Natur in den der Gesellschaft übertragen." (Nowotny a. a. O. S. 85)

Alltag hat also in erster Linie etwas mit Zeitwahrnehmung zu tun. Dort, wo Zeit bloß abläuft und zyklisch strukturiert ist, wird Alltag zwar gelebt, aber nicht als solcher verarbeitet - wahrgenommen und reflektiert. Umgekehrt kann dort erst von einem erlebten Alltag gesprochen werden, wo Zeit als linearer Verlauf erfahren wird. - Doch bedeutet die Wahrnehmung des Alltags gleichzeitig auch schon dessen Erfahrung als entfremdeter Ablauf, wie Laermann annimmt? Denn für Laermann ergänzen sich Alltag und Entfremdung wechselseitig. Die Wahrnehmung und Reflexion alltäglicher Strukturen fällt mit der Erkenntnis der Entfremdung zusammen. "Die Fremdbestimmung, der die Arbeitszeit seit der Periode der Manufakturen unterliegt, ist die Grunderfahrung des Alltags. In dem Maße, wie sie hingenommen wird, tritt eine für den Alltag charakteristische Vergleichgültigung der Zeiterfahrung ein." (Laermann a. a. O. S. 96) Im Falle Laermanns klingt diese Argumentation zwar elegant, kann aber trotzdem nicht ihre Herkunft aus dem Fundus linker Gemeinplätze verbergen. Was dahintersteckt, ist das alte Marx-Lukácssche Paradigma der Verdinglichung, das besagt, daß mit Etablierung der Warenwirtschaft die Verdinglichung "dem ganzen Bewußtsein des Menschen ihre Struktur auf(drückt)." (vgl. Lukács [4]1976. S. 194) Alltag = Entfremdung/Verdinglichung. Die Literatur der Klassik und Romantik, weiterhin alle avancierten theoretischen Diskurse des 19. Jahrhunderts sind vertrauenswürdige Zeugen dafür.

Wie ist es nun aber um die aufklärerische Kultur bestellt, um die Literatur und Philosophie aus der Zeit vor der Französischen Revolution, worin noch erwartungsfroh ein neuer Alltag im trauten bürgerlichen Heim beschworen wird, wo - aufs Ganze besehen - sich die Überzeugung von der Mach- und Planbarkeit der Geschichte durchzusetzen beginnt und die alte Naturteleologie damit verabschiedet wird? Wo Marivaux in Frankreich und Richardson in England die Geschichte der Innerlich- und Empfindsamkeit - einer neuen Mentalität - erzählen? Wo Lessing die rührenden Lustspiele eines Gellert ausdrücklich vor dem Hintergrund ihrer trefflichen Alltagsdarstellungen als "wahre Familiengemälde" lobt? - Das hat mit Entfremdung wenig zu tun, vielmehr mit der Utopie einer neuen, harmonischen Menschengemeinschaft, die in einem vernünftig geordneten bürgerlichen Familienalltag gegründet ist.

2. Kritische Destruktion

Der Bruch ist offenkundig. Das 19. Jahrhundert beschreibt den Alltag als entfremdet. Geschwunden die Hoffnungen und Utopien der Aufklärer. Vom aufrechten Gang bleibt nurmehr der Drill in Schule und Armee zurück, die Erziehung zu einem Körperpanzer in den Jahnschen Turnvereinen - kurzum: die Bildung eines ohnmächtig-unmündigen Untertanen. (vgl. Warneken 1990)

Obwohl scheinbar randständig, da weder im künstlerischen noch im theoretischen Diskurs der Alltag in den Vordergrund rückt, behauptet er doch seinen Sitz im Leben, ist er der Ort, an dem primär gesellschaftliche Erfahrungen gemacht werden. Die Literatur - mindestens die je fortgeschrittenste, die Tabus verletzt und Erwartungshorizonte sprengt - reagiert darauf mit dem Ausschluß und der Nobilitierung des Zufalls, - in der Spätromantik - mit der Gestaltung des Abseitigen in Wahnsinn und Verbrechen (Poe oder E. T. A. Hoffmann) und insgesamt mit einer Ästhetik des Häßlichen, die die Schattenseiten der Gesellschaft grell beleuchtet. Marx' Diktum über die Entfremdung als soziale Tatsache, von der alle betroffen sind, bildet den Rahmen und die Signatur eines krisenhaft erlebten Jahrhunderts. Während sich die einen - Marx' Bourgeois - in der Entfremdung wohl- und aufgehoben fühlen, sich in ihr bestätigen, leiden die anderen - die Proletarier - um so ärger darunter. Dazwischen die Intellektuellen, ziellos umgetrieben - mal freischwebend, dann wieder auf den Zinnen der Partei.

Der junge Lukács hat die realistische Literatur des 19. Jahrhunderts unter dem Schlagwort der "Desillusionsromantik" zusammengefaßt. Eine glückliche Formulierung, die ebenso Dickens' und Balzacs Sittenstudien aus den großstädtischen Metropolen London und Paris wie das Steckenbleiben der Flaubertschen Helden in einem ereignislosen Alltag charakterisieren. Geschäftsmäßige Hektik (bei Balzac), dumpfes Brüten (bei Zola) sowie Lethargie (bei Gontscharow) sind allesamt mögliche subjektive Reaktionsweisen - Verarbeitungsformen desselben gesellschaftlichen Zustands in einem Zeitalter, das Lukács mit Fichte die Epoche der vollendeten Sündhaftigkeit nennt. Der Hegelsche Weltgeist ist durch den Weltmarkt substituiert worden. Die unsichtbare Hand der Ökonomie webt die Fäden, und es bleibt kein Platz mehr für subjektives Handeln, d. h. für tätiges Eingreifen und Verändern. Mit anderen Worten: der Sieg des Alltags auf der ganzen Linie.

Sehen wir uns dazu einmal einige relevante philosophische Diskurse an. Was schon vordergründig in die Augen sticht und so unterschiedliche Denker wie Schopenhauer, Hegel und Marx, aber auch Kierkegaard, Stirner oder Nietzsche miteinander verbindet, ist der gemeinsame Horizont. "Die gemeinsame Sache ist die Qualität des menschlichen Lebens, die in ihrer aktuellen Gestalt (...) als inhuman, zerrissen und radikal zu bessern aufgefaßt wird." (Schirmacher 1989. S. 42)

Beispiel Fichte. Schon 1804/05 attackiert er in seinen Vorlesungen "Die Grundzüge des gegenwärtigen Zeitalters" die zeitgenössische Gegenwart - auf dem "Stand der vollendeten Sündhaftigkeit" - in ihrer Gleichgültigkeit, ihrer Selbstsucht und utilitaristischen Moral. Hart geht er dabei auch mit dem gesunden Menschenverstand ins Gericht, der längst nicht mehr, wie bei Locke, Hume oder noch Kant, als "große Gabe des Himmels" (Kant: Prolegomena A 12) bezeichnet wird, sondern vielmehr als "Grundtriebfeder des gewöhnlichen Handelns", abgestellt "auf mein persönliches Dasein und Wohlsein", gedeutet wird. (vgl. Fichte 1978. S. 30) Der gesunde Menschenverstand ist "der Verstand des dritten Zeitalters", nämlich der vollendeten Sündhaftigkeit, und das subjektive Analogon zu einer Gesellschaft, die nicht über ihren eigenen Rand hinaussehen kann. Der Alltagsverstand eben. "In Absicht seiner Einwirkung auf die Natur und des Gebrauches ihrer Kräfte und Produkte wird ein solches Zeitalter überall nur auf das unmittelbar und materiell Nützliche, zur Wohnung, Kleidung und Speise Dienliche sehen, auf die Wohlfeilheit, die Bequemlichkeit und, wo es am höchsten sich versteigt, auf die Mode; (...)." (a. a. O. S. 32f.)

Beispiel Hegel. Er teilt die Aversionen Fichtes gegenüber dem gesunden Menschenverstand, ja stellt ihn - modo negativo - ganz in den Mittelpunkt seiner Philosophie. Der gesunde Menschenverstand oder auch "das natürliche Philosophieren" gebe nur "eine Rhetorik trivialer Wahrheiten zum besten", heißt es in der Phänomenologie. (vgl. Hegel: GW 2. S. 64) Dieser müsse mit der Philosophie, mit der harten "Arbeit des Begriffs" (a. a. O. S. 65) bekämpft werden, damit der Schein nicht über das Sein, die Oberfläche nicht über das Wesen triumphiere. Statt Erbaulichkeit (vgl. a. a. O. S. 17) sei die Einsicht des Geistes in das gefordert, was das Wissen ist (vgl. a. a. O. S. 33 u. 35) - ein komplexer Zusammenhang, den kein abstrakter Verstand, sondern nur die konkrete Vernunft begreifen kann. Das Begreifen des Ganzen als des Wahren, des Wirklichen als des Vernünftigen, der Totalität, stellt sich Hegel zur Aufgabe - zum Gespött seiner Kritiker, wie immer sie auch heißen mögen. Übersehen wurde dabei zumeist, daß Hegel sehr wohl und sehr deutlich die Widersprüche seiner Zeit wahrgenommen hat und daß die vermeintliche Logifizierung der Wirklichkeit sich gerade nicht mit dem gegebenen Status quo abfindet, sondern vielmehr auch die "List der Vernunft" bedenkt, um - so in der Rechtsphilosophie - zu einer demnächst seinsollenden vernünftigen Wirklichkeit zu gelangen.

Beispiel Junghegelianer. Es geht um das Praktischwerden der Philosophie, also genau um den normativen Gehalt der Hegelschen Philosophie, um das, was Heine einmal deren "Geheimnis" genannt hat. Es geht um das Verhältnis des Kopfes, des theoretischen Gewissens der Revolution (Marx), zu seinen Füßen, den gesellschaftlichen Akteuren. Und hieran scheiden sich dann erneut die Geister: in der Bestimmung des Subjekts der Geschichte. Einig ist man sich nur in der Ablehnung. Die Rechten, die Liberalen und die Linken verurteilen gleichermaßen die Teilung der Arbeit, eine fabrikmäßige Produktion, die Armut des Volkes und den unverhältnismäßigen Reichtum einiger weniger. Sie mokieren sich über kleinbürgerliche Gesinnungen, einen devoten Untertanengeist und - in eins damit - mangelndes Bewußtsein. Edgar Bauer etwa, darin gelehriger Schüler Fichtes, geißelt die "Gemütlichkeit und Demut des Spießbürgers" und einen bornierten Alltagsverstand: "Was hat nicht ein honetter und ehrlicher Untertan alles zu tun? Was hat er nicht zu schicken und zu schaffen mit der Welt, daß er ja auch einmal in den Himmel komme. Er kann noch nicht denken, da wird er schon getauft und muß sich zu einem Spielzeug des Vorurteils hergeben. Dann muß er erst lesen lernen und schreiben und rechnen und zeichnen und was sonst noch alles, so daß dem armen Burschen, noch ehe er weiß, was leben heißt, das Leben zur Last wird. (...) Nun geht erst die Plage an: er muß jetzt auf eine Anstellung losarbeiten, er muß sich eine sogenannte Stellung im Leben zu erringen suchen. Und hat er dann eine, nun so wird gearbeitet für das liebe Brot oder für ein größeres Kapital. Wer nichts hat, will leben oder erwerben und sparen: wer etwas hat, will mehr haben: wer viel hat, will recht viel haben, um recht viel durchbringen zu können. Jeder aber hat für sich zu sorgen, und jeder sucht seine Würde darin, wenn er sich so recht aus Herzensgrund auf den Bauch schlagen kann und ausrufen; schlimme Zeiten, was für schlimme Zeiten." (Der Streit der Kritik mit Kirche und Staat [1843], zit. nach Pepperle 1985. S. 638f.) Die deutsche Misere: der deutsche Michel. Ersichtlich kann mit solchen Menschen Geschichte nicht gemacht, die Vernunft in ihr nicht wiederhergestellt werden. Denn Geschichte widerfährt ihnen nur. Auf der Suche aber nach einem geschichtsmächtigen Subjekt haben sich die Hegelianer heillos zerstritten. Die "kritischen Kritiker" Bauer oder Strauß ersticken in ihren eigenen Sottisen und Sophismen, finden sich am Ende mit dem ohmächtigen Lamento über die "Zerrissenheit" der Gegenwart ab - ganz ähnlich dem Rechtshegelianer Karl Rosenkranz, der in dieser Zerrissenheit das eigentliche Übel der Zeit zu sehen glaubte. (vgl. Rosenkranz 1853) Andere gefallen sich wieder in der Rolle des anarchistischen Rebellen, eines "größenwahnsinnigen Ich" (Hogrebe 1987. S. 45), das, wie bei Stirner, ganz auf den Begriff der Persönlichkeit abstellt: "das Wissen muß sterben, um als Willen wieder aufzuerstehen und als freie Person sich täglich neu zu schaffen." (Stirner, zit. nach Pepperle a. a. O. S. 490) Oder aber auch, wie Kierkegaard, in der des "verzweifelten Ich" (Hogrebe a. a. O. S. 44), das die eigene Existenz gegen das reine Denken Hegelscher Prägung ausspielt. Das neue Subjekt der Geschichte, in dem die Philosophie praktisch und somit auf die Füße kommen sollte, haben sie nicht gefunden, wohl aber - und das oft sehr feinfühlig - die Übel der Zeit, sowohl objektiver Art wie in subjektiver Zurichtung, aufgespürt.

Beispiel Marx/Engels. Bei ihnen wird das Geheimnis der Hegelschen Philosophie endlich ausgeplaudert; hier wird die Philosophie praktisch. Denn sie erkennen in einer gesellschaftlichen Klasse, dem Proletariat, das identische Subjekt-Objekt der Geschichte und Philosophie wieder. Der eine, Marx, gelangt dahin über das kritische Studium der Hegelschen Philosophie, an der er die Erkenntnis vom Selbsterzeugungsakt der Menschheit mittels Arbeit würdigt; der andere, Engels, aufgrund der systematischen Analyse der konkreten Lebens- und Arbeitsbedingungen des englischen Proletariats. Im Gespann Marx/Engels schießen dann spekulative Dialektik und Empirismus/Positivismus zusammen und ergeben in unreiner Mischung den Materialismus. Terminologisch haben der Alltag, das Alltagsdenken und -handeln bei Marx und Engels keine Bedeutung, und nur selten ist auch von ihnen ausdrücklich die Rede. (vgl. Gössler 1983. S. 1261f.)

Implizit jedoch wird die Alltagsproblematik, insbesondere im "Kapital", immer behandelt. Denn für Marx und Engels umfaßt der Alltag, laut Gössler, "die Gesamtheit der Erscheinungsformen" der gesellschaftlichen Verhältnisse des Subjekts. Er ist damit "sozusagen die Erscheinungsweise des Wesens" der "sozialen Verhältnisse". (ebd.) Nicht zuletzt verfolgt die Kritik der politischen Ökonomie dabei das Ziel, den Nachweis zu führen, daß die warenproduzierende Gesellschaft, in der die gesellschaftlichen Beziehungen unter den Menschen dem Diktat der produzierten Dinge unterworfen sind (Stichwort Fetischismus), auch das Denken prägt - und zwar auf verkehrte Weise, denn die Menschen existieren in "gang und gäben Denkformen" (MEW Bd. 23. S. 564), die ihnen die Erscheinungsweise als das Wesen von Gesellschaft vorspiegelt.

Kurzum: die Entfremdung der Menschen, abgeleitet vom entfremdeten Verhältnis in der Arbeit, bestimmt genauso Denken und Bewußtsein, verlängert sich in alltägliche Strukturen hinein. Damit aber haben Marx und Engels die sich auf sie berufende sozialistische Bewegung in der Folge in eine Zwickmühle laviert. Analyse und revolutionärer Impuls klaffen weit auseinander. Die Entfremdung als soziale Tatsache einmal gesetzt, ist fraglich, woher die revolutionären Energien im Proletariat überhaupt stammen können. Ist der Kapitalismus ein "stahlhartes Gehäuse" (Max Weber), das in letzter Konsequenz einen "universellen Verblendungszusammenhang" (Adorno/Horkheimer) erzeugt, oder gibt es noch Nischen darin, Brüche und Lücken im System, in denen sich ein revolutionäres Potential herausbilden kann? Wohlweislich haben Marx und Engels selbst, nach anfänglichen Utopien, im Spätwerk völlig auf Prognosen über zukünftige historische Entwicklungen verzichtet. Erst Neomarxisten des 20. Jahrhunderts, etwa Georg Lukács, haben eine Lösung anzudeuten versucht, indem sie den Bewußtseinsfaktor - konkret: die Entwicklung von Klassenbewußtsein - als revolutionären Transmissionsriemen definierten. Obwohl historisch angemessen, nämlich unter den Bedingungen der 20er Jahre unseres Jahrhunderts formuliert, erleben wir heute den totalen Zusammenbruch solcher Vorstellungen und den Kollaps eines Systems, das es seit der Oktoberrevolution nicht geschafft hat, in Masse ein sozialistisches bzw. Klassenbewußtsein herzustellen. Auch hier wieder: der Sieg des Alltags über den Feiertag, als welchen Marx die Revolution zu bezeichnen pflegte; ein Sieg schließlich alltäglicher, "gang und gäber Denkformen" über vermeintlich wissenschaftliche Weltanschauungen, die über der Errechen- und Planbarkeit des künftigen Fortschritts der Menschheit die täglichen und alltäglichen Bedürfnisse der Menschen vergessen haben.

Beispiel Schopenhauer. Ihn interessieren weder die Gesellschaft noch der einzelne als solche und als einzelne in ihrer konkreten Gestalt. Dennoch beweist er in seinem Hauptwerk "Die Welt als Wille und Vorstellung", aber nicht nur dort, eine zeitdiagnostische Tiefenschärfe, die gewiß vergleichbar ist mit der der Junghegelianer und Marxens. Dabei argumentiert Schopenhauer strikt monistisch, richtet seinen Blick stets auf ein letztes Prinzip, den Willen, in dem er den Ursprung und das Resultat menschlichen Elends, nämlich des unbedingten Willens zum Leben, erkennt. Überhaupt sind Schmerz, Leid und Elend - Zentralerfahrungen der Menschen im 19. Jahrhundert und das Revers von Fortschritt und Prosperität - der Ausgangspunkt seines Denkens. Schopenhauers Philosophie ist pessimistisch, ja anthropofugal. (vgl. Biella 1986. S. 104ff.) Er verurteilt den Optimismus und damit unisono alle Spielarten von Materialismus und Idealismus als "ruchlose Denkungsart", als "Hohn über die namenlosen Leiden der Menschheit." (Schopenhauer: Werke II. S. 408)

Wie die aussehen, davon hat Heinz Maus einmal eine gedrängte Zusammenfassung geliefert: "der Mensch ist im XIX. Jahrhundert 'auf Dinge außer ihm gewiesen', sein 'Schwerpunkt' ist 'außer ihm' gefallen: sein Leben ist 'platt', 'unoriginell', zu einer 'Schlamperei', 'banal' und 'geistlos' zur 'Phrase' geworden. Wie seine 'Angelegenheiten' 'ganz vereinzelt, ohne Ordnung und ohne irgend etwas Gemeinsames, als eben daß sie (seine) Angelegenheiten sind, auftreten und durcheinanderlaufen; so muß (sein) Denken und Sorgen um sie ebenso abrupt seyn, damit es ihnen entspreche.' Er 'haspelt' sein Leben ab, das er 'stets nur ad interim' lebt. 'Die äußere Unruhe, die Menge der Eindrücke' verdeckt, daß 'sein Gemüth ein Chaos' geworden ist; daß er ein 'Quasi-Daseyn' führt; 'daß das Leben keinen wahren ächten Gehalt hat, sondern bloß durch Bedürfniß und Illusion in Bewegung erhalten bleibt: sobald aber diese stockt, tritt die gänzliche Kahlheit und Leere des Daseyns zu Tage.' Das Leben ist wahrhaft inhaltslos geworden und die Anstrengung, ihm Inhalt zu geben, Sinn zu verleihen, will nicht wahrhaben, daß dieser Sinn Sinnlosigkeit meint, (...)." (Maus 1980. S. 53)

Das Leben - eine einzige Leidensgeschichte von der Geburt bis zum Tod, steckengeblieben im Unspektakulären der Alltäglichkeit und ständig oszillierend zwischen den beiden Polen "Schmerz und Langeweile", diesen für Schopenhauer charakteristischen Merkmalen menschlicher Existenz. "Wie die Noth die beständige Geißel des Volkes ist, so die Langeweile die der vornehmen Welt. Im bürgerlichen Leben ist sie durch den Sonntag, wie die Noth durch die sechs Wochentage repräsentirt." (Schopenhauer a. a. O. S. 392) Und weiter und tiefer noch: "Es ist wirklich unglaublich, wie nichtssagend und bedeutungsleer, von außen gesehen, und wie dumpf und besinnungslos, von innen empfunden, das Leben der allermeisten Menschen dahinfließt. Es ist ein mattes Sehnen und Quälen, ein träumerisches Taumeln durch die vier Lebensalter hindurch zum Tode, unter Begleitung einer Reihe trivialer Gedanken." (a. a. O. S. 402)

Der Mensch im Alltag - das ist für Schopenhauer die bedrängte Kreatur, der leidende Mensch, an dem alle metaphysischen Konstruktionen, nicht zuletzt die Erfindung des vernünftigen, begrifflichen Denkens abprallen. Not, Schmerz und Langeweile sind in seinen Körper eingezeichnet. Und er kann nicht heraus. Rastlos drängt ihn der Wille voran. Doch der Körper wehrt sich dagegen, er rebelliert. Entweder er somatisiert dann das undeutlich empfundene Leiden (vgl. dazu Nitzschke 1978. S. 73), oder er verabschiedet sich - dort, wo der Leidensdruck zu stark wird - ganz vom Leben. Nur entkommen kann man dem Alltag nie: er ist "eine endlose unbewegliche Gegenwart", angefüllt mit "Oede, Leere, Langeweile, gegen welche der Kampf eben so quälend ist, als gegen die Noth." (Schopenhauer: Vorlesungen Bd. IV. S. 70 u. 116) Und betroffen sind ausnahmslos alle Menschen, die gewöhnlichen, die sein Abziehbild sind, nämlich "platt und leer wie er selbst", aber auch die genialen, die "das Flache, Alltägliche, Gemeine", "die Last der Zeit" empfinden, erleiden und in der Kunstproduktion bzw. -rezeption kompensieren. (vgl. Schopenhauer: Der handschriftliche Nachlaß. Bd. 1. S. 161 u. 182)

Letztes Beispiel Nietzsche. Er ist nicht nur der Umwerter aller Werte, der Denker, der mit dem Hammer philosophiert, sondern zugleich der Philosoph und Psychologe einer halt- und anhaltslos gewordenen Subjektivität, eines Ich, dem alle Bindungen und Traditionen (von der Religion bis zur Vernunft der Philosophen) abhanden gekommen sind. Nietzsches Einsatzpunkt, seine Zeitkritik, ist überaus ähnlich dem Schopenhauerschen

Denken: "Alles quält sich, um ein elendes Leben endlos weiter zu perpetuiren; diese furchtbare Noth zwingt zur verzehrenden Arbeit, die nun der vom 'Willen' verführte Mensch gelegentlich als etwas Würdevolles anstaunt." (Nietzsche: KStA. Bd. 7. S. 336) Der Mensch im Alltag lebt in einer Welt des "Scheins ohne Deckung" (Walter Schulz), er lebt auf einer grundlosen Oberfläche, hat nur sich selbst und kann dabei sich selbst kaum aushalten. Doch Nietzsche teilt nicht die Schopenhauersche Konsequenz daraus, die Abkehr vom Leben. Im Gegenteil ist ihm dieser "ganze Resignationismus" (a. a. O. Bd. 1. S. 20) geradeso zuwider wie die umgekehrte "Wahnvorstellung" der Vernunftapostel, die glauben, "dass das Denken, an dem Leitfaden der Causalität, bis in die tiefsten Abgründe des Seins reiche, und dass das Denken das Sein nicht nur zu erkennen, sondern sogar zu corrigiren im Stande sei." (a. a. O. Bd. 1. S. 99) Nein, die "Grenzpunkte der Peripherie", das Böse, der Schmerz und das Leid, können ebensowenig erklärt werden wie das Sein der Welt insgesamt, schon gar nicht mit vernünftigen Gründen. Statt daraufhin aber in den Pessimismus zu flüchten, positiviert er die tragische Erkenntnis wieder. Dafür hat er schon in der Frühschrift "Die Geburt der Tragödie" das Bild des in seiner Todeszelle hockenden Sokrates gefunden, der angesichts des Todes die Philosophie verabschiedet und sich fragt, ob das "Nichtverständliche" "auch sofort das Unständige" sei. "Vielleicht giebt es ein Reich der Weisheit, aus dem der Logiker verbannt ist? Vielleicht ist die Kunst sogar ein nothwendiges Correlativum und Supplement der Wissenschaft?" (a. a. O. Bd. 1. S. 96) Sie ist es, wie auch ein Reich diesseits der Vernunft existiert. Daran hat der "tolle Mensch" Nietzsche (Türcke 1989) sein Leben lang festgehalten, darauf hat er eine neue transzendentale Landkarte errichtet, deren Koordinaten dann der Wille zur Macht als Wille zur Lebenssteigerung, der Übermensch und die Kategorie der Vornehmheit heißen werden.

Auch so könnte also Philosophiegeschichte einmal geschrieben werden: als das Verhältnis der Philosophen zum Volk. Dabei würde sich für das 19. Jahrhundert der Verdacht bestätigen, daß es zu einer zunehmenden Entfremdung kommt. Denn in einem Punkt sind sich alle Philosophen einig, mögen sie nun Fichte oder Hegel, Marx, Schopenhauer oder Nietzsche heißen: abgelehnt wird der gemeine oder gewöhnliche, schlicht: der Alltagsmensch. Mögen die Einsatzpunkte dabei auch differieren, mag einmal der gesunde Menschenverstand, ein anderes Mal das Leben (wie unspezifisch auch immer) bzw. die Gesellschaft attackiert werden, Einigkeit besteht in der Distanz zum Gewöhnlichen, in der Anrufung eines neuen Wunschsubjekts, das die Nöte und Ängste des Alltags immer schon transzendiert hat. Schopenhauers Genie, Nietzsches Übermensch, ja selbst Marx/Engels' Proletariat sind Projektionen, Wunschbilder, Imaginationen eines Subjekts, das sich mit aufrechtem Gang durch den Alltag der Entfremdung hindurchkämpft.

3. Rehabilitation

Mit Nietzsche befinden wir uns schon an der Schwelle zum 20. Jahrhundert - eines Jahrhunderts, das sich in seinen Anfängen als das Jahrhundert des Kindes, des Friedens und Fortschritts, der allgemeinen Prosperität und erhofften Klassenversöhnung verstand - und mißverstand, wie die weitere Entwicklung und der Zusammenbruch von 1914 schmerzhaft deutlich machten. Die Großstädte wachsen sich zu gigantischen Metropolen aus, der Siegeszug der Technik scheint unaufhaltsam, und verabschiedet wird jedes Denken, das auf das abgelaufene Jahrhundert zurückweist. Idealismus und Pessimismus, Hegel und Schopenhauer sind in den Hintergrund gedrängt. Statt dessen Materialismus und Positivismus, fürs Feinere der Pragmatismus angloamerikanischer Herkunft. Kein Kahlschlag, aber doch der Versuch eines Neuanfangs. Einer von denen schließlich, die sich ganz oben auf der Pointe der gesellschaftlichen und intellektuellen Entwicklung aufhalten: Georg Simmel.

Spielerisch leicht sind in Simmels Werk die engen Fach- und Disziplingrenzen von Philosophie und Soziologie, auch der Nationalökonomie aufgehoben. Und ausgeleuchtet werden darin die Konturen der Moderne, ihre Krisen, Wandlungen und Umbrüche. Simmel ist alles zugleich, Archäologe, Physiologe und Psychologe der Moderne - ein Zeitdiagnostiker eben. Als Archäologe untersucht er die Entstehungsbedingungen der modernen Gesellschaft, die er ins 18. Jahrhundert und auf die seitdem überhandnehmende Geldwirtschaft, auf das - in seinen Worten - Überwiegen der objektiven vor der subjektiven Kultur zurückverlegt; als Physiologe versucht er das Nervengeflecht dieser Gesellschaft, die über Wechselwirkungs- und Differenzierungsprozesse entstandenen Abhängigkeiten unter den Gesellschaftsmitgliedern freizulegen; und als Psychologe analysiert er schließlich die subjektiven Verarbeitungs- und Reaktionsformen.

Man mag in Simmels Biographie verschiedene Phasen unterscheiden, wobei am Anfang der vom Pragmatismus und Kant beeinflußte Philosoph steht, auf den der Soziologe folgt, der wieder von einem skeptischen Lebensphilosophen eingeholt wird. Mir scheint aber, daß man eher - in Schellingschem Sinne - von zwei Perioden oder einem Doppelgesicht sprechen sollte, von einem 'negativen' und einem 'positiven' Denken. Das negative Denken, das bei Simmel bis in die Zeit seiner "Soziologie" (1908) vorherrscht, widmet sich ganz der "Betrachtung bekannter Thatsachen", wie es schon in der Frühschrift "Über sociale Differenzierung" (1890; vgl. Simmel: GA 2. S. 116) heißt. Aufgegeben hat Simmel den Gedanken eines irgendgearteten Substantialismus, aufgegeben auch hat er Leitbegriffe wie Gesellschaft oder Individuum. Darin - und noch vor seiner intensiven Beschäftigung mit Nietzsche - ist er dessen gelehriger Schüler. Das Individuum ist keine Einheit mehr, keine Monas, sondern ein Divisum, der "Schnittpunkt" verschiedenster Kreise. (vgl. Simmel 1908. S. 420) Die Gesellschaft keine Ganzheit, allenfalls noch "Synthese", Produkt und Resultat vielfältiger Interaktionsbeziehungen. (vgl. a. a. O. S. 30) "Wir alle sind Fragmente, nicht nur des allgemeinen Menschen, sondern auch unser selbst. Wir sind Ansätze nicht nur zu dem Typus Mensch überhaupt, nicht nur zu dem Typus des Guten und des Bösen u. dgl., sondern wir sind auch Ansätze zu der - prinzipiell nicht mehr benennbaren - Individualität und Einzigkeit unser selbst, die wie mit ideellen Linien gezeichnet unsre wahrnehmbare Wirklichkeit umgibt." (a. a. O. S. 34) Forschungslogisch folgt daraus für Simmel, daß es um die Bestandsaufnahme und Inventarisierung vorgegebener sozialer Tatsachen und Sachverhalte geht, um den genauen Beobachterblick in einer Welt des Soseins, die als factum brutum akzeptiert wird. An die Stelle von Individuum und Gesellschaft rücken Vergesellschaftung und Wechselwirkung, wozu er sich über die Phänomenologie alltäglicher Beziehungen Aufschluß verspricht. Vergesellschaftung - das sind "all die tausend, von Person zu Person spielenden, momentanen oder dauernden, bewußten oder unbewußten, vorüberfliegenden oder folgenreichen Beziehungen." (a. a. O. S. 19) Und nur in dem Maße, wie diese festgestellt sind, kann man auch von einem Begreifen der Gesellschaft reden. Gesellschaft ist mithin nichts anderes als eine bloße "Aggregierungsform" (a. a. O. S. 775) bzw., wie es in der Frühschrift heißt, "nur der Name für die Summe [der] Wechselwirkungen, der nur in dem Maße der Festgestelltheit dieser anwendbar ist." (Simmel: GA 2. S. 131)

Skandal oder nicht - das soll uns hier nicht weiter interessieren, auch nicht das, was Simmel im einzelnen analysiert - etwa den Begriff der Ehre, die Koketterie, den Einfluß von Erbämtern, die Erweiterung sozialer Kreise oder auch und insgesamt die Wirkungen der Geldwirtschaft, der Simmel eine eigene Monographie, die "Philosophie des Geldes" (1900), gewidmet hat -, schon gar nicht das, was er in seiner lebensphilosophischen Spätphase unter Rückgriff auf Nietzsche und Bergson als mögliche Alternativen anbietet. Nein, aufschlußreicher für unseren Zusammenhang ist allein Simmels forschungslogisches Programm, das die geschundene Alltäglichkeit wieder aufwertet. Denn Simmel bezieht sich in seinen Analysen auf alltägliche Handlungs- und Verhaltensweisen, er greift die "gang und gäben Denkformen" wieder auf, in denen sich Gesellschaft im Bewußtsein ihrer Mitglieder spiegelt. Nichts ist gering genug, alles hat seinen Ort, füllt seinen Platz aus in einem dichten Koordinatennetz von Abhängigkeiten und Wechselwirkungen, deren Zusammenspiel wir abkürzend dann als Gesellschaft bezeichnen mögen.

Die Ergebnisse der Simmelschen Philosophie, die strikt induktiv argumentiert und Einzelfälle und Problemfelder in additiver Folge zu einem großflächigen Gewebe verknüpft, erinnern eher an die moderne Systemtheorie als an das, was kritische Schüler glaubten von Simmel erben zu können. In der Folge nämlich - namentlich bei Lukács und Bloch, Benjamin, Kracauer und Adorno - ist (wenn überhaupt, dann) lediglich an Simmels Entfremdungstheorie aus der "Philosophie des Geldes" angeknüpft worden. Die Entfremdung aber, auch und gerade im Alltag, ist, obwohl sie einen hervorragenden Platz bei Simmel einnimmt, dennoch nur ein Moment eines komplexen Zusammenhangs, den der Theoretiker nüchtern beschreibt. Schon gar nicht ist sie von monistischem Zuschnitt, wie Lukács' späteres Verdinglichungstheorem nahelegt. Und eines Werturteils, erst recht in Verbindung mit dem Plädoyer für eine andere, neue Gesellschaftsordnung enthält sich Simmel gänzlich. In subtilen Beobachtungen und Reflexionen werden vielmehr Vergesellschaftungsprozesse beschrieben, deren Pointe immer darin besteht, daß mit oder ohne Wissen der gesellschaftlichen Akteure - und oft genug hinter deren Rücken - aufgrund eines Geflechts von Abhängigkeiten und Rollenschematisierungen ein reibungsloses Funktionieren gewährleistet ist. Gesellschaft ist somit ein offenes System ohne Steuerungszentrum und wird doch in jedem einzelnen, subjektiven Akt neu bestätigt und reproduziert. Man könnte es auch so formulieren: Gesellschaft löst sich bei Simmel in die vielfältigen Formen der Vergesellschaftung des einzelnen und der Gruppe auf, wobei die Formen für die Bestandserhaltung des Systems sorgen. Und der präzise Ort, an dem die Formen Raum greifen, ist eben der Alltag.

Zur Rekapitulation: die beiden unpassierbaren Wege der Soziologie sind für Simmel die, die entweder beim Individuum oder bei der Gesellschaft ansetzen. Individualität sei jedoch prinzipiell nicht mehr benennbar, auf der anderen Seite Gesellschaft nur noch am Ende als Produkt und Resultat von Vergesellschaftungsprozessen feststellbar, schärfer noch: abstrahierbar. Beide sind substanzlos geworden. Es gibt keinen festen Kern, keine fixe Identität mehr. "Es ist keine Instanz jenseits einer relationalen Beziehung denkbar." (Biesenbach 1988. S. 137) Für den alteuropäischen Begriff von Individualität bedeutet das, daß dasjenige, was wir für ein Individuum halten, eigentlich ein "Divisum" (G. Anders) ist, Summe und Schnittstelle vielfältiger Kreuzungen und Überschneidungen. Es ist z. B. mittlerer Angestellter, Familienvater, Vereins- und Parteiangehöriger, zahlendes Mitglied der allgemeinen Ortskrankenkasse, all das und viel mehr oder viel weniger; jedenfalls bestimmt es sich in und durch soziale Rollen, steht in Abhängigkeiten von und Wechselwirkungen mit anderen einer Gruppe, Klasse, Ethnie usw. Darin geht es restlos auf; abzüglich davon bleibt nichts übrig, wenn wir von religiösen und anderen Heilserwartungen einmal absehen. Mit der Radikalität Nietzsches, der der traditionellen Metaphysik den Boden entzogen hat, ja deren Bodenlosigkeit demonstriert hat, operiert Simmel auf gesellschaftlichem Terrain. Auch das Individuum - ausnahmslos jedes sogenannte Individuum - ist bodenlos, hat nichts in sich, was Sicherheit verbürgt. Anhalt findet es nur außen, nur an dem, was ihm sein Alltag an Rollenangeboten offeriert. Und dankbar greift es danach, stiftet es schließlich - außengeleitet - seine spezifische Identität als Kassenwart im Sportverein, als Bildungsbeauftragter seiner Partei, als Statthalter Gottes auf Erden. Jedenfalls steht es, läßt es sich von seinem Alltag leiten, nie vor Nietzsches Frage aller Fragen, daß nichts schwerer sei, als die eigene Individualität auszuhalten. Der Alltag als Korsett - diesmal jedoch in der Form eines freiwillig akzeptierten Zwangs.

Mag man dem auch das Etikett Entfremdung aufkleben, es ändert nichts an der Tatsache, daß Alltag auch eine andere Seite hat, die Soziologen und Philosophen in Fortsetzung der Simmelschen Überlegungen (und nach der anthropologischen Wende in diesen Wissenschaften) mit dem Begriff "Entlastung" umschrieben haben. Im Alltag steckt immer auch das Moment der Entlastung. Denn er bietet dem einzelnen ein reiches Angebot an Traditionen und Überlieferungen, an Einstellungen und Haltungen dar, nicht zuletzt ein Rollenset, an das er sich anschließen, das er übernehmen oder ablehnen kann, um alternative Angebote - auch dafür hat bereits Simmel Beispiele aus dem Gebiet der Mode genannt - anzunehmen. Nie steht der einzelne wirklich allein da, sondern immer in Relationen. (Dort, wo diese als brüchig erlebt werden und Alternativen tatsächlich ausbleiben, wird er dann 'auffällig' oder 'krank' - in klinischer Terminologie.) Die Relationen konstituieren allererst die Welt des Menschen in Schelerschem Sinne. Denn nur der Mensch "hat" eine Welt, die er nah- oder fernstellen kann (vgl. Scheler 1983. S. 38ff.), die er - in der Nähe - als Lebenswelt oder - in der Ferne - als Um- oder Mitwelt wahrnimmt. Darüber schweben die Götter, darunter tut sich der Abgrund auf. Hölderlins Ermunterung "Wo aber Gefahr ist, wächst das Rettende auch" - im Alltag liegt endlich beides, Entfremdung und Entlastung.

Simmel stirbt 1918. Schüler in engerem Sinne hatte er nicht, wenngleich sein Einfluß bei so unterschiedlichen Denkern wie Bloch und Lukács, Kracauer oder Benjamin deutlich spürbar ist. Erst in jüngerer Zeit mehren sich wieder die Anzeichen für eine neue Aktualität. Simmels Vergessen hat Gründe, nicht zuletzt den, daß er der Denker einer Übergangszeit, des untergehenden deutschen Reichs, gewesen ist. 1914 geht diese Welt zugrunde - in den Schützengräben des Ersten Weltkriegs.

Was jedoch untergründig von Simmel nach- und weiterwirkt, das ist sein Alltagsbegriff, der Rückgang auf die Alltäglichkeit. Agnes Heller behauptet sogar: "The category of 'everyday life' emerged in both philosophy and sociology after the First World War, though certain basic problems bound up with this category had been under discussion from the mid-nineteenth century onwards. Everyday life (life-world) had to become problematic in order to be problematized." (Heller 1985. S. 77f.) Entscheidender Grund dafür sei die gleichzeitige Sensibilität für die Problematik von Rationalisierung und Verdinglichung: "Everyday life and thinking started to become thematized simultaneously with the discovery of 'rationalization' or 'reification'." (ebd.) Zu Recht weist Heller dann im folgenden auf die veränderten Schwerpunktsetzungen in den Spätphilosophien von Husserl und Wittgenstein hin, in deren Gefolge sie auch die verschiedenen Paradigmen der modernen Philosophie sieht. Insgesamt, so folgert Heller: "Everyday life and thinking has become the starting point and concern of modern philosophy, and so constitutive of various paradigms (mainly the paradigm of ordinary language)." (a. a. O. S. 81)

Sehen wir uns nun die Thematisierung des Alltags bei den beiden bedeutendsten Philosophen der Zwischenkriegszeit ein wenig genauer an. Zutreffend ist dabei Hellers Beobachtung vom intimen Zusammenhang zwischen der Alltäglichkeit und Rationalisierungs- und (im eigentlichen) Rationalitätsproblematik. Sowohl der späte Husserl als auch Heidegger in "Sein und Zeit" verarbeiten in ihrer Philosophie eine zentrale Zeiterfahrung, den Bruch zwischen der alten, im Krieg zusammengebrochenen Wilhelminischen Gesellschaft und der neuen, Demokratie erprobenden Republik, die alles andere als geistig gefestigt ist.

Seinen Ausdruck hat diese Erfahrung bei Husserl in dem späten Vortragszyklus von 1935 "Die Krisis der europäischen Wissenschaften und die transzendentale Phänomenologie" gefunden. Den Ausgangspunkt hat Hans Gerd Prodoehl treffend bezeichnet: "Husserl hatte vor dem Hintergrund seiner Erfahrung, daß die Entwicklung der technologischen Produktivkräfte, gipfelnd in den Materialschlachten des Ersten Weltkrieges, kein Garant für eine progressive Gesellschaftsentwicklung darstellen konnte, die Wurzel der Krise der modernen Welt im Objektivismus der modernen Wissenschaften gesucht und gegen die 'Lebensweltvergessenheit' des naturwissenschaftlichen Objektivismus seine Untersuchungen über die realitätskonstitutiven Leistungen der transzendentalen Subjektivität gesetzt." (Prodoehl 1983. S. 20; auch Waldenfels 1980. S. 22ff.) Es geht Husserl in der "Krisis"-Schrift um eine Kritik des Positivismus und einer darin halbierten Rationalität, der Zweckrationalität (M. Weber), die zwar in der Neuzeit ihren Siegeszug, vor allem in Gestalt der Naturwissenschaften, angetreten, dabei aber ihr lebensweltliches Fundament vergessen hat. Das habe weiterhin zu einem "gleichgültige(n) Sichabkehren von den Fragen" geführt, "die für ein echtes Menschentum die entscheidenden sind." (Husserl 1982. S. 4) "Der positivistische Begriff der Wissenschaft in unserer Zeit ist (...) - historisch betrachtet - ein <u>Restbegriff</u>. Er hat alle die Fragen fallengelassen, die man in die bald engeren, bald weiteren Begriffe von Metaphysik einbezogen hatte, darunter alle die unklar sogenannten 'höchsten und letzten Fragen'." (a. a. O. S. 7f.) Der positivistischen Enthauptung der Philosophie (vgl. ebd.), in der die wesentliche Frage nach dem "um sein Selbstverständnis ringenden Menschentum()" (a. a. O. S. 13), nach der "Existenz" (a. a. O. S. 12) zugunsten der Probleme der Beherrschbar- und Verfügbarkeit der Welt aufgegeben worden ist, setzt Husserl nun das Programm einer runderneuerten, transzendental gereinigten Vernunft entgegen. Dabei kommt der Alltäglichkeit, die Husserl unter dem Terminus Lebenswelt diskutiert, eine wesentliche Bedeutung zu. Denn die "alltägliche Lebenswelt" - um beide Begriffe mit Husserl kurzzuschließen - bilde im eigentlichen das "Sinnfundament" der (Natur-)Wissenschaften, die in ihrer technologischen Zurichtung, in einem "sinnentleerte(n) technische(n) Denken und Tun" (vgl. a. a. O. S. 61), die lebensweltliche Perspektive völlig aus dem Auge verloren hätten. Husserl will die Lebenswelt und die Alltäglichkeit in ihr wieder rehabilitieren und so - freilich immer transzendental reflektiert - den Wissenschaften ihr Fundament, ihren "Urboden", zurückerstatten. Gegen das "Ideenkleid" und die "Symbole", die die wirkliche Welt wissenschaftlich verkleiden (vgl. a. a. O. S. 55), spielt er die vorgegebene Welt aus. "Sie finden wir als Welt aller bekannten und unbekannten Realitäten. Ihr, der Welt der wirklich erfahrenden Anschauung, gehört zu die Raumzeitform mit allen dieser einzuordnenden körperlichen Gestalten, in ihr leben wir selbst gemäß unserer leiblich personalen Seinsweise." (a. a. O. S. 54) Die Lebenswelt ist für Husserl die primäre Wirklichkeit, die ausgezeichnete oder "oberste Wirklichkeit" (vgl. Berger/Luckmann 1982. S. 28), der Boden und das Fundament, worauf alles - auch unsere sämtlichen Wissensformen - beruht. Und dahinter kann nicht zurückgegangen werden. Damit ist dann auch der Punkt erreicht, in dem sich Husserl mit dem späten Wittgenstein der "Philosophischen Untersuchungen" trifft. Der nämlich hatte seine Hauptaufgabe darin gesehen, der Philosophie ihre spekulativen Grillen auszutreiben. "<u>Wir</u> führen", heißt es im Paragraphen 116, "die Wörter von ihrer metaphysischen, wieder auf ihre alltägliche Verwendung zurück." (Wittgenstein 1977. S. 80)

Im Mut, "sich nicht nur seines eigenen Verstandes, sondern auch seiner eigenen Augen zu bedienen", erkennt der Phänomenologe Bernhard Waldenfels eine von Husserls wesentlichen Leistungen. (Waldenfels 1980. S. 11) Wer nämlich die Augen aufmacht, sieht vor sich die Welt - bald näher, bald ferner - und kann von hier aus, aus der alltäglichen Lebenswelt heraus, in immer weiter aufsteigenden Leistungen und prinzipieller Offenheit 'seine' Welt konstituieren. Allem Anschein nach hat Heidegger, Husserls früherem Assistenten, diese transzendentale Naivität nicht behagt. Bereits Jahre vor der Krisis-Schrift, in "Sein und Zeit" (1927), das der Widmungsvorsatz "Edmund Husserl in Verehrung und Freundschaft" ziert, geht er mit dessen transzendentalphänomenologischem Ansatz hart ins Gericht.

Heideggers Anliegen ist hinreichend bekannt. Er entwirft Grundlinien einer Fundamentalontologie, die die seit der Antike entweder liegengelassene oder falsch gestellte Frage nach dem Sein neu und richtig stellt. Dabei kann das Sein weder von außen beobachtet, noch demonstriert, sondern allein durch eine Selbstanalyse - von innen gleichsam - bestimmt werden. Das Sein nämlich erscheint im Menschen als Dasein im Modus der Existenz. Und der Mensch erfährt sein Dasein in der Auslegung, in Verstehensakten. Nur der Mensch ist der Hüter des Seins, weil nur er seine "Eksistenz", "das ekstatische Wohnen in der Nähe des Seins" (vgl. Heidegger 1967. S. 173), verstehend begreifen kann.

Wo aber liegt der Ausgangs- und Einsatzpunkt für eine solche Ontologie? - Eben da, wo auch Husserl das Fundament und den "Urboden" der Philosophie und aller Wissenschaften gesehen hat, in der Alltäglichkeit. Dabei deutet Heidegger jedoch die Alltäglichkeit radikal anders als Husserl, ja diesem diametral entgegengesetzt. Mag der Gesamtentwurf von "Sein und Zeit" noch so esoterisch, die Sprache noch so dunkel sein, im Problem der Alltäglichkeit ist immerhin das laute Dröhnen einer krisengeschüttelten Zeit wieder deutlich vernehmbar, befinden wir uns mitten in den Kämpfen der Weimarer Republik, die zwischen rechts und links allmählich zerrieben wird. Alltäglichkeit umfaßt für Heidegger die Sphäre des uneigentlichen, des inauthentischen Seins. "Das Dasein stürzt aus ihm selbst in es selbst, in die Bodenlosigkeit und Nichtigkeit der uneigentlichen

Alltäglichkeit." (Heidegger 1984. S. 178) Zwar besteht die "Grundverfassung des Daseins" im "In-der-Welt-sein" (vgl. a. a. O. S. 334), doch ist dieses In-der-Welt-sein so strukturiert, daß es sich zumeist in der Sphäre der Alltäglichkeit, in dem, was Heidegger die Welt des "Man" nennt, aufhält.

"Die Alltäglichkeit meint das Wie, demgemäß das Dasein 'in den Tag hineinlebt', sei es in allen seinen Verhaltungen, sei es nur in gewissen, durch das Miteinandersein vorgezeichneten. Zu diesem Wie gehört ferner das Behagen in der Gewohnheit, mag sie auch an das Lästige und 'Widerwärtige' zwingen. Das Einerlei der Alltäglichkeit nimmt als Abwechslung, was je gerade der Tag bringt. Die Alltäglichkeit bestimmt das Dasein auch dann, wenn es sich nicht das Man als 'Helden' gewählt hat." (a. a. O. S. 370f.) Alltäglichkeit bedeutet die ewige Wiederkehr desselben, meint die repetitive Struktur unseres Welterlebens und hat im Man, diesem numinosen "Subjekt der Alltäglichkeit" (G. Lehmann), sein Substrat, seinen "Helden". Die Welt des Alltags, des Man, ist eine entfremdende, entfremdete Welt, die dem einzelnen Subjekt sein Dasein verbirgt. Hier liegen im übrigen enge Berührungspunkte Heideggers mit der marxistischen Theorie, die in Gestalt von Lukács' "Geschichte und Klassenbewußtsein", wie Lucien Goldmann annimmt, tiefe Spuren in "Sein und Zeit" hinterlassen hat, ja dessen heimlicher Gegenspieler und ständiger Bezugspunkt ist. Heidegger selbst spricht mehrfach von Entfremdung und meint damit das "verfallende In-der-Welt-sein". (a. a. O. S. 178)

Der Mensch im Alltag findet eine Welt vor, die nicht allein vorgegeben, sondern in ihrer Vorgefundenheit abgeschlossen, fix und fertig vorkonstruiert und ausgedeutet ist: im "Gerede" und "Geschreibe" nämlich, das "man" spricht und schreibt - in der Sphäre des gesunden Menschenverstandes und seiner Objektivationen, von der Sitte über die Tradition bis zu den Instanzen der öffentlichen Meinungsbildung. Soweit das Auge reicht, sieht Heidegger überall nur dieselbe "Durchschnittlichkeit" und "Bodenlosigkeit" (a. a. O. S. 168f.), dasselbe Nivellement nach unten, in dem alle gleich sind, weil alle tun, reden und denken, was "man" eben tut. Das Subjekt ist entfremdet, aber auf paradoxe Weise: es ist in der Entfremdung aufgehoben, durch Entfremdung entlastet.

Einer von Heideggers frühen Schülern, der Soziologe Gerhard Lehmann, hat diesen Sachverhalt treffend beschrieben. "Das Man", so Lehmann, "ist unpersönlich, verantwortungslos und leistet 'einem' doch den großen Dienst der Entlastung von aller Verantwortung." (Lehmann 1932/33. S. 24) Weiter noch entlastet es den einzelnen von seinem eigenen Dasein, von Nietzsches bohrender Frage nach sich selbst, dem Subjekt-Sein. Die Welt des Man erscheint hier als opake Welt einer gallertartigen, trüben Masse, der "Kollektivität": "Man setze für die Alltäglichkeit überhaupt die Kollektivität: dann ist das Subjekt der Alltäglichkeit Kollektivsubjekt, das Selbstverständnis der Alltäglichkeit Kollektivbewußtsein, das Man selbst die kollektive Schicht des Selbst, das Mitsein (Jeder der Andere) die kollektive Verschränkung; dann bewegt sich die 'Rede des Man' in Kollektivvorstellungen, dann manifestiert sich die 'Herrschaft des Man' in Brauch, Sitte, öffentlicher Moral und öffentlicher Meinung. Dann wird jedenfalls auch die Kritik der Alltäglichkeit zu einer Kritik des Kollektivismus." (a. a. O. S. 29)

Und was folgert der Soziologe daraus? "Die dem Alltäglichkeitsbegriffe immanente Dialektik (...) äußert sich (...) darin, daß der Alltag die soziale Wirklichkeit ebenso offenbart wie verdeckt. Das alltägliche Miteinandersein eröffnet den Zugang zur sozialen Wirklichkeit, aber es verschließt ihn zugleich; es zeigt ein reales Zusammenleben und enthält wirklich interindividuelle Beziehungen; aber es maskiert zugleich die wirklichen Gesinnungen, verbirgt die realen Kräfte, entspannt die vorhandenen Gegensätze, rückt Unechtes an die Stelle des Echten, Unwirkliches an die Stelle des Wirklichen. Die Welt des täglichen Lebens ist so im Ganzen eine phänomenale Welt, deren Strukturen den Wirklichkeitsstrukturen des Sozialen entsprechen, aber sie nicht decken, vielmehr unabhängig von aller Repräsentation einen eigenen, in sich selbst ruhenden Sinn besitzen, der auch von den erschütterndsten Umwälzungen des sozialen Lebens unbetroffen bleibt: auch im Chaos, auch in Krisen- und Revolutionszeiten bleibt Alltäglichkeit." (a. a. O. S. 37f.)

Ein Bild drängt sich auf: die Großstadt - sagen wir Berlin am Ende der Zwanziger Jahre. Eine wimmelnde Masse von Menschen, die sich durch die Einkaufsstraßen schiebt. Sandwichmänner dazwischen, an den Ecken Bettler und Zeitungsverkäufer. Ein Aufmarsch des Stahlhelm, der auf der einen Seite bejubelt, auf der anderen mit Flugblättern torpediert wird. In den Auslagen der großen Warenhäuser der letzte Schrei der Saison: lebende Menschen als Werbeträger für Trikotagen und anderes. Das Geschrei fliegender Händler vermischt sich mit dem Krach vorüberfahrender Omnibusse und quietschender Straßenbahnen. Überall derselbe Geräuschpegel, derselbe Gestank. Die Welt von Döblins "Berlin Alexanderplatz". Franz Biberkopf im Dschungel.

Die Welt der Alltäglichkeit ist die Welt des Man, die Welt der Masse und einer großstädtisch geprägten Zivilisation. Bereits fünf Jahre vor "Sein und Zeit" hat der spätere Heidegger-Freund Ernst Jünger sein Ressentiment gegenüber der Masse wortreich beschrieben: "Alt sind wir geworden und bequem wie die Greise. Verbrechen wurde es, mehr zu sein oder zu haben als die andern. Da wir der starken Räusche entwöhnt sind, wurden Macht und Männer uns zum Greuel; Masse und Gleichheit heißen unsere neuen Götter. Kann die Masse nicht werden wie die Wenigen, so sollen die Wenigen doch werden wie die Masse. Politik, Drama, Künstler, Café, Lackschuh, Plakate, Zeitung, Moral, Europa von morgen, Welt von übermorgen: donnernde Masse. Als tausendköpfige Bestie liegt sie am Wege, zertritt, was sich nicht schlucken läßt, neidisch, parvenühaft, gemein. Wieder einmal unterlag der Einzelne, verrieten ihn nicht gerade seine geborenen Vertreter am meisten?" (Jünger: SW 1. S. 54f.)

Ist das nicht ein und dasselbe? Wird nicht bei Jünger und Heidegger derselbe Sachverhalt artikuliert - und - weiter noch, was uns hier nicht interessiert - mit der Apologie des heroischen Einzelnen, des Kämpfers und Kriegers (Jünger), bzw. des sich ängstenden Philosophen (Heidegger) kuriert - mal pathetisch feiernd (Jünger), mal gnostisch raunend (Heidegger)? Hier herrscht derselbe Ton vor, dieselbe Reserve, derselbe antizivilisatorische, antigesellschaftliche Affront und dieselbe rückwärtsgewandte, romatisch-antikapitalistische Utopie einer Gemeinschaft der Starken. Gemeinschaft statt Gesellschaft (F. Tönnies). Hier und dort dasselbe Denkbild, das darüber hinaus auch die verschiedenen Parteien eint, Heidegger und Jünger in nahe Berührung mit der Linken bringt und die gemeinsame Herkunft aus dem Expressionismus verdeutlicht. Es geht um die Rettung des Subjekts, des Einzelnen aus den Fängen einer daseinsvergessenen (Heidegger), vermassenden (Jünger) und verdinglichenden (Lukács) Alltäglichkeit, um die Befreiung aus dem "Dunkel des gelebten Augenblicks" (Bloch), aus dem "'schädlichen Raum' der Gegenwart" und der "Unmittelbarkeit des gedankenlosen Alltags". (Lukács [4]1976. S. 348 u. 195)

Ja, es ist derselbe Affront, rechts und links. Ein Haß auf die demokratisch-bürgerliche Gesellschaft und ihre ersten Gehversuche. Ein Haß auf die Offenheit, das Fragmentarisch-Unabgeschlossene in ihr. Gleichzeitig der Wunsch nach einer Rückkehr zur geschlossenen Ordnung des Ständestaates oder der Klassenherrschaft, eines hierarchischen Obrigkeitsstaates oder einer proletarischen Diktatur. Doch sind das schon die angebotenen Therapieformen. Unabhängig davon aber liegen in der phänomenologischen Bestandsaufnahme der Entfremdungsstrukturen bei Heidegger wie Lukács Anschlußmöglichkeiten für eine Theorie des Alltags und der Alltäglichkeit, die unter Rückgriff auf die vorurteilslosen Ansätze bei Simmel oder Husserl den Weg zu einer nüchterneren Analyse freimacht.

Allerdings mußte dafür erst noch Zeit vergehen. Die Zwischenkriegsjahre waren nicht der geeignete Zeitrahmen.

Anschlüsse und Schnittstellen

Ich komme wieder zurück, suche nach Anschlußmöglichkeiten, nach Wiederaufnahmen der Alltagsproblematik in der Theorie, auch nach der Schnittstelle, wo sich Literatur und Alltagstheorien berühren.

Als Georg Lukács Ende der 50er und zu Beginn der 60er Jahre seine "Eigenart des Ästhetischen" schrieb, notierte er darin gleich im ersten Kapitel, "daß der Alltag, dieses wichtige, den größten Teil des menschlichen Lebens umfassende Gebiet, philosophisch so wenig untersucht wurde." (Lukács 1981. Bd. 1. S. 32) In der Tat; denn nach ersten Anfängen einer Theorie der Alltäglichkeit bei Simmel, Husserl und Heidegger, bei Bloch und dem jungen Lukács selbst, schließlich - und gleichsam en passant - in Randbemerkungen Benjamins, Kracauers und der frühen Kritischen Theorie ist das Feld des Alltags nicht mehr bearbeitet worden. So bestellt denn Lukács auch in seiner Ästhetik, deren gesamter erster Teil den Formen der Widerspiegelung im Alltagsleben, in der Wissenschaft und den Künsten gewidmet ist, noch weitestgehend Neuland. Bezug nimmt er allenfalls auf die philosophische Anthropologie (Gehlen und Plessner) sowie auf den sowjetischen Biologen Pawlow. Für die 50er und 60er Jahre - Jahre, in denen Heideggers Spätphilosophie und ein verwässerter Existentialismus tonangebend waren - war der Alltag kein Thema. Im Gegenteil: das deutsche Wirtschaftswunderland befand sich noch ganz im Rausch des Neuanfangs, und alles war noch spannend, kein Tag dem anderen gleich, am spannendsten jedoch das Beobachten des eigenen Kontos und der Sparguthaben. Das ändert sich erst mit und im Gefolge der Studentenbewegung - dann aber schlagartig. Und - im Bereich der Theorie - mit inflationären Folgen, so daß für die 70er und 80er Jahre schließlich von einem neuen Modethema gesprochen werden kann.

Was sind die Gründe dafür? Und warum konnten - und damit muß die pauschale Einschätzung zumindest ein wenig relativiert werden - die Arbeiten Henri Lefebvres, des Pioniers der Alltagsforschung, erst so spät Anklang, Verbreitung und kritische Würdigung erfahren?

Lefebvre nämlich hatte schon 1946 den ersten Band seiner "Critique de la vie quotidienne" publiziert, dem zwei weitere Bände 1961 und 1968 und eine nochmalige Zusammenfassung der Ergebnisse 1972 folgen sollten. Dabei reagiert der erste Band hauptsächlich auf die Zerschlagung des Faschismus und die danach grassierenden Hoffnungen in Frankreich auf eine neue und bessere Gesellschaft. Doch gibt Lefebvre entgegen diesen Hoffnungen zu, daß sich unabhängig von ökonomischen und politischen Veränderungen solange nichts wirklich ändert, solange sich nicht das Alltagsleben der Menschen radikal verändert. Für den Marxisten Lefebvre ist klar, daß auch die französische Nachkriegsgesellschaft eine kapitalistische ist. Und deren Grundprinzip auf der Ebene der sozialen Beziehungen erkennt er in der "Entfremdung". Keine soziale Beziehung - Beziehung zu anderen - gebe es ohne Entfremdung (vgl. Lefebvre 1977. Bd. 1. S. 25), weshalb er auch "die Theorie der Entfremdung und des 'totalen Menschen'" als "Leitlinien für die Kritik am Alltagsleben" vorstellt. (vgl. a. a. O. S. 84) Nur der Marxismus könne "in seiner Gesamtheit (...) eine kritische Erkenntnis des Alltagslebens" formulieren. (vgl. a. a. O. S. 153) Dessen Aufgabengebiet ist weit gesteckt: er soll nicht nur das bürgerliche Individualitätskonzept kritisieren, sondern auch die dahinterstehenden Mystifikationen; er soll den Fetischismus der Geld- resp. Warenwirtschaft demaskieren und eine Kritik der Bedürfnisse leisten; weiterhin soll er die Kritik der Arbeit sowie auch der Reproduktions- und - im eigentlichen - Freizeitsphäre vorantreiben und am Ende dann noch eine Kritik der Freiheit liefern. (vgl. a. a. O. S. 153-174)

So anspruchsvoll Lefebvres Forschungsprogramm auch ist, so wenig eingelöst hat er diesen Anspruch - auch nicht in den Folgebänden. Dem beherzigenswerten Hegelschen Vorsatz, das Vertraute endlich zu erkennen (vgl. a. a. O. S. 24), kann er systematisch nicht nachkommen. Es bleibt bei mehr oder weniger impressionistischen Beschreibungen, bei Momentaufnahmen und Details, die er zu keinem kohärenten Zusammenklang bringen kann. Er bleibt im Ansatz stecken, und es scheint schließlich so, daß sich der widersprüchliche Komplex der Alltäglichkeit auch in eine widersprüchliche Theoriebildung hineingeschrieben hat. "In gewissem Sinne ist das Alltagsleben das Einfachste und Evidenteste. Wie lebt man? Wenn die Antwort auch schwer fällt, so ist doch die Frage durchaus klar. In einem anderen Sinne ist es wiederum das Ungreifbarste, das am schwersten zu Erkennende und zu Bestimmende. Einerseits das denkbar Oberflächlichste: die Banalität, die Trivialität, das Repetitive. Andererseits das denkbar Tiefgründigste: die Existenz und das 'Erlebte', beide nicht spekulativ übertragen, aber entscheidend: was geändert werden muß und was am schwersten zu ändern ist." (a. a. O. Bd. 2. S. 55)

Soweit die Bestandsaufnahme Lefebvres, sein Definitionsversuch. Zwiespältig aber die Konsequenzen daraus. Genauer noch: in Lefebvres wortreichen Analysen reproduziert sich aufs genaueste dieselbe Aporie, die sich schon im Werk von Marx und Engels findet. Denn einerseits markiert der Alltag den Ort der Entfremdung, den Bodensatz einer "bürokratische(n) Gesellschaft des gelenkten Konsums" (Lefebvre 1972. S. 88), wie Lefebvre die spätkapitalistische Gesellschaft bezeichnet; andererseits und zugleich aber will er im Alltag auch den Sprengsatz der Revolution sehen. Dazwischen schillert seine Theorie, bewegt sie sich hin und her. Einmal spricht er von der Verelendung im Alltag als dem wichtigsten Untersuchungsobjekt, dann wieder von den schöpferisch-produktiven Momenten. (vgl. Kleinspehn 1975. S. 77 u. 80) Von diesem Dualismus ist die ganze Lefebvresche Theorie geprägt. Prodoehl hat dazu bemerkt, "daß er [Lefebvre] in widersprüchlicher Weise das Alltagsleben einmal als den Ort identifiziert, an dem die Bedürfnisse, Eigenschaften und Fähigkeiten der Subjekte zu bloßen Funktionselementen im Rahmen eines lückenlos festzementierten Entfremdungsmechanismus herabgewürdigt werden, und in gleichem Atemzug im Alltagsleben diejenige Sphäre erblickt, in der sich die 'unreduzierbaren'(Lefebvre 1972. S. 96) Bedürfnisse und Wünsche der Individuen als unversöhnliche Widerstandsfaktoren gegen das brüchige Gehäuse der Entfremdung geltend machen." (Prodoehl 1983. S. 49)

Welches Moment wird sich aber durchsetzen? Die Antwort bleibt offen: "Der Homo sapiens, der Homo faber, der Homo ludens enden im 'Homo quotidianus'; sie verlieren alles, sogar die Eigenschaft als 'Homo'. Ist der 'Quotidianus' noch ein Mensch? Das ist virtuell ein Automat. Damit er die Qualität und die Eigenheiten des Menschen wiederfindet, muß er von der Alltäglichkeit ausgehend das Alltägliche innerhalb des Alltäglichen aufheben!" (Lefebvre 1972. S. 262)

Während sich Lefebvres Untersuchungen zum Alltagsleben im wesentlichen an den jungen Marx anschließen, sucht Karel Kosík, der Philosoph des Prager Frühlings, in seiner Arbeit über "Die Dialektik des Konkreten" (1967) Marx und Heidegger miteinander zu verbinden. Die Welt des Alltags ist auch für ihn eine entfremdete Welt - im Osten wie im Westen -, die vom Heideggerschen Man, der Manipulation, beherrscht wird. Sie ist eine Welt des Scheins, der Oberfläche oder auch der "Pseudo-konkretheit": es ist "die Welt der äußeren Erscheinungen, die sich an der Oberfläche der wirklichen, wesentlichen Prozesse abspielen; die Welt der Versorgung und Manipulation, d. h. die zum Fetisch erhobene Praxis der Menschen (die mit der revolutionär-kritischen Praxis der Menschheit nicht identisch ist); die Welt der geläufigen Vorstellungen, die eine Projektion der äußeren Erscheinungen in das Bewußtsein der Menschen und ein Gebilde der fetischisierenden Praxis, ideologische Formen ihrer Bewegung sind; die Welt der fixierten Objekte, die den Eindruck natürlicher Bedingungen machen und nicht unmittelbar als Ergebnisse der gesellschaftlichen Tätigkeit der Menschen erkennbar sind." (Kosík 1986. S. 9)

Dieser Pseudokonkretheit korrespondiert das "geläufige Denken" als "ideologische Form des alltäglichen menschlichen Handelns". (vgl. a. a. O. S. 14) Und als dessen Wurzel bezeichnet Kosík - mit Heidegger, diesen allerdings radikal umdeutend - die Sorge. Denn in der Sorge ist zwar das Individuum "in ein Netz von Beziehungen" verknüpft, weil sie "die praktische Engagiertheit des Einzelnen im Gewirr der gesellschaftlichen Beziehungen" ist (vgl. a. a. O. S. 63), doch bezieht sich die Sorge in Gestalt des Besorgens immer schon auf eine bereits fertig gegebene Welt, weshalb man keineswegs von einer wirklichen "Gestaltung der menschlichen Welt" (a. a. O. S. 66) sprechen kann. Im Gegenteil: "Im Besorgen manipuliert der Mensch als Sorge mit Telefon, Fernsehen, Aufzug, Auto und Straßenbahn, ohne daß er sich dabei die Wirklichkeit der Technik und den Sinn dieser Einrichtungen zu Bewußtsein bringt." (a. a. O. S. 68) Sich sorgend, d. h. die Dinge be- und versorgend, entfremdet sich der Mensch im Alltag umso mehr, je tiefer er in dessen Mechanismus eingespannt ist, d. h. je gleichgültiger er dessen Gliederung und Rhythmus gegenübersteht.

Alltag wird von Kosík, wie schon bei Heidegger und Lefebvre, durch die Wiederkehr des Gleichen charakterisiert. "Die Alltäglichkeit ist vor allem die Gliederung des individuellen Lebens der Menschen im Rahmen jedes Tages: die Wiederholbarkeit ihrer Verrichtungen ist in der Wiederholbarkeit eines jeden Tages, in der Zeiteinteilung eines jeden Tages fixiert. Das Alltägliche ist die Gliederung der Zeit und der Rhythmus, darin sich die individuelle Geschichte der einzelnen abspielt. Die Alltäglichkeit hat ihre Erfahrung und ihre Weisheit, ihren Gesichtskreis, ihre Vorausschau, ihre Wiederholbarkeit, aber auch ihre Außergewöhnlichkeit; ihren Alltag und ihren Feiertag." (a. a. O. S. 72) Die alltägliche Welt bezeichnet "eine Welt der Vertrautheit, der Familiarität, der alltäglichen Verrichtungen", die von einem "Mechanismus des Handelns und Lebens" regiert wird. Und sie ist nicht nur vertraut, sondern ebenso berechen- wie lenkbar. (vgl. ebd.) Aber sie ist vor allem eine nur "phänomenale Welt, in der sich die Wirklichkeit auf eine bestimmte Weise offenbart und gleichzeitig verbirgt." (a. a. O. S. 75)

Hier nun bringt Kosík sein marxistisches Erbe mit der Heideggerschen Philosophie zusammen. Denn im Alltag mit seiner bloß utilitären Praxis, mit den Akten des Besorgens, so schließt er, bringen sich die Menschen ihr gesellschaftliches Sein nur in fetischisierten Formen zu Bewußtsein. (vgl. a. a. O. S. 192) Dahinter steckt eine "Ontologie des Menschen" (a. a. O. S. 196), eine, wie sich der späte Lukács ausdrückt, "Ontologie des gesellschaftlichen Seins", in der die Kategorie der Arbeit als schöpferischer, teleologische Ziele realisierender Tätigkeit den Hauptplatz einnimmt. Die Welt des Alltags jedoch kennt keine schöpferische Selbstverwirklichung, weil sie sich strikt nach den Dingen richtet, besorgend mit den Dingen hantiert. Die Ding- und Sachenwelt, in letzter Instanz die Waren, regiert über die Menschen, verfügt über sie. Darin knüpft Kosík eng an den Marx der "Grundrisse" und des "Kapitals" an, dessen Fetischismuskapitel in der Aussage gipfelte, daß die Menschen, statt die Sachen zu kontrollieren, nun vielmehr unter deren Kontrolle stehen. In den Worten Kosiks: "Wenn die ökonomischen Kategorien 'Seinsformen', 'Existenzbestimmungen' des gesellschaftlichen Subjekts sind, so enthüllt sich in ihrer Analyse und dialektischen Systematisierung das gesellschaftliche Sein. In der dialektischen Entfaltung der ökonomischen Kategorien reproduziert sich geistig das gesellschaftliche Sein." (a. a. O. S. 185)

In summa also: die Welt des Alltags ist eine entfremdete, von der Warenwirtschaft beherrschte Welt, die den Subjekten zwar 'in der Nähe', in den Akten des Besorgens eine gewisse Vertrautheit an der Oberfläche ("phänomenale Welt", "Pseudo-konkretheit") läßt, insgesamt aber das gesellschaftliche Wesen ("Arbeit") verbirgt bzw. in verzerrter, fetischisierter Form widerspiegelt.

Auch in Agnes Hellers großer Studie "Das Alltagsleben. Versuch einer Erklärung der individuellen Reproduktion" geht es zentral wiederum um den Begriff der Entfremdung. Im Anschluß vor allem an das Spätwerk Lukács', dessen Schülerin Heller war, und das dort benannte Forschungsdesiderat - eine Analyse der Alltäglichkeit - versucht sie "die geheime Hefe der Geschichte" (Heller 1978. S. 25), den Alltag, durchsichtiger zu machen. Terminologisch versteht sie unter dem Alltag, dem Alltagsleben, "die Reproduktion des Einzelnen". (vgl. a. a. O. S. 26) Das Alltagsleben ist die ausgezeichnete Wirklichkeit eines jeden Menschen, die vorgefunden und in die man hineingeboren wird. Man kann sie sich nicht aussuchen. Und sofort kommt die Entfremdung wieder ins Spiel. "Seit der Entstehung der gesellschaftlichen Arbeitsteilung wird das 'Hineingeborensein' in eine konkrete Umwelt, der Primat der Aneignung dieser Umwelt im Alltag, zu einer Entfremdungserscheinung." (a. a. O. S. 33; Text im Original gesperrt) Die Marxsche Theorie, insbesondere die Entfremdungstheorie, fungiert für Heller, wie schon für Lefebvre und Kosík, als "eine Kritik des Alltagslebens der Klassengesellschaften, des Privateigentums, der Arbeitsteilung." (a. a. O. S. 55; Text im Original gesperrt)

Vom Alltag zu reden, bedeutet für Heller - und in diesem Punkt ist sie begrifflich weitaus präziser als noch Lefebvre oder Kosík - über den Einzelnen zu reden. Denn der Alltag ist zunächst immer ein je einzelner, ein partikularer; das Subjekt darin eine "Partikularität". (vgl. a. a. O. S. 41ff.) "Wenn der partikulare Einzelne sich die Welt aneignet, so tut er es zum Zweck der Selbsterhaltung; er setzt also teleologisch seine Selbsterhaltung und stellt sein Ich bewußt in den Mittelpunkt der Welt. Das Ich-Bewußtsein erscheint mit dem Bewußtsein von der Welt." (a. a. O. S. 42) Dieses Ich, der partikulare Einzelne, ist einmalig und unwiederholbar. Doch es ist an einen bestimmten Punkt in einer bestimmten Zeit in die Welt hineingestellt, die es immer und jederzeit mit anderen teilt und die es sich durch die Teilhaberschaft mit anderen aneignet. Die Aneignungsleistungen vollziehen sich dabei vor allem in den Medien 'Arbeit' und 'Sprache', die Heller in Fortsetzung von Hegel und Marx als Objektivationen bezeichnet. Dabei besteht nun das Dilemma dieser Objektivationen insgesamt darin, daß sie einer doppelten Bestimmung unterliegen bzw. - um den geschundenen Begriff wenigstens einmal zu gebrauchen - eine dialektische Struktur aufweisen. Arbeit und Sprache etwa, um nur sie hier zu nennen, tragen den

Stempel der Entfremdung, sind - zeitgenössisch - vom Wesen einer waren-
produzierenden Gesellschaft imprägniert und verkörpern doch zugleich
immer auch etwas "an sich", Werte, die als solche wirklichkeitsresistent und
gesellschaftsinvariant sind, d. h. sich auch über ihre zweite, jeweils gesellschaftlich konkrete Bedeutung hinweg behaupten. Arbeit z. B. ist für Heller ebenso "work" (= Lebensbedürfnis) wie "labour" (= Entfremdung) (vgl.
a. a. O. S. 112ff.), Sprache zugleich eine Weise der Ent-nennung wie der
Be-nennung - etwa in der Literatur. Und der partikulare Mensch ist in seinem Alltag fortwährend dieser Widersprüchlichkeit ausgesetzt.

Schimmert hier aber nicht altes, lebensphilosophisches Erbe durch?
Georg Simmel - obwohl von Heller wie auch von ihrem Lehrer Lukács,
dessen ganzes Lebenswerk nie völlig frei von lebensphilosophischen Re-
sten geblieben ist, ungenannt - hatte schon in seiner "Philosophie des Geldes" vom Gebiet des objektiven Geistes gesprochen, das sich - mit Dilthey -
"von dem Stil des Lebens, den Formen des Verkehrs zum Zusammenhang
der Zwecke, den die Gesellschaft sich gebildet hat, zu Sitte, Recht, Staat,
Religion, Kunst, Wissenschaft und Philosophie" (vgl. Dilthey 1981. S. 256)
erstreckt und das seit dem 18. Jahrhundert das Zeichen der Entfremdung
trägt, jedenfalls die "subjektive Kultur", den Anspruch des Einzelnen auf
einen authentischen Ausdruck, zusehends in den Hintergrund drängt.
Auch Heller hält noch an diesem Schema fest, wenn sie - freilich in marxistischer Terminologie - den Zustand der gesellschaftlichen Verhältnisse
(und nicht nur der bürgerlichen) als entfremdet beschreibt, um demgegenüber den Kommunismus als gesellschaftsutopischen Entwurf und - als dessen Subjektkorrelat - das klassische Persönlichkeitsideal zu setzen. Nur im
Kommunismus könnten die Naturschranken zurückgedrängt, könnte Individualität allererst herausgebildet werden. (vgl. a. a. O. S. 56) Hellers Ideal -
das wird auf den letzten Seiten deutlich - annonciert sich in aller Schlichtheit und ohne das Pathos utopischer Gesamttotalitäten als "sinnvolles Leben" (bzw. die Möglichkeit hierzu) und gibt als Grundbedingung dafür
schließlich die Individualität an. (a. a. O. S. 315 u. 317ff.)

Wo ist aber bei der gesamten Argumentation der Alltag geblieben? Es
markiert die grundsätzliche Schwäche des Hellerschen Ansatzes, daß sie
ihre Argumentation immer in das Raster der Entfremdung einspannt und
vor diesem Hintergrund dann eine Alternative, ein Ideal, formuliert, in
dem schlechte Alltäglichkeit immer schon aufgehoben ist. Aber was ist gu-

ter Alltag? Wie würde der Alltag im Kommunismus beschaffen sein? Zwar
fällt gelegentlich auch einmal der Begriff der Entlastung, so beim Hinweis
auf den "sichere(n) und stetige(n) Rhythmus" im Alltag (vgl. a. a. O. S.
307), doch geht das schließlich alles wieder aufs Konto der Entfremdung,
ist Entlastung nur ein Sicherungsventil, um die Entfremdung praktisch aushalten zu können. So berechtigt daher Hellers Versuch ist, im Rückgang
auf den Einzelnen und dessen Reproduktionssphäre sich dem Alltagsleben
zu nähern, das ja immerhin "Ausgangs- und Endpunkt jeder menschlichen
Tätigkeit" ist (vgl. Joas, in Heller a. a. O. S. 12), so unbefriedigend sind die
Ergebnisse, die immer auf eine ontologische Begründung des Kommunismus als der Realisation des Menschlich-Gattungsmäßigen hinauslaufen.
(vgl. auch Prodoehl 1983. S. 57)

So problematisch, ja so widersprüchlich die Arbeiten Lefebvres, Kosíks
oder Hellers auch sein mögen, es gebührt ihnen neben dem Spätwerk Lukács', das noch gesondert behandelt werden soll, das Verdienst, das theoretische Bewußtsein für die Probleme der Alltäglichkeit, die lange vergessen waren, erneut geschärft und die Desiderate philosophischer,
soziologischer und sozialpsychologischer Forschung mindestens verdeutlicht zu haben. Nachhaltigen Einfluß haben sie auch auf die bundesdeut-
sche Diskussion um den Alltag, vor allem in neomarxistischen Zusammenhängen, ausgeübt. Daß dabei in der BRD die Beschäftigung mit dem Alltag
erst mit einer gehörigen Phasenverschiebung in den 70er Jahren eingesetzt
hat, hat seine Gründe in der Studentenbewegung - vor allem in deren
Scheitern und der anschließenden sozialliberalen Reformpolitik (Brandts
Schlagwort "Demokratie wagen"). Zerstört sind die Hoffnungen auf eine
revolutionäre Veränderung der Gesellschaft; verfeindet die Linke und
zersplittert in zahllose Fraktionen und kleinste Kaderparteien; verschwunden nicht zuletzt das revolutionäre Subjekt der Geschichte, das Proletariat,
auf jeden Fall jedoch dessen Idealisierung und Stilisierung. Auf der Suche
nach einem neuen Subjekt, auf der Suche nach theoretischen Erklärungen
für das Scheitern des "Projekts '68", für die Versäumnisse auf der Linken
und ihre Mißverständnisse wird dann der Alltag entdeckt - der Alltag in
seiner Widerständigkeit und Widersprüchlichkeit, seiner Trägheit und seinen retardierenden Momenten, die das Subjekt, den "subjektiven Faktor",
viel stärker an Traditionen binden, als die voluntaristischen Konzepte zuvor noch glauben mochten. Das "Subjekt der Alltäglichkeit" ist eben insge-

samt viel hartnäckiger und resistenter allen Veränderungen gegenüber als das geschätzte und vergötterte Klassensubjekt, das, wenn es nur hart auf hart kommt, sich viel lieber aufs Zuhause besinnt, um dort - etwa am 1. Mai - im Garten gemütlich Kaffee zu trinken als auf der Straße zu demonstrieren. Eine schmerzliche Erkenntnis - vom Zusammenbruch aller realsozialistischen Gesellschaften einschließlich der mit ihnen verbundenen Zielperspektiven einmal ganz zu schweigen.

Die Wiederentdeckung des Alltags in der Theorielandschaft der BRD markiert eine "Gegenbewegung", wie Prodoehl mit Recht vermerkt, "gegen all jene Tendenzen, die gesellschaftlich und historisch vermittelte Subjektivität zu einer Restgröße im Rahmen einer Produktionsfaktorentheorie der Geschichte oder eines Kybernetisierungsmodells der Gesellschaft herabzustufen." (Prodoehl 1983. S. 14) Innerhalb linker Diskussionszusammenhänge verweist die Alltagsproblematik schließlich auf ein Element der Selbstkritik, das mechanistische, voluntaristische und dezisionistische Vorstellungen über das Subjekt der Geschichte und seine notwendigen Aktionen wieder hinter die Analyse konkreter Lebensbedingungen zurücknimmt.

Beispielhaft läßt sich das an den verschiedenen Arbeiten Thomas Leithäusers und seiner Bremer Arbeitsgruppe nachweisen. Leithäuser arbeitet seit den frühen 70er Jahren am Projekt einer "Politischen Psychologie", die versucht, "die Spuren der Gesellschaft an den Individuen, den Niederschlag, den sie in ihren inneren (verinnerlichten) Strukturen hinterläßt, zu begreifen und aufzuklären." (Leithäuser 1981. S. 107) Hauptfeld seiner Untersuchungen und empirischen Studien sind das Alltagsleben und alltägliche Bewußtseinsstrukturen. Dabei zeigt sich in allen Erklärungs- und Definitionsversuchen Leithäusers, der ebenso am Marxismus wie an der Psychoanalyse und der Kritischen Theorie geschult ist und sich häufig auf Lefebvre und Heller beruft, daß er Alltäglichkeit ausschließlich unter der Perspektive der Entfremdung, Alltagsdenken nur im Modus des falschen Bewußtseins begreift. Die Pointe besteht freilich bei Leithäuser darin, daß - nach dem Scheitern der Studentenbewegung und der in sie investierten Hoffnungen - Entfremdung nun zum Erklärungsmodell für die ausgebliebenen politischen und sozialen Veränderungen herhalten muß. Apodiktisch setzt er das Alltagsleben als "Ausdruck der Entfremdung", als "Zeichen dafür, daß die Menschen von den Verhältnissen, die sie geschaffen haben, beherrscht werden und nicht umgekehrt diese beherrschen." (Leithäuser 1976b. S. 49) In einem späteren Aufsatz heißt es auch einmal zusammenfassend: "Das Tagein-Tagaus bei der Arbeit, zu Hause (mit den anderen), bei den Freizeitbeschäftigungen ist die bloße Rekapitulation des immer gleichen. Das Alltägliche besteht aus den monotonen Wiederholungen in den unmittelbaren Interaktionen, (...). (...) Innovative Tendenzen der Praxis, die 'Ebene der Erfindung' (Lefebvre), verlieren ihre sprengende Kraft. Serialität und Monotonie beherrschen das Alltagsleben und zerstückeln es in eine bloße Aneinanderreihung von Lebenssituationen, die die vereinzelten Individuen immer weniger von sich aus mit Sinn ausstatten können. Die Sinnproduktion übernimmt die Bewußtseinsindustrie. (...) So verliert das Alltagsleben sowohl seine integrative als auch seine innovatorische Kraft. An deren Stelle tritt Apathisierung und ungezielte, ungerichtete Aufsässigkeit und Aggressivität." (Leithäuser 1981. S. 115) Wenig später spricht Leithäuser gar von den "autistischen Milieus des Alltagslebens." (a. a. O. S. 116)

Und das Alltagsbewußtsein und die Wissensformen sind nur die getreuen Abbilder eines solcherart deformierten Zustands. "Alltagsbewußtsein ist der Modus des Bewußtseins der Individuen, der ihre Bewußtlosigkeit von den gesellschaftlichen Verhältnissen und deren Entstehungsgeschichte ausdrückt. Wie in einer Art Zerrspiegel reflektieren sich in dieser Bewußtseinsfigur Verhaltens- und Handlungsdeterminationen. (...) Gewordene und gemachte, produzierte Dinge verwandeln sich in Naturdinge. (...) Damit blockiert sich Alltagsbewußtsein prinzipiell gegen kritische Reflexion und kommt gerade mit der Welt zurecht, weil es deren Ecken und Kanten nicht spürt; es ebnen sich ihm die Konturen der Erfahrung ein. Sein Verfahren ist nicht die Reflexion, die distanzierte Überlegung im Sinne kritischen und prägnanten Bestimmens, sondern die Reduktion auf das Diffuse und Verschwommene, das als bekannt gilt und daher nicht befragt zu werden braucht." (Leithäuser 1976a. S. 12; ähnlich auch Leithäuser 1975. S. 55f.) An anderer Stelle lautet die Definition dann kurz und bündig: "Alltagsbewußtsein ist (...) die individualisierte, d. h. von den Individuen in Sozialisationsprozessen erworbene Form eines allgemeinen, gleichwohl partikularisierten und parzellierten (an aktuelle soziale Situationen gebundenen) gesellschaftlichen Bewußtseins." (Leithäuser 1976b. S. 65) Alltagsbewußtsein ist weiterhin veränderungsresistent und traditionsverhaftet. (vgl. Leithäuser 1977. S. 163 u. 171)

Wenn Entfremdung jedoch derart universell und die Vergesellschaftungsprozesse im Alltag zum festsitzenden Korsett geworden sind, dann fragt es sich, mit welcher Berechtigung Leithäuser überhaupt noch vom "Widerstandspotential" sprechen kann, das er ebenfalls im Alltag erkennt. Der theoretische Nachweis gelingt ihm nicht, ja er führt ihn nicht einmal ernsthaft. Nur behauptend bringt er einmal das Klassenbewußtseinstheorem ins Spiel, ein anderes Mal eine sozialisatorisch geregelte "solidarische Gruppenpraxis" - was immer das sein mag. (vgl. Leithäuser 1981. S. 115 u. 119) Überzeugen kann das aber nach den eloquenten Beschreibungen von Entfremdungsmechanismen des Menschen im Alltag, worin alle Wege versperrt sind, nicht. Gleichwohl sind Leithäusers Arbeiten lesbar als theoretische Reaktionen auf jene Zeit der Post-Politisierung nach dem Zusammenbruch von '68 und als gleichzeitiger Ausdruck eines Paradigmenwechsels in den Sozialwissenschaften, die sich seit den 70er Jahren mehr und mehr auf mikrologische Bereiche verlegen, statt mit makrologischen Universalkonzepten letzten Endes nur ohnmächtig vor der Wirklichkeit zu kapitulieren. Die Beschäftigung mit dem Alltag ist dabei ein willkommener und dankbarer Ausgangspunkt.

Neben Leithäuser befassen sich in den 70er und 80er Jahren noch eine Reihe weiterer kritischer Sozialwissenschaftler, mehr oder weniger vom Neomarxismus und der Kritischen Theorie beeinflußt, mit dem Alltag. Hans Jörg Sandkühlers Studie "Praxis und Geschichtsbewußtsein" grenzt entsprechend ihrer traditionell marxistischen Orientierung Alltagsbewußtsein vom Klassenbewußtsein ab. Das Alltagsbewußtsein meint dabei im Gegensatz zum Klassenbewußtsein, in dem sich die Menschen ihrer eigenen Tätigkeit, des 'Machens der Geschichte', bewußt sind (vgl. Sandkühler 1973. S. 351), ein spontanes Bewußtsein, das umgangssprachlich verfaßt, manipuliert und somit kritikunfähig ist. (vgl. a. a. O. S. 342f.) Ganz ähnlich argumentiert auch Peter Alheit in seiner Dissertation über "Alltagswissen und Klassenbewußtsein", worin das Alltagsbewußtsein als "die auf Erfahrungsspontaneität basierende reproduktive Auseinandersetzung von Individuen, Gruppen und Kollektiven mit ihrer alltäglichen Umwelt" definiert wird. (vgl. Alheit 1976. S. 35) Wiederaufgegriffen hat Alheit diese Überlegung dann in seiner Monographie "Alltagsleben", die unter dem Alltagsleben eine "subjektive Praxis" versteht, in der sich objektive und subjektive Elemente der historisch gewordenen Gesellschaftlichkeit der Menschen überlappen. "In das Alltagsleben", so schließt er, "gehen die krisenhaften Prozesse der Vergesellschaftung 'äußerer' und 'innerer Natur' ein und präsentieren ein subjektiv gebrochenes, vielschichtiges Gebilde, dessen Veränderung vorläufig zugleich seiner krisenhaften Stabilisierung dient." (Alheit 1983. S. 97) Hans Peter Thurn hinwiederum hat eine Anthropologie des Alltagslebens zu entwickeln versucht und darin auf eine "von Kindesbeinen her antrainierte Alltagskonditionierung" hingewiesen, die in der Regel dann auch weiter lebensbestimmend wirkt. (vgl. Thurn 1980. S. 53) Hans Peter Dreitzel schließlich versteht seinen soziologischen Ansatz in erster Linie diagnostisch, beabsichtigt er doch nicht mehr und nicht weniger als eine "Pathologie sozialer Erscheinungen" zu entwickeln, wobei für ihn Entfremdung als soziale Tatsache in Gestalt "mangelnder Autonomie, mangelnder Selbstbestimmung" feststeht. (vgl. Dreitzel 1980. S. 8)

Allerorten wimmelt es nur so von Alltag und Alltäglichkeiten in den kritischen Sozialwissenschaften. Der Alltag ist eben 'in'- sei es der von Fabrikarbeitern oder Angestellten im Spätkapitalismus, sei es hinsichtlich der in ihm ausgebildeten und artikulierten Bewußtseinsformen oder sogar im weiten Blick auf die 'ganze Geschichte von unten'. Fraglich ist nur, ob die aufs Entfremdungsparadigma eingeschworenen Arbeiten tatsächlich das, was angeblich vor aller Augen liegt, dessen Nähe und Aufdringlichkeit, angemessen begreifen. Schotten sie sich nicht durch Distanzierung, durch die Entfremdung, die kategorisch dazwischengeschoben wird, gerade davon wieder ab? Gehen sie nicht den wirklichen Problemen durch ihre Vorurteile eher aus dem Weg? Was haben sie eigentlich begriffen vom Alltag?

Vielleicht gerade soviel, wie Urs Jaeggi und Manfred Faßler auch schon und nur gerade so en passant daran aufgeschnappt haben: "Die subjektiven Lebensumstände sind im Denken des einzelnen in das festgefügte, bekannte Alltägliche eingegliedert. Das Alltägliche erscheint als die Lebenswelt, die der einzelne sich durch seine Vorstellungen erschließt, die ihn jeden Tag umgibt, in der er lebt. Für uns ist unser Alltag ein Rückzugsraum. Er ermöglicht ein kurzes Vergessen der Arbeit, der unbeeinflußbaren Veränderungen ... Es ist eine Vorstellungswelt und eine Welt der Freundschaften, Bekanntschaften, des Familienlebens. Im Alltag suchen wir überschaubare Beständigkeit und dauerhafte soziale Beziehungen." (Jaeggi, Faßler 1982. S. 90)

Vielleicht klärt sich noch einiges, wenn wir erst unsere Perspektive durch andere Blickweisen erweitert haben - Blicke, die denselben Gegenstand Alltag aus anderen Blickwinkeln fokussieren, weil sie an anderen Wissenschaftstraditionen orientiert sind. Konkret etwa die phänomenologische Soziologie von Alfred Schütz und seinen Schülern, die unter Rückgriff auf die Klassiker, auf Max Weber, in geringerem Maße auch Georg Simmel, sowie auf Husserls Spätphilosophie den Alltag unter dem Begriff der Lebenswelt thematisiert haben.

Beherrschendes Thema von Schütz' Arbeiten seit der Dissertation von 1932 über den "sinnhaften Aufbau der sozialen Welt" bis zu den aus dem Nachlaß herausgegebenen "Strukturen der Lebenswelt" ist die Frage nach der "exakten Analyse der Konstitution der gesellschaftlichen Wirklichkeit - (...) - in der vorwissenschaftlichen Erfahrung, im sozialen Handeln." (Luckmann, in Schütz 1982. S. 18) Wie baut sich im Bewußtsein ihrer Akteure gesellschaftliche Wirklichkeit auf? Welche Schichten gibt es darin, und wie sind sie geordnet, strukturiert?

Seinen Ausgangspunkt nimmt Schütz bei der alltäglichen Lebenswelt, die für ihn die erste und - mit William James - ausgezeichnete Wirklichkeit ist, und bei dem, was er mit Husserl die "natürliche Einstellung" nennt. Denn die alltägliche Lebenswelt ist eine selbstverständliche Wirklichkeit, "in die der Mensch eingreifen und die er verändern kann, indem er in ihr durch die Vermittlung seines Leibes wirkt." (Schütz, Luckmann 1988. S. 25) Der Mensch findet die alltägliche Lebenswelt "als schlicht gegeben" vor. (ebd.) Ihr gebürt eine "Vorzugsrealität". (a. a. O. S. 62) Diese Wirklichkeitssphäre hat ihr Zentrum im Ich bzw. Selbst eines jeden Menschen, der um seinen Körper herum die Welt strukturiert und aufschichtet.

Eng lehnt sich Schütz hierbei an die Phänomenologie von Merleau-Ponty an. Dieser hatte in seiner "Phänomenologie der Wahrnehmung" (frz. 1945; dt. 1966) auf die Bedeutung der eigenen Körperwahrnehmung hingewiesen und den Körper als das "Mittel unserer Kommunikation mit der Welt" bezeichnet. (vgl. Merleau-Ponty 1966. S. 117) Das Körperschema sei "nur ein anderes Wort für das Zur-Welt-sein meines Leibes"; schließlich gebe es überhaupt keinen Raum ohne Leib. (vgl. a. a. O. S. 126f.) Weiter noch bestimmt Merleau-Ponty auch das Bewußtsein als ein "Sein beim Ding durch das Mittel des Leibes." (a. a. O. S. 127f.) In populärer Form heißt es dazu auch bei Herbert Plügge: "Jede Erfahrung von Räumlichkeit schließt die Vermittlung durch mein Leiblichsein in sich ein, jede Erfahrung von Räumlichem hat ihren Ursprung in meiner Leiblichkeit. So wenig wie es ein Ich für sich und eine Welt für sich gibt, und also eine Grenzziehung zwischen beiden möglich wäre, so wenig gibt es in dieser Sphäre erlebter Räumlichkeit ein Drinnen und Draußen, die durch die Oberfläche des Leibes getrennt wären und Leib und Umwelt von einander scheiden." (Plügge 1967. S. 8)

Diese Vermittlung durch die Leiblichkeit greift auch Schütz auf. Die alltägliche Lebenswelt wird allererst konstituiert durch die Leiblichkeit. Um den eigenen Leib herum baut der Mensch seine Welt auf, ordnet er die Dinge in bezug auf seinen Körper an, strukturiert er insgesamt den Raum. "Mein Leib ist sozusagen der Nullpunkt des Koordinatensystems, mit Hilfe dessen ich die mich umgebenden Gegenstände in rechts und links, oben und unten, vorn und hinten einteile. Wo ich bin - das heißt der Platz meines Leibes im äußeren Raum - ist 'hier'; alles andere ist 'dort'. Von 'hier' aus gesehen erscheinen alle Gegenstände in gewissen Entfernungen und Perspektiven; sie sind in einer gewissen Ordnung arrangiert, einige zeigen mir nur ihre Vorderseite, während die anderen Seiten mir verborgen sind." (Schütz 1982. S. 215) Ähnliches gilt auch mit Bezug auf die Zeit, die im Jetzt ihren Nullpunkt hat; denn "mein gegenwärtiges Jetzt [ist] das Zentrum aller Zeitperspektiven, auf das hin ich die Geschehnisse in der Welt in den Kategorien von Vorher und Nachher, von Vergangenem und Zukünftigem, von Gleichzeitigkeit und Folge usw. anordne." (Schütz 1971. Bd. 1. S. 255) Beide, die Raum- wie die Zeitkoordinate, sind zwar Nullpunkte beim Aufbau meiner Ordnungen, sie sind jedoch immer im Feld dessen artikuliert, was Schütz "die biographisch bestimmte Situation" nennt. (vgl. Schütz 1982. S. 208) 'In Situation' sein, wie Schütz mit Sartre sagt, heißt, geschichtlich und gesellschaftlich bestimmt zu sein. Das Ich ist einerseits einzigartig und singulär, zugleich aber auch bezüglich seiner Habitualitäten und der Möglichkeiten des Wissensvorrates abhängig, bis zu einem gewissen Grad determiniert vom Zustand der vorgefundenen Welt. "Ich bin also in der Mitte der Umwelt. Ich finde zu jeder Zeit meines bewußten Lebens diese Welt von jeher spezifisch strukturiert vor." (a. a. O. S. 211)

Schütz-Kritiker wie Waldenfels oder Habermas haben den ständigen Referenzpunkt im Ich, diese "Mitte der Umwelt", moniert und Schütz Egozentrik (vgl. Waldenfels 1980. S. 210) bzw. ein Festhalten am Bewußtseinsparadigma (vgl. Habermas 1981. Bd. 2. S. 198) vorgeworfen. Diese Kritiken sind insofern zutreffend, als Schütz den Momenten der Intersubjektivität und der Kommunikation kaum Aufmerksamkeit schenkt. Intersubjektivität und Kommunikation sind bei Schütz fraglose Gegebenheiten; "meine Lebenswelt", so heißt es schlicht, ist "von Anfang an nicht meine Privatwelt, sondern intersubjektiv; die Grundstruktur ihrer Wirklichkeit ist uns gemeinsam." (Schütz, Luckmann 1988. S. 26) Wie sich aber die Gemeinsamkeit dieser gemeinsamen Welt über kommunikative Akte erst herstellt, wie die Welt und ihre Sicht auch transformiert werden können, das zeigt Schütz nicht. Habermas hat dazu in seiner "Theorie des kommunikativen Handelns", worin u. a. der Lebensweltbegriff als "Komplementärbegriff zum kommunikativen Handeln" entwickelt wird (vgl. Habermas 1981. Bd. 2. Kap. V), weiterführende Überlegungen angestellt.

Schütz dagegen bleibt auf den Einzelnen und seine Lebenswelt eingestellt. In den "Strukturen der Lebenswelt" spricht er von der "quasi-ontologischen Struktur der Lebenswelt" (Schütz, Luckmann 1988. S. 47), die den "Urtypus unserer Realitätserfahrung" darstellt. (vgl. a. a. O. S. 51) Die alltägliche Lebenswelt umfaßt den Bereich unserer Praxis, den Ort unserer Handlungen und Interventionen, nicht zuletzt auch die Sphäre unserer Wissensakkumulation. "Der Alltag ist jener Bereich der Wirklichkeit, in dem uns natürliche und gesellschaftliche Gegebenheiten als die Bedingung unseres Lebens unmittelbar begegnen, als Vorgegebenheiten, mit denen wir fertig zu werden versuchen müssen. Wir müssen in der Lebenswelt des Alltags handeln, wenn wir uns am Leben erhalten wollen. Wir erfahren den Alltag wesensmäßig als den Bereich menschlicher Praxis." (Schütz, Luckmann 1984. S. 11) In der vorgefundenen und vorstrukturierten Alltagswelt bilden wir unsere Wissens- und Bewußtseinsformen aus. Sie ist die Welt in unmittelbarer, "aktueller Reichweite" (vgl. Schütz, Luckmann 1988. S. 64), die uns aufgegeben ist: über Sozialisations- und insgesamt Lernprozesse eignen wir sie uns an. Sprache und Arbeit bilden dabei die bevorzugten Medien, innerhalb deren Aneignungsleistungen vollzogen werden. Denn in beiden ist gesellschaftliche Erfahrung sedimentiert, ist der Umgang mit Natur, Umwelt, Technik in Wissensbeständen gespeichert und abrufbar.

Schütz nennt das auch "Typik". Die Sprache, so Schütz, "kann als die Sedimentierung typischer Erfahrungsschemata, die in einer Gesellschaft typisch relevant sind, aufgefaßt werden. Der Bedeutungswandel der Sprache kann folglich als eine Folge von Veränderungen in der sozialen Relevanz gegebener Erfahrungsschemata betrachtet werden." (a. a. O. S. 283) Hinsichtlich des Einzelnen bedeutet das, daß in der Sprache die Welt immer schon "vortypisiert", - heideggerisch - vor-ausgelegt ist. (vgl. ebd.) Zwar geht Schütz davon aus, "daß der lebensweltliche Wissensvorrat das Ergebnis der Sedimentierung von subjektiven Erfahrungen der Lebenswelt ist" (a. a. O. S. 158), doch liegt dieser immer im Horizont dessen, was an gesamtgesellschaftlicher Erfahrung mit der Welt gespeichert ist. Der Einzelne partizipiert daran, übernimmt davon mehr oder weniger, ist Spezialist auf einem Gebiet, Laie auf einem anderen, auf jeden Fall ist er aber auf diese grundsätzlich "sozialisierten" Erfahrungen angewiesen. Oder, andersherum formuliert, er darf um den Preis des Verlustes seiner eigenen Existenzsicherung und Orientierung in der Welt - von der Lebenswelt in der Nähe bis zur fernerstehenden Mitwelt - akkumulierte Wissensbestände nicht dramatisch unterschreiten.

Mag somit, wie Schütz glaubt, der Wissensvorrat "immer eine 'private' Komponente" haben (vgl. a. a. O. S. 147), entscheidender ist jedenfalls die Partizipation meines "grundsätzlich biographisch artikulierte(n) Gewohnheitswissen(s)" (ebd.) am allgemeinen Wissensvorrat, was schon in alltäglich-pragmatischen Situationen deutlich wird. Auch ohne z. B. um die internen Abläufe und Funktionen von Geräten Bescheid zu wissen, muß ich mir dennoch so etwas wie ein Gebrauchs- oder Rezeptwissen im Umgang mit ihnen angeeignet haben, darf ich dieses gesellschaftlich vorhandene Wissen jedenfalls nicht unterschreiten. Das geht weiter bis zu so komplexen Strukturen und Verhältnissen wie sozialen Rollen und gesellschaftlichen Institutionen, die ich, auch ohne im einzelnen um ihren Aufbau oder ihre Funktionsweisen zu wissen, mindestens in meiner Abhängigkeit von ihnen kennen muß. Simmel hat das in den Schlagworten "Differenzierung" und "Wechselwirkung" abkürzend zusammengefaßt. Ich muß eben wissen, wo ein Brief abzugeben ist, will ich ihn befördern lassen; und ich muß die Einrichtung von Behörden kennen, wenn ich z. B. einen Paß beantrage oder einen Mietzuschuß reklamieren möchte. All diese Wissensformen jedoch - und hier bestätigt sich wieder Habermas' Kritik an Schütz - eignet sich kein transzendentales, kein solipsistisch auf die biographisch bestimmte Situation eingeschränktes Subjekt an, sondern vielmehr ein soziales Wesen, das immer schon im Verkehr - in Interaktionen und kommunikativen Prozessen mit anderen - steht. Mit den Worten von Waldenfels: "Selbst opponierend lebe ich im Horizont des Wir und nicht in einem Niemandsland." (Waldenfels 1980. S. 203) Als ein solches Niemandsland aber, das von einem transzendentalen Ich fortwährend und langsam erst bebaut wird, erscheint Schütz' alltägliche Lebenswelt.

Mehr Aufmerksamkeit dem Problem der Intersubjektivität gegenüber haben die beiden Schütz-Schüler Thomas Luckmann und Peter L. Berger gezeigt. In ihrem schnell zum Klassiker der Wissenssoziologie avancierten Buch "Die gesellschaftliche Konstruktion der Wirklichkeit" schließen sie an die Schützschen Bestimmungen der alltäglichen Lebenswelt an (vgl. Berger, Luckmann 1982. S. 24ff), freilich mit der Pointe, daß diese Lebenswelt immer in Akten der Interaktion und Kommunikation angeeignet wird: zunächst in dem, was sie die primäre Sozialisation nennen, die im Austausch mit und der Vermittlung durch "signifikante Andere" besteht. "Die subjektive Aneignung der eigenen Identität und die subjektive Aneignung der sozialen Welt sind nur verschiedene Aspekte ein und desselben Internalisierungsprozesses, der durch dieselben signifikanten Anderen vermittelt wird." (a. a. O. S. 143) Im weiteren sorgt dann die sekundäre Sozialisation, die Sozialisation durch die Gesellschaft, für die Aneignung und Bewältigung von Welt und Wirklichkeit. Dabei ist für Berger und Luckmann die "wirklichkeitsstiftende Macht des Gesprächs" eine ausgemachte Sache. (vgl. a. a. O. S. 164) "Das notwendigste Vehikel der Wirklichkeitserhaltung ist die Unterhaltung. Das Alltagsleben des Menschen ist wie das Rattern einer Konversationsmaschine, die ihm unentwegt seine subjektive Wirklichkeit garantiert, modifiziert und rekonstruiert." (a. a. O. S. 163)

Die Alltagswelt ist für Schütz und seine Schüler die primäre, ausgezeichnete Wirklichkeit, die jeder Einzelne vorfindet. Als Lebenswelt ist sie für den Einzelnen das Vertraute und Nahe, von wo aus - im Zusammenhang mit anderen - die Welt insgesamt und überhaupt aufgebaut, d. h. von innen nach außen, vom Kern zur Peripherie hin allmählich erweitert wird. Ausgangs- und ständiger Bezugspunkt, auch für die Wissensformen, ist dabei immer die alltägliche Lebenswelt. Sie gibt Halt und Sicherheit.

In einer neueren Arbeit schließlich haben Peter L. Berger, Brigitte Berger und Hansfried Kellner die Lebenswelt unter der Perspektive des Begriffs "Heimat" diskutiert und auf diesem Hintergrund vom "Unbehagen in der Modernität" gesprochen, weil in modernen, fortgeschrittenen Industriegesellschaften mit der Pluralisierung der Lebenswelten - und damit im eigentlichen auch der Zerstörung naturwüchsiger Formen der Lebenwelt - das Gefühl der Unbehaustheit, der Heimatlosigkeit, gewachsen ist. Dennoch versucht der Mensch, "eine 'Heimatwelt' zu konstruieren und zu bewahren, die ihm als sinnvoller Mittelpunkt seines Lebens in der Gesellschaft dient." (Berger, Berger, Kellner 1987. S. 61) Heimatwelt meint Lebenswelt, meint die Welt in der Nähe, eine Welt der Vertrautheit und Geborgenheit, der Sicherheit und des Sinns - etwa im Familienraum oder im Freundeskreis. Aber beim Versuch, diese Enklave zu retten, stößt der Einzelne nicht nur fortwährend auf deren Grenzen, auf systemische Interventionen in seine Lebenwelt (staatliche und wirtschaftliche Übergriffe bis hin zu Zerstörungen von ganzen Lebensräumen), sondern wird auch ständig mit anderen, ihm unbekannten Lebenswelten konfrontiert. Das dadurch entstandene Gefühl, der Heimat verlustig zu gehen, setzt einen neuen Individualisierungsschub frei. Denn Individualisierung, besser: Re-Individualisierung, ist das Subjektkorrelat zur Heimatlosigkeit, zum Verlust der Lebenswelt. Das Subjekt bleibt allein zurück und sieht sich wieder vor Nietzsches Frage gestellt, wie es sich ohne jeden Anhalt selbst überhaupt aushalten kann.

Zwanglos läßt sich von hier der Bogen zu Lefebvres Arbeiten wieder zurückspannen. Der hatte schon 1961 im Zuge der Restauration des französischen Kapitalismus ebenfalls von neuen Individualisierungsschüben geredet, von der "'Reprivatisierung' des praktischen und gesellschaftlichen Lebens", vom "Rückzug auf das Dasein in der Familie, das heißt auf eine 'private' Alltäglichkeit." (Lefebvre 1977. Bd. 2. S. 10) Alltag und Entfremdung - wir kommen davon nicht los. Aber auch Perspektiven nach vorne entstehen. Denn ähnlich wie Berger, Berger und Kellner spricht Ulrich Beck in seinem Buch über die "Risikogesellschaft", worunter er die neue - systemübergreifende - Formation einer "Katastrophengesellschaft" versteht, von einer umfassenden Re-Individualisierung und Re-Privatisierung. (vgl. Beck 1986. S. 115ff.) "Die zentrale These des Buches, das (...) den Formwandel des Kapitalismus und die Enttraditionalisierung der Klassengesellschaft beschreibt, ist die von einem neuen Individualisierungsschub, der auf die Brüche innerhalb des Projekts Moderne verweist. Denn einerseits habe das Projekt Moderne unter der Signatur der Industriegesellschaft zu einer Enttraditionalisierung wie zur Herauslösung aus historisch vorgefundenen Sozialformen und -bindungen geführt, andererseits aber werde die an die Stelle getretene Individualisierung subjektiv im Bedürfnis nach neuer Orientierung kompensiert und objektiv durch flankierende (sozial-)staatliche Maßnahmen, Kontroll- und Reintegrationsmechanismen, überkompensiert." (Jung 1989. S. 66) Damit sind wir in unserer jüngsten Gegenwart angelangt - die Probleme haben sich erhalten, verschärfen sich noch.

Der Wert der Arbeiten von Schütz und seinen Schülern, den es gegen die leichtfertige Stigmatisierung der Entfremdungstheoretiker zu behaupten gilt, liegt in der beharrlichen Durchdringung der Probleme des Alltags - eines Alltags, der unverstellt als erste und ausgezeichnete Wirklichkeitsebene wahrgenommen und diskutiert wird. Dagegen läßt sich wenig einwenden. Mag auch eine gewisse Einseitigkeit Regie führen, mag auch Schütz zu sehr auf die Ergebnisse der Phänomenologie fixiert gewesen und seine Systematik schwerer verdaulich sein als die leichtfüßigen und damit oft leichtfertigen Analysen eines soziologischen Flaneurs wie Simmel, der daher nur schwer auf den begrifflichen Punkt zu bringen ist; das Verdienst jedoch, das Nahe und Vertraute aufgegriffen und den Blick für die basalen Wissens- und Bewußtseinsformen geschärft zu haben, wird man diesen Arbeiten nicht absprechen dürfen. Der Alltag muß, soll er nicht im undurchdringlichen Dunkel einer penetranten Nähe bleiben, unter der doppelten Perspektive von Entfremdung und Entlastung thematisiert werden. Er ist als ausgezeichnete Wirklichkeit sui generis unhintergehbar, bestandserhaltend fürs jeweilige gesellschaftliche System und in bezug auf das einzelne Subjekt existenzsichernd, entlastend. Zugleich muß er immer historisch situiert werden, darf nicht als fixe Tatsache mit fataler Unausweichlichkeit einfach hingenommen werden. Blicke zurück und nach vorn sind hier hilfreich. Gegen Entfremdung als strukturelles Merkmal wird man dann ebenfalls nur schwerlich etwas einwenden können.

Genau hier liegt die Pointe von Georg Lukács' Spätphilosophie, die das Dilemma theoretischer Einseitigkeiten - hier Entfremdung, da Entlastung -

im Konzept einer "Ontologie des gesellschaftlichen Seins" aufhebt und den Alltag aus doppelter Optik genauer zu bestimmen versucht.

Zur Ontologie des Alltags

Die späte Philosophie von Georg Lukács

1.

Während der Arbeit an seinem großen Altersprojekt, der "Ontologie des gesellschaftlichen Seins", schreibt Lukács am 22. 11. 1967 einen Antwortbrief an den Wiener Philosophen Günther Anders, worin er sich für die Übersendung von dessen Buch "Die Schrift an der Wand" bedankt und zugleich auf die Gemeinsamkeiten ihrer Fragestellungen hinweist. "Ich bin überhaupt der Ansicht, daß das, was dort [in "Die Schrift an der Wand"] in Angriff genommen ist, zu den wichtigsten Fragen der Erkenntnis der gesellschaftlichen Wirklichkeit gehört: nämlich die genaue Untersuchung dessen, was ich eine Ontologie des Alltagslebens nennen würde. Das ist ein Fragenkomplex, an der Philosophie, Soziologie etc unserer Tage achtlos vorbeizugehen scheinen, und die gegenwärtige Literatur ist in ihrer Mehrzahl derart in einem artistischen Naturalismus steckengeblieben, daß man aus ihr über diese Frage so gut wie nichts lernen kann. Hier ist der Gegensatz zur alten großen Literatur (denken Sie an Balzac oder Stendhal, an Tolstoi oder Tschechow) vielleicht am auffallendsten. Und ich glaube, daß man das Denken und Fühlen der Menschen auf ihrer höchsten Höhe, also in der besten Poesie und Literatur und natürlich auch in der Philosophie nie wird begreifen können, wenn man die in jeder Periode verschiedene Ontologie des Alltagslebens nicht erfaßt und nicht analysiert." (Brief Lukács' an Günther Anders, 22. 11. 1967; Lukács-Archivum) Unabhängig von Lukács' Einschätzung, daß es eine gewisse Übereinstimmung zwischen ihm und Günther Anders gebe, was mit gutem Recht bezweifelt werden kann, klingt doch unüberhörbar aus dieser Briefstelle Lukács' großes Thema seiner letzten Schaffensjahre heraus: die Ontologie des gesellschaftlichen Seins und damit und im eigentlichen eine konkrete Ontologie des Alltags und der Alltäglichkeit. Auch der Zusammenhang von Ästhetik und Ontologie, von Kunst und Alltag wird deutlich ausgesprochen.

Immer wieder wird man, wenn man sich mit Lukács' Spätphase beschäftigt, auf den Begriff des Alltags, auf die Strukturen der Lebens- und Arbeitswelt stoßen. Sie ist das geheime Gravitationszentrum seiner Philosophie, Ausgangs- und Endpunkt all seiner Denkbewegungen. Und ihre Reflexion ist zugleich der konkrete Anlaß und Bezugspunkt bei seiner Auseinandersetzung und Abrechnung mit dem Stalinismus, worin er seit den 50er Jahren das Motiv seiner Philosophie gesehen hat. Denn nicht erst die Ontologie und die im Zusammenhang mit ihr entstandene Schrift "Demokratisierung heute und morgen" (1968), sondern schon die Ästhetik enthält und formuliert an verschiedenen Stellen eine Kritik des Stalinismus und redet einer gründlichen Renovierung des marxistischen Projekts das Wort. Es gehe ihm, wie es bündig in einem Brief an den Freund und Vertrauten Ernst Fischer vom 26. 4. 1965 heißt, insgesamt um "(d)ie Renaissance des Marxismus"; "deren Vorbereitung" betrachte er als seine "Lebensaufgabe". (Lukács-Archivum) Bei verschiedenen Gelegenheiten, in Reden und Interviews, kommt er auf diesen Grundimpuls seiner Philosophie zurück. Man müsse den Marxismus "restaurieren" (Lukács 1970. S. 91), erklärt er einem Interviewpartner; darunter versteht er im philosophisch-theoretischen Bereich die grundsätzliche Abrechnung mit dem Stalinismus und die Rückbesinnung auf die Klassiker Marx, Engels, Lenin - das "wirkliche() Verständnis des Marxismus" (Lukács 1970. S. 95) - sowie auf politisch-praktischer Ebene die Demokratisierung des Alltagslebens: "Demokratische Selbstverwaltung soll auf die einfachste Ebene des Alltagslebens ausgedehnt werden und von da sich nach oben ausbreiten, so daß schließlich tatsächlich das Volk über die wichtigsten Fragen entscheidet." (a. a. O. S. 145)

Auch in zahlreichen, seine Ontologie charakterisierenden Äußerungen verweist Lukács nachdrücklich auf die Bedeutung des Alltagsbegriffs innerhalb seines ontologischen Rekonstruktionsversuchs des Marxismus und streicht dabei die Größe der Klassiker, insbesondere Lenins heraus, der in seinen Schriften immer "das gesamte Alltagsleben der Menschen ins Auge (gefaßt habe)." (a. a. O. S. 82) Und noch die Ethik, ein Werk, über dessen Ausarbeitung Lukács gestorben ist und von dem lediglich Bruchstücke und Fragmente erhalten sind, stellt die Reflexion des Alltagslebens zentral in den Mittelpunkt. Denn der Alltag sei der jeweilige Bezugspunkt, die vermittelte Unmittelbarkeit, an der die Realisierung der Ethik und ihres normativen Postulats, des Selbstseins des Menschen bzw. "des Menschheitlichen", abgelesen werden könne. (Ethikkonspekte [unveröffentlichtes Typoskript], Lukács-Archivum)

Trotzdem besteht eine auffällige Diskrepanz zwischen der tatsächlichen systematischen Bedeutung des Alltagsbegriffs und seiner faktisch nur beiläufigen Erwähnung im Spätwerk. Abgesehen nämlich vom ersten Kapitel der großen Ästhetik, das den "Problemen der Widerspiegelung im Alltagsleben" gewidmet ist, hat sich Lukács selten mit dem Alltagsdenken und -handeln beschäftigt. Auch den Status einer Kategorie hat er dem Alltag im Konzept der Ontologie verwehrt, was um so mehr verwundert, als Lukács in der Ästhetik noch moniert hat, daß "der Alltag, dieses wichtige, den größten Teil des menschlichen Lebens umfassende Gebiet, philosophisch so wenig untersucht (worden ist)." (Lukács 1981. Bd. 1. S. 32) - Deshalb wird zu klären sein, welche Rolle der Alltag im Lukácsschen Spätwerk spielt, ob und wie sich die Diskrepanz auflösen läßt, aber auch - und dies zunächst - wo theoriegeschichtlich der Alltag in Lukács' Philosophie auftaucht.

2.

Die Durchsicht von Lukács' frühen marxistischen Schriften fällt bezüglich der Alltagskategorie unter dem Strich negativ aus. Weder im Zentraltext der 20er Jahre, in "Geschichte und Klassenbewußtsein", noch in den zahllosen literaturtheoretischen und ästhetischen Aufsätzen und Essays der 30er Jahre wird der Alltag problematisiert. Zwar spricht Lukács an zwei bemerkenswerten Stellen in "Geschichte und Klassenbewußtsein", wovon die eine ausdrücklich Bezug nimmt auf Ernst Blochs "Geist der Utopie" und den darin entwickelten Begriff vom "Dunkel des gelebten Augenblicks", vom "'schädliche(n) Raum' der Gegenwart" und insgesamt von der "Unmittelbarkeit des gedankenlosen Alltags". (Lukács 1976. S. 348 u. 195) Andererseits jedoch - und das klingt modo negativo in den Formulierungen bereits an - kann Lukács' messianisches Konzept, das zwischen den Polen der Verdinglichung (mit Blick auf die bürgerlich-kapitalistische Formation) und der kommunistischen Utopie (als dem geforderten historischen Telos) oszilliert, den Alltag nur als aufzuhebendes, als zu transzendierendes Moment begreifen. Der Alltag steht dem revolutionären proletarischen Klassenbewußtsein nur hindernd im Weg und muß beseitigt werden. Denn er markiert - bezogen auf das empirische, kontingente Einzelbewußtsein - eine Schranke, hinter der steckenzubleiben das tödliche Ende des revolutionären Prozesses und Progresses bedeuten würde. Insofern muß Lukács, der das Klassenbewußtsein des Proletariats - hegelisch - als geschichtsmächtigen Faktor begreift und die proletarische Partei als dessen Transmissionsriemen installiert, den Alltag auch als verschwindendes Moment setzen. Folgerichtig schließt er dann auch an der zitierten Stelle: "Erst wenn der Mensch die Gegenwart als Werden zu erfassen fähig ist, indem er in ihr jene Tendenzen erkennt, aus deren dialektischem Gegensatz er die Zukunft zu schaffen fähig ist, wird die Gegenwart, die Gegenwart als Werden, zu seiner Gegenwart. Nur wer die Zukunft herbeizuführen berufen und gewillt ist, kann die konkrete Wahrheit der Gegenwart sehen." (Lukács 1976. S. 348) Hierin wird zweierlei miteinander enggeführt, "die herbeizuführende, die noch nicht entstandene Zukunft" (ebd.) und zugleich das historische Subjekt, das Proletariat, das eben dazu bestellt ist. Die Teleologie aber, die den Gesamtentwurf von "Geschichte und Klassenbewußtsein" fundiert, stellt die konkrete Situation, den Alltag, ins Abseits. Was eigentlich gefordert wäre, das Aufzeigen von Vermittlungen im Alltag als dem Bodensatz des Klassenkampfes, wird vor der Hand ausgeblendet. Lukács' gesamte Argumentation bezieht sich - wiederum gut hegelisch formuliert - auf ein vorausgesetztes (und damit eben nicht gesetztes) historisches Telos, den Sozialismus als "die Gesellschaft der Liebe". (Lukács 1975. S. 87) Dadurch jedoch gerät ihm die spezifische gesellschaftliche Situation aus dem Blick.

Ähnlich - wenn auch hier vor einem ästhetischen Hintergrund - verläuft Lukács' Argumentation in den Moskauer Schriften aus den 30er Jahren. Wiederum begreift Lukács dort, wo sich ihm der Alltag zwingend stellt, diesen lediglich als aufzuhebendes Moment. Die bedeutendsten und wirkungsgeschichtlich erfolgreichsten Essays, die sich an einer marxistischen Definition des künstlerischen Realismus abarbeiten, benutzen zwar den Begriff des Alltags, um ihn dann aber sogleich als störendes Element zu eskamotieren. "Jedes bedeutende Kunstwerk schafft", heißt es etwa in dem Essay "Kunst und objektive Wahrheit" von 1934, "(...) eine 'eigene Welt'. Personen, Situationen, Handlungsführung usw. haben eine besondere, mit keinem anderen Kunstwerk gemeinsame, von der Alltagswirklichkeit durchaus verschiedene Qualität." (Lukács 1977. S. 74f.) Und über den schaffenden Künstler kann man - das Zitat weiterführend und präzisierend - in dem Essay "Die intellektuelle Physiognomie der künstlerischen Gestalten" von 1936 erfahren: "Je tiefer eine Epoche und ihre großen Probleme vom Dichter begriffen werden, desto weniger kann seine Darstellung Alltagsniveau haben. Denn im Alltag stumpfen sich die großen Widersprüche ab, erscheinen sie durchkreuzt von gleichgültigen, zusammenhanglosen Zufälligkeiten, erhalten sie ihre wirklich reine und entfaltete Form, die nur dann erscheinen kann, wenn jeder Widerspruch bis in seine äußersten, extremsten Folgerungen getrieben wird, wenn alles, was in ihm enthalten ist, sinnfällig und offenbar wird. (...) Die tiefe Kenntnis des Lebens beschränkt sich niemals auf die Beobachtung des Alltäglichen. Sie besteht vielmehr darin, auf Grund der Erfassung der wesentlichen Züge Charaktere und Situationen zu erfinden, die im Alltagsleben vollständig unmöglich sind, die jene wirkenden Kräfte und Tendenzen, deren Wirksamkeit das Alltagsleben nur verworren zeigt, in äußerster Zuspitzung des Wesentlichen sichtbar machen, in der Klarheit der höchsten und reinsten Wechselwirkung der Widersprüche aufzeigen." (Lukács 1977. S. 176)

Hauptgegner sind für Lukács in den 30er Jahren der Expressionismus, die sich in dessen Auflösung formierende Literatur der Neuen Sachlichkeit und die proletarische Dokumentarliteratur, sind Ottwalt, Bredel und Reger ebenso wie Fallada oder Ehrenburg. Ihnen allen wirft Lukács Gestaltungsunfähigkeit und Realitätsfetischismus vor als Resultate einer theoretisch-begrifflich nicht zureichend erfaßten Wirklichkeit. Die zentrale Problematik von Lukács' "kommunistischer Ästhetik" (Sziklai 1985. S. 169ff.) der 30er Jahre besteht - allen verbalen Distanzierungen zum Trotz - immer noch in einem nichtüberwundenen idealistischen Resterbe. Denn er verknüpft das, was er ästhetisch unter dem Titel eines großen realistischen Kunstwerks, eines gestalteten Werks, begreift, mit dem Bewußtsein seines Produzenten. Das theoretische Niveau, das der Schriftsteller erreicht hat - am Ende die theoretische Aneignung des Marxismus und ihre praktische Umsetzung im künstlerischen Werk -, wird von ihm zum Gradmesser fürs Gelungensein der Kunst am Werk bestellt. Anders formuliert: der große Realist - am Ende wieder: der kommunistische Künstler - schafft aus dem Bewußtsein von den und der Einsicht in die historischen Abläufe, die sich teleologisch auf den Sozialismus zubewegen; auf der Werkebene rekonstruiert Lukács diese Bewußtheit am Gehalt der Werke: inwiefern es ihnen gelingt, den Prozeßcharakter der Wirklichkeit und den darin unterstellten Progreß anschaulich zu machen.

Auch in Lukács' philosophiehistorischen bzw. ideologiekritischen Monographien "Der junge Hegel" und "Die Zerstörung der Vernunft" spielt die Alltagsproblematik keine Rolle, wenngleich Lukács' Hegelrezeption erste Schritte zur Ontologie formuliert. Das ist freilich weniger dem historischen Charakter dieser Arbeiten geschuldet als vielmehr der Tatsache, daß Lukács sie als "Kampfschriften" (Lukács 1982. S. 11) gegen die Ideologie des Faschismus versteht. Erklärlich wird aber nach ihrer Lektüre und der zweier anderer, vor wenigen Jahren aus dem Nachlaß edierter Schriften, "Wie ist die faschistische Philosophie in Deutschland entstanden?" und "Wie ist Deutschland zum Zentrum der reaktionären Ideologie geworden?", etwas anderes: der kühne - bereits zitierte - Satz aus der Ästhetik, wonach der Alltag philosophisch bislang so wenig untersucht worden sei. Am Ende der Einleitung von "Wie ist die faschistische Philosophie in Deutschland entstanden?" heißt es: "Als Schüler Simmels und Diltheys, als Freund Max Webers und Emil Lasks, als begeisterter Leser Stefan Georges und Rilkes habe ich die ganze hier geschilderte Entwicklung selbst miterlebt. Allerdings - vor, bezüglich[erweise] nach 1918 - auf verschiedenen Seiten der Barrikade. Den Lesern also, die vor den Konsequenzen dieses Buches, vor der Anerkennung der Einheitlichkeit der Entwicklung des bürgerlichen Denkens der imperialistischen Periode bis zum Faschismus zurückschrecken, muss ich hier betonen, daß die Feststellung des Zusammenhanges keine rasche Konstruktion aus polemischen Rücksichten gewesen ist, sondern die Zusammenfassung und Verallgemeinerung eines miterlebten Lebensalters." (Lukács 1982. S. 57) Lukács distanziert sich darin von den Einflüssen und Lehren, die ihn in seinen Jugendjahren und noch in "Geschichte und Klassenbewußtsein" maßgeblich geprägt haben: die Lebensphilosophie, Simmel, Weber, der Neukantianismus. Und er erschreibt sich eine Wunschbiographie, die sich gemäß den Gesetzen der Gattung vollzieht und in einem Telos, im Marxisten Lukács, der auf der 'Pointe des gesellschaftlichen Seins' steht, sich schließlich erfüllt.

Auf wann nun Lukács' ontologische Wende zu datieren ist, läßt sich nicht mit letzter Gewißheit sagen. Entscheidende Einflüsse verdankt er sicherlich dem ihm durch Wolfgang Harich, dem damaligen Lektor des Aufbau-Verlags, nahegebrachten Nicolai Hartmann, insbesondere dessen Arbeit "Teleologisches Denken" (1951). Der Darstellung der Hartmannschen Ontologie hat Lukács dann auch ein eigenes Kapitel in seiner "Ontologie" eingeräumt. Zugleich lassen sich jedoch schon in den Jahren 1939 und 1940 deutliche Ansätze zu einer Ontologie erkennen. So hat Lukács zu dieser

Zeit das (noch unpublizierte) Typoskript "Was ist das Neue in der Kunst?" geschrieben, von dem Dénes Zoltai zu Recht behauptet, daß bereits hier wesentliche Gedankengänge der späteren Ästhetik "noch dazu mit betont ontologischem Aspekt" auftauchen. (Zoltai 1987. S. 225) Ablesbar ist diese ontologische Wende nicht zuletzt am Stellenwert des Alltags, dem nun - den ästhetischen Schriften der frühen 30er Jahre diametral entgegengesetzt - eine überragende Bedeutung zukommt. Den Zusammenhang von Kunst und Wirklichkeit, also Alltagsrealität, beschreibend, kann man hier lesen: "(D)ie Kunst rettet, bewahrt den unmittelbaren Erscheinungscharakter der Erscheinungen, unmittelbar geht die Kunst über die Unmittelbarkeit der Erscheinungswelt nicht hinaus, ja ihre höchste Bestrebung ist, uns immer wieder in diese Unmittelbarkeit hineinzuführen, die unmittelbaren Erscheinungen des Lebens, so wie sie erscheinen und sind uns vorzuführen." (unveröffentlichtes Typoskript S. 70; Lukács-Archivum) Und weiter: "Die im Werk künstlerisch gerettete, künstlerisch wieder hergestellte Unmittelbarkeit unterscheidet sich also von der der Wirklichkeit 'nur' darin, daß in jener die wesentlichen Bestimmungen, die sonst nur aus der Totalität der Erscheinungen mit Hilfe der wissenschaftlichen Forschung ergründbar sind, unmittelbar hervortreten. Es wird vom Künstler eine unmittelbare Erscheinungswelt geschaffen, die, man könnte sagen, vom Wesen durchtränkt ist, deren jedes Moment ohne seine Individualität und Unmittelbarkeit aufzugeben, ja gerade diese behauptend und verstärkend, mit lauter Stimme die wesentlichen Zusammenhänge verkündet." (a. a. O. S. 76) Das, was Lukács hier unter dem Titel der "Unmittelbarkeit" faßt, ist eben die Alltagsrealität, von der er in "Geschichte und Klassenbewußtsein" nur als von einem "schädlichen Raum" gesprochen hat. Erstmals versucht Lukács in dieser Schrift den Begriff des Alltags, der Alltagsrealität, - in ontologischer Redeweise - das Sosein bzw. Geradesosein einer gegebenen gesellschaftlichen Realität, zu positivieren als factum brutum der Ästhetik. Ein nur flüchtiger Vergleich zwischen den Texten der frühen 30er Jahre und dem Typoskript von 1939/40 vermag kaum Unterschiede festzustellen. In der Tat handelt es sich vermeintlich auch 'nur' um Nuancen - um Nuancen freilich, die einen radikalen Perspektivenwechsel indizieren.

Die ontologische Wende von Lukács geht von der Akzeptanz einer vorgefundenen Realität aus. Der Alltag wird nicht mehr aus dem Bewußtsein des Produzenten in den Blick genommen, perspektiviert und in seinem Sosein transzendiert, sondern als Bestandteil und ästhetischer Vorwurf für die Kunst angenommen. Die ontologische Wende - hier: der Ästhetik - hat ihr fundamentum in re im vorgefundenen Niveau des gesellschaftlichen Seins, in der Akzeptanz der Alltagsrealität. Mit dieser Dominanz der Realität, ja mit deren Primat, setzt Lukács aber einen Schlußstrich unter seine früheren Arbeiten. Kein historisches Telos wird mehr zum Bewertungsmaßstab der Kunst angerufen und nicht die Bewußtheit oder Unbewußtheit entscheidet mehr über die Gelungenheit der Kunst am Werk, sondern die Intensität der Widerspiegelung der Alltagsrealität. Damit steht diese selbst nun im Zentrum seiner Überlegungen. Ihre "Tendenzen und Latenzen" (Bloch), kurz: ihre Prozeßhaftigkeit sind Gegenstand ontologischer Reflexionen, die die scheinbare Unmittelbarkeit in ihren Vermittlungen begreifen und am Ende die Wirklichkeit über ihre eigene "vermittelte Unmittelbarkeit" (H. Plessner) aufklären wollen. Um es in aller Schlichtheit zu sagen: mit der ontologischen Wende vollzieht Lukács einen Perspektivenwechsel vom Bewußtsein auf das gesellschaftliche Sein, präziser: auf das Sosein der Alltäglichkeit. Damit kommt er erst auf dem Umweg der Ontologie beim Materialismus an.

3.

In der "Eigenart des Ästhetischen" und der "Ontologie des gesellschaftlichen Seins" demonstriert Lukács die überragende Bedeutung des Alltags. Zu Recht hat Hans Joas deshalb davon gesprochen, daß "die wohl wichtigste Errungenschaft" der großen Ästhetik die Anerkennung und Reflexion des Begriffs des Alltagslebens ist. "Er benennt eine Sphäre, die Ausgangs- und Endpunkt jeder menschlichen Tätigkeit ist, insofern sich aus ihr die Fähigkeiten zu und die Anforderungen an 'Objektivationen' ergeben, welche wiederum im Alltagsleben ihre letzte Verwendung finden." (Joas, in: Heller 1978. S. 12) Daß die Frage nach dem Alltag nun gerade im Zusammenhang der Ästhetik auftaucht, hängt vor allem mit Lukács' Aufgabenstellung zusammen. Denn er will im ersten, ursprünglich auf drei Teile konzipierten Band der Ästhetik die Eigentümlichkeit der ästhetischen Sphäre, die Eigenart des Kunstwerks, herausarbeiten. Deshalb interessieren ihn auch die Relationen zu den anderen Sphären. Und dabei rückt dann die Frage des Alltags entscheidend in den Mittelpunkt.

Der Alltag bzw. das Alltagsleben kann insgesamt als Synonym für den Begriff Gesellschaftsleben verstanden werden. Der Alltag oder - ontologisch gesprochen - das jeweilige gesellschaftliche Sein muß als unhintergehbares factum brutum, als Reflexionsbasis genommen werden. Er ist das unmittelbar Gegebene, das Sosein. Und seine Wirklichkeit ist das einheitliche Substrat dessen, was die von Lukács im folgenden dann - unter Rückverweis auf die Leninsche Widerspiegelungstheorie und deren Adaption bei Pawlow - entwickelte Theorie der Widerspiegelungsmodi bedenkt. Lukács unterscheidet drei grundsätzliche Arten der Widerspiegelung, die er die Signalsysteme 1, 1' und 2 nennt. Während das Signalsystem 1 im Bereich der Unmittelbarkeit verbleibt und lediglich einen Reflex auf die Wirklichkeit darstellt, sind in das Signalsystem 1' bereits Vermittlungen eingegangen. Man kann dessen Gebiet als das "aufgehäufte(r) praktische(r) Lebenserfahrungen" umschreiben. (vgl. Pott 1974. S. 140) Das Signalsystem 2 stellt sodann die bewußte und gewußte, wissenschaftlich reflektierte Aneignung der Wirklichkeit dar. Das Alltagsleben und -denken ist dabei nun der Durchschnittspunkt, - in Hegelscher Terminologie - eine "Knotenlinie von Maßverhältnissen", die ebenso spontan-unmittelbare Züge aufweist wie gleichzeitig auch immer schon durch das Signalsystem 1' und deren wesentliche Objektivation, die Kunst, wie durch das Signalsystem 2, die Wissenschaft, bestimmt ist. Um es auf den Punkt zu bringen: die Unmittelbarkeit des Alltagslebens wird - auf unterschiedliche Weise - in den beiden Widerspiegelungsarten Kunst und Wissenschaft, einmal mit betont anthropomorphisierender, einmal mit desanthropomorphisierender Tendenz, über sich selbst aufgeklärt und damit vermittelt. Kunst und Wissenschaft, selbst aus dem Alltag hervorgegangen, wirken auf diesen zurück und steigern insgesamt das Niveau seiner Aneignung.

Doch wie sieht nun Lukács' Charakteristik des Alltagslebens konkret aus?

Gravitationszentrum der Lukácsschen Phänomenologie des Alltags ist der Begriff der Unmittelbarkeit. So diagnostiziert er etwa für das Alltagsleben "ein ständiges Hinundherwechseln (...) zwischen Entscheidungen, die auf Motive augenblicklicher und fließender Wesensart begründet sind, und solchen, die auf starren, wenn auch gedanklich selten fixierten Grundlagen (Tradition, Gewohnheit) beruhen." (Lukács 1981. Bd. 1. S. 37) Vor allem aber reagiere der Mensch im Alltag - und das müsse als dessen positive

Seite verbucht werden - spontan materialistisch. "Jede einigermaßen unbefangene und gründliche Analyse muß zeigen, daß der Mensch des Alltagslebens auf die Gegenstände seiner Umwelt stets spontan materialistisch reagiert, einerlei, wie diese Reaktionen vom Subjekt der Praxis nachträglich interpretiert werden." (a. a. O. S. 39) In diesem von Lenin entborgten Begriff des spontanen Materialismus, der unter dem Titel eines naiven Realismus bereits von Rickert und Rothacker analysiert worden ist, sieht Lukács zugleich die handfeste Widerlegung idealistischer Philosopheme. "Kein noch so fanatisch überzeugter Berkeleyaner hat die Empfindung, wenn er bei einer Straßenkreuzung einem Automobil ausweicht oder dessen Vorüberfahren abwartet, es bloß mit seiner eigenen Vorstellung und nicht mit einer von seinem Bewußtsein unabhängigen Realität zu tun zu haben. Das 'Esse est percipi' verschwindet spurlos im Alltagsleben des unmittelbar handelnden Menschen." (a. a. O. S. 41) Auf der anderen Seite jedoch verschweigt Lukács nicht, daß diese spontan materialistischen Züge durchaus mit idealistischen, religiösen, abergläubischen Zügen koexistieren können; denn dieser spontane Materialismus habe "überhaupt keine weltanschaulichen Konsequenzen." (ebd.) Unabhängig aber von dieser Dialektik besteht die Eigentümlichkeit des Alltagslebens in der Tatsache, daß hier immer der "ganze Mensch" involviert ist. Der Mensch im Alltag ist der denkend-fühlend-handelnde ganze Mensch, der "mit der ganzen Oberfläche seiner Existenz der Wirklichkeit (zugewandt ist)" (a. a. O. S. 65) und hier "seine Einheit und Ganzheit" bewahrt. (a. a. O. S. 630)

Zusammenfassend ließe sich der Alltag in Lukács' Ästhetik als "planlose Kontinuität heterogener Tendenzen" beschreiben. (Pott 1974. S. 152) Er ist die Kreuzung unterschiedlichster, widersprüchlicher Momente: "Verschwommenheit und Erstarrung", wie Lukács in bezug auf die Alltagssprache formuliert, charakterisieren ihn ebenso wie die Koordinaten aus Tradition und Innovation, aus Routine und Abwechslung. In ihn ist der ganze Mensch als "Subjekt der Alltäglichkeit" (vgl. Lehmann 1932/33) und Adressat hineingestellt; deshalb realisiert er auch am eigenen Leib, an sich, dieselbe Widersprüchlichkeit.

Ohne hier auf die Konsequenzen für Lukács' ästhetische Theorie und ihre näheren Kategorien (Mimesis, evokativer Charakter des Kunstwerks, Katharsis) im einzelnen einzugehen, bleibt doch festzuhalten, daß das Alltagsleben weiterhin systematischer Ausgangs- und Bezugspunkt ist. Bei-

den, der Kunst wie der Wissenschaft, kommt die gnoseologische Funktion
zu, den Alltag in seinen Vermittlungen - damit in seinem Gewordensein
wie seiner Prozeßhaftigkeit - durchsichtig zu machen. Wenngleich Lukács
auch die Kunst normativ als das "Gedächtnis der Menschheit" bestimmt, so
darf dennoch diese Bestimmung nicht zu teleologischen Fehlschlüssen ver-
leiten. Sie wäre eher - allen verbalen Distanzierungen Lukács' zum Trotz -
in jenem Blochschen Sinne als Utopie zu begreifen, die vom Vor-Schein
des gelungenen Lebens oder - bei Lukács - von der Mimesis des Gattungs-
mäßigen spricht. Dabei sorgt die bevorzugte Stellung des Alltags dafür,
daß die Kunst sich nicht einfach dezisionistisch über konkrete historisch-
gesellschaftliche Bedingungen hinwegsetzen kann, sondern diese allererst
als Voraussetzung und Vorwurf für die Gestaltung anzunehmen und ernst-
zunehmen hat. Erst wo Kunst dazu bereit ist, sich aufs Vorgefundene und
Gegebene, den Alltag, einzulassen, kann man zu Recht davon sprechen,
daß sie ihre Mission erfüllt: nämlich "das gesellschaftliche Sein der Menschen aus der Perspektive des menschheitlichen Selbstbewußtseins mime-
tisch zu spiegeln." (Paetzold 1986. S. 190) In diesem Sinne heißt es zusammenfassend an einer Stelle im zweiten Band der Ästhetik: "Kein Kunstwerk
ist utopisch, denn es kann mit seinen Mitteln nur das Seiende widerspie-
geln, das Noch-nicht-Seiende, das Kommende, das zu Verwirklichende erscheint darin nur, soweit es im Sein selbst vorhanden ist, als kapillarische
Vorarbeit des Zukünftigen, als Vorläufertum, als Wunsch und Sehnsucht,
als Ablehnung des gerade Vorhandenen, als Perspektive etc. Zugleich ist
jedoch jedes Kunstwerk utopisch im Vergleich zum empirischen Sosein der
Wirklichkeit, die es widerspiegelt, aber als Utopie im wörtlichen Sinne, als
Abbild von etwas, das immer und nie da ist." (Lukács 1981. Bd. 2. S. 222f.)

Die "Ontologie des gesellschaftlichen Seins" nun knüpft unmittelbar an
diese Bestimmung der Kunst an. So definiert Lukács das Wesen der Tragödie in den Prolegomena einmal folgendermaßen: sie stelle "die aktuell
praktische Unverwirklichbarkeit der echten, nicht mehr entfremdeten Gat-
tungsmäßigkeit gerade als praktisch Nichtverwirklichbares, aber zugleich
als höhere, als zu verwirklichende Aufgabe für das richtig geführte Men-
schenleben" dar. (Lukács 1984. Bd. 1. S. 209) Dabei findet die utopische
Intention des Kunstwerks, hier: der Tragödie, ihre Voraussetzung in der
entfremdeten Struktur des Alltagslebens. Wie bereits in der großen Ästhetik wird auch hier die Kunst als höherer Erkenntnismodus begriffen, der -

obzwar im Zusammenhang der Ontologie nur selten erwähnt - die Vermittlungen im Alltag transparent macht. Dasjenige, was in der Ästhetik als Forderung an die Kunst gestellt war, rückt in der Ontologie zentral in die Mitte: die Reflexion der Vermittlungen im Alltagsleben. Dieses bildet den historisch-systematischen Ausgangspunkt. Und gleich zu Beginn der Prolegomena formuliert Lukács die zentrale Aufgabe seiner Ontologie: "Man muß also zwar von der Unmittelbarkeit des Alltagslebens ausgehen, zugleich jedoch auch darüber hinausgehen, um das Sein als echtes Ansich erfassen zu können." (Lukács 1984. Bd. 1. S. 9f.) Insgesamt geht es Lukács' Ontologie darum, "von der unbegriffenen, nur als Wirklichkeit affizierend zur Kenntnis genommenen Wirklichkeit zu ihrem möglichst adäquaten ontologischen Erfassen" fortzuschreiten. (vgl. a. a. O. S. 438) Es geht ihm mithin darum, wie es an anderer Stelle heißt, den in der Alltagspraxis gegebenen "vollständig unmöglich bewältigbaren Umkreis des Unerkennbaren" zu durchleuchten. (vgl. Lukács 1986. Bd. 2. S. 574f.)

Den Schlüssel zur Ontologie glaubt er in der Kategorienanalyse zu sehen. Unter ständigem Verweis auf das Methodenkapitel der Marxschen Grundrisse definiert er die Kategorien als "Daseinsformen, Existenzbestimmungen". (Lukács 1984. Bd. 1. S. 36 u. ö.) D.h., sie sind zugleich Seins- wie Erkenntniskategorien. Und einheitlich bezogen sind diese vier von Lukács dann analysierten Kategorien Arbeit, Reproduktion, Ideologie und Entfremdung auf das gesellschaftliche Sein, das Lukács als Fortsetzung und Überwindung der Stufen des anorganischen und des organischen Seins sieht. Dessen gleichsam basale Kategorie ist die der Geschichtlichkeit, damit der Entwicklung und Prozessualität. Ontologie des gesellschaftlichen Seins meint die historisch-systematische Rekonstruktion derjenigen Seinsart, die sich anhand des sich wandelnden Relationsgefüges der vier Kategorien beschreiben läßt. Präzise skizziert er an einer Stelle in den Interviews zu seiner Autobiographie "Gelebtes Denken" das Programm seiner Ontologie: "Im Marxismus", formuliert er dort, "macht das kategoriale Sein des Dinges das Sein des Dinges aus, während in der alten Philosophie das kategoriale Sein die grundlegende Kategorie war, innerhalb deren sich die Kategorien der Wirklichkeit herausbildeten. Es ist nicht so, daß sich die Geschichte innerhalb des Kategoriensystems abspielt, sondern es ist so, daß die Geschichte die Veränderungen des Kategoriensystems ist. Die Kategorien sind also Seinsformen. Sofern sie natürlich zu Ideenformen werden, sind sie Widerspiegelungsformen, primär jedoch Seinsformen." (Lukács 1980. S. 236f.; vgl. auch Lukács 1984. Bd. 1. S. 324) Insgesamt, so Lukács, sei der Prozeß des Seins, auch der der Entwicklung vom anorganischen über das organische zum gesellschaftlichen Sein, strikt kausal determiniert, zugleich jedoch trete mit dem gesellschaftlichen Sein - und das markiere seine Überlegenheit - die Teleologie auf, die er bei der Kategorie der Arbeit nachweist. Denn die Arbeit enthalte - mit Aristoteles und Marx - einen Entwurfcharakter, das Moment der Antizipation, d. h. ein im Bewußtsein bereits vorweggenommenes Resultat. Dadurch werde aber in den kausalen Ablauf das Moment der Teleologie eingeführt, wodurch sich - bezogen auf den historischen Gesamtprozeß des gesellschaftlichen Seins - dieses immer mehr von den Naturschranken emanzipiert und am Ende - idealiter - dann Geschichte mit Bewußtsein gemacht werden kann.

Wenn das Bemühen der Ontologie davon geleitet ist, Auskunft über die Vermitteltheit des Alltags, eines jeden historisch konkreten Alltags, zu erteilen und jedes Sosein in seinem Gewordensein zu demonstrieren, dann muß es dabei auch bleiben. Die Ontologie kann keine präskriptiven Anleitungen formulieren oder sich gar, wie es am Ende der "Theorie des Romans" einmal sehr schön heißt, in "geschichtsphilosophischer Zeichendeuterei" über die notwendigen Entwicklungsschritte der Menschheit verlieren. Nüchtern reflektiert sie vielmehr den Alltag als erste Stufe und - analog zur Hegelschen "sinnlichen Gewißheit" - sinnliche Konkretion eines gesellschaftlichen Seins, als dessen Hermeneutik sie sich zugleich versteht. Anleitung zum Handeln kann und will sie nicht geben, wenngleich am Ende auch - im begriffenen, ontologisch fundierten Alltag - Handlungsmöglichkeiten und Perspektiven aufscheinen, die jedoch anderswo - nämlich in der konkreten Alltagspraxis eben - umgesetzt und realisiert werden müssen.

Damit, so scheint mir, ist aber ebenfalls klar, warum Lukács trotz der überragenden systematischen Bedeutung des Alltags für seine Spätphilosophie diesem nicht die Dignität einer Kategorie zuspricht. Denn der Alltag (das Alltagsdenken wie die Alltagspraxis) wird, insofern er in die ontologische Reflexion hineingezogen wird, über seine eigene Unmittelbarkeit aufgeklärt und in die historische Entwicklung hineingestellt. Da Lukács von einer "universellen Prozeßhaftigkeit" ausgeht, vom "prozeßhafte(n) Komplexcharakter der Wirklichkeit" (vgl. Lukács 1984. Bd. 1. S. 521), darf seine

Ontologie nicht bei der bloßen Phänomenologie des Alltags stehenbleiben, wie dies noch Henri Lefebvre oder Karel Kosík in ihren Darstellungen der Alltagsproblematik getan haben. (vgl. Lefebvre 1977, Kosík 1986) Sowohl systematischer Ausgangspunkt, als Unmittelbarkeit, als auch Endpunkt der Ontologie, als vermittelte Unmittelbarkeit, wird der Alltag in die Rekonstruktion des Geschichtsprozesses einbezogen und werden störende Elemente, seine vermeintliche und faktische Geschichtslosigkeit, das "Dunkel des gelebten Augenblicks", in ihren dialektischen Vermittlungen nachgewiesen.

*

Nachschrift

Ursprünglich ist dieser Text für eine Lukács-Tagung in Szeged im Herbst 1989 geschrieben worden. Und die Tagung hat stattgefunden - inmitten der politischen Wirren Osteuropas, inmitten auch der 'Wende' bzw. 'Revolution' auf dem Gebiet der ehemaligen DDR. Trotzdem ist über Lukács diskutiert worden, heftig und beherzt - allen post-sozialistischen Veränderungen (auch und gerade) in Ungarn zum Trotz. Liegt im Bedürfnis vor allem der Jüngeren, was deutlich wurde auf dieser Tagung, nicht etwas Unerledigtes, ein Überschuß, den auch die Sieger - mögen sie nun Kapitalismus, der Westen, die funktional differenzierte Gesellschaft oder wie immer heißen - nicht beiseite wischen können? Verweist nicht die Lukácssche Philosophie - selbst noch die nüchterne Spätphilosophie - auf Wünsche, Hoffnungen, Utopien, die insgesamt resistenter sind als vorübergehende historische Erscheinungen, Gesellschaftsformen, nämlich auf so etwas wie auf die 'Ontologie des Menschen als zoon politicon' abzielen?

Alltäglichkeit und Ästhetik

Der Alltag allein reicht nicht aus im Leben. Der feste Boden des Alltags, die routinierte Ordnung, benötigt bisweilen ein wenig Unordnung, Risse und Sprünge, das Vertraute die Herausforderung durchs Unbekannte, die Gewohnheit ihre Irritation. Die Vorhersagbarkeit im Alltag bedarf der Unvorhersehbarkeit, einer Verschärfung, wie Dieter Wellershoff gelegentlich notiert hat, die das Bisherige in Frage stellt. Danach mag das alte Leben weitergehen oder nicht, mag sich die gewohnte Ordnung wieder einstellen oder nicht, entscheidend allein ist die Unterbrechung, die länger oder kürzer - am knappsten im ekstatischen Augenblick - dauert und momenthaft den kontinuierlichen Lebens- und Erlebenszusammenhang sprengt. Man kann hierbei an vieles denken: Sexualität und Liebe, vor allem die auf den ersten Blick, Drogenerlebnisse und Räusche, Todesängste. Das "ordentliche Voranleben" (B. Kronauer) ist für einen Moment unterbrochen, steht auf der Kippe, wo nicht sogar zur Disposition, wenn die letzte Konsequenz des Augenblicks die Erkenntnis ist: Du mußt dein Leben ändern!

Der Alltag und die Unterbrechung verweisen wechselseitig aufeinander, benötigen sich gegenseitig: kein Alltag ist ohne zumindest kleine Abwechslungen, Unregelmäßigkeiten und Brüche denkbar, wie umgekehrt ein Leben im bloßen Augenblick ohne jede Dauer und Konstanz unvorstellbar ist. Tödlich sind die Extreme.

Eine Unterbrechung der Alltagsroutine - und gewiß vordergründig eine weniger existenziell aufgeladene - stellt auch dasjenige dar, was ich mit Rüdiger Bubner als "ästhetische Erfahrung" bezeichnen möchte. (vgl. Bubner 1989; dazu auch Jauß 1977) Darunter verstehe ich künstliche Verschärfungen im alltäglichen Lebenszusammenhang, womit das Eintauchen in künstliche und künstlerische Welten gemeint ist: Lesen (fiktionaler wie diskursiver Texte gleich welcher Dignität); Sehen (Theater, Fernsehen, Film); und Hören (Musik). In Momenten ästhetischer Erfahrung wird der andauernde Lebenszusammenhang unterbrochen und außer Kraft gesetzt. Die Alltagswelt wird suspendiert - für einen Augenblick, eine kurze Weile oder gar Stunden, in denen wir uns mit dem Außergewöhnlichen beschäftigen. Das mag im Kino oder vor dem Fernsehapparat sein, nicht zuletzt in einer stillen Ecke unseres Zimmers, wohin wir uns mit einem Buch zurückgezogen haben. Dabei lassen wir uns entweder bloß ablenken - wie häufig beim

Film -, oder wir befassen uns intensiver mit Lektüren, die angestrengtere Aufmerksamkeit beanspruchen. Das Ergebnis ist dasselbe: die vorübergehende Unterbrechung alltäglicher Abläufe, das Zerbrechen des Stundenplans, der unser Leben verkettet. - Eintritt in eine andere Sphäre und Wirklichkeit, in andere Erfahrungsräume, die entlastend und befreiend, unterhaltend und entspannend, aufklärend oder auch vernebelnd wirken können mit Blick auf die wirkliche Wirklichkeit, in die wir immer wieder nach dem Fallgesetz des Natürlichen zurückkehren.

Die ästhetische Erfahrung ist nicht eine der wirklichen Erfahrung als Erfahrung von Wirklichkeit entgegengesetzte, sondern muß vielmehr als deren Revers angesehen werden, als Nische und Desiderat, als Rückzugsraum, dem ordentlichen Voranleben abgetrotzt. Als Luxus sicherlich, der, ohne notwendig zu sein, doch nie ohne Not einfach aufgegeben wird. Als etwas, das historisch erst spät auftritt, als Erfahrung, die das Befangensein in den Naturschranken hinter sich gelassen hat. Zur Andeutung der historischen Perspektive ist Adornos Bemerkung über das Kantsche Erhabenheitsurteil immer noch hilfreich: erst da, wo die Natur als beherrschte und gebändigte ihre Macht über uns verloren hat, taucht der ästhetische Blick fürs Naturschöne (resp. Erhabene) auf. In gerader Verlängerung und hinsichtlich der Kunst, der Rezeption von Artefakten, bedeutet das: erst dort, wo sie sich aus ornamentalen, auf die Legitimation von Herrschaft abgestellten Zusammenhängen befreit hat, in einer verbürgerlichten Kunst, kann sie 'rein', d. h. für sich und in der Distanz zur Wirklichkeit, wahrgenommen werden.

Hierin liegt die Bedeutung der Kantschen Ästhetik, an die Bubner mit dem Begriff der ästhetischen Erfahrung anknüpft. Denn Kants "Zweckmäßigkeit ohne Zweck", die er der Kunst einräumt, betrachtet Kunst formal, rezipiert sie mit interesselosem Wohlgefallen. Der Kant-Schüler Schopenhauer spricht später gar von desengagierter Kontemplation. Gemeint ist immer der Umgang mit autonomen Werken, die zwar aus dem Leben hervorgegangen sind, dann aber ein eigenes Reich neben und außerhalb der Wirklichkeit darstellen. Jean Paul nennt das dann das engelgleiche Schweben zwischen Himmel und Erde. Für unseren Zusammenhang ist dabei interessant, daß der Begriff der ästhetischen Erfahrung strukturell verbunden ist mit einem ganz bestimmten Werktyp, dem autonomen, der - im späten 18. Jahrhundert begründet - bis heute konkurrenzlos dasteht und noch unsere aktuelle Rede über Kunst bestimmt.

Entgegen dem gängigen ästhetischen Diskurs, der sich von Kant herschreibt und inzwischen ideologisch fest institutionalisiert ist, bleibt jedoch mit Thomas Metscher zu betonen, daß Autonomie nur eine relative und strukturelle ist. Diese strukturelle Autonomie des Werks "schafft (...) erst die besondere Bedingung seiner spezifischen gesellschaftlichen Funktion und Wirkung. Erst das so aus dem unmittelbaren Kontinuum alltäglicher Praxis herausgehobene Werk kann die ihm zugeschriebene Funktion epistemischer Orientierung - der Konstitution von Welt- und Selbstbewußtsein - erfüllen." (Metscher 1989. S. 173) Über den Begriff der epistemischen Orientierung - dasjenige am Werk, was Metscher mit Lukács als "das Gedächtnis der Menschheit" bezeichnet - mag man mit ihm streiten wollen, unzweifelhaft aber ist, daß das Werk auf vielfache Weise vermittelt ist mit der Gesellschaft, mit Wirklichkeit und Geschichte, an denen es teilhat und die es in Form und Gehalt bestimmen. Es bleibt das aufzulösende Rätsel des Werks wie seiner Rezeption, was Gaston Bachelard einmal in die paradoxe Formulierung gekleidet hat, daß es sich zugleich "so hoch über das Leben" erhebt, "daß das Leben es nicht mehr erklärt", und andererseits "eine Verdoppelung des Lebens" ist. (vgl. Bachelard 1987. S. 23) Es geht also um die Vermittlungen, die Schnittstellen von Kunst und Wirklichkeit, um Literatur und Alltag, um die Spiegelungen, Brechungen und Verknüpfungen - darum nicht zuletzt, wie Alltägliches zur Sprache gebracht wird.

Das autonome Werk und die ästhetische Erfahrung als korrelative Begriffe. Bevor wir uns nun weiter eingehend mit der ästhetischen Erfahrung beschäftigen, mag ein Ausflug in die Geschichte der Ästhetik angebracht sein, um das Werk in seinem Verhältnis zur Wirklichkeit zu präzisieren und nähere Auskünfte über die 'Vermittlungen' einzuholen.

Hegel ist die Drehscheibe, der Initiator eines 'anderen' ästhetischen Diskurses. Denn er verabschiedet nicht nur die ältere aufklärerische Diskussion über Ästhetik (Baumgartens Ansicht von der unteren, sinnlichen Erkenntnis), sondern auch die Kantsche Urteilslehre, um stattdessen Ästhetik als "Philosophie der Kunst" zu betreiben. Statt der Rede über das Schöne propagiert er die Reflexion von Kunst-Werken. Darin reagiert er in spezifischer Weise auf das moderne Autonomie-Postulat: nur im Werk drückt sich das "sinnliche Scheinen der Idee" aus, weil nur das Werk durch den menschlichen Geist hindurchgegangen ist. Ästhetik und Geschichtsphilosophie schießen zusammen. Das Werk ist Ausdruck von Geschichte/n, Ausdruck der Stellung und Entwicklung des menschlichen Geistes in der Geschichte, gestaltet im sinnlich-anschaulichen Medium.

Geprägt ist die Hegelsche Ästhetik von einem fortlaufenden Dualismus: dem Gegensatz von Antike und Moderne. Während er dem antiken Epos, das auf dem ursprünglichen poetischen Weltzustande ruht, noch die Fähigkeit zuspricht, ein mimetisches Bild dieses Zustandes in seiner Totalität zu entwerfen, diagnostiziert er für die Moderne lediglich den Verlust einer umfassenden künstlerischen Gestaltung. Wo das Epos, die große Erzählung, eine plastische Ansicht der Totale liefert, da ist die Moderne auf die Partikularität beschränkt. Ein (geschichtsphilosophisches) Indiz für Substanzverlust. Substantiell nämlich war die Kunst in dem Maße, "in dem die Affekte und Phantasien der einzelnen in den Sprachen und Ritualen unmittelbarer, 'politischer' Gemeinschaften - vom Nomadenstamm bis zur höfischen Aristokratie - geborgen waren" (Voss 1988. S. 7); substanzlos ist sie dort, wo der tragende Hintergrund - die lebendige Gemeinschaft - fehlt und der Künstler nun ganz auf sich selbst geworfen ist. Der Substanzverlust bedeutet jedoch zugleich auch einen Zugewinn, die neue Bedeutung des ästhetischen Mehrwertes, der die Kunst entfesselt und "von ideologischer Sinnstiftung nicht nur - potentiell - entmachtet, sondern auch entlastet." (ebd.) Das meint das Hegelsche Diktum vom Ende der Kunst, das nicht mehr und nicht weniger besagt, als daß lediglich "die höchste Weise", "in welcher die Wahrheit sich Existenz verschafft", vergangen ist. Also: in dem Maße, wie die Kunst die ihr vom Philosophen gestellte Aufgabe eingebüßt hat, - mit dem Aufklärer Gellert - "die Wahrheit durch ein Bild zu sagen", in dem Maße wird erst die spezifische ästhetische Qualität von Kunst thematisch und bedeutsam. Entlastet vom maßlosen Anspruch, die Totalität eines Weltzustandes anschaulich zu gestalten, kann sie sich nun dem Besonderen, Partikularen und Einzelnen zuwenden. An die Stelle der großen Erzählung rücken die vielen kleinen Erzählungen (Romane, Novellen, Erzählungen), die private, häusliche Schicksale - unweigerlich: bürgerliche Alltäglichkeiten - illustrieren.

Diesen (wenn man so will) Paradigmenwechsel in der Kunst und Literatur der Moderne hat Hegel als erster ästhetisch-theoretisch reflektiert.

Daß er dabei immer Klassizist geblieben ist, spielt nur insofern eine Rolle, als er aufgrund der Hochschätzung der Antike schärfer als andere die Bedingungen moderner Kunst ins Auge faßt. Und gerade aufgrund seiner Favorisierung des antiken Epos vermag er die Bedeutung des demgegenüber vermeintlich defizienten Status der modernen Prosa, insbesondere des Romans, zu sehen. Der Roman nämlich, vom Hegelianer Lukács dann als bürgerliche Epopoe und repräsentative Form des Zeitalters bezeichnet, ist für Hegel adäquater Ausdruck der modernen bürgerlichen Gesellschaft, einer zerrissenen Welt, die durch ein Wimmeln von Willkür und mannigfaltige Partikularitäten ausgezeichnet ist. Chaos und Anarchie regieren an der Oberfläche; darunter webt nur die ökonomische List der Vernunft ein unsichtbares Netz von Beziehungen und Abhängigkeiten, die dem einzelnen jedoch verborgen bleiben. Es existiert kein tragender Hintergrund mehr, keine für alle gültige Weltanschauung und Ideologie und auch keine - modern gesprochen - verbindliche Lebenswelt. Die bürgerliche Gesellschaft ist vielmehr zersplittert in differente Sphären, in die Welt der Armut und die des Reichtums, der Knechte und der Herren, der Privatheit und der Öffentlichkeit, der Familie und der Gesellschaft. Einzig noch der spekulative Begriff, so die Hegelsche Lösung, sei in der Lage, die wirklichen Antagonismen der Gesellschaft als dialektischen Widerspruch begrifflich zu fassen. Die Kunst ist dagegen residual geworden; beschränkt auf das Nahe und Vertraute, das Alltägliche nicht zuletzt, auf den "Konflikt zwischen der Poesie des Herzens und der entgegenstehenden Prosa der Verhältnisse" (Hegel: Ästhetik. Bd. 2. S. 452), büßt der Roman zwar die Totalität ein, gewinnt aber auf der anderen Seite eine Tiefenschärfe in der Detaillierung einzelner, privater Verhältnisse hinzu. Der Verlust der Totale geht bei Hegel mit der Präzisierung des Details einher, der Perspektive auf ein einzelnes Individuum, dessen Biographie und Schicksal, wobei Goethes Meister-Roman Pate steht.

"Der Roman im modernen Sinne", heißt es an jener berühmten Stelle in der Ästhetik über die Gattung Roman, "setzt eine bereits zur Prosa geordnete Wirklichkeit voraus, auf deren Boden er sodann in seinem Kreise - sowohl in Rücksicht auf die Lebendigkeit der Begebnisse als auch in betreff der Individuen und ihres Schicksals - der Poesie, soweit es bei dieser Voraussetzung möglich ist, ihr verlorenes Recht wieder erringt." (ebd.) Was Hegel dabei unter der Prosa versteht, sagt er an anderer Stelle unmißverständlich: "eine feste, sichere Ordnung der bürgerlichen Gesellschaft und des Staats"; "Polizei, Gerichte, das Heer, die Staatsregierung". (a. a. O. Bd.1. S. 567) Die Spielräume des Romans bzw. die Dramaturgie der Handlung sind damit eng begrenzt, nämlich limitiert auf die "Beschränktheit privater häuslicher Zustände." (a. a. O. Bd.2. S. 468) Ästhetisch inszeniert wird der Kampf des Individuums mit der Gesellschaft, der Privatheit mit der äußeren Ordnung: "jeder findet vor sich eine bezauberte, für ihn ganz ungehörige Welt, die er bekämpfen muß, weil sie sich gegen ihn sperrt und in ihrer spröden Festigkeit seinen Leidenschaften nicht nachgibt, sondern den Willen eines Vaters, einer Tante, bürgerliche Verhältnisse usf. als ein Hindernis vorschiebt. (...) Diese Kämpfe nun aber sind in der modernen Welt nichts weiteres als die Lehrjahre, die Erziehung des Individuums an der vorhandenen Wirklichkeit, und erhalten dadurch ihren wahren Sinn. Denn das Ende solcher Lehrjahre besteht darin, daß sich das Subjekt die Hörner abläuft, mit seinem Wünschen und Meinen sich in die bestehenden Verhältnisse und die Vernünftigkeit derselben hineinbildet, in die Verkettung der Welt eintritt und in ihr sich einen angemessenen Standpunkt erwirbt." (a. a. O. Bd.1. S. 567f.)

Daß der Klassizist Hegel der Gattung Roman nur wenig abgewinnen kann, ist klar. Deshalb sollte die Ironie dieser Passage auch nicht überbewertet werden. Dennoch ist seine kurze Einschätzung von bemerkenswertem Zuschnitt: er zeichnet eine Entwicklungslinie vor, die Education sentimentale als Aufgabenfeld des Romans, woran sich die weitere Geschichte der Gattung im 19. Jahrhundert abgearbeitet hat; er spricht von der Einschränkung der Erzählung auf kleine, private Schicksale und bezeichnet die Schnittstellen von Privatheit und Öffentlichkeit als Vorwürfe der Handlung. Dazu redet er ebenso unmißverständlich wie unausgesprochen einem Realismus das Wort, der sich am "gegenwärtigen nationalen und sozialen Leben" (a. a. O. Bd.2. S. 468) entzündet und die existierende Wirklichkeit als letzte Grundlage, Anlaß und Gegenstand romanhafter Bearbeitung setzt. Das Ziel schließlich, das Hegel vorschwebt, ist die "innerhalb der individuellen Begebenheit zum Vorschein" kommende "Totalität einer Welt- und Lebensanschauung" (a. a. O. Bd.2. S. 452) - mit der notwendigen Einschränkung freilich, daß diese selbst nicht mehr gültig für alle ist, sondern lediglich partikular, maßgeblich für den einzelnen, der am Ende seinen Platz in der Gesellschaft gefunden hat, dessen - modern gesprochen - Sozialisation und Biographieplanung erfolgreich abgeschlossen worden ist, wohlwissend allerdings um die weiterbestehenden Widersprüche und den konflikthaltigen Zusammenhang in dieser Gesellschaft. Darin besteht das - wenn auch arg gekürzte - Wahrheitsmoment von Literatur: der Einzelfall, das konkrete persönliche Schicksal, soll eingedenk seiner Besonderheit zugleich exemplarisch für den Gesamtzusammenhang, den jeweiligen Zustand der Gesellschaft, sein. Und die Geschichte soll an einer Einzelgeschichte wieder erkennbar sein, am Alltagshandeln und -denken von einzelnen und an deren Interaktionen, in die die gesellschaftlichen Strukturen ihre Spuren hineingezeichnet haben.

Die nachfolgende Geschichte der Ästhetik ist in weiten Teilen vor allem eine Geschichte der Auseinandersetzung mit Hegel. Schüler und Bewunderer wie Kritiker und Gegner beziehen sich auf dessen Philosophie der Kunst, auf das dort entwickelte System der Künste, das Verhältnis von Ästhetik und Geschichte und die implizite Forderung des Realismus. Dabei ist der häufigste Kritikpunkt an Hegel sein Klassizismus und die Geringschätzung der modernen Kunst und Literatur. Ästhetiker vom Fach und Literarhistoriker haben im Gegenzug zu Hegel immer wieder Strategien zur Legitimation moderner Kunst entwickelt, um die Debatte um die mißverständliche und immer mißverstandene Rede vom Ende der Kunst endlich zu beenden. Anschlußstellen bei Hegel sind jedoch in vielen Fällen die Passagen über den Roman mit der Forderung, ein Bild des je gegenwärtigen Zeitalters zu entwerfen. Anklänge dazu finden sich in der Ästhetik und Poetik der Jungdeutschen mit dem Postulat, eine Literatur der sozialen Bewegung zu schaffen, später in den Debatten über den Realismus und - gegen Ende des Jahrhunderts - noch in Fontanes Plädoyer für den politischen Zeitroman oder in Wilhelm Diltheys Ruf nach einem Roman, der das veränderte Leben in der Großstadt thematisiert. Immer geht es um das Leben und die soziale Wirklichkeit, um den einzelnen in der Gesellschaft, dessen Aktionsradius vermessen wird.

Deutlicher als bei Hegel rückt allerdings bei den Nachfolgern die Figur des Autors ins Blickfeld. Darum hatte sich die Hegelsche Kunstphilosophie, die sich als Werkästhetik verstand, nur wenig gekümmert. Und die Reflexion der Autorposition mußte sich dabei um so dringender stellen, je mehr Literatur als Ausdruck der sozialen Bewegung bzw. in der sozialen Bewegung begriffen wurde.

Eine interessante Argumentation führt hierbei der - heute nur noch wenig bekannte - Ästhetiker und Literarhistoriker Theodor Wilhelm Danzel vor, der sich bemüht, Kantsche und Hegelsche Aspekte miteinander zu verbinden. Neben zwei großen Monographien über Gottsched und Lessing hat Danzel eine Reihe kleinerer Aufsätze veröffentlicht, die vor allem in methodologischer Hinsicht bedeutungsvoll sind. In dem Aufsatz "Shakespeare und kein Ende" (1850) polemisiert er ebenso gegen ästhetische Spekulationen, die die Kunst philosophischen Ideen subordinieren wollen (Hegel), wie gegen eine politische Indienststellung von Literatur (Gervinus), um stattdessen ein ästhetisch und historisch reflektiertes Modell der Literaturbetrachtung vorzuführen. Literatur und überhaupt alle Kunstwerke seien kein bloßes Abbild von Wirklichkeit, sondern immer subjektive Stellungnahme zur Wirklichkeit. Denn die im Werk dargestellte Realität sei immer durch das Gemüt des Produzenten gebrochen: sie erscheine in bearbeiteter und bewerteter Form, sei perspektiviert und daher niemals verrechenbar mit der zugrundeliegenden Wirklicheit. Danzel bezeichnet das produktive Vermögen des Künstlers, durch das dieser Wirklichkeit zur Werkgestalt transformiert, mit dem "künstlerischen Blick", worunter er versteht, "daß einer eine geistige Beziehung in die Natur hineinblickt und sie zugleich im Sinne derselben umschafft." (Danzel 1962. S. 270) Das ist ein eindeutiges Plädoyer für den Begriff der Anschauung - eine Anschauung, die zwar indemonstrabel ist und aufs Konto persönlicher Genialität geht, nichtsdestoweniger aber als psychologische Voraussetzung immer einer gewissen Stimmung, inneren Befindlichkeit oder Gefühlsdisposition bedarf: einer durch Umwelteindrücke angeregten Empfindung. Die Pointe schließlich, auf die die Danzelsche Argumentation hinausläuft, besteht darin, daß es eben dieses Moment ist, was auf die Rezipienten wirkt: die im Werk mit Blick auf eine spezifische Stimmung und auf einen spezifischen Gefühlsausdruck umgeschaffene Realität. Nur weil das Werk gestaltgewordener Ausdruck einer subjektiven Empfindung ist und kein kalter (wie immer naturalistischer) Abdruck, keine bloße Realitätsverdoppelung also, kann es wirken. Und es wirkt gerade dadurch, daß der Gefühlsausdruck im Akt der Rezeption revoziert wird: vom Eindruck über den Ausdruck wieder zum Eindruck. Produzent und Rezipient werden miteinander verbrüdert über dieselben psychischen Grundvorgänge.

Im übrigen kommt Danzel dabei auch dem Diltheyschen Her-
meneutikmodell sehr nahe. Denn Dilthey wird später in seinen zahllosen
Arbeiten zur Verstehensproblematik und zur Grundlegung der Geisteswissenschaften nicht nur von der Kunst als "Erlebnisausdruck" sprechen, sondern weitergehend auch davon - wie bereits Danzel -, daß alle Verstehens-
leistungen nur durch Übertragungen zustande kommen, durch Nachbilden
und Sichhineinversetzen, durch das Wiederfinden eigener Erlebnisse, Gefühle und Wertungen im Fremden. Bei Danzel heißt es dazu apodiktisch,
daß "jede Zeit im Grunde nur das (versteht), was ihr in einem gewissen
Grade gleichartig ist." (Danzel a. a. O. S. 247)

Weitreichende Konsequenzen haben Danzels produktionsästhetische
Überlegungen für das Verhältnis von realer und dargestellter Wirklichkeit.
Denn die Wirklichkeit, die Danzel ausdrücklich als "Alltagswelt" faßt, ist,
insofern sie zur Darstellung gelangt, immer schon eine transformierte
Wirklichkeit, eine transformierte Alltäglichkeit. Im Akt der Produktion -
vom emotiven Anlaß über den künstlerischen Blick bis zur Gestaltung -
"erhebt" er gleichsam die Alltagsrealität über sich selbst. (vgl. a. a. O. S.
271) Mit anderen Worten: dargestellte Wirklichkeit ist qua Darstellung -
und das impliziert für Danzel Perspektivierung, Selektion und Wertung -
mehr und anderes als bloße Realität, ist bewertete und gewertete Realität.

Damit antizipiert Danzel Überlegungen, die moderne Alltagstheoretiker des 20. Jahrhunderts in bezug auf Aspekte künstlerischer und
literarischer Darstellungen ebenfalls geäußert haben. Peter Gorsen etwa
spricht im Anschluß an Lefebvre davon, daß das Alltägliche - einmal zur
Sprache gebracht und damit deutlich gemacht - transformiert ist, insofern
es in seiner Kontingenz "zum Werk organisiert" wird. (vgl. Gorsen 1981. S.
262f.; Lefebvre 1972. S. 273) Ähnlich argumentieren auch die Literaturso-
ziologen Jürgen Scharfschwerdt und Klaus Hübner, wenn sie die Alltäglichkeit zum ausgezeichneten Gegenstand von Literatur machen, die selbst
per se allerdings Nicht-Alltag, gleichwohl jedoch immer davon bestimmt
ist. (vgl. Hübner 1987. S. 40 u. 46) Und Agnes Heller ergänzt und präzisiert
das Verhältnis von realer Alltäglichkeit und dargestelltem Alltag durch
den Hinweis, daß das literarische Werk "die Menschen anderes erkennen
(läßt) als die Alltagserfahrung." (Heller 1978. S. 257) Mehr noch: es sei
überhaupt nicht "oberstes Interesse" von Kunst und Literatur, das
Alltagswissen der Menschen zu bereichern. Ebenso wie Alltäglichkeit im

Werk immer schon transzendiert sei, ebenso erhebe sich auch der Rezipient über seinen eigenen Alltag. "Durch den Kunstgenuß (die Katharsis) erhebt sich der Mensch - freilich unterschiedlich je nach der Intensität seines Erlebnisses - aus seiner Alltäglichkeit und steigt, mit Hilfe des homogenen Mediums der Kunst, in eine Sphäre für sich auf, die so eine Sphäre für ihn wird." (a. a. O. S. 248)

Die Perspektive schließlich, unter der eine durch ästhetische Erfahrung gewonnene Erhebung über die Alltäglichkeit diskutiert werden kann, hat der Soziologe Hans Peter Thurn einmal damit beschrieben, daß Literatur dem Rezipienten "zuvor nicht gesehene Wege" erschließt, "auf denen er zu einem lebensdienlichen Ausgleich zwischen seinem Individualitätskonzept und den allgegenwärtigen Sozialansprüchen gelangen kann." (Thurn 1978. S. 347) Darin erkennt Thurn dann auch die wesentliche Funktion von Literatur: "<u>allen</u> Menschen die Augen (zu öffnen)." (a. a. O. S. 349)

Mit diesen Hinweisen auf moderne Alltagstheoretiker, auf Soziologen, die sich <u>auch</u> mit literarischen und künstlerischen Phänomenen beschäftigen, ist die Sphäre werk- und produktionsästhetischer Überlegungen bereits wieder in Richtung auf rezeptionstheoretische Schlußfolgerungen überschritten, auf den Aspekt der ästhetischen Erfahrung. - Fassen wir daher noch einmal kurz zusammen: Seit Hegels Philosophie der Kunst und den sich anschließenden produktionsästhetischen Reflexionen, die Hegels strikt geschichtsphilosophisch orientierte Werkästhetik im Blick auf den produzierenden Künstler erweitern, ist auch das Beziehungsverhältnis von Kunst und Wirklichkeit thematisch geworden. Das moderne Werk, insbesondere der Roman, nimmt die Alltäglichkeit zum Anlaß künstlerischer Gestaltung. Darin besteht eine von zahlreichen bahnbrechenden Einsichten der Hegelschen Ästhetik. Der moderne bürgerliche Roman ist nach Hegel Ausdruck, Produkt und Resultat einer zutiefst widersprüchlichen Gesellschaft, in der es keine für alle gültige, totale Weltanschauung mehr gibt, kein transzendentales Obdach und keine leitende Idee mehr, sondern wo eine Pluralität von verschiedenen Lebenswelten und divergierenden Meinungen und Ansichten aufeinandertrifft. Kunst wird demgemäß partikular; der Roman nimmt sich des Schicksals eines einzelnen Individuums an, dessen biographische Situation er erzählt. Denn die einzelne, persönliche Biographie ist die konkrete Schnittstelle konfligierender Einflüsse (Meinungen, Werthaltungen und -orientierungen etc.), - in Simmels Worten - der Kreuzungspunkt sozialer Kreise. Dies mindestens für die realistische Literatur im 19. Jahrhundert.

Aber nun ästhetische Erfahrung. Was können wir darunter verstehen? Und wodurch zeichnet sich ästhetische Erfahrung vor anderer, wirklicher Erfahrung aus? Und was wird überhaupt erfahren?

In seinem Buch über die "Grundbegriffe der Ästhetik" hat Franz Koppe an einer Stelle kurz das Wesen eines ästhetischen Textes so beschrieben: der ästhetische Text "erschließt und vermittelt (...) Erfahrung nicht als apophantische Erfahrung, wie insbesondere die Wissenschaften (...); sondern er vermittelt Erfahrung (...) im Zeichen der Betroffenheit: als - positive wie negative - Werterfahrung." (Koppe 1983. S. 134) Deshalb spricht Koppe weiter davon, daß ein ästhetischer Text, eine ästhetische Rede, "nicht behauptende (apophantische), sondern bedürfnisartikulierende, kurz: endeetische Rede" ist. Sie "antwortet auf das existentielle Defizit umgangssprachlicher Bedürfnisartikulation durch deren Überbietung"; und sie leistet schließlich "diese Überbietung - unter Distanzierung von unmittelbar lebenspraktischen Zwängen - durch kreative, insbesondere konnotative Verfahren der Vergegenwärtigung erfüllter wie unerfüllter Wertbekundung." (a. a. O. S. 135)

Die Erfahrung also, die hier gemacht wird, ist eine aus zweiter Hand; sie ist eine durch ästhetische Texte erschlossene und vermittelte Erfahrung - eine wirkliche Erfahrung, ohne zugleich Erfahrung von Wirklichkeit zu sein, jedenfalls nicht direkt. Also nur eine arme, defizitäre Schwester, die immer hinterherhinkt? Ja und nein. Im Vergleich zu wirklicher Erfahrung, der Erfahrung von Wirklichkeit, ist ästhetische Erfahrung eingeschränkt, borniert: sie ist abhängig von einem spezifischen ästhetischen Objekt, dem Kunstwerk, des weiteren von den darin artikulierten Werthaltungen und Ansichten und somit am Ende - mindestens relativ - folgenlos fürs eigene praktische Leben. Andererseits und zugleich jedoch vermittelt die ästhetische Erfahrung höhere und tiefere Ansichten, Einsichten und Erkenntnisse. Denn sie beruht auf der Distanz zur wirklichen Welt und zum realen Leben, die, obwohl ständiger Anlaß und Bezugspunkt für die Kunst, dennoch in der Rezeption des Werks ferngestellt sind. Anders gesagt: ästhetische Erfahrung wird gewonnen an ästhetischen Produkten, Kunstwerken und Artefakten; sie wird in einer zweiten Ebene gemacht, und - dies vor allem - sie weiß darum. Wie der 'normale' Mensch weiß bzw. im Laufe seines Lebens gelernt hat, daß der Hamlet auf der Bühne von einem Schauspieler geboten wird, daß Karl May nicht der Held seiner Bücher und unterschieden von Kara Ben Nemsi und Old Shatterhand ist, daß Sean Connery eben Sean Connery und nicht James Bond ist. Fatal sind die Folgen der Nicht-Unterscheidung der Ebenen. Ich erinnere mich noch gut, als Kind zu jeder sich bietenden Gelegenheit die Abenteuer eines Fernseh-Kommissars nachgespielt zu haben, Täter und Opfer dabei gleichermaßen doublend. Heute wird sogar wirklich zurückgeschossen, wie Berichte über Dauerkonsumenten von Heavy-Metal-Music oder Gewaltvideos belegen. Im Gegensatz zu dieser strikten und wortwörtlichen Rezeption, die allen Appellen und Aufforderungen gehorcht, sie annimmt und ernst nimmt, jedenfalls überhaupt keine Freiheit der Wahl kennt, hält ästhetische Erfahrung an der grundsätzlichen Differenz, an der Gegenüberstellung von Kunst, aber auch Kitsch - was immer das sei -, und Leben fest.

Die Welt und das Werk, Leben und Kunst sind zweierlei, wie auch die Erfahrung, die wir mit ihnen machen, die wirkliche und die ästhetische Erfahrung. Das Vertrackte dabei ist nur, daß sie, obwohl strikt unterschieden, dennoch dasselbe zum Gegenstand bzw. dieselben Inhalte haben. Vielleicht könnte man es so ausdrücken: dasjenige, was in wirklicher Erfahrung direkt auftritt, wird in ästhetischer Erfahrung indirekt und distanziert perzipiert. Wenn aber die Direktheit und die lebenspraktische Dimension aufgehoben sind, ferngestellt und distanziert, dann lassen sich die Dinge, was es auch immer sei: Gegenstände, Situationen, Handlungen, anders betrachten, nämlich ruhiger, vorurteilsloser, desengagierter. Die ästhetische Erfahrung bietet so die Chance zu einer anderen Erfahrung, zu einer neuen, zu einem Perspektivenwechsel und zu einer Erweiterung des Blickfeldes. Die Dinge erscheinen jetzt in einem neuen Licht, abgeschatteter gleichsam, weil ihnen die Grellheit und Aufdringlichkeit des wirklichen Lebens genommen sind. Und wir erkennen, daß es noch anderes an ihnen gibt, verborgene Rückseiten und Unentdecktes, das sich erst bei näherem Zusehen zeigt.

Ein Stuhl ist ein Stuhl - ohne jeden Zweifel etwas, das bestimmte Funktionen, sagen wir in erster Linie zum Sitzen, erfüllt. Er ist ein nützliches Ding. Aber er ist noch weit mehr als das, nämlich all das, was ihm an Bedeutungen zugesprochen wird, die Gesamtheit aller Bestimmungen: er ist ein markanter oder auch nur beiläufiger Gegenstand in einer Bildkomposition, ist eine Plastik, überführt in einem Kriminalroman den Täter, ist ein Wertgegenstand oder gar eine kostbare Rarität auf dem Antikmarkt. All das und unendlich viel mehr. Insgesamt also: ein Stuhl ist weit mehr als das, was ich aus meiner beschränkten lebensweltlichen Perspektive als kleiner Angestellter, der seinen Bürostuhl mit derselben Inbrunst haßt wie seinen Job, wahrnehme oder als heimwerkender Intellektueller, der an seinem Stuhl festzukleben scheint. Ein Stuhl ist immer ein Stuhl und zugleich mehr als ein Stuhl, nämlich - mit Marx - ein Ding von gespenstiger Gegenständlichkeit, ein bedeutendes Ding, weil es viele Bedeutungen hat. Um auf Franz Koppe zurückzukommen: ein Stuhl vermittelt innerhalb der ästhetischen Erfahrung als 'Bild' eines Stuhls oder als 'Geschichte' eines Stuhls auch Werterfahrungen, d. h. daß der Stuhl als Stuhl nicht nur bloß mitgeteilt wird, sondern immer auch Auskünfte des darüber Schreibenden (oder eines Malenden) vermittelt. Ein Stuhl ist also, insofern er gemalt, beschrieben oder gedichtet wird, insofern er ein ästhetischer Gegenstand oder mindestens Teil eines solchen ist, mehr als ein Stuhl; er ist bedeutsam und bedeutend, ja ein 'wertvolles' Ding, weil er Werthaltungen und -schätzungen eines Kunstproduzierenden ausdrückt.

Rücken wir nun den einzelnen Stuhl beiseite. Von hier aus zu einer komplexen Kunstwelt - das bedeutet den Überstieg in eine ganz neue Welt, eine Welt neuer, eigener Bedeutungen, Bezüge und Verweise, anderer Wertrelationen - ganz anders und doch so täuschend ähnlich dem, was wir gewohnt sind! Die Kunstwelt ist die Welt und zugleich mehr als die Welt. Denn sie zeigt uns - wenn wir etwa unter brutaler Vereinfachung behelfsmäßig bei zeitgenössisch-realistischer Kunst verweilen - unsere Welt in der Brechung an einer subjektiven Perspektive; von nichts anderem war auch in klassischen Realismustheorien die Rede. Die Kunstwelt führt uns die Welt als eine Welt vor, die unsere ist (oder sein könnte), versehen mit subjektiven Wertungen, Meinungen, Ansichten. Am Ende jedoch stellt dann die Kunstwelt eine umgeschaffene, transformierte Welt, eine gewertete und bewertete, eine bedeutende weil bedeutete Welt dar, von der vielfältige Fäden und Verknüpfungen in die wirkliche Welt reichen, die aber insgesamt und trotz aller Verbindungen niemals identisch mit der Wirklichkeit ist.

Das Kunstwerk ist - auch das hat Tradition - ein Mikrokosmos, ein homogenes Medium (G. Lukács), dessen Realitätsgehalt neben und außerhalb der bloßen Realität zu fixieren ist, also niemals bloß abbildenden Charakter trägt. Denn immer ist die Welt im Kunstwerk dargestellte Welt, d. h. perspektivierte und selektierte, eben bewertete Welt.

Vielleicht ließe sich von hier aus sogar als Gesetz der Kunst formulieren, daß man dort von einem Kunstwerk sprechen kann, wo es gelungen ist, die reale Welt und das wirkliche Leben so zu transformieren, daß, obwohl jedermann die Bezüge leicht feststellen kann, eine Verwechslung dennoch unmöglich ist. Danto hat das einmal in einer Arbeit die "Verklärung des Gewöhnlichen" genannt (Danto 1984), und Jan Patocka hat, womit sich auch unser Kreis wieder schließt, von der Dimension des "Außerordentlichen und Feierlichen" im Gegensatz zum Alltäglichen gesprochen. (vgl. Patocka 1988. S. 124ff.) Mit Blick auf die Kunst möchte ich es in Anlehnung an Patocka so ausdrücken: das Kunstwerk stellt das Gewöhnliche (das Vertraute, Alltägliche) im Modus des Außerordentlichen (des Ungewöhnlichen, des so noch nicht Bekannten) vor. (Nebenbemerkung: Ließe sich hier nicht auch die Grenze zur Trivialkunst ziehen? In der Frage der Darstellung und des Umgangs mit dem Gewöhnlichen, in der Möglichkeit der Verwechslung von Realität und Abbildung? Ich denke dabei z. B. an die Heerscharen von Pilgern zur "Schwarzwaldklinik". Hierzu Dantos Warnung: "je größer der Grad des beabsichtigten Realismus, desto größer auch die Notwendigkeit äußerlicher Hinweise, daß es sich um Kunst und nicht um Realität handelt." [Danto a. a. O. S. 49])

Was das Werk zum Kunstwerk macht, das ist die "Verklärung des Gewöhnlichen", womit keine Idealisierung oder Verschönung gemeint ist, sondern eine spezifische ästhetische Verfahrensweise - unbestimmt welche -, die dem Banalen und Geläufigen, dem Alltäglichen eben, den Anstrich des Besonderen und Außerordentlichen verleiht. Auch hier wieder: die Tradition winkt; sie hatte das schon früh im Begriff der Autonomie umschrieben. So oder so steckt jedenfalls in der Kunst das Außerordentliche, das Unerhörte und Ungesehene - dasjenige, worin durch eine winzige Drehung oder Verschiebung etwas Bekanntes plötzlich in neuem Licht erscheint und andere Seiten zeigt. Dabei muß es sich nicht immer und unbedingt um die Goetheschen "unerhörten Begebenheiten" handeln; es kann vielmehr gerade das Banalste sein, wenn es nur markant genug ist, um etwas Neues, Besonderes über das Leben und die Wirklichkeit, über unseren Umgang mit ihnen auszusagen, wenn es dem Künstler nur gelingt, sich auf unverwechselbare Weise darin auszudrücken und den Dingen (Begebenheiten, Ereignisse, Handlungen) seinen Stempel aufzudrücken.

Für den Bereich des Romans z. B. spricht Hans-Georg Pott neuerdings davon, daß jener - in Verlängerung und Verschärfung des Hegelschen Argumentes - das Feld der alltäglichen Lebenswelt ins Zentrum der Darstellung rückt und künstlerisches Kapital allererst aus der Gestaltung von Banalitäten, "winzigen Katastrophen" (S. Kracauer), schlägt. "Der Roman produziert die Welt als (subjektive) Vorstellung; er ist immer ein Entwurf des Bewußtseins (in den auch Unbewußtes eingehen kann). Er verkündet eine Wahrheit des Daseins, die andere Diskurse nicht erkennen können: das ist die Wahrheit der alltäglichen Lebenswelt. Deshalb handelt er von den Kleinigkeiten und Nichtigkeiten." (Pott 1990. S. 19) Pott rekonstruiert dann im folgenden Romane von Sterne, Jean Paul, Joyce und Arno Schmidt anhand ihrer Darstellungen von Alltäglichkeiten, von etwas, das, wie Peter Demetz in einem Essay gezeigt hat, spätestens seit dem realistischen Roman des 19. Jahrhunderts, seit Scott, Balzac, Flaubert und Zola, aber auch seit Stifter oder Fontane, beherrschendes Thema geworden ist. (Demetz 1977. S. 554-567) Gerade "die Repetition", die Demetz eher verhalten in die Diskussion einführt, ist es, an der sich die meisten Romanautoren abarbeiten. Wir erinnern uns wieder an die Arbeiten von Henri Lefebvre - im Roman des 19. Jahrhunderts wird zur Sprache gebracht, was Lefebvre als Alltag charakterisiert: "die Banalität, die Trivialität, das Repetitive." (Lefebvre 1977. Bd. 2. S. 55) Schließlich dasjenige daran, worunter die Menschen teils leiden, was sie andererseits aber auch wiederum brauchen, um nicht zu zerbrechen, die Ereignislosigkeit. Stifter z. B. schätzt "die alltäglichen in Unzahl wiederkehrenden Handlungen der Menschen", macht sie zum Gegenstand ausgedehnter Beschreibungen; Nietzsche dagegen kämpft gegen die lähmende ewige Wiederkehr: "Die Realität liegt in dem beständigen Wiederkommen gleicher, bekannter, verwandter Dinge." (zit. nach Demetz a. a. O. S. 564f.) Und man könnte die Reihe der Zitate beliebig verlängern; zwischen den Alternativen bewegen sich die Darstellungen und Einschätzungen: Entfremdung hier, Entlastung dort.

Der Alltag in der Literatur: das ist die Rehabilitierung und Nobilitierung des Details, des Banalen und Unspektakulären, des Dauernden und

Festen, des Kleinen und Überschaubaren; das ist die realistische Darstellung dessen, was jedermann kennt, was hier und da, gestern und morgen überall so oder so vorkommt, die Welt vor und hinter der Geschichte, die Welt in Reichweite, abgesteckt der Horizont darin.

"Was den Roman als eine offene Prosaform im allgemeinen anbetrifft, so zeichnet er sich durch ein besonders intensives Verhältnis zur Buntheit und Vielfalt der realen Welt aus. Daher gibt es eigentlich nur 'mehr oder weniger' realistische Romane (auch Utopien beziehen sich auf das Reale). Realismus bedeutet dann nicht die Annäherung an die allgemeinen Erkenntnisse oder Gesetzmäßigkeiten (an das Typische oder das wissenschaftliche Erkenntnisideal). Sondern es bestimmt sich gerade aus dem individuellen Ereignis und Stil." (Pott a. a. O. S. 34)

*

Literatur und Alltag. Wirkliche und ästhetische Erfahrung. Wenn die Inhalte identisch sind, sich nur graduell unterscheiden, dann müßte man darüber nachdenken, ob das nicht gerade die Pointe ist: der kleine, winzige Unterschied, die Drehung, Verschiebung, Verrückung, die Abweichung von der Norm - "Eine am Tag brennende Lampe" (D. Wellershoff). Der ganze Unterschied steckt im Detail. - Stellt nicht Literatur - das Geschriebene - den Alltag - das Erlebte - in ein neues, anderes Licht? Wird nicht der erlebte Alltag, dasjenige, was aufdringlich und nah, aber dabei träge und trüb, nicht zuletzt undurchschaubar ist, als Text und im Text verdeutlicht, akzentuiert und konturiert, vielleicht sogar noch erklärt? Erhebt uns nicht jedes Gelesene über das bloß Erlebte, die Fiktion und das Fiktum über die Realität und das Faktum? Und ist diese Erfahrung nicht immer (und immer wieder) mit Lust verbunden, mit Lust und Erkenntnis, nämlich mit der Entdeckung mimetischer und kathartischer Qualitäten, vorsichtiger formuliert: mit der Möglichkeit eines Vergleichs der Ebenen Kunst und Realität und der weiteren Möglichkeit, Lektüreerfahrungen dann wieder ins eigene Leben zu überführen?

Zwei bescheidene Antworten darauf. Die eine, von Viktor Schklowski, interpretiert eine Tagebuchnotiz von Lew Tolstoi, worin es heißt: "Ich wischte im Zimmer Staub, und nachdem ich meine Runde gemacht hatte, kam ich zum Sofa und konnte mich nicht mehr erinnern, ob ich hier schon gewischt hatte oder nicht. Da diese Bewegungen so gewohnt und unbewußt verlaufen, konnte ich mich nicht mehr erinnern und fühlte auch die Unmöglichkeit dessen. Wenn ich also Staub gewischt und das dann vergessen habe, d. h. unbewußt gehandelt habe, so ist das nichts anderes, als hätte ich es gar nicht getan. Hätte mich jemand bewußt beobachtet, ließe es sich rekonstruieren. Anders aber, wenn mich niemand gesehen hat oder jemand nur unbewußt, wenn das ganze komplizierte Leben der Menge unbewußt abläuft, dann hat es dieses Leben gleichsam nicht gegeben." (zit. nach Mierau 1987. S. 17) In der Interpretation durch Schklowski ist diese Erfahrung der "Nullpunkt der Literatur" (R. Barthes), ist Schreiben ein Versuch gegen das Verschwinden, ein Versuch, Abläufe in der Zeit festzuhalten. "Um nun die Empfindung des Lebens wiederzugewinnen, die Dinge wieder zu fühlen, den Stein steinern zu machen, gibt es das, was wir Kunst nennen. Ziel der Kunst ist es, ein Empfinden für die Dinge zu vermitteln, das sie uns sehen und nicht nur wiedererkennen läßt; ihre Verfahren sind die 'Verfremdung' der Dinge und die erschwerte Form, ein Verfahren, das die Wahrnehmung erschwert und verlängert, denn dieser Wahrnehmungsprozeß ist in der Kunst Selbstzweck und muß zeitlich gedehnt werden. Durch die Kunst erleben wir das Machen der Dinge, das Gemachte ist ihr unwichtig." (ebd.) Literatur und allgemeiner noch Kunst stellen für Schklowski Weisen dar, Wirklichkeit neu bzw. allererst zu entdecken. Sie sind Orte des Widerstands gegen das spurlose Verschwinden.

Die zweite Antwort steht in engem Zusammenhang damit, ja bezieht sich an verschiedenen Stellen ausdrücklich auf Schklowskis Essay "Kunst als Verfahren". Dieter Wellershoff hat mit "Der Roman und die Erfahrbarkeit der Welt" - der Titel ist bereits Programm - ein Buch vorgelegt, in dem eine ganze Reihe von Romanen, von Cervantes und Sterne über Flaubert und Tolstoi, Mann und Döblin bis zu Pynchon, vor dem Hintergrund der Frage diskutiert wird, inwieweit sie einen je neuen Blick auf die Welt werfen und dadurch (auch und erst recht für die Leser) zur Entgrenzung gewohnter Sehweisen führen. Die Geschichte der Literatur ist für Wellershoff alles in allem "auch die Geschichte der fortschreitenden Differenzierung und Entgrenzung der Wahrnehmung." (Wellershoff 1988. S. 92) Näherhin und mit Blick auf den modernen Roman seit Flaubert: "Stellt sich der Raster der Beobachtung feiner ein, dann verschwinden die großen Konturen des Geschehens zugunsten der Details und Nuancen, und nun wird das kleine Ereignis, der flüchtige Moment, das Intime, Beiläufige, Unauffällige, bisher für belanglos Gehaltene zu einem sprechenden Material.

Die normale Lebenswelt der Menschen, ihr Alltag werden zunehmend interessant, in subtiler Perspektive gerade deshalb, weil die Hintergründe des menschlichen Verhaltens in der Normalität des Alltäglichen verhüllt sind und aus der Geheimschrift der Indizien und Symptome entschlüsselt werden müssen." (a. a. O. S. 92f.) Das verbindet Wellershoff wieder mit Schklowski: Literatur als Widerstand. Die Aufmerksamkeitsrichtung liegt eindeutig fest: es geht darum, die Stummheit des Vertrauten und Gewöhnlichen beredt zu machen, den Alltag zu konturieren. "Die Werke und ihre Formen stellen Modelle der Erfahrbarkeit von Welt dar. Sie repräsentieren die Welt nicht unmittelbar, sondern sind inszenierte Hinsichten, Umgangsmöglichkeiten. Sie lassen uns teilnehmen an der Erschließung einer Situation und konfrontieren uns auf diese Weise auch mit unserer eigenen Erfahrung, unserer meist unbewußten Gewohnheit, in der Welt zu sein." (a. a. O. S. 293) An anderer Stelle auch spricht Wellershoff davon, daß jeweils "neue Schreibweisen und Dramaturgien Suchmuster" sind, "mit denen neue Aspekte der Wirklichkeit formulierbar werden, aber es sind keine rein instrumentellen, unpersönlichen Verfahrensweisen, sondern individuelle Aufmerksamkeitsrichtungen für das Leben." (a. a. O. S. 237) Der Roman vermittelt von seiten seines Produzenten eine bestimmte Erfahrung, eine spezifische Sicht der Dinge, die von seiten des Rezipienten dann als Erfahrbarkeitsmodell von Welt gedeutet wird und damit über den begrenzten eigenen Horizont hinausführen kann.

Wellershoff setzt in seinem Buch über die Geschichte des modernen Romans im Grunde nur Überlegungen fort, die er bereits seit Mitte der 60er Jahre im Zusammenhang mit seiner eigenen literarischen Produktion angestellt hat. In dem Essay "Fiktion und Praxis" von 1968 etwa definiert er Literatur als "institutionalisierte(n) Bereich" der "Unterbrechung der unmittelbaren Praxis" (Wellershoff 1987. S. 16), versteht er sie weiterhin als "Simulationstechnik" (a. a. O. S. 20), womit gemeint ist, daß sie dem Rezipienten versuchsweise Handlungsalternativen und Proberäume diesseits seines faktischen, wirklichen Lebens anbietet. "Gegenüber der etablierten Lebenspraxis vertritt sie also die unausgeschrittenen und verdrängten Möglichkeiten des Menschen und die Unausschöpfbarkeit der Realität und bedient damit offenbar Bedürfnisse nach mehr Leben, nach weiteren und veränderten Erfahrungen, die gewöhnlich von der Praxis frustriert werden." (a. a. O. S. 22) Und in einem späteren Essay von 1972, "Die Verneinung als Kategorie des Werdens", heißt es dazu, daß Literatur und Kunst "Simulationsräume für ein alternatives Probehandeln mit herabgesetztem Risiko" gestalten. "Das operationell nicht Beherrschte, das Ungewohnte, das Gefährliche und Verbotene, das Befürchtete und Erhoffte kann hier der Erfahrung zugänglich gemacht werden, weil die Erfahrungen fiktiv oder theoretisch bleiben und man nur fiktiv oder theoretisch dabei sterben kann. - Die Ausschaltung des praktischen Risikos eröffnet den Raum der nicht aktualisierten Möglichkeiten und relativiert so die gegenwärtige Praxis. Sie kann dadurch verändert oder bekräftigt werden, je nachdem ob eine neue Möglichkeit erschlossen oder eine Alternative durch fiktives Ausagieren erledigt wird." (a. a. O. s. 107)

Romane als Muster der Erfahrbarkeit von Welt, Literatur und Kunst insgesamt als Simulationstechnik. Gemeint ist hier wie dort dasselbe. Um auf unsere Fragen zurückzukommen, auf die Schklowski und Wellershoff in aller Bescheidenheit antworten: vielleicht ist Literatur nur ein kleiner Beitrag zur Auseinandersetzung, Reflexion und Erkenntnis mit und von einer Wirklichkeit, die, um ihre bedrückende Nähe, ihre Aufdringlichkeit zu verlieren, der Transformation bedarf, der Formen der Distanzsetzung und Verrückung, der kleinen Verschiebung, anhand derer Unauffälliges plötzlich wieder auffällig wird - in Wellershoffs Diktion: die "Wiederherstellung der Fremdheit". (a. a. O. S. 53) Das gilt für den Schreibenden wie für den Lesenden gleichermaßen, für denjenigen, der als Autor bestimmte Erfahrungen lebensweltlicher Art in einem ästhetischen Text verdichtet, und für denjenigen, dem dieser Text in der ästhetischen Erfahrung zugänglich wird und der daraus Rückschlüsse für sein weiteres Leben zieht.

Ein ordentlicher Mörder

Exkurs

"Die tägliche Routine, die gewohnten Verrichtungen und Bewegungen hatten sich so innig mit dem ungeheuerlichsten Abenteuer vermischt, daß Doktor Kuperus, Hans Kuperus aus Sneek (Friesland), eine gleichsam wollüstige Erregung verspürte, die ihn fast an die Wirkung von Koffein erinnerte. - Er war an jedem ersten Dienstag im Monat in Amsterdam." (Simenon 1980. S. 5)

Aber dann ist es doch nicht so wie an gewöhnlichen Dienstagen in Georges Simenons Roman "Der Mörder". Denn Kuperus kehrt entgegen seiner sonstigen Gewohnheit, am Mittwoch in seinen Heimatort zurückzureisen, bereits am Dienstag wieder zurück. In seiner Manteltasche steckt der Revolver, mit dem er seine Frau und deren Geliebten umbringen will. Ein genau ein Jahr zurückliegender Brief hat ihm das Verhältnis seiner Frau entdeckt. Ein Jahr Inkubationszeit, ein Jahr der Pläne und Vorbereitungen, des Für und Wider, der Furcht, des Zorns und der Entschlossenheit. Jetzt ist es endlich soweit. Niemandem fällt Kuperus' frühzeitige Rückkehr weiter auf; alles klappt reibungslos - wie unzählige Male vorher schon in Gedanken erprobt: Hans Kuperus erschießt seine Frau und den Geliebten, stößt die Leichen in einen Kanal und wirft die Waffe gleich hinterher. Dann setzt er wie gewohnt seine alltägliche Routine fort. Und die führt ihn ins Café. "Er hatte nur einen Gedanken: sich ins Café 'Onder de Linden' zu begeben, wo sicher noch vier oder fünf Gäste Billard spielten. Er würde etwas trinken. Er hatte Durst. Er stellte sich ein gewaltiges Bierglas vor, das die Form eines Champagnerkelches hatte." (a. a. O. S. 25)

Es geht um einen perfekten Mord, perfekt zumindest im Sinne der Norm des Genres. Denn es gibt weder Spuren noch Indizien, auch kein stichhaltiges Motiv (mindestens in den Augen der anderen). Und der anonyme Brief, von dem sich herausstellt, daß ihn das Hausmädchen Neel geschrieben hat, um sich an Kuperus' Frau zu rächen, bleibt den Ermittlungsbehörden bis zum Schluß verborgen. Schließlich fehlt auch ein genialer Kriminalist wie Kommissar Maigret, der die Logik des Verbrechens rekonstruieren und den Täter am Ende aufgrund eines Zuviels an Vorausberechnung überführen könnte.

Simenon hat in seinem Werk die "Maigrets" von den "Non-Maigrets" unterschieden. Während die einen die Tradition des Detektivromans fortsetzen, handelt es sich bei den anderen, den wirklichen oder 'harten' Romanen - und ein solcher ist auch "Der Mörder" -, um psychologische Charakterstudien. Besessen von der "Leidenschaft für den Menschen, sein Geschick, seine Größe und Geringheit" (Simenon 1978. S. 30) analysiert er, ähnlich dem Psychotherapeuten, Irritationen, Ängste und Obsessionen normaler Alltagsmenschen. "Der Roman", so faßt er es auch in einem Vortrag zusammen, "das ist der Mensch, der Mensch in seiner ganzen Blöße, (...), und der bekleidete Mensch, der Alltagsmensch und manchmal das schreckliche Drama zwischen dem bloßen und dem bekleideten Menschen, zwischen dem ewigen Menschen und dem Menschen einer bestimmten Erziehung, einer Kaste oder eines Augenblicks der Welt, vor allem aber ist er das Drama des Menschen in den Händen des Schicksals." (a. a. O. S. 32) Nacktheit und Bekleidetheit, das sind Natur und Gesellschaft, Invarianz und Veränderung, Vereinzelung und Vergesellschaftung. Und die Dramen entstehen an den Rändern und Schnittstellen, beim Aufeinandertreffen unterschiedlicher Bestimmungen; pointierter: das Drama ist das der Zivilisation, der abendländischen "ungeselligen Geselligkeit" (Kant).

Simenons früher 'harter' Roman ist ein Musterstück der Serie. Er ist das genaue Psycho- und Soziogramm eines normalen Kleinbürgers, der zum Mörder wird und daran zerbricht. Doch nicht etwa an der Schuld über das unentdeckte Verbrechen, sondern an der Außenseiterexistenz, die er seit dem Mord zu führen gezwungen ist. Denn seit dem Mord ist er der Fremde, der Ausgeschlossene.

Also wer ist dieser Hans Kuperus aus Sneek, genauer noch: wer war er vor seiner Tat? - Ein durchschnittlicher Mensch mittleren Alters, Arzt, verheiratet mit einer jüngeren Frau, dessen Leben sich um drei Eckpunkte bewegt: die Arbeit, die stillen Abende zu Hause mit der Zeitung und einer neben ihm strickenden Frau und seinen Billardclub. Nichts Aufregendes, denn alles - Leben und Arbeit - entwickelt sich von selbst, naturwüchsig. In seinem ersten Leben, dem Leben vor seinem Verbrechen, war Hans Kuperus, wie Simenon seinen Protagonisten einmal sinnieren läßt, "das unauffälligste Geschöpf", "ein Holländer, der sich so wenig wie möglich von den anderen unterscheiden wollte. Ein Arzt wie alle Provinzärzte und ein Ehemann wie alle Ehemänner! - Seine einzige Sorge war gewesen, er könnte sich von den anderen abheben und etwas Eigenwilliges tun!" (Simenon 1980. S.99) Später dann, als Resümee dieses ersten abgelaufenen Lebens: "Er, Kuperus, lebte seit fünfzehn Jahren mit seiner Frau in diesem Haus... Er arbeitete viel... Morgens untersuchte er an die zwanzig mehr oder weniger arme Patienten, und im Wartezimmer roch es nicht gut... - Am Nachmittag ging er zu Fuß durch die Stadt, betrat Häuser und Zimmer, in denen sich der Tod ankündigte, und um fünf Uhr schließlich kehrte er in 'Onder de Linden' ein, wo ihn oft noch Patienten rufen ließen. - Am Abend las er seine Zeitung, während seine Frau strickte oder stickte. Ab und zu waren Van Malderens zu Gast. Einmal im Monat fuhr er nach Amsterdam und übernachtete bei seiner Schwägerin... - Er hatte eine Kreuzfahrt und eine Frankreichreise unternommen... - Das war alles! Fünfzehn Jahre lang hatte er gewollt, daß es so und nicht anders sei, denn es war notwendig. Ihm war daran gelegen, daß die selben Handlungen immer zur selben Zeit ausgeführt und daß sämtliche Riten eines wohlgeordneten Lebens eingehalten wurden." (a. a. O. S. 176f.)

Das ist aufs Wesentliche verknappt, nämlich das Alltägliche, die Bilanz eines Lebens, eines abgelaufenen, ans Ende gekommenen Weges und zugleich darin die Illustration dessen, was wir von Theoretikern des Alltagslebens, von Lefebvre über Schütz, Berger und Luckmann bis zu Agnes Heller, bereits früher über Alltäglichkeit erfahren haben. Die Lebenswelt des Alltags ist die erste und ausgezeichnete Wirklichkeit unseres Lebens; sie findet immer in der Nähe statt, ist überschaubar, abgemessen und geordnet. Dort, wo sie in ihrer aufdringlichen Nähe als belastend erlebt und erfahren wird, als "Dunkel des gelebten Augenblicks" (E. Bloch), meldet sich irgendwann das Leiden zu Wort, sei's in psychopathologischen Formen, sei's in psychosomatischen Reaktionen, seien es Haß, Wut oder Resignation. Die andere Seite jedoch ist immer die Entlastung, das Revers der Entfremdung. Denn jedermann braucht mehr oder weniger, stärker oder schwächer, Gewohnheiten, Fixpunkte, Ruheräume und Rückzugsgebiete - kurz: Alltäglichkeit.

Davon ist Hans Kuperus' erstes Leben durchgängig bestimmt: er wollte so sein wie alle anderen auch, sich bloß nicht unterscheiden; er wollte, "daß die selben Handlungen immer zur selben Zeit ausgeführt und daß sämtliche Riten eines wohlgeordneten Lebens eingehalten wurden." Er wollte die Welt des Alltags aufrechterhalten. Denn sie bietet für ihn Orientierung und Sicherheit, eine Geborgenheit, in der man sich aufgehoben und entlastet fühlen kann. Jede Ablenkung, Aufregung und Irritation, kurz: alles, was den geordneten Ablauf stören könnte, fürchtet er. Aber plötzlich und gewaltig bricht dieses Andere über Kuperus herein, das Unerhörte, der Moment, der das ganze bisherige Leben durcheinanderwirbelt, nichts mehr so läßt, wie es vorher war. Der Alltag und der Augenblick, das ständige Leben und sein Revers, die dunkle Nachtseite. Hans Kuperus muß beides durchleben.

Der Mord, <u>sein</u> Erlebnis des Augenblicks, der das Leben in ein Vorher und ein Nachher unterteilt, macht ihn zum Außenseiter, zum Fremden, der "heute kommt und morgen bleibt" (G. Simmel). Nach dem Mord bewegt sich Simenons Perspektive zwischen dem Blick des Mörders und den Argusaugen der Mitbürger oszillierend hin und her. Er gestaltet dabei hintergründig ein bewußtseinstheoretisches Problem. Durch die Tat ist Hans Kuperus aus der Normalität seiner gewöhnlichen Existenz, aus seiner Alltäglichkeit, ausgebrochen. Er hat etwas anderes gemacht, etwas, das sich nicht gehört, und ist dadurch ein Anderer geworden. Dies ist sein Eintritt in die zweite Existenz. Nun geht es Simenon aber nicht darum, Schuld, Reue, Entdeckung und Bestrafung zu thematisieren, sondern den Bewußtseinsprozeß des Täters zu rekonstruieren. Es geht ihm um dessen Entwicklung nach der Tat.

Kuperus lebt in dem deutlichen Bewußtsein, sich zu unterscheiden, und er verlangt, daß die Umwelt, die Menschen aus seiner Lebenswelt, ihn als den Anderen, als einen Menschen, der sich gewandelt hat, akzeptieren. Er verhält sich unter dem Blick der Anderen anders, nämlich nicht mehr - wie in seiner ersten Existenz - möglichst konform mit den Gewohnheiten, Sitten, Meinungen und Überzeugungen seiner Mitwelt. Und die Angebote, die ihm die Anderen nach der Tat machen, um wieder in den vertrauten Kreis aufgenommen zu werden: nämlich "verhalte Dich so, daß Dich jeder als trauernden Ehemann erkennt", lehnt er strikt ab. Er lebt und handelt bewußt nicht so, wie es verlangt wird. Vielmehr demonstriert er trotzig seine neue Beziehung zum Dienstmädchen Neel und lehnt auch alle Offerten seiner Freunde ab. Eine eigenartige Verkehrung findet statt. In dem Maße, wie Kuperus sich als Anderer gibt und um die Anerkennung dieser Position ringt, weist ihn seine Umwelt zurück. Merke: der Alltäglichkeit käme nicht das Prädikat der Normalität zu, wenn sie nicht notwendigerweise das ihr fremde Außergewöhnliche und Anormale ausschlösse! Hans Kuperus aber hat eine Grenze und ein Tabu verletzt, er ist aus seiner alltäglichen Existenz einfach ausgestiegen. Dies meint er zumindest, und die anderen quittieren es durch Nichtbeachtung. Er ist zum Exzentriker geworden; er hat ein Sakrileg begangen: wohlbemerkt ist das Verbrechen nur der äußere Anlaß, strafbar dagegen ist einzig sein Verhalten nach der Tat, denn er hat etwas gemacht, wovon alle anderen nur - klammheimlich - träumen und was sie sich (wie die Leser von Kriminalromanen) doch stets versagen, versagen müssen: auszusteigen aus dem gewöhnlichen Leben. "Alle, wie sie waren, die unscheinbarsten Passanten, der Fahrradhändler, der Schiffer, die Lebensmittelhändlerin, sie alle träumten von etwas anderem und sehnten sich danach, auszubrechen." (a. a. O. S. 220)

Doch ist das erst die vorletzte Stufe von Hans Kuperus' Entwicklungsgeschichte, seiner kleinbürgerlichen "Phänomenologie des Geistes". Auf der dritten Stufe wird das Bewußtsein, die Bewußtheit, pathologisch; es wird zum Leiden. Der Text wird schließlich zur Krankengeschichte. Nachdem ihn die Umwelt zurückgewiesen und ausgestoßen hat und er als Fremder und Einzelner sich immer tiefer in seine Unterscheidungsmanie verrennt, schafft er sich nach außen wieder dieselbe alte Alltäglichkeit seiner vormaligen ersten Existenz. Peinlich genau wacht er, wie ein Autist, über seinen Zeitplan: morgens der Spaziergang - nachmittags um fünf der Besuch in 'Onder de Linden', auch wenn er dort nicht einmal mehr beachtet wird - abends die Zeitungslektüre, neben ihm das geduldig handarbeitende Hausmädchen Neel. Nur geschieht dies alles jetzt aus einer ver-rückten Perspektive. Denn ein unverzichtbarer Bestandteil von Alltäglichkeit ist die Sozialität, die Teilhabe der Umwelt und Lebenswelt. Wo die wegfällt, bleibt von der Alltäglichkeit und der ihr korrespondierenden natürlichen Einstellung nurmehr ein täuschender Schein, eine bloße Hülle, zurück. Die natürliche Einstellung degeneriert, wo sie nicht mehr mit anderen geteilt wird, zur Schizophrenie; die Alltagswelt erstarrt in leblosen Dingen. Und Hans Kuperus beendet wohl sein Leben - das deutet der offene Schluß an - im unaufhörlichen Wechselbad ver-rückter Bewußtseinszustände, in Zuständen von überdeutlicher Schärfe und solchen von wahnsinnigem Furor.

Überleitung: Geschichte, Alltag und Erzählung

Die Diskurse vermischen sich, die Ebenen geraten wieder durcheinander, das Reden über Theorie, Literatur, den Alltag an sich und für sich, also auch für mich. Der Alltag und mein Alltag, die literarische Alltagsdarstellung, die Alltagstheorie - alles in unreiner Mischung. Wovon ist nun die Rede?

"In die Tiefen dringt (...) kein sterbliches Auge, es ist ein vergebliches Bemühen. An der Oberfläche liegt genug, der Alltag bietet so viel, man sieht es nur nicht, und wenn man es sieht, vermag man es schwer zu deuten." (Groddeck 1974. S. 82) Das sagt ein Arzt, ein Neurologe und Psychoanalytiker, und er meint hier das Verhältnis des Ich zum Mitmenschen. Doch impliziert das noch weit mehr - nämlich die prinzipiellen Schwierigkeiten mit der eigenen Nähe, die Undurchdringbarkeit des Alltags und seine gleichzeitige Aufdringlichkeit, seine Penetranz. Ich erinnere nur wieder an Ernst Bloch und Georg Lukács: das Dunkel des gelebten Augenblicks, der schädliche Raum der unmittelbaren Gegenwart. Keine Resignation, aber doch eine gehörige Portion an Skepsis, vielleicht auch Pessimismus, was weiß ich?

Dennoch der Versuch einer Präzisierung, der Begriffsschärfung, mindestens jedoch der Reflexion einiger Grundbegriffe. Als da sind: Geschichte, Alltag und Erzählung. Unaufhörlich war davon die Rede, explizit wie implizit, direkt und in Annäherungen. Aber wie verhalten sie sich zueinander, wie ist es mit den Relationen bestellt?

Einige Thesen vorweg: 1) Geschichte an sich ist abstrakt; 2) sie löst sich auf in Geschichten und 3) letztendlich im Alltag, womit sie 4) verschwindet; 5) Erzählung ist Erinnerung; 6) erinnert werden Geschichten von Dingen und Menschen, also: Konkretes, nie Abstraktes wie die Geschichte; 7) Erzählung ist erinnerter Alltag. - Oder, andersherum, noch einmal: der Alltag ist erstickte Geschichte, ohne daß es eine lebendige, d. h. - bezogen auf den eigenen Leib - erlebte, Geschichte gäbe (erläuterungsbedürftig!); von seiten des einzelnen belegt der Alltag, daß Geschichte immer gemacht wird - und zwar immer von den anderen, nie von uns, immer von den Gewinnern, nie von den Verlierern. Geschichte wird geschrieben, von unsichtbarer Hand der Sieger und hinter dem Rücken der Besiegten (s. das Verhältnis der 'alten' BRD zu ihren 'neuen' Bundesländern, praktisch wie theoretisch). Alltagsgeschichte ist ein Unding; eine Geschichte des Alltags meint vielmehr Geschichten vom Alltag, aus dem und über den Alltag, über schleichende Veränderungen und weit stärkere Verhärtungen.

Ein bevorzugtes Medium dabei ist die Literatur, insbesondere in Form der Erzählung, etwa der des Romans. Er erzählt die Erinnerungen an Geschichten eines einzelnen, des bürgerlichen Subjekts, seltener die von Dingen (wie im Nouveau Roman) oder gar die von gesichtslosen Mengen, Kollektiven wie z. B. Gruppen oder Klassen (zumindest versucht hat das Peter Weiss' "Ästhetik des Widerstands"). Es geht also zumeist und in der Regel um die Geschichten eines konkreten einzelnen, um die Erinnerung an seine Erziehung, Bildung und Entwicklung, darum, wie er sich die Hörner an der Gesellschaft abgestoßen hat und schließlich einrichtet - wo sonst als im Alltag. Es geht um das Auf und Ab des Lebens, eines ganz bestimmten in seinen Räumen und Zeiten, um Abläufe und Verläufe, den Kreislauf aus Geburt und Tod, um Archetypisches, Lieben, Leiden, Hassen, Gewalt und Leidenschaft etc., um Zyklisches nicht zuletzt, das in lineare Abfolgen gebracht und damit verstetigt wird.

Doch ist denn das nicht gerade Geschichte? - Wenn man so will, ja. Geschichte ist immer in Geschichten verstrickt; sie ist nicht etwas apart Substantielles, kein numinoses Wesen, sondern die Verbindung, Bündelung und Kreuzung von Geschichten. Die vielen Geschichten, kleine und große, machen Geschichte aus. Und alles, was darüber hinausliegt, die Zusammenfassung der Vielheit zur Einheit, genannt Geschichte, ist Konstruktion, ein ideelles und ideales Gebilde von "eigener Art" (G. Simmel). Dazu Georg Simmel mit einem gelungenen Beispiel aus der Kunst-Geschichte: "Gemälde zum Beispiel stehen diskontinuierlich hintereinander, je eine inselhafte Einheit, ein jedes in seinem Rahmen, in dem keines von dem anderen etwas weiß. Der Kunsthistoriker konstruiert unter ihnen eine allmähliche Entwicklung von Starrheit zu Bewegtheit, von Armut zu Fülle, von Unsicherheit zu souveräner Beherrschung der Mittel, von Zufälligkeit in der Komposition zu harmonischer, jedes Element sinnvoll einfügender Ausgeglichenheit usw." (Simmel 1984. S. 78; Hervorhebung W. J.) Dasselbe gilt dann uneingeschränkt auch für den Begriff von Geschichte. Er ist eine Konstruktion der Gewinner - denn der Sieger nimmt alles!

Sensibel hat auf diesen Zusammenhang der moderne Roman im 20. Jahrhundert reagiert und die Darstellung des Nebeneinander und Gleichzeitigen entwickelt. Geschichte und geschichtliche Wirklichkeit in den Romanen von Dos Passos, Huxley oder Döblin, von Joyce und Woolf, später auch - mit Maßen - Johnson, geschieht als das und das und das, als dieses und jenes, ohne Kausalität und Teleologie, unbestimmt wohin und woher. Und alles ist gleich gültig, gleichberechtigt, passiert eben simultan.

Ein Beispiel dafür aus Aldous Huxleys zweitem Roman "Antic Hay" (1923; dt. "Narrenreigen"): "Er saß still da und rauchte seine Zigarre. Zwei Stock tiefer, im Souterrain, lasen die Köchin und das Hausmädchen die Zeitung, die eine den Daily Mirror, die andere den Daily Sketch. Für sie richtete die Königin freundliche Worte an körperbehinderte Waisenmädchen, für sie stürzten Jockeys beim Hindernisrennen, für sie trieb Cupido sein Wesen in der guten Gesellschaft, für sie wurden die Mörder gesucht, die ihrer Geliebten den Bauch aufgeschlitzt hatten. In dem Stockwerk über Gumbril befand sich das Gipsmodell einer Stadt, ein Schlafzimmer, ein Mädchenzimmer, ein Bodenraum mit Wassertank und altem Plunder, und über allem das Dach, und dann, zwei- bis dreihundert Lichtjahre entfernt, ein Stern vierter Größe." (Huxley 1983. S. 151; zit. nach Zmegac 1990. S. 305f.)

Oder ein anderes, beliebiges Beispiel aus Döblins "Berlin Alexanderplatz", der Beginn des Kapitels mit dem bezeichnenden Titel "Eine Handvoll Menschen um den Alex": "Am Alexanderplatz reißen sie den Damm auf für die Untergrundbahn. Man geht auf Brettern. Die Elektrischen fahren über den Platz die Alexanderstraße herauf durch die Münzstraße zum Rosenthaler Tor. Rechts und links sind Straßen. In den Straßen steht Haus bei Haus. Die sind vom Keller bis zum Boden mit Menschen voll. Unten sind die Läden.

Destillen, Restaurationen, Obst- und Gemüsehandel, Kolonialwaren und Feinkost, Fuhrgeschäft, Dekorationsmalerei, Anfertigung von Damenkonfektion, Mehl und Mühlenfabrikate, Autogarage, Feuersozietät: Vorzug der Kleinmotorspritze ist einfache Konstruktion, leichte Bedienung, geringes Gewicht, geringer Umfang. - Deutsche Volksgenossen, nie ist ein Volk schmählicher getäuscht worden, nie wurde eine Nation schmählicher, ungerechter betrogen als das deutsche Volk. Wißt ihr noch, wie Scheidemann am 9. November 1918 von der Fensterbrüstung des Reichstags uns Frieden, Freiheit und Brot versprach? Und wie hat man das Versprechen gehalten? - Kanalisationsartikel, Fensterreinigungsgesellschaft, Schlaf ist Medizin, Steiners Paradiesbett. - Buchhandlung, die Bibliothek des modernen Menschen, unsere Gesamtausgaben führender Dichter und Denker setzen sich zusammen zur Bibliothek des modernen Menschen. Es sind die großen Repräsentanten des europäischen Geisteslebens. - Das Mieterschutzgesetz ist ein Fetzen Papier. Die Mieten steigen ständig. Der gewerbliche Mittelstand wird auf das Pflaster gesetzt und auf diese Weise erdrosselt, der Gerichtsvollzieher hält reiche Ernte. Wir verlangen öffentliche Kredite bis zu 15.000 Mark an das Kleingewerbe, sofortiges Verbot aller Pfändungen bei Kleingewerbetreibenden. - Der schweren Stunde wohlvorbereitet entgegenzugehen ist Wunsch und Pflicht jeder Frau. Alles Denken und Fühlen der werdenden Mutter kreist um das Ungeborene. Da ist die Auswahl des richtigen Getränks für die werdende Mutter von besonderer Wichtigkeit. Das echte Engelhardt-Karamelmalzbier besitzt wie kaum ein anderes Getränk die Eigenschaften des Wohlgeschmacks, der Nährkraft, Bekömmlichkeit, erfrischenden Wirkung. - Versorge dein Kind und deine Familie durch Abschluß einer Lebensversicherung einer schweizerischen Lebensversicherung, Rentenanstalt Zürich." (Döblin 1978. S. 131f.) Usw. usw. - Ende offen, vielmehr keines in Sicht ... in den endlosen Straßenfluchten Berlins.

Man könnte die Reihe beliebig fortsetzen, nicht nur mit Döblin, sondern auch mit Passagen aus Joyces "Ulysses" oder, mit anderen Vorzeichen allerdings, auch mit Beispielen aus Romanen der "Neuen Sachlichkeit", etwa Karl Ottens "Der unbekannte Zivilist", aus Romanen von Ottwalt oder Reger. Das Resultat ist dabei immer dasselbe: "im Roman geschehen nicht mehr große wichtige Dinge, sondern all die kleinen unbedeutenden Dinge, ohne Verbindung zueinander, im kohärenten Fluß ihres Eintretens, die Gedanken wie die Gesten, die Vorstellungsassoziationen wie die Verhaltensautomatismen." (Eco; zit. nach Zmegac a. a. O. S. 316) Im modernen Roman wird der Unterschied zwischen wichtig und unwichtig, bedeutungsvoll und bedeutungslos radikal und demonstrativ eingeebnet, wird Flüchtiges und Beliebiges zusammengestellt, werden winzige Details und unscheinbare Teile hervorgehoben, wird auch versucht, "die Gleichzeitigkeit des Unzusammenhängenden sichtbar zu machen." (Žmegač a. a. O. S. 318) In aller Kürze: Geschichte wird aufs pure Geschehen, auf zufällige Abläufe reduziert, auf "das tägliche Gesicht der Zeit" (K. Otten) zurechtgestutzt.

Mit Blick auf den Erzähler läßt sich auch sagen: er erzählt in erster Linie sich selber, d. h. die Geschichten und Erinnerungen, die er für erzählens- und damit aufbewahrenswert hält, Erlebnisse und Erfahrungen, was ihm zugestoßen ist oder was er gesehen und gehört hat, woran sich seine Phantasie entzündet, worunter er leidet, was er liebt oder haßt. Geschichten von Menschen und Dingen eben - nie aber die Geschichte der Geschichte. Und stammen diese Geschichten nicht alle aus dem Alltag, ist der nicht der Bodensatz aller Erzählungen, da er doch die erste und ausgezeichnete Wirklichkeit ist, unsere Lebenswelt als Welt in unmittelbarer Reichweite? Mögen dann auch Phantasiewelten, Träume und Tagträume, Fluchten und Unterbrechungen zusehends wichtiger werden, an der bevorzugten Stellung der Alltagsrealität ändert das nichts - auch nicht in bezug auf die Literatur und das Erzählen. Weitaus interessanter jedenfalls als die Frage nach den Inhalten, nämlich den Alternativen, die ein Erzähler zu einem gegebenen Alltag anbietet, ist die nach den Formen, den erzählerischen Mitteln, die ein Autor wählt, um der Langeweile, der bloßen Verdoppelung und dem Reflex des Bestehenden, zu entkommen. Nichts ist tödlicher als der Satz: aber das kennen wir doch alle schon, das haben wir schon x-mal gelesen (gehört, gesehen, erlebt - was auch immer). M. a. W.: wie gelingt es, Spannung zu erzeugen, Neues am Bekannten entdecken zu lassen, Vertrautes und Reizarmes wieder literarisch 'verschärfen', zu verfremden? Und das ganze dann ohne Mord und Totschlag - nichts gegen Krimis! -, verkitschte Liebesromantik und verklärende Heimattümeleien. "Sex, and Drugs, and Rock'n Roll" sind zwar nicht ausgeschlossen, dürfen andererseits aber auch kein Selbstzweck sein. Es geht um Literatur ohne Bindestriche, ohne Wenn und Aber, ohne Einschränkungen und relativierende Zurücknahmen (Kriminalroman, Arbeiter- oder Frauenliteratur usw.). Wie gelingt also die literarische Deklination des Gewöhnlichen?

Geschichte, Alltag und Erzählung - Relationen und somit Abhängigkeiten. Geschichte substituiere ich durch Geschichten, die in dem gründen, was ich Alltag nenne, einer Melange aus Grau in Grau mit roten Hoffnungstönen durchwirkt, hier und da zumindest, und, insofern sie erzählt werden, auch festgehalten, der Flüchtigkeit entrissen und dem Gedächtnis einverleibt werden. Erinnern und erzählen - Zitate dazu aus einem Roman des Schweizers Silvio Blatter, "Das blaue Haus" (1990): "Ohne Gedächtnis wären wir wie Tiere ohne Instinkte, behaupte ich. Voller Bilder steckt unser Kopf, die wir übermalen, übertünchen, die wir eintauchen ins milde oder entsetzliche Licht der Erinnerung." (Blatter 1990. S. 256f.) - "Das Vergangene ist ein Mausoleum, vollgestopft mit Bildern, aber niemand kann es besuchen. Das Gedächtnis ist auch so eine Bilderhalle." (321) - "Das Erzählen hat mich erleichtert und befreit. Aber mein Kind am Ende beschwert." (325)

Überhaupt bemerke ich in den letzten Jahren einen Trend zum 'Erinnerungsbuch', dazu, die Anstrengung des Erinnerns auf sich zu nehmen und danach zu fragen, was erinnert und dann erzählt werden kann und was nicht und warum nicht; dafür sprechen etwa die letzten Romane von Ludwig Harig ("Ordnung ist das ganze Leben", 1986; "Weh dem, der aus der Reihe tanzt", 1990), Jurek Becker ("Bronsteins Kinder", 1986) oder auch Thomas Bernhard ("Auslöschung", 1986). "Ja, was kosten Worte, was bedeutet Sprechen, was ist des Berichtens wert?", fragt Ludwig Harig einmal und gibt sich an vielen Stellen selbst die Antwort darauf: Erinnerung und damit auch die Geschichte entstehen ihm im Schreiben neu, sie sind Erfindungen, Schöpfungen, Einbildungen, keine Wirklichkeit, sondern immer mehr als das, nämlich Neugestaltungen bzw. schöpferische Nachahmungen. (vgl. dazu Ricoeur 1988. S. 77 u. ö.; 1989. S. 7 u. ö.) Etwas, das bereits Proust in seiner "Recherche" erkannt hatte. Harig: "Brauchte ich nicht immer einen Anlaß zum Fabulieren? Ja, schon als Kind konnte ich nicht an mich halten, aus jedem Vorfall eine Legende zu machen, und das ist mir bis heute geblieben. Stets von neuem facht mich die Verwandlungslust des Simplicius an, das Leben im Spiel zu retten, den Tod im Erzählen zu bannen. Dafür würde ich so weit gehen wie der Erzähler in einer Geschichte von Borges, der aus dem Haus tritt und sagt, er sei zwar nicht wein-, aber abenteuertrunken, er wünsche, daß jemand töte, damit er es nachher erzählen und sich erinnern könne." (Harig 1990. S. 39) Was ist, verglichen mit der Erzählung, mit der mimetischen Verfremdung, schon die bloße Wirklichkeit, das nackte Geschehen, dasjenige, was Harig verächtlich auch die "Begebenheiten" nennt? Viel wichtiger sind die vielen Geschichten, das Fleisch der Erzählung; denn sie sind konkret, haben mit Menschen und

Dingen zu tun, mit Biographien und Schicksalen, um sie dreht sich jeweils eine ganze Welt, ein Kosmos - und der Roman, der sich, so M. Kundera, "mit dem Rätsel des Ich beschäftigt" und existentielle Situationen beleuchtet (vgl. Kundera 1989. S. 31 u. 45), ist nur der literarische Ausdruck für die Rehabilitation des Alltags und der Lebenswelt, der vielen kleinen Geschichten: "Sollte nun aber die Existenzberechtigung des Romans darin bestehen, die 'Lebenswelt' immer wieder ins Licht zu rücken und uns gegen die 'Seinsvergessenheit' zu schützen, ist es dann nicht notwendiger denn je, daß der Roman existiert? - Mir kommt das jedenfalls so vor." (Kundera a. a. O. S. 25)

Was den Themenkomplex Geschichte, Alltag und Erzählung, näherhin: alltägliche Geschichten im Roman, anlangt, so scheint mir im übrigen an diesem Punkt weitgehende Einigkeit in neueren Arbeiten zu bestehen, die sich mit der Geschichte des Romans, seiner Poetik und den erzählerischen Mitteln beschäftigen.

Auf Dieter Wellershoff habe ich schon mehrfach hingewiesen, und auch Hans-Georg Pott sowie Viktor Žmegač sind bereits zu Wort gekommen. Erwähnt werden muß noch Jochen Vogt, der sein Buch "Aspekte erzählender Prosa" mit dem Hinweis beschließt, daß der Roman "ein Spiegelkabinett der Wirklichkeit und ein Experimentierfeld des 'Möglichkeitssinns' (Musil)" ist. (Vogt 1990. S. 247) Einigkeit, scheint mir, besteht in aller Kürze darin: der Roman - jeder einzelne - stellt ein Modell der Erfahrbarkeit der Welt dar (Wellershoff); er erzählt die Geschichten eines (mehr oder minder) konkreten Individuums (Vogt) in seinen lebensweltlichen, alltäglichen Bezügen (Pott) - und dies in aufsteigender Linie der Moderne (Bürger 1988), nämlich seit der Wiederentdeckung des Romans in der Aufklärung (Zmegac).

Im einzelnen nun zur epischen Großform Roman, der Summe und Zusammenfassung des Erzählens. - Die Romanliteratur ist "spätestens seit Mitte des 18. Jahrhunderts zugleich Prägekraft und Spiegelung der Sozial- und Bewußtseinsgeschichte der bürgerlichen Klassen in Europa." Weiter: "Deren Aufstieg und Krisen sind an den historischen Randbedingungen des fiktionalen Geschehens, an den Milieus und zeittypischen Konflikten, am Bewußtsein und Verhalten der Romanfiguren wie am Räsonnement der Erzähler abzulesen. Eine fortschreitende Erweiterung des erzähltechnischen Repertoires, insbesondere der Zeit- und Perspektivengestaltung sowie der Verfahren zur Rede- und Bewußtseinswiedergabe schafft dafür die 'technischen Voraussetzungen'." (Vogt 1990. S. 223)

Was Vogt hier bündig zusammenfaßt, das entwickeln die Arbeiten von Wellershoff, Pott und Žmegač in epischer Breite und theoretischer Parallelaktion. Während nämlich Wellershoff sich in luziden Einzelinterpretationen den großen Romanen der europäischen Moderne widmet, ist Zmegac um eine Rekonstruktion der dahinterstehenden Poetiken bemüht, wohingegen dann wiederum Pott eine ästhetische Theorie des Romans zu entwickeln versucht. Bezugsgrößen sind dabei immer wieder - mehr oder weniger ausführlich - Cervantes, Sterne, Balzac und Flaubert, Tolstoi und Dostojewski, Kafka, Proust und Joyce, Döblin und Musil; anders gesagt: der Roman der Empfindsamkeit, der (verschiedensten) Realismen, der 'Moderne'.

Dahinter steht bei Wellershoff die Absicht, deutlich zu machen, daß die Literatur "der Ort des Sinnes" ist, "in dem aufgedeckt wird, was in der Unmittelbarkeit des Lebensaugenblicks noch verschleiert und von Beiläufigkeiten durchsetzt war." (Wellershoff 1988. S. 175) Auf solche Weise, so heißt es dann an einer zentralen Stelle weiter, stellen die Werke und ihre Formen "Modelle der Erfahrbarkeit von Welt" dar. "Sie repräsentieren die Welt nicht unmittelbar, sondern sind inszenierte Hinsichten. Sie lassen uns teilnehmen an der Erschließung einer Situation und konfrontieren uns auf diese Weise auch mit unserer eigenen Erfahrung, unserer meist unbewußten Gewohnheit, in der Welt zu sein." (a. a. O. S. 293) Am Ende wiederholt Wellershoff noch einmal diese Ansicht mit Blick auf den postmodernen Roman, wenn er dafürhält, daß dort, "wo der Autor, mitten im Fremden, unvertretbar mit der Welt zusammenstößt, (...) nach wie vor der Ursprungsort der Literatur (ist)." (a. a. O. S. 475) Das heißt doch wohl, daß jeder Autor auf unverwechselbare Weise der Welt seinen Stempel, seine Sicht der Dinge aufdrückt, eben sein <u>Modell</u> der Erfahrbarkeit von Welt - und dies ist immer subjektiv, eigenartig und einzigartig. Unersetzbar nicht zuletzt, weil jede Gestalt, also jedes geschaffene Werk - dies Wellershoffs letztes Wort - "ein Sieg der schöpferischen Kräfte über die fortschreitende Entropie (ist), die alle Spannungen, Unterschiede, alles Einzigartige und Besondere auszulöschen versucht." (a. a. O. S. 518f.)

Bei alldem bleibt Wellershoff jedoch immer in erster Linie Leser und Interpret, der allerdings Hans-Georg Potts These bekräftigt, wonach "(j)ede bedeutende Romantheorie (...) integrativ immer auch eine zeitgebundene 'Welttheorie' (ist), denn der Roman ist die Prosaform mit der extensivsten Weltbeziehung; das heißt, im Roman kann alles zur Sprache kommen, was der Fall ist, was der Fall gewesen ist, sein wird oder sein könnte." (Pott 1990. S. 18f.) Mit der geringfügigen Erweiterung freilich, daß das nicht nur für "bedeutende Romantheorien", sondern auch für alle wegweisenden Interpretationen gilt. Und Pott weiter: "Der Roman produziert die Welt als (subjektive) Vorstellung; er ist immer ein Entwurf des Bewußtseins (in den auch Unbewußtes eingehen kann). Er verkündet eine Wahrheit des Daseins, die andere Diskurse nicht erkennen können: das ist die Wahrheit der alltäglichen Lebenswelt. Deshalb handelt er von den Kleinigkeiten und Nichtigkeiten des Lebens." (a. a. O. S. 19) Bei Milan Kundera heißt es mit Bezug auf Äußerungen Hermann Brochs dazu ganz ähnlich: "Die einzige Existenzberechtigung eines Romans besteht darin, daß er einen unbekannten Aspekt des Lebens entdeckt. Und nicht nur das allein, sondern einen Aspekt, den überhaupt nur der Roman entdecken kann." (Kundera 1989. S. 13) Der Roman ist eben eine bestimmte Diskursform neben vielen anderen, nicht zuletzt neben der der Wissenschaften. Und als diese eine bestimmte Form repräsentiert sie etwas, das von anderen Diskursformen nicht einholbar ist, dasjenige, was bei Wellershoff en passant erwähnt wird und was bei Pott - auch terminologisch - zentral im Vordergrund steht: "die Wahrheit der alltäglichen Lebenswelt." Dadurch erst - und nur dadurch - wird der Roman in einen erkenntnisfähigen Stand versetzt. "Erst wenn", so Pott einige Seiten später, "dieses Feld - die alltägliche Lebenswelt - zum Zentrum der Darstellung des Romans wird, wird er zu einem konkurrenzfähigen Medium der Erkenntnis (im Wettstreit etwa mit der philosophischen Phänomenologie, der Soziologie oder der Geschichtswissenschaft)." (a. a. O. S. 27f.)

Pott, der seine 'neue' Theorie des Romans als kritische Auseinandersetzung mit, Fortsetzung von und Aufhebung der Lukácsschen Romantheorie begreift, argumentiert dann im folgenden gegen das Versöhnungsparadigma, die Gestalt des problematischen, suchenden Helden und die Totalitätskategorie (vgl. a. a. O. S. 29-40), um dagegen eine Theorie des "reine(n) Phänomenalismus" zu setzen. (vgl. a. a. O. S. 44) Darunter versteht er seine

Lektüre und seine Interpretation der Romane, seinen Umgang mit Sterne, Jean Paul, Joyce und Schmidt, die er in aufsteigender historischer Linie allesamt (nicht zuletzt) vor dem Hintergrund der Darstellung und Bewältigung konkreter historischer Alltagsgegebenheiten diskutiert: bei Sterne z. B. die Zufallsproblematik, bei Jean Paul die Tatsache der 'kleinen Helden', bei Joyce u. a. die Möglichkeiten und Strapazierfähigkeiten des Realismus, bei Schmidt dann zusammenfassend die Polemik zwischen der Alltäglichkeit und der unerhörten Begebenheit. "Der vornehmlichste Gegenstand der Dichtung", resümiert Pott, "ist die Darstellung der großen, bedeutenden Daseinsmächte: die Gewöhnlichkeit des Alltagslebens und die Sexualität, die Gewohnheiten, auch die Wohnlichkeit des menschlichen Daseins und die bewegende Kraft, mit anderen Worten: es ist die Freud' des Daseins, die den Weltentwurf der Dichter Sterne, Jean Paul, Joyce und Schmidt prägt (ja auch Schmidts - bei aller notorischen Nörgelei; die Bücher Arno Schmidts gewähren bei allem Pessimismus auch sehr viel Schutz für ein beschädigtes Dasein)." (Pott a. a. O. S. 211f.)

Was Pott in eher minutiöser Textarbeit und an einigen wenigen literarischen Beispielen zu belegen versucht, das demonstriert Zmegacs weit ausholende Arbeit zur Poetik des europäischen Romans an zahllosen Texten. Alltäglichkeit und Alltag, das sind für Zmegac, auch wenn merkwürdigerweise die Begriffe selbst im Register nicht verzeichnet sind, die Reibungsflächen des Romans schlechthin - und erst recht seitdem es mit dem Aufklärungsroman üblich geworden ist, vom Beginn der Geschichte des modernen Romans zu reden. Daher rührt auch die paradigmatische Bedeutung der Romane Richardsons, Fieldings und Sternes, die, wie Zmegac formuliert, "im Prinzip der Erfahrung" gründen. (Zmegac 1990. S. 46) "Zu den entscheidenden Zügen des neuen Romans, den man ganz allgemein, ohne Rücksicht auf das Entstehungsland, den 'englischen' nennen könnte, so wie man von englischen Parks spricht, gehört die Erfahrung der Zeit wie auch die Erfahrung durch Zeit: Veränderung, Entfaltung, charakterliche Mobilität, Lernen durch Gewinnung von Erfahrung, die vor allem durch die Realitäten des bürgerlichen Alltags vermittelt sind." (a. a. O. S. 49) Clara Reeves, eine Vertreterin dieses Typs, drückt dem Roman in ihrer Schrift "The Progress of Romans" (1785) dann den allgemeingültigen Stempel auf: "The Novel is a picture of real life and manners, and of the times in which it is written." (a. a. O. S. 58) Die literarische Entdeckung des Alltags im 18. Jahrhundert wird auf jeden Fall als etwas Positives empfunden.

Die Entdeckung des Alltags ist zugleich die Entdeckung der Privatheit, der bürgerlichen Intimität als eines Raums, der polemisch gegen die existierende, noch feudal strukturierte Öffentlichkeit gesetzt wird und solange emphatisch gefeiert, ja auch verklärt werden kann, solange er sich noch nicht wirklich und lebensweltlich durchgesetzt hat. Gelingt schließlich diese Durchsetzung, bleibt auch der dialektische Umschlag, das ideologisch-selbstkritische Revers (in manchen Schriften Lessings z. B. schon angekündigt) wie die literarische Reaktion (im Sturm und Drang, in Klassik und Romantik), nicht aus. Žmegač zitiert Johann Karl Wezels Vorrede zu "Herrmann und Ulrike" (1780) als frühes Beispiel für die Ansicht, "daß es dem Roman erlaubt sein sollte, auszuscheren und die Region der Jedermannserfahrung zugunsten der auffallenden und merkwürdigen Begebenheiten zu verlassen." (a. a. O. S. 72) Das ist dann bereits die romantische Poesie des Wunderbaren und Phantastischen avant la lettre, die Begründung einer wirkmächtigen und anhaltenden Tradition.

Erst Hegel in Deutschland, dann Balzac und Flaubert in Frankreich, schließlich insgesamt die Realismen des späteren 19. Jahrhunderts schärfen den Blick für die Probleme der Alltäglichkeit - allerdings nun in radikaler Verkehrung zu den empfindsam-englischen Anfängen. Statt emphatischer Feier bürgerlicher Alltäglichkeit von ehedem jetzt die messerscharfe Sezierung einer gepflegten Langeweile! "Die überraschende Pointe des literarischen Realismus (wobei der Begriff stets historisch zu verstehen ist!) bestand darin, daß die Entdeckungen, das Erschließen von künstlerischem Neuland nicht etwa mit einem Schweifen in die Ferne verbunden war, sondern mit einem Interesse für das sogenannte Alltägliche, für die Nähe. Das literarisch Ungewohnte war die Behandlung des Gewohnten. Das ästhetische Problem der Realisten war nicht mehr die Frage, wie mache ich das Ungewöhnliche, in exquisiter oder exorbitanter Spielart, glaubhaft; es ging vielmehr darum, das mehr oder minder Vertraute als literaturfähig erscheinen zu lassen." (a. a. O. S. 148f.) Es ging insgesamt um "die Geschichte der künstlerischen Bewältigung der alltäglichen Lebenswelt, wenn man so will, des banalen Werktags - im Gegensatz zur Darstellung des metaphysischen Sonntags." (ebd.) Stendhal prägte dafür dann die Spiegel-Metapher ("Ja, mein Herr, ein Roman ist ein Spiegel, der sich auf einer Landstraße bewegt") und begründete ein literarisches Verfahren, das eng mit den Namen von Balzac, Flaubert, Zola, aber auch Dickens, Tolstoi oder Dostojewski, mit Keller und Fontane verknüpft ist und worin Žmegač einen bestimmten Typus, nämlich den "Roman der 'erzählbaren' Welt" (a. a. O. S. 255), erkennt.

Er ist ein bestimmter Typus, zugleich aber auch nur eine vorübergehende "Episode", die dann im 20. Jahrhundert, wie Zmegac im weiteren Verlauf seiner historischen Rekonstruktionsarbeit zeigt, nicht nur von den Avantgarden (Expressionismus, Futurismus, Surrealismus), sondern im Grunde von allen relevanten Romanautoren eingeholt, überholt und aufgehoben wird. Aber dennoch - eins bleibt, ist als vor- und außerliterarische Erfahrung jeder nachfolgenden Romanpoetik eingeschrieben: die Unaufhebbarkeit des Alltagslebens und zugleich die Notwendigkeit seiner literarischen bzw. poetologischen Verarbeitung. Mag man auch - immer mit Bezug auf Zmegac - seit Prousts "Recherche" die Grenzen der Subjektivität anders vermessen, das Verhältnis von Wirklichkeit und Fiktion anders und radikaler beschreiben wollen (nämlich: Wirklichkeit als Fiktion!), mag man seit Woolf, Huxley oder Joyce nicht mehr an der Poetik der Gleichzeitigkeit und Simultanität, seit Musil am Polyperspektivismus und seit Kafka an der grundsätzlichen und gründlichen existentiellen Verunsicherung des Subjekts vorbeikommen - all dies sind Reflexe einer differenzierter und distanzierter gewordenen Perspektive auf eine Welt und Wirklichkeit, deren erste und ausgezeichnete Schicht das Alltagsleben (die Lebenswelt, die Welt in natürlicher Einstellung und Reichweite) darstellt. ("Wobei daran erinnert werden darf", bemerkt Hermann Lenz in seinen Frankfurter Poetikvorlesungen einmal, "daß Geschichte nichts anderes ist als das Geschichtete, das Abgelagerte (...)." [Lenz 1986. S. 13] - Nur, wer sagt uns denn, ob es unter dieser ersten Schicht überhaupt noch etwas anderes gibt?)

Daß Žmegač am Ende seines Buches auf Wellershoffs essayistisches Werk zu sprechen kommt, schließt den Kreis, bringt noch einmal die Positionen zusammen: immer handelt der Roman vom Umgang mit der Welt, liefert er Modellansichten, berichtet von Erfahrungen. Es geht um Geschichten aus dem Alltag, nicht um die Geschichte, sondern vielmehr um den Lebens- und Erlebnisraum von Subjekten, die, spätestens seit sie Ich zu sich sagen können (=Individualität) oder dies mindestens von sich zu behaupten pflegen, ihr Leben und ihre Welt im doppelten Raum von Privatheit und Öffentlichkeit wahrnehmen.

Der Alltag ist dabei nur der arrangierte Ausgleich, die mildeste Form von Versöhnung, ein überlebensnotwendiges Arrangement zwischen den Räumen und Sphären.

Wahre Familiengemälde und
ganz gewöhnliche Menschen

1. Beispiele, nicht ganz zufällig

1731 erscheint der erste Teil von Pierre Carlet de Marivaux' Roman "La vie
de Marianne ou les Aventures de Madame la Comtesse de ***", der erst
1742 mit dem elften Teil abgeschlossen wird. Wie Marivaux darin nicht müde wird zu betonen, handelt es sich nicht nur um die Lebensgeschichte einer Frau, sondern auch um deren Selbstbiographie. Das wiederum erklärt
dann auch, warum das Buch "kein Roman", sondern "die Wahrheit" ist - die
Wahrheit, wie sie einem mittelmäßigen Menschen mit alltäglichen Geistes-
gaben vorkommt. (vgl. Marivaux 1968. S. 8 u. 10) Mögen diese Geistesga-
ben auch in Mariannes und Marivaux' Augen nicht gerade überragend sein,
auf jeden Fall hält sie sich für ein empfindsames Wesen und behauptet weiterhin, daß ihr Leben lang ihr "Herz voller Rücksicht auf das Herz der anderen" gewesen ist. (a. a. O. S. 53)

Und genau in dieser Korrelation von Wahrheit und Empfindsamkeit
liegt das Moment, das Marivaux' Buch weit über den traditionellen Roman,
das bloß Romanhafte, erhebt. Das Vorwort zum zweiten Teil kommt darauf wieder zurück: "Marianne (...) hatte gar nicht die Absicht, einen Roman zu verfassen. (...) Ihr schwebt keine literarische Form vor. Hier
spricht nicht ein Autor, sondern eine Frau, die denkt, die durch vielerlei
hindurchgegangen ist und Vieles gesehen hat, deren Leben schließlich ein
Geweb von Ereignissen ist, welche ihr einen gewissen Einblick in die Herzen und Charaktere der Menschen gewährt haben; (...)." (a. a. O. S. 54) Wo
es weniger um die Form als vielmehr um die Mitteilung von Ansichten und
Einsichten in "Herzen und Charaktere" geht, da braucht es schließlich
nicht zu verwundern, daß Marivaux ein starkes Gewicht auf äußere Umstände und Verhältnisse legt, auf die Ausmalung - modern gesprochen - lebensweltlicher Hintergründe. Und er schreckt dabei auch nicht vor vermeintlichen Banalitäten und Niedrigkeiten zurück - mindestens in den
Augen seiner Zeitgenossen, deren Geschmack und Meinungen über das
übliche Dekorum eines Romans er bewußt düpiert. So gleich in der Ankündigung aus der Vorrede zum zweiten Teil : "Es gibt Leute, die es für unter
ihrer Würde halten, einen Blick auf die Aspekte des Lebens zu werfen,
welche die öffentliche Meinung als niedrig erachtet; wer jedoch ein wenig

philosophischer veranlagt ist, sich weniger durch die Unterschiede irreführen läßt, die der Hochmut den Dingen der Welt aufgeprägt hat, wird sichs nicht verdrießen lassen, den Mann in einem Kutscher und die Frau in einer kleinen Händlerin zu sehen." (a. a. O. S. 55) Es geht ihm also um die Authentizität des Erlebten, um Detailtreue und Genauigkeit in der Darstellung - um das alltägliche, wirkliche Leben.

Bei der Stelle, auf die dabei in der Vorrede angespielt wird, handelt es sich um die Begebnisse nach einer Kutschfahrt Mariannes, wo nacheinander erst der Kutscher, dann Mme Dutour, bei der Marianne zunächst lebt und die für sie das Fahrgeld (selbstverständlich zu wenig) entrichtet, aus der Rolle fallen. Der Kutscher beginnt mit seinen Schimpfreden und Beleidigungen, auf die Mme Dutour, jeden bürgerlichen Anstand vergessend, nur zu gern repliziert. Die Rolle der achtbaren Bürgersfrau ist plötzlich hin: "Jetzt begann sie aus dem Vorrat zu schöpfen, der ihr geläufig war, nämlich aus dem Wortschatz einer kleinen Geschäftsfrau, und schöpfte aus dem Vollen." (a. a. O. S. 91) Und dies geschieht alles nicht zuletzt zur Belustigung der Umstehenden, einer schnell zusammengelaufenen Menge, deren Verhalten die Erzählerin in einem anschließenden Kommentar, der beachtliche psychologische Kenntnisse verrät, analysiert: "Man will zuschauen, man will die blöden gierigen Augen weit aufreißen und ernsthaft miterleben, was sich ereignet. Mit einem Wort also, man ist weder höflich noch boshaft und deshalb, wie ich gesagt habe, weniger pöbelhaft: neugierig, von einer albernen und brutalen Neugier, die keinem Menschen wohl oder übel will, die nichts anderes im Sinne hat, als sich weidlich zu ergötzen. Gemütsbewegungen verlangen diese Menschen, und je heftiger sie sind, desto besser. Sie wollen dich bedauern, wenn man dich kränkt, dich bemitleiden, wenn man dir weh tut, um dein Leben zittern, wenn es bedroht ist - das sind die Genüsse, die sie suchen. Und wenn dein Gegner nicht genug Platz hat, um dich windelweich zu prügeln, ja, dann machen sie ihm Platz, ohne daß sie dir deshalb übel gesinnt wären, und sagen gerne: Los, genieren Sie sich nicht, entziehen Sie uns nicht das Vergnügen, das es uns bereitet, um diesen Unglücklichen zu zittern. Aber nicht die Grausamkeiten sind es, die diese Menschen lieben, im Gegenteil, sie fürchten sie, lieben jedoch die Furcht, die sie ihnen einflößen: Das reizt ihre Seele auf, die nie etwas weiß, nie etwas gesehen hat und immer wie neu geboren ist." (a. a. O. S. 93)

So verhalte sich eben das Volk von Paris, meint die Erzählerin, "so sind die Pariser." (ebd.) Und darin unterscheiden sie sich am Ende nur wenig von anderen Großstädtern, nicht nur damaliger Zeiten. Auf jeden Fall verdanken wir Marivaux - auch wenn dies nicht seine ausdrückliche Motivation gewesen ist - schließlich eine ganze Reihe von realistischen Einblicken in zeitgenössisch-aktuelle Lebensweisen. Immer wieder bricht ein "realistische(r) Grundzug des Romans" durch, wie die Kritik vor allem mit Bezug auf Marivaux' zweiten großen Roman "Le Paysan parvenu" (1734-35) bemerkt hat (vgl. N. Miller, a. a. O. S. 900), und immer wieder flicht der Erzähler "ein Gewebe recht simpler, recht alltäglicher Geschehnisse" ein, die gewiß "vielen Lesern vulgär und trivial vorkommen würden", ließe er sie drucken (vgl. a. a. O. S. 56) - was Marivaux dann ja auch gottseidank getan hat.

Marivaux' Roman ist jedoch in Frankreich eine singuläre Erscheinung geblieben. Wenn man von den Anfängen des modernen Romans spricht, fällt unweigerlich der Begriff des 'englischen Romans', tauchen die Namen Defoe, Richardson, Fielding und Sterne auf. Dabei markieren insbesondere Richardson und Fielding zwei Möglichkeiten der Romanpoetik, an deren Realisierung bis heute auf wie modifizierte Art auch immer fortgeschrieben wird. Beide empfinden sich als Neuerer; denn beide beziehen sich - auf freilich unterschiedliche Weise - auf die eigene Erfahrung und das wirkliche Leben, nicht mehr dagegen auf Tradition und bloß angelesene Welten. Anlaß und Gegenstand des Romans sind die Auseinandersetzung mit und die Thematisierung der eigenen Wirklichkeit, der eigenen Zeit und auch der Entwicklung, die man in ihr durchmacht: "die Erfahrung der Zeit wie auch die Erfahrung durch Zeit: Veränderung, Entfaltung, charakterliche Mobilität, Lernen durch Gewinnung von Erfahrung, die vor allem durch die Realitäten des bürgerlichen Alltags vermittelt wird." (Zmegac 1990. S. 49; vgl. auch 46f.)

Fielding spricht in seinem "Tom Jones" ganz unumwunden davon, "der Gründer einer neuen Provinz in der Literatur" zu sein. (vgl. Zmegac a. a. O. S. 54) Dasselbe trifft dann auch auf Samuel Richardsons Romane zu, dessen "Pamela" (1740), vor allem aber "Clarissa" (1747/48) nicht nur Diderot und Rousseau ("Man hat bisher, in welcher Sprache auch immer, keinen Roman geschrieben, der Clarissa auch nur annähernd gleichkäme." [Rousseau 1981 I. S. 417]), sondern noch Goethe tief beeinflußt haben. Richardson habe, so Goethe in "Dichtung und Wahrheit", "die bürgerliche Welt auf eine zartere Sittlichkeit aufmerksam gemacht", darüber hinaus habe er eine Form gefunden, die "durch das genaueste Detail, durch unendliche Einzelnheiten, die lebendig alle den Charakter des Ganzen tragen", eine konkrete Persönlichkeit, ihre Individualität und ihren Charakter, schildere. (vgl. Goethe 1976. Bd. 13, Sechstes Buch) Das ist, wenn auch mit Bezug auf das eigene Jugendwerk formuliert, dennoch gut beobachtet: Richardsons uferlose Romane - Clarissa ist wohl überhaupt der längste Roman in englischer Sprache -, die dennoch ohne alle überflüssige Digressionen, Episoden und Reflexionen auskommen, sind um ein einziges Thema zentriert: die menschliche Psyche - ein Thema und kein Ende. In der für die Entwicklung des Romans folgenreichen Clarissa geht es um eine Verführung, um Liebe und ihre todbringenden Folgen, geht es um die Auseinandersetzung zwischen Clarissa als - obschon dem niederen Adel entstammend - Vertreterin bürgerlicher Tugenden, empfindsamer Werte und Gefühle einerseits und um Lovelace als rücksichtslosen Vertreter aristokratischer Zügellosigkeit andererseits. Richardson interessiert sich einzig für die psychische Entwicklung seiner Personen, für seine Charaktere, die er als Individuen mit einzigartigen, unverwechselbaren Zügen im Gegensatz zu bloßen Typen ausstattet.

Während sich Richardson auf den einzelnen Fall, ein individuelles Schicksal, kapriziert und die Dimensionen bürgerlicher Individualität, Innerlichkeit und Intimität vermißt und damit nicht zuletzt auch beachtliche Beiträge zur Psychologie, ja - unfreiwillig - zur Psychopathologie liefert (Clarissa stirbt ja nicht zuletzt an den Folgen einer repressiven puritanischen Askese und Moral), widmet sich Fielding in seinen Romanen in weit größerem Maße äußerlichen Dingen. Er entwirft in den Romanen die umfassende Totalität einer eigenen Welt, weshalb man mit dem jungen Lukács der "Theorie des Romans" auch davon sprechen könnte, daß er "gestaltend die verborgene Totalität des Lebens aufzudecken und aufzubauen" versucht. (Lukács 1976. S. 51) Das heißt: Fielding, der sich selbst auch häufiger als Historiker seiner Zeit sowie als Fortsetzer des Epos bezeichnete, bezweckt, ohne die Wirklichkeit bloß zu reproduzieren, doch ein ganzes, umfassendes und abgeschlossenes Bild, die künstlerische Totalität vorzustellen. Deshalb ist er auch so versessen auf Kleinigkeiten und Details, auf Nebenfiguren und -schicksale; die Geschichte, etwa die Lebensgeschichte des Findelkinds Tom Jones, weitet sich ihm zum gesamten Kosmos, zur Welt der erzählbaren Geschichte überhaupt.

Ian Watt hat am Ende seines Buches über den bürgerlichen Roman, genauer gesagt über Defoe, Richardson und Fielding, den Unterschied beider Konzeptionen einmal prononciert zusammengefaßt: während Tom Jones das Prinzip vertritt, "daß (...) das Gewicht der Fabel im umgekehrten Verhältnis zu dem des Charakters steht", nimmt Richardson die Gegenposition ein, wonach die Fabel "ganz und gar abhängig von den Charakteren und der Entwicklung ihrer Beziehungen zueinander" ist. (vgl. Watt 1974. S. 328f.) Oppositionen entstehen dabei viele: Objektivität gegen Subjektivität, Öffentlichkeit gegen Privatheit, Geschlossenheit gegen Offenheit, Totalität gegen Fragmentarik, Notwendigkeit gegen Zufälligkeit - und vieles mehr. Mit Fielding und Richardson haben wir die 'Archetypen' (Watt) des modernen Romans vor uns.

Wenn Richardson und Fielding die Urszene des modernen Erzählens repräsentieren, wobei beide sicherlich heutige Leser nicht mehr befriedigen können, dann liegt mit Laurence Sternes einzigem Roman "Tristram Shandy" (1759-67) der frühe Versuch einer Vermittlung beider Positionen vor. Ein Roman und zugleich dessen Parodie; Helden, die mit empfindsamen Zügen ausgestattet sind und von denen sich der Erzähler doch zugleich humoristisch distanziert; schließlich erzähltechnische Raffinessen, die den Leser schwindlig machen - nach der Urszene der Moderne nun also Szenen aus deren Kindheit. Sterne interessieren weder eine ausgereifte, abgerundete Erzählung noch eine subtile Seelendurchdringung seiner Charaktere. Im Gegenteil: die Lebensgeschichte des Tristram Shandy, die Sterne zu erzählen vorgibt, verzettelt sich, ufert aus, retardiert, stagniert. Immer wieder fällt sich der Erzähler selbst ins Wort, biegt ab, um anderes dazwischenzuschieben, um zu kommentieren und zu analysieren. Nichts geht seinen folgerichtigen Gang, überall sind Fallen und Ablenkungen aufgestellt.

Was Dietrich Schwanitz in bezug auf eine Episode des Romans gesagt hat, mag schließlich für die Gesamtkomposition stehen: der Erzähler "hat Mühe, im unendlichen Ozean der Zeit einen Anfang zu finden und sich im Meer der unendlichen Möglichkeiten für einen Kurs zu entscheiden." (Schwanitz 1990. S. 160) Es geht drunter und drüber - und zwar, weil es weder erzählbare Geschichten mit Anfang, Ende und teleologischem Verlauf noch haltbare Identitäten darin, stabile Charaktere, gibt. Darauf haben in letzter Zeit von unterschiedlichen Seiten erst wieder Dieter Wellershoff und Hans-Georg Pott hingewiesen. Auf der Oberfläche erscheint Sternes Welt als eine behagliche bürgerliche Welt, von Ordnung, Regeln und Plänen durchwirkt; darunter jedoch rumoren die Grillen und Marotten der Protagonisten ("ruling passions"; "Hobby-Horses"), rebellieren die Banalitäten des Alltags gegen die Ordnung. Und um diese Diskrepanzen geht es.

Wellershoff hat die weitestgehende These formuliert: "in seiner von unzähligen Abschweifungen und Einschüben durchwachsenen Unform stellt das Werk das Bild einer geradezu pathologischen Zerstreutheit und Richtungslosigkeit dar." (Wellershoff 1988. S. 24) Weiter noch: "Das dauernde Abgleiten ins Beiläufige und Abwegige bedeutet keineswegs üppige Selbstentfaltung, sondern ist eine Identitätsdiffusion, hinter der man eine fundamentale Lebensschwäche vermuten muß." (a. a. O. S. 25) Ins Sozialgeschichtliche übersetzt, bedeutet das dann wohl, daß in Sternes bürgerlicher (Roman-)Welt, erst an den Anfängen der sich politisch und ideologisch formierenden bürgerlichen Gesellschaft stehend, sich bereits deren Ordnung als brüchig und porös erweist. Nachdem es keine gültige Transzendenz mehr gibt, bleiben auch keine transzendentalen Verbindlichkeiten für alle mehr übrig.

Dietrich Schwanitz hat das in einer luziden Interpretation des "Tristram Shandy" vor dem Hintergrund der Alltagsweltproblematik gezeigt. Unter Rückgriff auf die Soziologie von Schütz und seinen Schülern belegt er, daß die verschiedenen Figuren des Romans mit ihren Eigenheiten und Grillen (Uncle Tobys Vorlieben für Festungskünste und Belagerungskunde, Walter Shandys Theoretisieren und philosophierender Dilettantismus, Corporal Trims Anekdotensucht) im Grunde alle isoliert für sich sind. Sie bewohnen aparte Lebens- resp. Alltagswelten. Es gibt weder die Gemeinsamkeit einer Welt für sie noch ein etwaiges gemeinsames Wissen darüber. Die dennoch stattfindende ver-rückte Kommunikation beruht auf Zufällen und Mißverständnissen, ja artikuliert sich häufig sprachlos einzig noch in Gestik und Mimik. Die eine, einheitliche soziale Welt löst sich auf in diverse Eigenwelten, in verschiedene Räume und Zeiten - heute würde man auch sagen: in eine Pluralität von Lebenswelten. Auf erzähltechnischer Ebene versucht Sterne dem dadurch zu begegnen, daß er dasjenige, was simultan geschieht, nacheinander berichtet, wodurch meist Unterbrechungen entstehen (als bekanntestes Beispiel aus dem 29. Kapitel des dritten Buches: Walter Shandy wirft sich aus Trauer über Tristrams eingequetschte Nase für anderthalb Stunden aufs Bett und darf erst im 2. Kapitel des vierten Buches wieder erwachen). Dennoch bemerkt Schwanitz einen paradox anmutenden Sachverhalt: "die Problematisierung der Alltagswelt, die in ihrer Auflösung erfolgt, macht ja zugleich ihre Thematisierung nötig. Und dadurch wird es möglich, sich mit großem erzählerischem Aufwand der kleinen Trivialitäten des Alltags zuzuwenden und sie so erst in den Brennpunkt der Aufmerksamkeit zu stellen. Diese Zuwendung enthält zugleich etwas Liebevolles und Gütiges; kein Gegenstand ist nunmehr zu unbedeutend und klein, als daß er nicht doch Anspruch auf die Zuwendung und Rücksichtnahme durch ein unendliches Bewußtsein hätte. (...). Der Problematisierung der Struktur der Alltagswelt entspricht ihre Bedrohung ebenso wie die liebevolle Hinwendung zu ihr." (Schwanitz 1980. S. 162f.) Mit anderen Worten also: in dem Maße wie die alltägliche Welt ihre Gültigkeit für alle, ihren Sozialstatus als Ort gemeinschaftlich konstituierten Sinnes einbüßt, in dem Maße vermag sie gerade wieder ein Ort besonderer Aufmerksamkeit und Hinwendung zu werden, ja zum Gegenstand literarischer Anteilnahme aufzurücken. - Ist sie nicht sogar die letzte Rettung, der letzte Halt vor der Furie des spurlosen Verschwindens eines Subjekts, des (bürgerlichen) Individuums, das keines ist?

Eine längere Passage, die auch Pott in seiner Interpretation des Romans heranzieht, mag hier stellvertretend für Sternes Thematisierung von Alltäglichkeit zitiert werden:

"Tagtäglich seit mindestens zehn vollen Jahren hatte mein Vater beschlossen, sie richten zu lassen, - gerichtet ist sie noch nicht; - keine Familie außer der unseren hätte das nur eine Stunde ausgehalten, - und was das Erstaunlichste ist, es gab kein Thema auf der Welt, worüber mein Vater so beredt war wie über das von Türangeln. - Und doch, glaube ich, war er ihnen gegenüber einer der größten Hohlredner, den die Geschichte hervorbringen kann; seine Rhetorik und sein praktisches Tun befanden sich in ständigem Widerstreit. - Nie öffnete sich die Wohnzimmertür - ohne daß seine Philosophie oder seine Grundsätze ihr Opfer wurden; - drei Tropfen

Öl auf einer Feder und ein tüchtiger Schlag mit dem Hammer hätten sein Ansehen für immer gerettet.

- Widerspruchsvolles Wesen, das der Mensch ist! - ächzt unter Wunden, die zu heilen in seiner Macht liegt! - sein ganzes Leben ein einziger Widerspruch zu besserem Wissen - seine Vernunft, dieses wertvolle Geschenk Gottes an ihn - (statt Öl einzutröpfeln) dient ihm nur dazu, seine Empfindlichkeiten zu reizen, - seine Leiden zu vervielfachen und ihn dadurch noch niedergeschlagener und unruhiger zu machen - Arme, unglückliche Kreatur, daß sie so handeln muß! - Gibt es der naturgegebenen Ursachen des Elends nicht genug, daß er freiwillig seinen Bestand an Kummer vermehrt; - gegen Übel ankämpft, die nicht zu vermeiden sind, und sich anderen unterwirft, von denen er mit einem Zehntel der Mühe, die sie ihm verursachen, für immer sein Herz befreien könnte?

Bei allem, was gut und recht ist, wenn drei Tropfen Öl aufzutreiben sind und ein Hammer auf zehn Meilen um <u>Shandy Hall</u> aufgefunden werden kann, - die Wohnzimmertürangel soll unter der gegenwärtigen Regierung gerichtet werden." (Sterne 1972. S. 234; vgl. Pott 1990. S. 14)

Eine ewig quietschende Tür - Tücke des Objekts und Fallstrick der Alltagswelt -, ein vernünftelnder Vater und ein räsonierender Erzähler. Die Absicht Sternes ist klar. Das winzige Detail aus der alltäglich-wirklichen Welt, dem mit geringstem praktischem Vermögen, ohne Verstand und Vernunft dabei übermäßig zu strapazieren, wieder Funktionstüchtigkeit verliehen werden könnte, verhöhnt den Verstandesmenschen. Der hat zwar allerlei Theorien parat - wir befinden uns ja immerhin in der Hochzeit aufklärerischen Denkens: des Logozentrismus -, doch erweist sich die Wirklichkeit insgesamt als resistenter. Sie ist das, woran man sich stößt - wirklich und tatsächlich, auch und gerade mit dem Kopf. Ein materialistisches Argument höchster Dignität (und von Marxisten später überaus gern gebraucht, um die Überlegenheit des Materialismus vor idealistischen Spekulationen nachdrücklich zu belegen), aber ein treffliches Argument. Von der anderen Seite betrachtet: wo soll es mit der Vernunft schon hinkommen, wenn sie nur ins Leere läuft, sich von der Wirklichkeit unüberholbar entfernt? Die komplexesten Theorien helfen da nicht über das praktische Defizit hinweg: die Tür quietscht weiter - und sie wird ewig so quietschen, wenn nicht der Hiatus zwischen praktischer und theoretischer, nämlich reiner Vernunft geschlossen wird. Nur fiele dann eines wieder fort, so müßte jetzt mit Schwanitz' Argumentation kurzgeschlossen werden: im reibungslos funktionierenden Alltag, in einem kommunikativ geregelten zudem, wie er der Aufklärung bis zu Habermas ja vorschwebte ("Menschen sprechen mit Menschen, und nur die besseren Argumente siegten über die schwächeren, weiter nichts." [Marivaux 1968. S. 216]), in einer solchen Welt gäbe es das Erstaunen nicht mehr. Nein, es könnte überhaupt nicht mehr entstehen. Die Sternesche Vorliebe für Alltagsdarstellungen aber reibt sich gerade an dem, was widerständig ist, quietschende Türen etwa, am Sand im Getriebe, am Steckenbleiben in der Geschichte - ja, die Verwunderung und das Vergnügen darüber mag allererst ein möglicher Ursprungsort des Textes gewesen sein.

2. Gellert: Leben lesend lernen

Ein französisches Beispiel und gleich mehrere aus England. Wo bleiben die Deutschen? - Sicherlich, es hat Johann Michael von Loen gegeben mit seinem "Redlichen Mann am Hofe" (1740), früher schon Johann Gottfried Schnabels "Insel Felsenburg" (1731ff.), nichts, das man den französischen und englischen Romanen gleichwertig an die Seite stellen könnte. Fehlanzeige also - bis 1747 dann in Leipzig der erste Teil des Romans "Leben der Schwedischen Gräfinn von G***" eines Anonymus erscheint. Der rasche Erfolg nötigt den Verfasser nicht nur, seine ohnehin nur mangelhaft verdeckte Identität zu lüften, sondern auch schnell einen zweiten Teil hinterherzuschicken. Endlich ein deutsches Original?!

Aber wer hätte auch etwas anderes erwartet bei Herrn Professor Gellert, Extraordinarius der Leipziger Universität und seit seinen Beiträgen für die Zeitschrift "Belustigungen des Verstandes und des Witzes", insbesondere seinen Fabeln, allseits geachteter Autor. Man höre die Stimme seines Biographen und Freundes Johann Andreas Cramer: "In jedem neuen Stücke sah man zuerst nach, ob eine Fabel oder Erzählung von Gellerten darinnen wäre." (Gellert: Sämmtliche Schriften 10. S. 38f.)

Denselben Erfolg beim Publikum kann Gellert auch für seinen Roman verbuchen. Stellvertretend für viele andere gleichlautende Einschätzungen mag hier nur die Ansicht des Rezensenten aus den "Franckfurtischen Gelehrten Zeitungen" von 1749 mitgeteilt werden, der Gellerts Verdienste gleich in mehrfachem Sinne auf den Punkt zu bringen versteht: "Wir können dem Leben der Gräfin von G. mit Gewißheit eben den allgemeinen und verdienten Beyfall versprechen, welche in Franckreich die Marianne, und in Engeland die Pamela erhalten haben. Die Charactere sind richtig, lebhaft, und überaus einnehmend geschildert, die Begebenheiten kommen unerwartet, hängen genau an einander, und rühren auf das stärckste, und die Verwickelungen werden auf die ungezwungenste und gefälligste Art aufgelöset. Derjenige muß zu keiner Empfindung fähig seyn, welcher dieses kleine Werck ohne Rührung und Vergnügen lieset (...). Wir wollen zur Bekräfftigung unseres Urtheils nur noch so viel sagen, daß man dieses Leben dem angenehmen Flusse der zärtlichen und geschickten Feder des Herrn Gellerts in Leipzig zu dancken hat, und daß es der erste Teutsche Original-Roman ist, worauf wir uns etwas einbilden, und womit wir so viele Französische Schrifft-Steller von dieser Art beschämen können." (zit. nach Gellert: Gesammelte Schriften IV. S. 245) Hier ist zusammen, was den Deutschen wichtig ist: die Emanzipation von Vorbildern, namentlich den französischen, damit verbunden das Verlangen nach Originalität, Empfindung und Rührung als Wirkabsichten von Literatur, aber auch - mit besonderer Rücksicht auf den Roman - das Schielen auf die erfolgreicheren Musterstücke der Gattung, auf Marivaux' oder Richardsons Romane.

Auch wenn Gellert weder Marivaux noch Fielding namentlich erwähnt, hat er sie doch gut gekannt. Exemplare ihrer Romane finden sich in seiner Bibliothek, und Briefpartner spielen mehrfach auf sie an - Gellerts jugendlicher Freund Hans Moritz von Brühl z. B., "eine(r) der geliebtesten Schüler", pflegt gar persönlichen Umgang mit Marivaux in Paris. (vgl. dazu Gellert: Briefwechsel 1. S. 253 u. 261) Was schließlich Richardson betrifft, so kann dessen Einfluß auf Gellert kaum überschätzt werden. Immer wieder kommt Gellert auf Richardsons Romane zu sprechen, empfiehlt er sie weiter, preist sie als Vorbilder und schätzt insbesondere die Empfindsamkeit und Tugend der Hauptcharaktere. Allem Anschein nach hat er auch bei der Übersetzung von "Charles Grandison" mitgewirkt, mindestens jedenfalls die Korrekturen der Übersetzung überwacht. (vgl. Briefwechsel 1. S. 175) Und lange nachdem er selbst schon alle literarischen Ambitionen aufgegeben hat, um stattdessen ein der Religion und seinen akademischen Lehraufgaben gewidmetes Leben zu führen, gerät Gellert in einem Brief an

Brühl vom 3. 4. 1755 nachgerade wieder ins Schwärmen, ja steigert er sich in eine gewaltige "Enthusiasterey": "Richardson, (unsterblicher Name! Ehre des menschlichen Geschlechts u. Fürst der Romandichter! Glücklicher Tyrann aller unsrer Leidenschaften!)". (a. a. O. S. 231) Deutlich geht aus diesem Brief auch die 'Initialzündung' von Richardsons Empfindsamkeitskonzept hervor. Denn Richardson hat den Nerv der Zeit und seiner bürgerlichen Zeitgenossen getroffen, der Gefühlskultur beredten Ausdruck verliehen und literarische Muster bereitgestellt. "Gestern war ich noch nicht mit dem fünften Theile des Grandison zu Ende. Ich las zwar bis des Nachts um zwölf Uhr - ein Fehler, den ich seit der Clarissa nicht begangen. Ich schlief, wie Sie leicht denken können, die ganze Nacht wenig, elend. Kaum hatte ich heute Morgen nach sechs Uhr in der Bibel gelesen: so ergriff ich den Grandison, um ihn statt einer Rede aus dem Tillotson zu lesen. Ich las, ich kam auf den Abschied des Grandison u. der Clementine - Ach Graf, bester Graf! Nun habe ich wieder das größte Vergnügen des Lebens geschmecket, das ich schmeckte, als ich den letzten Theil der Clarissa las. Seit so vielen Jahren habe ich weder über Natur, noch Nachahmung (einige bittre Thränen der Traurigkeit ausgenommen) weinen können, nicht weinen können, um aller Wunder der Natur nicht; so hart, so verschlossen ist mein Herz gewesen. Und heute, diesen Morgen, den 3 April, zwischen 7 u 10 Uhr (gesegneter Tag!) habe ich geweinet, theuerster Graf, mein Buch, mein Pult, mein Gesicht, mein Schnupftuch durch - durchgeweinet, laut geweinet, mit unendlichen Freuden; geschluchzet, als wäre ich in Bologna, als wäre ich er, als wäre ich sie, als wäre ich das seligste Gemische von Glück u. Unglück, von Liebe u. Schmerz, von Tugend u. Schwachheit gewesen; u. kein Mensch hat mich gestöret. Gott, was ist in diesem Buche! Nun begreife ich, wie die Tragoedien der Alten haben so gewaltsame u. unglaubl. Wirkungen thun können." (ebd.)

Gewiß ist die Bibel für den frommen Gellert das Grundbuch, studiert er selbstverständlich weiter geistliche Reden, doch entscheidend ist, daß jetzt auch ein literarischer Text, zudem ein Roman, in den Stand eines kanonischen Textes aufgerückt ist und hinsichtlich der Funktion und Wirkung jetzt gleichberechtigt neben den heiligen Texten steht. Nicht zu vergessen schließlich auch die briefliche Kommunikation darüber, der bürgerliche Austausch über das Buch. Diese Briefpassage ist daher geradezu ein Musterstück aufklärerischen Denkens und unterstreicht einmal mehr die Intention, die Gellert in seinem gesamten literarischen Werk, im Roman, den Lustspielen, den Fabeln und Erzählungen, aber auch in den Lehrdichtungen wie in seinen Vorlesungen, verfolgt hat. Literatur ist heteronom bestimmt, ist Mittel zum Zweck, ein Mittel, um praktisch auf Herz und Verstand, das Gemüt und die Gefühlskultur zu wirken, um die Menschen moralisch zu befestigen, im Glauben zu stärken und ihr Urteilsvermögen zu schärfen, nicht zuletzt auch um eine bürgerliche Gemeinschaftskultur zu befördern.

Was vor Jahrzehnten bereits Reinhart Koselleck und Jürgen Habermas in bezug auf die Aufklärung ganz allgemein formuliert haben, hat bis heute nichts von seiner Prägnanz und Überzeugungskraft eingebüßt. "Der Aufbruch der bürgerlichen Intelligenz", so Koselleck, "erfolgt aus dem privaten Innenraum, auf den der Staat seine Untertanen beschränkt hatte. Jeder Schritt nach außen ist ein Schritt ans Licht, ein Akt der Aufklärung. Die Aufklärung nimmt ihren Siegeszug im gleichen Maße als sie den privaten Innenraum zur Öffentlichkeit ausweitet." (Koselleck 1979. S. 41) Habermas ergänzt Koselleck und definiert bürgerliche Öffentlichkeit "als die Sphäre der zum Publikum versammelten Privatleute" (Habermas 1974. S. 42), die sich spezifische "Institutionen", wie Kaffeehäuser, Salons, Akademien, Tischgesellschaften u. ä., geschaffen haben, um sich dort in kritischem Räsonnement über Fragen der Kunst und Literatur zu üben. "Kunstkritik als Konversation", so bezeichnet Habermas auch die Bemühungen der bürgerlichen Öffentlichkeit um die Selbstverständigung über ihre kulturellen Grundlagen. (vgl. a. a. O. S. 57) Dabei bilden Lektüre und Kommunikation, nicht zuletzt eben die Kommunikation über Lektüren, die Scharniere, die das aufklärerische Projekt zusammenhalten, die den Privatraum nach außen tragen. Denn: "die Kommunikation des kulturell räsonierenden Publikums blieb auf Lektüre angewiesen, die man in der Klausur der häuslichen Privatsphäre betrieb." (a. a. O. S. 197; vgl. dazu insgesamt Schmidt 1989)

Die Aufklärung und insbesondere die deutsche ist ein Projekt; sie entwirft Modelle und zeichnet Konstruktionen einer anderen, besseren und gerechteren Welt, der nichts heiliger ist als der Richterstuhl der Vernunft. Kant hat dem dann die gültige Signatur verpaßt in seinen geschichtsphilosophischen Aufsätzen, vor allem in der berühmten "Beantwortung der Frage: Was ist Aufklärung?" (1784): "Sapere aude! Habe Mut, dich deines eigenen Verstandes zu bedienen!" Dies sei, so Kant, "der Wahlspruch der Aufklärung." Die Aufklärung, genauer: aufklärerisches Denken, ist also Ideologie, jedoch ohne die nachmalige Dogmatik. Sie unterbreitet Vorschläge, utopische Projekte, die querstehen zum bestehenden Schlechten, die mithin kontrafaktische Entwürfe sind. Die Ideen, die sie in den ideologischen Raum projiziert, kreisen um Natur und Natürlichkeit, um Erziehung und Bildung in umfassendem Maße, also mit Blick auf alle menschlichen Vermögen, um Gemeinschaft und Gesellschaft, um Privatheit und Öffentlichkeit. Und die Literatur ist eines der Medien (vielleicht sogar das wichtigste), in denen diese Ideen vorgestellt und diskutiert werden (daher auch der Erfolg der 'Moralischen Wochenschriften').

Die Literatur insgesamt, der Roman im besonderen und Gellerts "Leben der Schwedischen Gräfinn von G***" schließlich an der Spitze gestalten Modelle eines 'alternativen Lebens' - wie wir heute sagen würden. Dabei ist die Terminologie bewußt gewählt, befinden wir uns doch mit Gellerts Roman in Zeiten des Umbruchs, in solchen, die für das sanfte Gesetz der "Politisierung des Privaten" (Frigga Haug) optieren - nicht aus Resignation - das sollte späteren Epochen vorbehalten bleiben! -, sondern aus grundsätzlichem Optimismus. Es geht Gellert nicht zuletzt um die Setzung eines neuen Alltags, einer neuen Lebenswelt. Ihre sinnliche Performanz erfährt diese Lebenswelt durch die breite Ausgestaltung des privaten Binnenraums, der häuslichen Beschäftigung und auch Geselligkeit. Denn erst im vermeintlichen Alltag erweist und bewährt sich bürgerliche Moral, können sich im Miteinander die gemeinsame Gefühlskultur und das Empfindsamkeitsideal allererst entfalten. Das Außergewöhnliche ist nur störend dabei, ein Einbruch der Außenwelt - der Feudalität zumeist - in die Ruhe, Ordnung und Zufriedenheit der Privatsphäre. Die Ideale von Gellerts Helden umfassen ebenso den Komplex Empfindsamkeit und Rührung mit den dazugehörigen Attributen Zärtlichkeit, Liebe und Freundschaft wie die intellektuellen Aspekte von Bildung und Wissen. Seneca ist eine feste Bezugsgröße, die 'constantia' die erstrebenswerteste Gefühlsdisposition. Herr R, der zweite Mann der Gräfin, schreibt dann auch eine Abhandlung mit dem bezeichnenden Titel "Der standhafte Weise im Unglück". (vgl. Gellert: Gesammelte Schriften IV. S. 36; Anm. S. 260f.) Und gelesen wird sowieso allerorten und zu jeder Zeit. Denn die Lektüre bietet ein Mehrfaches: Ablenkung, Flucht, Trost und Zuspruch; auf der andern

Seite aber auch Bildung und Wissen, wie gehabt: ästhetische Kultur. Auf jeden Fall wird man mit Bernd Witte davon sprechen können, daß das von Gellert inszenierte Ideal "auf allen Ebenen das Gegenbild der zu seiner Zeit vorherrschenden Feudalgesellschaft" ist. (vgl. Witte 1990. S. 82) Es ist Antizipation und utopische Konstruktion einer neuen Menschenge-meinschaft.

***

Erzählt wird die Geschichte einer livländischen Adligen. Nachdem ihre El-tern gestorben sind, wird die nachmalige Gräfin von einem Vetter, einem "Landedelmann", der "doch in seiner Jugend studiert hatte", erzogen. (Ge-sammelte Schriften IV. S. 3) Bereits dessen Erziehungsideal - "Vormittage (...) soll das Fräulein als ein Mann, und Nachmittage als eine Frau erzogen werden" (ebd.) - markiert einen Bruch, die Abrechnung mit dem traditio-nellen ständischen Ideal. Bildung und Erziehung, explizit bürgerliche Tu-genden, werden über adlige Konvenienzen und Verhaltensmuster gestellt. Insgesamt, so resümiert die Gräfin den Erziehungsprozeß durch den Vet-ter, lehrte dieser "mich nicht die Weisheit, mit der wir in Gesellschaft prahlen, oder wenn es hochkömmt, unsere Ehrbegierde einige Zeit stillen, sondern die von dem Verstande in das Herz dringt, und uns gesittet, lieb-reich, großmüthig, gelassen, und im stillen ruhig macht." (a. a. O. S. 4)

Sechzehnjährig wird das junge Mädchen mit dem schwedischen Grafen von G** verheiratet. Was zunächst - adligen Usancen folgend - wie ein Akt der Willkür erscheint, wird sogleich von Gellert wieder dadurch aufgeho-ben, daß er die Ehe in einer Gefühlsgemeinschaft gründen läßt. Ebenso wie die junge Gräfin zeichnet sich der Graf durch eine "großmüthige Art", durch "lebhafte Zärtlichkeit", durch "Gutheit und Menschenliebe" aus. (vgl. a. a. O. S. 5, 8 u. 11) Auch hier wieder porträtiert Gellert im Bild eines Ad-ligen im Grunde nur den idealen Bürger. Durch diese Inversion aber - der Adlige als Bürger, etwas, das auch die positiven Charaktere der Lessing-schen Trauerspiele wenig später kennzeichnen wird (vor allem die Vaterfi-guren) - werden die Ideologie des Adels und seine faktischen Verhal-tensweisen sozusagen von innen ausgehöhlt. Denn der Wert der Personen bemißt sich für Gellert nicht mehr am äußeren Verhaltensmuster, sondern einzig an inneren Qualitäten, allen voran an der geglückten Vermittlung von Herz und Verstand. So kann es dann schließlich auch zur Mesalliance zwischen Bürgerlichen und Adligen kommen. Nachdem nämlich der Graf zum Waffendienst gerufen worden ist, sich dabei eines Vergehens strafbar gemacht hat und am Ende, wie die Gräfin fälschlich annimmt, hingerichtet wird, geht die Gräfin eine neue Beziehung ein. Entscheidendes Motiv für diese neuerliche Verbindung ist wieder die wahlverwandte Geistes- und Seelengemeinschaft. Über dieselben Qualitäten, die schon den Grafen ausgezeichnet haben, verfügt auch der bürgerliche Herr R**. Personen und Stände sind austauschbar geworden.

"Seine Belesenheit", so charakterisiert die Gräfin ihren zweiten Mann, "war außerordentlich, und seine Bescheidenheit eben so groß. Er war in der Tugend und Freundschaft strenge bis zum Eigensinn. So traurig seine Mine aussah, so gelassen und zufrieden war er doch. Er schlug keine Vergnügung aus; allein mir kam es immer vor, als ob er sich nicht so wohl an den Ergötzlichkeiten selbst, als vielmehr an dem Vergnügen belustigte, das die Ergötzlichkeiten andern machten. Sein Verlangen war, alle Menschen vernünftig, und alle Vernünftige glücklich zu sehen." (a. a. O. S. 14) Vernünftig sind dabei in den Augen der Gräfin nicht zuletzt die, die sich über "die Ungleichheit des Standes" wegsetzen können. (vgl. a. a. O. S. 22)

Doch kommt, was kommen mußte. Am Ende des ersten Buches kehrt der totgeglaubte Graf zurück. Die Verwirrung, in die die Gräfin dadurch gerät ("welcher Trieb hört die Vernunft weniger, als die Liebe" [a. a. O. S. 40]), löst sie, indem sie zu ihrem ersten Mann wieder zurückkehrt, ohne auf den zweiten zu verzichten. "Ich werde sie lieben", antwortet sie Herrn R**, "ohne es ihnen weiter zu sagen, und ob ich gleich aufhören werde, die ihrige zu seyn, so untersagt mir doch die Liebe zu meinem Gemahle nicht, ihnen beständig Zeichen der Hochachtung und Freundschaft zu erkennen zu geben." (a. a. O. S. 40) Damit ist jedoch keine Ehe zu dritt gemeint, keine (früh-)romantische Ehe- und Sexualrevolte. Gellert greift zu dieser merkwürdig anmutenden Lösung, weil für ihn innerhalb eines unterstellten hierarchischen Wertekanons die Freundschaft den höheren Rang vor der Liebe und Ehe einnimmt. Die Freundschaft ist diejenige Tugend, die die Gemeinschaft der empfindsamen Personen im Romangefüge allererst stiftet. Und ihre Attribute heißen Anteilnahme und Mitgefühl.

So dreht sich der Rahmen des gesamten zweiten Teils des Romans, der lediglich unterbrochen wird durch Digressionen, in denen die Gefangenschaft und Verschleppung des Grafen nach Sibirien erzählt wird, im Grunde um die Entfaltung einer empfindsamen Gefühlskultur. Gezeigt wird der Privatraum, aus dem heraus die Personen agieren. "Ich war unermüdet, dem Grafen alle die Augenblicke zu ersetzen, die er ohne mich zugebracht. Ich kam selten von seiner Seite und sann bey jeder Gefälligkeit, die ich ihm erweisen konnte, schon auf eine neue. Wenn wir unser Herz ausgeredet hatten: so las ich ihm etwas vor, und wenn ich nicht mehr lesen konnte, so that ers. Diese glückliche Beschäftigung mit dem Geiste der besten Scribenten, die der Graf so lange entbehrt hatte, nahm uns den größten Theil des Tages weg, und breitete ihr Vergnügen über unsere Gespräche, über unsere Mahlzeiten und über alle unsere Zärtlichkeiten aus." (a. a. O. S. 69)

Bildung und Lektüre, an anderer Stelle kommen die Kenntnis fremder Sprachen sowie eine kultivierte Geselligkeit hinzu, - kurzum: eine gepflegte ästhetische Kultur - bilden den Hintergund dieses Privatraums. Dessen tugendhaftes Fundament ruht, wie Gellert wieder und wieder betont, auf der Freundschaft. So beendet etwa Gellerts Erzählerin die Szene, in der der Graf seinen ehemaligen Mithäftling Steeley wieder trifft, folgendermaßen: "Der Graf kam auf uns zu, und wir umarmten uns alle drey zugleich. O was ist das Vergnügen der Freundschaft für eine Wollust, und wie wallen empfindliche Herzen einander in so glücklichen Augenblicken entgegen! Man sieht einander schweigend an, und die Seele ist doch nie beredter, als bey einem solchen Stillschweigen. Sie sagt in einem Blicke, in einem Kusse ganze Reihen von Empfindungen und Gedanken auf einmal, ohne sie zu verwirren. Caroline und der Herr R** theilten ihre Freude mit der unsrigen, und wir traten alle viere um Steeleyn und <u>waren alle ein Freund</u>." (a. a. O. S. 74; Hervorhebung W. J.)

Dieses Bild einer empfindsamen Personengruppe, die - freundschaftlich geeint - ihre gemeinsamen Werte in der Bildung, Erziehung und einer schönen ästhetischen Kultur sieht, vermag dennoch nicht darüber hinwegzutäuschen, daß Gellert nur den schönen Schein einer neuen Menschengemeinschaft und Kultur gestaltet. Er formuliert etwas Normatives, ein Ideal, die Utopie einer harmonischen Gemeinschaft, die ganz aus ihrem Innenraum, der Sphäre bürgerlicher Privatheit, lebt. Dabei ist diese Innerlichkeit niemals machtgeschützt, sondern von Anfang an von äußeren Ein- und Übergriffen bedroht. So beginnt und endet der Roman sinnfällig mit dem Auftreten eines Prinzen von S**, von dem es - unmißverständlich deutlich seit der zweiten Auflage des Romans - heißt, daß er "bey Hofe alles galt" (Gesammelte Schriften IV. S. 234 [Krit. Apparat zu 13, 42]), daß er "schon eine Gemahlinn, und unstreitig nicht die erlaubtesten Absichten" gegen die junge Gräfin hatte. (a. a. O. S. 13) Er nutzt zu Beginn seine Macht aus, um den Grafen zum Kriegsdienst zu zwingen, und am Ende ist ihm der Tod des Grafen wieder willkommener Anlaß, um seine Werbungen zu erneuern.

Das ist nur eine Seite der Bedrohung. Eine andere, ungleich schwerwiegendere steckt im Kern des aufklärerischen Projekts selbst - eines Projekts, das, um ständigen Ausgleich und die Vermittlung von Natur und Geist, Sinnlichkeit und Verstand, Gefühl und Vernunft bemüht, seine eigenen Ränder, die Extreme, nicht bewältigen kann.

Das können zwei Beobachtungen am Text belegen. In einer Episode aus dem ersten Teil des Romans wird eine Geschwisterliebe geschildert. Carlson, das uneheliche Kind der ersten Geliebten des Grafen, begegnet nach Jahren seiner Schwester Mariane und verliebt sich in sie, ohne von ihrer wahren Beziehung zu wissen. Auch nachdem die wahren Verhältnisse aufgeklärt sind, ändert das nichts an ihrer Liebe. Gellert kann dieses zweifelsfreie Skandalon nur durch den Tod lösen. "Denn wer konnte die gefährliche Sache besser schlichten, als der Tod?" (a. a. O. S. 29) Was äußerlich als klarer Inzestfall erscheint, wird innerlich und auf der Darstellungsebene als Rebellion des Gefühls gegen die Vernunft gestaltet. Namentlich Carlson redet "in der Sprache des Affects" und hört nur "die Stimmen der Leidenschaften". (a. a. O. S. 29) Wer sich aber so gehen läßt, wer scheinbar blind seinen Gefühlen folgt, ist für Gellert verloren. Denn auch die Liebe - allgemein: jede Gefühlsregung - unterliegt der Kontrolle durch die Vernunft. Dadurch aber wird sie pazifiziert, zurückgenommen und gerade um ihr wesentlich irrationales Moment, ihr Extrem, gekürzt. Eine Ahnung davon, daß die wirkliche Sprache des Gefühls, jene Stimme der Leidenschaft, wirklich der Vernunft und der wirklichen Vernunft entläuft, blitzt bei Gellert gelegentlich auf: "Wie oft thut nicht die Liebe einen Schritt über die Grenzen der Vernunft! Und wenn dieser Schritt gethan ist, so hilft es nichts, daß wir eine gute Vernunft haben." (a. a. O. S. 33f.) An diesem Punkt hilft dann nur noch Gottvertrauen, ein blinder Fatalismus, der auf ein Gottesgericht wartet.

Eng damit zusammen hängt eine weitere Textbeobachtung: Gellerts Gestaltungsunfähigkeit von Gefühlen. Ja, man könnte sagen, daß bei Gellert Sprache und Gefühle dissoziiert sind. Zwar vermag er beredt eine vernünftige Liebe, eine auf Distanz und Diskretion beruhende Gemeinschaft zu beschreiben, nicht jedoch die Sprache des Gefühls zu sprechen. Immer bricht die Sprache gleichsam dort ab, wo das wirkliche Gefühl, das Chaos des Unbeherrschten aufbricht. Die Sprachlosigkeit ist die Angst vor diesem Unbeherrschten. Dazu lassen sich zahlreiche Textbelege beibringen. Einmal sinniert die Erzählerin darüber, daß sie ihren Schmerz nicht beschreiben kann. (vgl. a. a. O. S. 16) Ein anderes Mal machen sie "Liebe und Schaam" "sprachlos", und sie fährt fort: "Man muß es fühlen, wenn man wissen will, was es heißt, von zween Affecten zugleich bestürmt zu werden, von denen einer so groß, als der andere ist." (a. a. O. S. 38) Und schließlich beim Tod des Grafen will sie ihren Schmerz nicht beschreiben. "Ich fand eine Wollust in meinen Thränen, die mich viele Wochen an keine Beruhigung denken ließ, (...)." (a. a. O. S. 95)

Darauf läuft alles hinaus: die Tränen haben den Stellenwert einer sprachlosen Sprache des Gefühls. In ihnen wird die Rebellion der Gefühle erstickt, damit wieder, nachdem der momentane Anfall, die Irritation, vorbei ist, die Harmonie von Herz und Verstand, Gefühl und Vernunft einkehren, damit die sittliche Ordnung wieder hergestellt werden kann.

Von seinen Grenzen her gewinnt das aufklärerische Literaturprojekt somit seine festen Konturen als Ideologie. Denn die Utopie einer neuen Menschengemeinschaft, gegründet in Freundschaft, Liebe, Mitgefühl und armiert durch Lektüre, Bildung und Wissen, Kants Selbstdenken, muß notwendigerweise, da ihr die innergesellschaftliche Realisation (mindestens noch vorläufig) versagt bleibt, abstrakt bleiben: ein ideologischer Entwurf eben, der sich zugleich nach zwei Seiten hin absichern muß, einmal gegen die realen An- und Übergriffe des Ständesystems, zum anderen auch gegen die nicht weniger realen immanenten Widerstände.

***

Ich sprach vom 'alternativen Leben', das Gellert projiziert. Worin besteht aber diese Alterität, das Neue am bürgerlichen Alltag? Was sind dessen Bestandteile? Wo liegt das Zentrum? - Die neue Lebensweise ist gegründet in einer neuen Alltagsorganisation, in einem neuen Alltagsverständnis. Der

Binnenraum der Familie, also die Privat- bzw. Intimsphäre wird jetzt anders strukturiert. Der Austausch, das Gespräch, die Verständigung über alle Lebensangelegenheiten nehmen an Bedeutung zu. Und eingeschlossen sind dabei potentiell alle - neben den Kindern auch noch die Bediensteten und Abhängigen. Normen und Werte sind also nicht einfach da, gesetzt und gültig, machtgeschützt, sondern müssen immer erst in vernünftiger Auseinandersetzung gefunden und herausgefunden werden. Alles muß beredet werden, muß diskutiert werden; aber weit mehr noch als das müssen diese Wertorientierungen dann auch gezeigt werden: die Gemeinsamkeit der Empfindsamen erweist sich gravierend in der Reziprozität der Verzichtsleistungen, in großen Gesten des gegenseitigen Sich-Überbietens und nicht zuletzt in einem gewaltigen Tränenfluß.

Wie und wo aber konstituiert sich nun die Gemeinsamkeit? - Eben im Binnenraum der Familie, in der nach außen abgeschotteten Welt häuslicher Privatheit, zu Hause, dort wo man sich heimisch fühlt. Die Räume sind eng abgesteckt. Draußen lauern Anfechtungen, Verführungen, Verbrechen. Doch hier im Binnenraum ist man ganz unter sich, ist die Familie bei sich: der eine ist auf den anderen angewiesen, und die "Biographieplanung" (Ulrich Beck) ist noch ein Werk gemeinschaftlicher Anstrengungen. Der Privatbereich ist der Rückzugsraum, ein Raum der Nähe und Verbindung, der Gemeinsamkeit. Jeder sucht diese Nähe des Partners, des Anderen, und alle Tätigkeiten sind aufeinander abgestimmt - man sitzt zusammen, unterhält sich und liest, musiziert oder bildet sich. Nicht allein, sondern immer in Gemeinschaft, entweder im Salon, der nachmaligen guten Stube, worin sich später dann Generationen langweilen werden, oder im Garten.

Bei Gellert nimmt sich das Ideal bzw. Modell einer harmonischen Gemeinschaft so aus, daß man immer zusammensitzt, miteinander redet - mal von Herz zu Herz, dann wieder von Verstand zu Verstand -, sich "mit dem Geiste der besten Scribenten" befaßt und nie "die Beschwerlichkeit der Langenweile" fühlt. (vgl. Gesammelte Schriften IV. S. 69) Das Glück im Winkel, still und zufrieden. "Wir konnten uns beyde", heißt es an anderer Stelle über die Gräfin und ihren zweiten Mann, "mit dem edelsten Zeitvertreibe, mit Lesen und Denken unterhalten. Wir studirten, ohne daß uns deswegen jemand bewundern sollte. Wir studirten zu unserer eigenen Ruhe." (a. a. O. S. 23) Nicht zuletzt bereitet die Lektüre eben auch Trost inmitten der Wechselfälle des Lebens, bieten die Bücher festen Halt und Orientierung. (vgl. a. a. O. S. 36)

Lektüre vermittelt Bildung und Wissen. Gellerts Roman hält ein eindeutiges Plädoyer für die Buchgelehrsamkeit. Bücher stehen im Mittelpunkt aller pädagogischen Bemühungen; sie sind die theoretische Armatur zum praktischen Beispiel und deshalb selbst von lebenspraktischer Bedeutung. Das beweist Gellert nicht nur am empfindsamen Personal seines Romans, sondern auch in den vorbildlichen Mädchenfiguren seiner Lustspiele, etwa in Lorchen aus "Die Betschwester", die ebenso moralische Wochenschriften (namentlich den 'Zuschauer') wie gute Romane liest, französisch spricht, Briefe schreiben kann und zudem geübt in der Konversation ist. In den "Moralischen Vorlesungen" dann, insbesondere in der 23. Vorlesung, die "Von den Pflichten der Erziehung in den zunehmenden Jahren der Kinder" handelt, verlängert Gellert seine Ansichten ins Allgemeine: Lesen sei "an und für sich keine Tugend", sondern sei vielmehr "wahr" und gewiß "ein sicheres Hülfsmittel zur Weisheit und Tugend." Deshalb müsse man "junge Leute mit Geschmack und Empfindung lesen lernen." Man könne nämlich durch das Lesen "das Nachdenken" üben. (vgl. Gellert: Gesammelte Schriften VI. S. 246) Vor allem jedoch sei es wichtig, die Kinder an die Poesie heranzuführen. Denn die Poesie habe "einen besondern Reiz für die Jugend, und darum wird der Lehrer frühzeitig mit seinem Schüler diesem Reize folgen, und auch durch die Poesie sein Herz zu nähren suchen. Er wird ihm die besten Stellen der Dichter bekannt machen, in welchen edle Grundsätze und Empfindungen schön eingekleidet sind. Er wird mit ihm von den Fabeln und Erzählungen zu der Classe der Lehrgedichte fortgehen. Er wird ihm die Schönheiten einer Stelle oder eines kurzen Gedichts durch kleine Anmerkungen empfindlich machen, und ihn unvermerkt durch öfteres Lesen nöthigen, sie sich ins Gedächtniß zu drücken." (a. a. O. S. 245)

Wie die Jungen, so noch die Alten: sie lesen und bilden sich, akkumulieren Wissen. Das Lesen ist des Bürgers Zier. - Doch warum? Kompensieren sie darin nicht auch ein gehöriges Maß an politischer und überhaupt gesellschaftlicher Ohnmacht, überbrücken sie nicht damit den Hiatus zwischen wirtschaftlicher Potenz und faktischer Bedeutungslosigkeit? Man hat zwar Geld, sicherlich, aber keine Macht, Reichtümer, jedoch keinen Einfluß - allenfalls darauf, mit dem erwirtschafteten Reichtum, von dem eigentlich niemand so recht weiß, wo er herkommt (vgl. dazu Jung 1990b), Wohltaten zu erweisen, Armen zu helfen und insgesamt karitativ zu wirken. Dazu paßt schließlich auch die Lektüre; neben Trost- und Erbauungsbüchern, Sittenlehren und Moralischen Wochenschriften eben Romane. Trost kommt aus dem Jenseits oder aus der Fiktion. Beide sind strukturhomolog.

Mehr als alles andere bedeutet das Lesen eine Flucht, den Eskapismus. Man taucht in ideale Welten, Räume und Zeiten ab und kommuniziert "mit dem Geiste der besten Scribenten"; nicht nur die Gräfin und ihre beiden Männer, sondern auch das zeitgenössische Lesepublikum, das sich an der in der Geschichte der Gräfin idealisierten Alltagsidylle erwärmt.

Gellert hat tatsächlich den Nerv der Zeit getroffen, hat mit seinem Roman wie mit seinen rührenden Lustspielen Werke geschaffen, in denen sich das Publikum wiedererkannte, mit denen es sich identifizieren konnte. Bezeichnenderweise hat Lessing deshalb mit Blick auf die Stücke von "wahre(n) Familiengemälde(n)" gesprochen, "in denen man sogleich zu Hause ist; jeder Zuschauer glaubt, einen Vetter, einen Schwager, ein Mühmchen aus seiner eigenen Verwandtschaft darinn zu erkennen." (zit. nach Gellert: Gesammelte Schriften III. S. 419; Lessing Bd. 9. S. 273)

Gellert hat den Nerv getroffen, hat die Wünsche nach neuen Lebenswelten und -weisen berührt, mögen dabei die Räume topographisch noch eher ungenau und die Zeiten unpräzise sein, der Alltag darüber hinaus in seinen repetitiven Aspekten noch gar nicht durchschaut. Das spielt aber auch keine Rolle; denn der Alltag, der neue empfindsam-bürgerliche, ist allenfalls erst Entwurf. Er hat Modellcharakter, ist privater Rückzugsraum und mehr noch beides, Ort der Produktion und Reproduktion - mindestens seinem ideellen Gehalt nach, mindestens als Ideologie, wie sie Gellert an einer Stelle gleich zu Beginn des ersten Teils seiner Gräfin im Porträt der Lebensweise seiner beiden Protagonisten gezeichnet hat: als Ineinander von Arbeit und Freizeit, von produktiven und reproduktiven Akten, d. h. als Setzung einer alternativen Lebensweise, eines anderen Alltags.

"Er war der ordentlichste Mann in seinen Geschäften, und band sich doch selten an die Zeit. Er arbeitete, so bald er sich geschickt zur Arbeit fühlete, und arbeitete so lange fort, als er sich in dieser Verfassung merkte. Allein er ließ auch von seinen Verrichtungen nach, so bald als er keine Lust mehr dazu verspürte. Daher war er stets munter, weil er sich niemals zu sehr ermüdete, und hatte stets Zeit zu den Vergnügungen übrig, weil er die Zeit niemals mit vergebenen Bemühungen zu arbeiten verschwendete. Er hatte eine sehr schöne Bibliothek auf seinen Reisen gesammlet. Ich verstund Französisch, und etwas Latein und Italiänisch. Der Büchersal ward mir in kurzer Zeit an der Seite meines Gemahls der angenehmste Ort. Er las mir aus vielen Büchern, die theils historisch, theils witzig, theils moralisch waren, die schönsten Stellen vor, und brachte mir seinen guten Geschmack unvermerkt bey. Und ob ichs gleich nicht allemal sagen konnte, warum eine Sache schön, oder nicht schön war: so war doch meine Empfindung so getreu, daß sie mich selten betrog." (Gesammelte Schriften IV. S. 11)

3. Nicolai: Dialektik der Aufklärung

Bald schon erweisen sich diese Gellertschen Vorstellungen als das, was sie sind: als Utopien, die wenig mit der tatsächlichen gesellschaftlichen Realität des 18. Jahrhunderts zu tun haben, dafür aber um so mehr mit den Wünschen und Tagträumen des Bürgertums. Am Modell des empfindsamen Briefromans hat das freilich nichts geändert; im Gegenteil, in der zweiten Jahrhunderthälfte wächst die Zahl der Romane stetig, von Übersetzungen ebenso wie von deutschen Originalen, wird auch die Nachfrage im Lesepublikum größer. Nur der Tonfall ist jetzt ein anderer geworden, das Pathos der Erhabenheit regiert und eine idealistische Grundstimmung dazu. Wielands "Agathon" ist das Muster der Gattung; vom Alltag und alltäglichen Vorgängen im Denken und Handeln (wie idealisiert auch immer) ist nun keine Rede mehr. Die Romane sind ins historische Kostüm geschlüpft und orientieren sich am Unerhörten, Auffälligen und Spektakulären. Fließend werden dabei auch die Grenzen zur trivialen Unterhaltung, zur Kolportage, die die Sensationsgier des Publikums befriedigt, nicht zu vergessen auch seine Frustrationen.

Jetzt, gegen Ende des Jahrhunderts, beginnt sich der literarische Markt herauszubilden. Er substituiert das aufklärerische Paradigma der Öffentlichkeit, des räsonierenden kritischen Publikums, durch die Ökonomie, durch ökonomische Gesetzmäßigkeiten. Gut ist nun das, was sich bezahlt macht, gleich welcher Dignität. Schon Krünitz konnte feststellen: "Ein

Buch ist, in Ansehung des Buchhandels, allemahl gut, welches starken Abgang findet, wenn auch seine wahre innere Güte noch so mittelmäßig oder geringe ist." (Krünitz 1784. 7. Theil. S. 192; zit. nach Winckler 1986. S. 20) Daran hat sich bis heute nichts geändert; einer unübersehbaren Masse von auflagenstarker Kolportageliteratur stehen immer nur einige wenige Titel für die 'happy few' gegenüber. Der literarische Markt hat die Dichotomie von niederer und hoher Literatur institutionalisiert. (vgl. dazu Chr. Bürger 1982. S. 9-39)

Kein Wunder, daß sich in einer solchen Situation dann die Stimmen der Kritik an der Lektüresucht, am Verschlingen eben dieser trivialen Massenunterhaltung (Abenteuer und Exotik, Mord und Totschlag) mehren. Man sollte das nicht vorschnell unter dem Begriff der Gegenaufkärung abhaken, treffen doch alle Kritiker, Pfarrer und Juristen zumeist, einen wichtigen Punkt: die Ersetzung der intensiven durch die hemmungslos extensive Lektüre. Immer mehr, immer ausgefallener und immer aufregender muß es sein. Man mag über die Schauermärchen der avisierten Folgen von Lektüresucht schmunzeln wollen ("große Empfindlichkeit, leichte Erkältung, Kopfschmerzen, schwache Augen, Hitzblattern, Podagra, Gicht, Hämorrhoiden" usw.; zit. nach Winckler a. a. O. S. 47), am Kern der Kritik wird man dennoch nicht vorbeikommen: an der Erkenntnis der fehlgeschlagenen Aufklärung, nämlich des Zurückbleibens "in der Aufklärung", wie es Johann Adam Bergk bereits hellsichtig 1799 ausgedrückt hatte. (zit. nach Winckler a. a. O. S. 49)

In einer solchen Situation des Umbruchs, des Paradigmenwechsels, wie Lutz Winckler meint, von der Öffentlichkeit zum Markt und damit von der Kommunikation zum Tausch, entsteht der Roman "Leben und Meinungen des Herrn Magisters Sebaldus Nothanker" (1773-76; [4]1799) des Berliner Buchhändlers und Verlegers Friedrich Nicolai. Seine eminente Bedeutung liegt vor allem darin, daß er, Zeitroman durch und durch, ein Roman ebenso der Aufklärung wie aufklärerischer Selbstkritik ist, ein Plädoyer ebenso für aufklärerische Vernunft wie zugleich ein Dokument ihres notwendigen, dialektisch bedingten Niedergangs. Parodistische Auftritte, satirische Entlarvungen und realistische Beschreibungen alltäglicher Begebenheiten vermischen sich in diesem Roman und machen ihn zu einem wertvollen, heute nur noch selten gelesenen und dabei für die Zeit doch einzigartigen Dokument.

Insbesondere in vier Punkten liegt die Bedeutung von Nicolais Roman-
erstling, in Punkten, die zugleich den Abstand zum Gellertschen Modell
des empfindsamen Briefromans, vom "Modell Clarissa" (Lehmann 1991),
deutlich machen. Nicolai bringt poetologische Argumente für die Behandlung des Natürlichen und Gewöhnlichen bei (a), er konkretisiert den Lebensraum (b) und beschreibt Alltäglichkeit nicht zuletzt als alltäglich-be-
schwerlichen Existenzkampf (c), schließlich liefert er eine kritische Bilanz
und Abrechnung mit der Aufklärung (d).

Schon in der Vorrede zur ersten Ausgabe des Romans weist Nicolai seine Leser darauf hin, daß es ihm nicht um den "Anmuth" und das "Wunderbare" von Erdichtetem gegangen sei, sondern vielmehr um eine "wahrhafti-
ge() Lebensbeschreibung". (Nicolai 1991. S. 5) Näherhin heißt es dann
über den Gegenstand: "Alle Begebenheiten sind in unserer Erzählung so
unvorbereitet, so unwunderbar, als sie in der weiten Welt zu geschehen
pflegen. Die Personen welche auftreten sind weder an Stande erhaben,
noch durch Gesinnungen ausgezeichnet, noch durch ausserordentliche
Glücksfälle von gewöhnlichen Menschen unterschieden. Sie sind ganz gemeine schlechte und gerechte Leute, sie strotzen nicht so wie die Roma-
nenhelden von hoher Imagination, schöner Tugend und feiner Lebensart,
und die ihnen zustoßenden Begegnisse sind so, wie sie in dem ordentlichen
Laufe der Welt täglich vorgehen." (a. a. O. S. 7) Die Vorrede zur vierten
Auflage unterstreicht dann noch einmal diese Absichten; Nicolai spricht
davon, daß er die "Personen geistlichen Standes, gleich andern Menschen"
gezeichnet habe - "so wie sie sind." Das heißt: eben als "ganz gemeine Menschen". (a. a. O. S. 469; Hervorhebung durch Nicolai) Die Schilderungen
des Lebens und der Wirklichkeit seien nur "allzugetreu" dem wirklichen
Leben. (ebd.)

Nicolai artikuliert damit eine Tendenz, die wenig später Karl Philipp-
Moritz in seinem psychologischen Roman "Anton Reiser" (1785-1790), dieser "Biographie" bzw. "innere(n) Geschichte des Menschen", in Frontstel-
lung gegen die ältere Empfindsamkeit wie die neuere Abenteuersucht zur
Entfaltung bringt. Moritz will "eine so wahre und getreue Darstellung eines
Menschenlebens, bis auf seine kleinsten Nüancen" geben, "als es vielleicht
nur irgend eine geben kann." Er will deshalb ferner die "unendliche() Menge von Kleinigkeiten" zur Sprache bringen, die das "Gewebe eines Menschenlebens" ausmachen. (vgl. Moritz 1987. Bd. XV. S. 147f.) Die Verquik-

kung des Inneren mit dem Äußeren, die Durchdringung von äußeren Begebenheiten, Anlässen und Ereignissen mit inneren Dispositionen, aber auch mit Wissensformen oder Lektüreerlebnissen (wie etwa das "Werther-Fieber") ist bei Moritz ständiger Gegenstand, bildet den Eckpfeiler, um die Alltäglichkeit eines Lebenslaufs zur rekonstruieren.

Die Alltäglichkeit - ausdrücklich ist von ihr im "Anton Reiser" die Rede, wenn Moritz gleich im ersten Teil Reisers Lehrlingszeit beim Hutmacher L. beschreibt: "Freilich wußte man, daß den folgenden Tag der Kreislauf des Lebens so von vorn wieder anfieng. Aber auch diese zuletzt ermüdende Einförmigkeit im Leben, wurde durch die Hoffnung auf den Sonntag wieder auf eine angenehme Art unterbrochen. - Wenn der Reiz des Frühstücks, und des Mittags- und Abendessens nicht mehr hinlänglich war, die Lebens- und Arbeitslust zu erhalten, dann zählte man, wie lange es noch bis auf den Sonntag war, wo man einen ganzen Tag von der Arbeit feiern, und einmal aus der dunklen Werkstatt vors Thor hinaus in das freie Feld gehen, und des Anblicks der freien offnen Natur genießen konnte." (a. a. O. S. 70f.) "Jahr aus, Jahr ein" derselbe Trott von Alltag und Sonntag, Arbeit und Freizeit - abends dann gemildert durch "eine Kalteschale von starkem Biere". "Reiz genug, um die Nachmittagsarbeiten zu versüßen." (ebd.)

Literarisch ungleich reizvoller wie auch schwieriger als die Darstellung unerhörter Begebenheiten und poetischer Stoffe, so läßt Moritz ein Jahr nach der Publikation des vierten Teils des "Anton Reiser" im achten Band seines "Magazin zur Erfahrungsseelenkunde" verlauten, sei die Gestaltung "von den Scenen des gewöhnlichen nächsten Lebens der Menschen." (vgl. Moritz 1986. Bd. VIII. S. 261) Erst darin zeige sich endlich, wer ein wirklicher Künstler und Poet sei - und nicht, wie im geschilderten Fall des Dichters R., in der Gestaltung der vermeintlichen Erhabenheit des Allerentferntesten, "wozu die unberufenen jungen Dichter immer weit mehr Lust haben, als zu dem, was dem Menschen nahe liegt; denn in dies letztere muß freilich ihr Genie die Erhabenheit erst herein tragen, welche sie in jenem schon vor sich zu finden glauben." (ebd.)

Zurück zu Nicolai, dem - mindestens in diesem Punkt - durchaus Wahlverwandten von Moritz. Gute Aufklärer sind sie allemal, verstehen sie sich doch als Anwälte der Natürlichkeit und einer realistischen Detailgenauigkeit, wobei dem einen mehr an psychologischer Durchdringung (Moritz), dem anderen dagegen mehr an rationalen Diskursen (Nicolai) gelegen ist.

Vielleicht ist Nicolais Roman der erste in Deutschland, der konkret und explizit städtische Lebensformen und -umstände skizziert, im Berlin des ausgehenden 18. Jahrhunderts. Spielt sich bei Gellert (aber auch noch in den völlig anders gelagerten Romanen Wielands) die Romanhandlung insgesamt im vagen Irgendwo, einem nicht näher bezeichneten Privatraum ab, der hier und dort und überall sein könnte, so nennt Nicolai Orte und Plätze beim richtigen Namen, konkretisiert er allererst die Schauplätze seiner Romanhandlung. Nur in vereinzelten Autobiographien von Zeitgenossen, in den Handwerkerbiographien von Johann Christian Händler ("Biographie eines noch lebenden Schneiders" [1798]) oder von Johann Caspar Steube ("Wanderschaften und Schicksale von Johann Caspar Steube, Schuhmacher- und italiän. Sprachmeister in Gotha" [1791]), nicht zuletzt in den bekanntesten Werken von Ulrich Bräker und Johann Christoph Sachsse ("Der arme Mann im Tockenburg" [1789], "Der deutsche Gil Blas" [1822]), werden ähnlich konkret die Lebensbedingungen, Ort und Zeit, Namen und Daten erwähnt. (vgl. dazu Beutelspacher 1986)

So heißt es über einen Aufenthalt von Sebaldus, diesem Buchgelehrten und unermüdlichen Streiter für die theologische Aufklärung, in der Buch- und Messestadt Leipzig: "Er hatte sich auf den Straßen nie umgesehen, und es war ihm nie eingefallen zu erörtern, ob das Homannsche Haus oder die Wage schöner gebauet sey, ob am Erker des Romanusschen Hauses, mit Rechte, drey übereinanderstehende Säulenordnungen auf einem Kragsteine ruhen, oder ob im Großbosischen Garten die fleißige Kunst die schönsten Anlagen der Natur verderbt habe. Den schönsten unter den Leipziger Gärten, den Richterschen, hatte er eben so wenig, als die reizende Aussicht aus demselben gegen das Zschochersche Hölzgen zu, gesehen." (Nicolai 1991. S. 62)

Später dann, nachdem ihn seine preußisch-sächsische Odyssee nach Berlin verschlagen hat, wandert Sebaldus zunächst ziellos durch Spandau und Charlottenburg, den Tiergarten und entlang der Spree, um am Ende Berliner Sonntagsnachmittagsvergnügungen beizuwohnen: "Sie kamen endlich Nachmittags gegen drey Uhr auf den Platz bey den Zeltern, den, weil es Sonntag war, eine Menge Spaziergänger anfüllte. Zwar war noch nicht die modische sechste Stunde da, welche die <u>schöne Welt</u> in den Zirkel zusammen bringt, um <u>zu sehen</u>, und <u>gesehen zu werden</u>. Die Excellenzen und die gnädigen Damen hatten sich nicht längst erst zur Tafel gesetzt. Die Kenner im Essen kaueten noch an den reichgewürzten Frikasseen, schmeckten die zusammenkoncentrirten Säfte der feinen Ragouts, in Schüsseln mit <u>Asa Fötida</u> gerieben, und zogen im voraus das <u>Fümet</u> des raren Wildes in sich, das ihrer Zähne wartete. Die reichen Kapitalisten, waren eben vom Burgunder und sechs und zwanziger Rheinweine gesättigt, und fiengen an, bey Desserte, den <u>Peter Semeyns, Syrakuser, Rivesaltes</u> und <u>Capwein</u> aus kleinen Gläsern zu schlürfen. Die schönen Damen bürgerliches Standes, waren eben im Begriffe zu Kaffeevisiten zu fahren, und ordneten die Geschichte des Tages, so wie sie erzählen wollten, in ihrem Kopfe zusammen, und die französische Kolonie war noch in der Vesperpredigt." (a. a. O. S. 174)

Doch nicht nur reiche Kapitalisten und schöne Damen, auch Arbeiter sind unterwegs, verlustieren sich am Sonntag, der einzig freien, knapp bemessenen Zeit: "Arbeiter auf Weberstühlen und in Schmiedeessen, füllten die Zelter an, und ließen ihren Groschen unter lautem Gelächter aufgehen, oder steckten ernsthaftiglich über das gemeine Beste ihre Köpfe zusammen, weißagten neue Auflagen, und fällten Urtheile über Gerüchte von bevorstehenden Kriegen." (ebd.)

Jung und alt, arm und reich tummeln sich in unreiner Mischung, bevölkern Parks und Gartenanlagen - liefern Nicolai, dem scharfen Beobachter und guten Kenner Berlins, Anschauungsmaterial für Sozialstudien: "<u>Der Zirkel</u>, der nach drey Stunden der Schauplatz der Schönen, vornehmen Standes, seyn sollte, war itzt vom gemeinen Manne, im besten Anputze und voll fröhliches Muthes, angefüllt. Da war mancher gesunder Jüngling, im neugewendeten Rocke und mit goldner Troddel am Hute köstlich geputzt, neben ihm in silberbebrämter Mütze, seine rothbäckige Liebste, die, zur Feyer dieses ihm längst versprochenen Spazierganges, ihre sämtlichen sechs Röcke übereinander gezogen, und ihre neuen kalmankenen Schuhe nicht vergessen hatte. Hinter ihnen, das Bild der ehelichen Verträglichkeit, ein ehrlicher Handwerksmann, der seinen jüngsten Knaben im langen Rokke auf dem Arme trug, indeß seine Frau ihres Mannes Stock in ihrer rechten Hand führte, ihre funfzehnjährige Tochter ihr zur Linken, in der Schönheit der Jugend, mit niedergeschlagenen Augen, die unter der emporstehenden Haube sanft hervorblickten. Die große Allee von der Stadt her, war von Spaziergängern zu Fuß und zu Pferde bedeckt, und einige Wagen brachten wohlbeleibte Tanten und bürgerlich erzogene Nichten, bis ans Thor, die nur die Reize eines angenehmen Spazierganges suchten, und auf wohlfrisirte Köpfe, und Aufsätze nach der neuesten Mode Acht zu haben, nicht waren gewöhnt worden." (a. a. O. S. 175) - Ähnlich genaue Details bei der Beschreibung nicht zuletzt sozialer Erscheinungen wird man allenfalls noch in Bräkers Lebensgeschichte finden können. An Berlin, wohin der junge Bräker verschlagen wird, fallen ihm namentlich "ungeheuer große leere Plätze, die teils zum Exerzieren und zur Parade, teils zu gar nichts gebraucht werden", auf, "ferners Äcker, Gärten, Alleen". Dem Blick des 'underdogs' entgehen aber auch nicht die Schattenseiten der Großstadt, wie etwa die Lazarette der Armen: "In diesen Gemächern, so geräumig wie Kirchen, wo Bett an Bett gereiht steht, in deren jedem ein elender Menschensohn auf seine eigene Art den Tod und nur wenige ihre Genesung erwarten, hier ein Dutzend, die unter den Händen der Feldscherer ein erbärmliches Zetergeschrei erheben, dort andre, die sich unter ihren Decken krümmen wie ein halbzertretener Wurm; viele mit an- und weggefaulten Gliedern und so fort." (Bräker 1983. S. 112)

Nicht nur in der Stadt ist das Leben hart und beschwerlich; kaum anders sieht es auf dem Land aus. Die Arbeit und das Gebet bestimmen ein trostloses Leben. Die Kirche im Dorf ist das Zentrum der Macht, der wirklichen wie der in den Köpfen der Menschen, sie ist die große Ordnung. Und das ist überall so, laut Nicolai, in Sachsen, Preußen oder den angrenzenden Ländern, mögen die geistlichen Herren sich nun Pietisten, Kalvinisten, Remonstranten oder wie immer schimpfen. Der Klerus hat die Macht, Einkünfte und ein sorgenfreies Leben - ein gemütliches Heim und eine ebenso gemütliche Arbeit. Wenigstens dies, solange man sich im Mainstream aufhält, besser gesagt: eine unbedingte Orthodoxie kultiviert. Wem allerdings der Kopf nach Einsicht und Vernunft steht, wer aufklärerisch verdorben ist wie Sebaldus - "es war sein unwiderruflicher Willen, seinen Bauern nichts zu predigen, als was ihnen sowohl verständlich, als nützlich wäre" (a. a. O. S. 14) -, der braucht sich nicht zu wundern, mit der Macht ins Handgemenge zu kommen. Nichts fürchtet die Macht mehr, die geltende Orthodoxie, als in Frage gestellt und hinsichtlich ihrer Legitimität geprüft zu werden. Denn dann könnte vielleicht die Kirche ihren angestammten Platz im Dorf einbüßen, Einfluß und Macht dazu, die Pfarrer ihre Pfründe, die sich umgekehrt proportional zu Dummheit und Aberglauben verhalten.

Sebaldus verkörpert den Typus des einfachen, ja naiven, dabei vom gesunden Verstand geleiteten Menschen. Ein schlichtes Gemüt, das den Rankünen rundum nicht gewachsen ist, zu kopflastig, um sich in der Wirklichkeit jederzeit praktisch orientieren zu können, aber angesteckt von der aufklärerischen Idee, die er theoretisch befestigen und von der Kanzel herab predigen möchte. Und das ist sein Verderben. "Eine blinde Unterwürfigkeit unter die Aussprüche der geistlichen Obern ist nicht der wahre Geist des Protestantismus. Von der Lehre, die wir glauben sollen, müssen wir überzeugt seyn, und um davon überzeugt zu seyn, müssen wir sie untersuchen. Die bloße blinde Annehmung einer Lehre, weil sie in einem Buche verzeichnet ist, es mag dieß Buch Bibel, symbolisches Buch, oder wie man sonst will, heißen, ist keine sichere Ueberzeugung. Sollen wir überzeugt werden, so müssen wir untersuchen, und erst dann, wann wir durch vernünftige Untersuchung von einer Wahrheit überzeugt sind, kann sie moralische Wirkungen veranlassen." (a. a. O. S. 307) Als er dann noch in demselben Gespräch zur Toleranz gegenüber anderen Christen, Juden und "alle andern Nichtchristen" (a. a. O. S. 310) auffordert, ist es vollends um ihn geschehen.

Sebaldus kann nicht begreifen, daß eigene Meinungen nicht gefragt sind. Gefordert sind Unterordnung, ja Unterwürfigkeit und die grundsätzliche Akzeptanz der Spielregeln - in der Amtskirche wie auch anderswo. Der eigene Kopf ist da immer nur hinderlich - überall holt man sich Beulen. "Gunst und Protektion, tiefes Beugen und langes Warten" (a. a. O. S. 188) sind die Garanten fürs persönliche Glück. Sebaldus bleibt am Ende, ganz tief unten angekommen auf Berlins Straßen, nur noch die nackte Bettelei übrig. "Die Standhaftigkeit, die ihm sonst sein ruhiges Temperament gewährte, hatte ihn ganz verlassen. Er stieß laute Seufzer und die bittersten Klagen aus. Er erregte dadurch die Aufmerksamkeit vieler Vorübergehenden, die von Gastereyen, oder Spaziergängen zurück kamen. Einige sagten: 'Da liegt ein Mensch!' andere: 'Was muß das für ein Mensch seyn?' andere warfen ihm ein paar Dreyer zu, die einen Mann, dessen Gesinnungen das Elend noch nicht ganz hatte erniedrigen können, demüthigten, ohne ihm zu helfen." (a. a. O. S. 185f.) Man entsinne sich wieder der Gellertschen Hinweise auf die Standhaftigkeit ("Der standhafte Weise im Unglück"); Nicolai macht deren Grenzen deutlich. Was nützen im Unglück tatsächlich noch die stoischen Tugenden?

Anpassung, Unterordnung, Duckmäusertum markieren die Wegstrecke einer gelungenen (nicht nur kirchlichen) Sozialisation; Aufklärung, Selberdenken, Selbstbewußtsein sind nicht gefragt. Man mag theoretisch die Kantsche Position zur Aufklärung, jenes 'sapere aude!', mit der Unterscheidung zwischen einem 'öffentlichen' und einem 'privaten' Gebrauch seiner Vernunft für einen gelungenen Coup halten, der die bestehende Ordnung aushöhlt, ja sanft revolutioniert; in Nicolais Lesart jedoch bekommt die Kantsche Haltung Risse und Sprünge. Bei Kant hieß es mit Blick auf die Religion und Theologie: "Der Gebrauch (...), den ein angestellter Lehrer von seiner Vernunft vor seiner Gemeinde macht, ist bloß ein <u>Privatgebrauch</u>: weil diese immer nur eine häusliche, obzwar noch so große Versammlung ist; und in Ansehung dessen ist er als Priester nicht frei und darf es auch nicht sein, weil er einen fremden Auftrag ausrichtet. Dagegen als Gelehrter, der durch Schriften zum eigentlichen Publikum, nämlich der Welt, spricht, mithin der Geistliche im <u>öffentlichen Gebrauche</u> seiner Vernunft, genießt einer uneingeschränkten Freiheit, sich seiner eigenen Vernunft zu bedienen und in seiner eigenen Person zu sprechen." (Kant 1969. S. 5)

Schön und gut, aber die Praxis beweist etwas anderes - Sebaldus' Schicksal steht für das Gegenteil ein. Es ist die Bilanz eines Verlustes. - Dies belegt schließlich auch noch das Schicksal eines anderen Leidgeprüften, des Diakons F., der sich angemaßt hatte, ein Buch über allerlei Ungereimtheiten in "gewisse(n) dogmatische(n) und moralische(n) Materien" (Nicolai a. a. O. S. 194) zu schreiben. Doch wohin soll das führen? Die Belehrung durch den vorgesetzten Superintendenten folgt auf dem Fuße: "Wir müssen", weist dieser den jungen Heißsporn zurecht, "uns dem Urtheile des gemeinen Haufens nicht bloß stellen, er erschrickt über ungewohnte Wahrheiten, und wir verlieren das Zutrauen, das wir zu seiner Besserung anwenden könnten. Wenn ein Prediger Zweifel über dogmatische Sätze hat, so ists am besten, daß er sie ganz verschweige, aufs höchste kann er lateinisch darüber schreiben, für gelehrte Theologen, die davon so viel in die Welt können kommen lassen, als sie nöthig finden." (a. a. O. S. 195) So klingt also ein ins Praktische gewendeter Kant; es zeigt sich, wohin es mit der Aufklärung kommen kann: zu einem pervertierten Gehorsam, im Bewußtsein zwar recht zu haben, aber das Rechte nicht recht sagen zu dürfen! - Und der arme Diakon? Wohin führt ihn sein 'öffentlicher Gebrauch' der Vernunft, sein Räsonnement als 'Gelehrter' vor der Welt und in ihr? Die Kollegen sind neidisch, mißtrauisch obendrein, der Superintendent verträgt es nicht, daß sein Diakonus hat "weiter sehen wollen, als er" (a. a. O. S. 196), folgerichtig wird er gemieden, nicht mehr eingeladen - und plötzlich findet er sich als 'outcast' wieder. Nicolais Antwort auf die Kantsche Formel - immer noch straft das praktische Leben die Theorie Lügen!

Überhaupt ist es nicht mehr weit her mit der Aufklärung, seit sich der Markt ihrer bemächtigt hat und sein Absatzbedürfnis befriedigen möchte. Selbst erfolgreicher Verleger, hat Nicolai ein sicheres Auge für die gewaltigen Veränderungen auf dem Buchmarkt, vom durchgreifenden Paradigmenwechsel von der 'Öffentlichkeit' zum 'Markt' - d. h. vom aufklärerischen Idealismus zum ökonomischen Realismus. Und in einem eigenen Kapitel hat er über diese Veränderungen nachgedacht. Er erfindet einen Dialog zwischen Sebaldus und einem Magister, der als Korrektor in einem Verlag sein karges Brot verdient.

Diskussionsgegenstand ist die Aufklärung selbst. Mit unerbittlicher Logik - dem Argumentationsschema der formalen Logik folgend - widerlegt darin Nicolai alle idealistischen Annahmen über die wissenschaftliche und literarische Aufklärung. Sebaldus erhält die Rolle eines Proponenten, der - vom Glauben an den Wert und die Überzeugungskraft wissenschaftlich verbreiteter Vernunft überzeugt - alle herrschenden Illusionen teilt, während der Magister als Opponent auftritt, der mit Weitblick und Sachverstand Sebaldus' Überzeugungen zerstört. Sebaldus verkörpert hier den aufklärerischen Idealisten, der der scientific community und dem Buchmarkt blindlings folgt, weil sie die Instanzen sind, die das Projekt der Aufklärung fördern und vorantreiben. Er selbst plant ja, aus dem Geist eines reformierten Protestantismus einen Kommentar über die Apokalypse zu schreiben, worin endlich mit allen faulen Spekulationen und theologischen Sophismen aufgeräumt werden soll. Der Magister dagegen spielt den Part des skeptischen Rationalisten, der im Lauf der Jahre seinen Idealismus aufgegeben hat. Wo Sebaldus immer mit Basissätzen der Aufklärung argumentiert (Vernunft und Verstand ebenso zur Bildung wie zur moralischen Erziehung des Menschengeschlechts einzusetzen), da antwortet ihm der

Magister mit Hinweisen auf den faktischen Buchmarkt der Zeit, der von allem anderen, nur nicht vom Idealismus und seinem Prinzip, der Vernunft, diktiert wird.

Das Buch ist vielmehr zur Ware geworden, der Schriftsteller zum Lohnabhängigen und der Verleger zum hart kalkulierenden Kapitalisten, der sein Produkt an den Mann bringen will. "Der gröste Haufen der Schriftsteller von Profeßion, treibt ein Gewerbe, so gut als die Tapetenmaler oder die Kunstpfeifer, und sieht die wenigen wahren Gelehrten, fast eben so, für zudringliche unzünftige Pfuscher an, als jene Handwerker einen <u>Mengs</u> oder <u>Bach</u>. Durch dis Gewerbe, und nicht durch die Begierde das menschliche Geschlecht zu erleuchten, entsteht die unsägliche Menge von Büchern die Sie so bewundert haben; denn Leipzig ist freilich seit mehr als hundert Jahren die Stapelstadt der Waaren, die diese gelehrten Handwerker zu jeder Meße verfertigen." (a. a. O. S. 67) Das Bücherschreiben ist für den Magister ein "Gewerbe, worin jeder den Nutzen so sehr auf seine Seite zu ziehen sucht, als es nur möglich ist. Der Autor will gern dem Verleger so wenig Bogen Manuscript als möglich, für so viel Geld als möglich ist, überliefern. Der Verleger will gern so viele Alphabeter als möglich, so wohlfeil als möglich einhandeln, und so theuer als möglich verkaufen. Der Autor will gern so wenig Zeit, Mühe, Ueberlegung und Geschicklichkeit an sein Buch wenden, und doch so viel Ruhm, Belohnung, Beförderung, von der Welt einärndten, als möglich." (a. a. O. S. 68) Dabei bleibt dann das aufklärerische Projekt auf der Strecke, werden dessen Ziele den Gesetzen des Warenmarktes, Verkäuflichkeit und Erhöhung des Umsatzes, unterstellt. Bücher werden nicht mehr aus Überzeugung geschrieben und verbreitet, sondern bestellt, auf Abruf - Richtmaß ist der Geschmack des Publikums. "Da ist mehr als ein Verleger, der seinen Autoren aufträgt was er zu brauchen denkt: <u>Geschichte, Romanen, Mordgeschichte, zuverläßige Nachrichten</u>, von Dingen die man nicht gesehen hat, <u>Beweise</u>, von Dingen die man nicht glaubt, <u>Gedanken</u>, von Sachen die man nicht versteht. Ich kenne einen der in seinem Hause an einem langen Tische zehn bis zwölf Autoren sitzen hat, und jedem sein Pensum fürs Tagelohn abzuarbeiten gibt." (a. a. O. S. 71) Solche Aufklärungen lassen am Ende den guten Sebaldus völlig ratlos zurück. "Wohin", fragt er, "soll es mit der deutschen Gelehrsamkeit kommen, wenn der gröste Theil der Schriftsteller nicht die Beförderung der Gelehrsamkeit, sondern die Beförderung ihres Ruhms und Nutzens sucht." (a. a. O. S. 79) Darauf weiß ihm freilich auch der Magister keine Antwort. "Geben Sie sich zufrieden! Was ist der deutschen Gelehrsamkeit damit geholfen, wenn ein paar arme Correctoren eine unruhige Nacht haben. Wir wollen uns die Fehler unserer Litteratur und unserer Gelehrten nicht verhelen, aber wir wollen auch das entschuldigen, was, ohne die Schuld unserer Gelehrten, nicht anders seyn kann." (a. a. O. S. 79f.)

*

Nein, es ist nicht alles Gold, was glänzt, und es strahlt aus den vielen Büchern längst nicht mehr der echte Glanz von Vernunft und Tugendhaftigkeit. Viel Talmi ist darunter, böhmische Diamanten, um in der Sprache der Zeit zu bleiben. Der Markt schlägt unerbittlich zu; die Kasse muß stimmen, der Rubel rollen. Das ist die eine Seite, vielfach beschrieben und gedeutet. Doch erzwingt nicht ein prosaischer gewordenes Leben, die Mühsal des Alltags - nun erstmals erfahren, reflektiert, durchlitten -, auch ein anderes Verhalten, andere Lektürebedürfnisse, Spannung und Entspannung zugleich? Das Leben ist hart genug, es braucht keine realistische Verdoppelung mehr (zu welchem Zweck auch immer), und die idealisierenden und stilisierenden Zurichtungen nach Gellerts Manier dürften Ende des Jahrhunderts ohnehin nur noch wenige Liebhaber und Bewunderer gefunden haben. Der Alltag ist beschwerlich, überall kann man anecken, sich mißliebig machen, von der Einförmigkeit im Alltag ganz zu schweigen. Nicolai hat das gespürt und zur Sprache gebracht; sein Sebaldus ist ein gebranntes Kind der Zeit, der Wahlverwandte Anton Reisers und der Bruder des 'armen Mannes im Tockenburg' (Ulrich Bräker), des 'deutschen Gil Blas' (Christoph Sachsse) - er ist jedoch, wie diese, kein Romanheld, sondern ein 'ganz gewöhnlicher Mensch', dargestellt inmitten der ihm "zustoßenden Begegnisse" "so, wie sie in dem ordentlichen Laufe der Welt täglich vorgehen." (a. a. O. S. 7) So wahr wie das Leben selbst, so hart, so ungerecht, so banal.

Schlimmer als nichts,
nichts Besonderes

Über Flaubert

> "Für ihn, was bedeutete für ihn die
> Vergangenheit, die verloren war, und die
> Zukunft, die sich in einem bedeutungslosen
> Wort zusammenfaßte: der Tod?"
> (Gustave Flaubert: Quidquid volueris 1837)

1.

Am 19. 9. 1851 beginnt Gustave Flaubert, ein bis dato noch unbekannter, dafür aber um so besessener schreibender Autor, mit der Arbeit an dem Roman "Madame Bovary". Die Idee des Buches ist ihm längst klar; schon am 17. 1. 1852 entwickelt Flaubert seiner Freundin Louise Colet eine detaillierte Ansicht seiner Arbeit: "Ich habe jetzt fünfzig fortlaufende Seiten, auf denen es kein Ereignis gibt, es ist das gleichförmige Bild von einem bürgerlichen Leben und einer untätigen Liebe; (...). Mein Ehemann liebt seine Fau ein wenig auf die gleiche Weise wie mein Liebhaber. Es sind zwei mittelmäßige Charaktere in dem gleichen Milieu, die doch voneinander unterschieden werden müssen. Wenn es gelingt, wird es, so glaube ich, etwas sehr Großartiges sein, denn es bedeutet, Farbe auf Farbe zu setzen, und zwar ohne einen kontrastierenden Ton (was einfacher wäre). Aber ich habe Angst, daß all diese Subtilitäten nur langweilen und daß der Leser lieber mehr Bewegung sähe." (Flaubert 1977. S. 184f.) Nur wenige Wochen darauf, am 8. 2. 1852, heißt es: "Ich bin jetzt in einer ganz anderen Welt, nämlich der der aufmerksamen Beobachtung der banalsten Details." (a. a. O. S. 187) Und rund anderthalb Jahre später, mitten im mühseligen Schreibprozeß am 7./8. 7. 1853, berichtet er wieder an Louise Colet: "Das Gute an der Bovary ist, daß sie eine harte Gymnastik für mich gewesen sein wird. Ich werde geschriebene Wirklichkeit vollbracht haben, was selten ist." (a. a. O. S. 272)

Madame Bovary, daran lassen Flauberts Äußerungen und Aufzeichnungen während der Schreibarbeit keinen Zweifel, ist von Anfang an ein Buch über den Alltag, über Langeweile, Frustrationen und die Farbe der Hoffnungslosigkeit - das Grau. "In <u>Madame Bovary</u>", so überliefern die Brüder Goncourt eine Ansicht Flauberts, "hatte ich nur die Vorstellung, einen grauen Ton wiederzugeben, die Schimmelfarbe von Kellerasselexistenzen." (Goncourt 1989. S. 61) Ein solches Leben kennt keine Aktionen, keine heroischen Taten oder beeindruckenden Handlungen. Alles ist platt, bewegungslos, die dargestellte Handlung nichts Besonderes - jedoch mit einer bis dahin unvergleichlichen Subtilität behandelt. Flaubert hat genau gewußt, was er tat: "banalste Details" rücken in den Vordergrund, die Wirklichkeitsebenen der ersten, primären Realität, der Alltagsrealität in unmittelbarer Reichweite. "Geschriebene Wirklichkeit" nannte er dieses Verfahren.

Wirklich unerhört, auch das ahnte Flaubert, lange bevor ihm dann 1857 deswegen der Prozeß gemacht werden sollte, ist die gänzliche Perspektivelosigkeit, der Verzicht auf die poetische Versöhnung, jenen letzten Begriff idealistischer Ästhetiken. Die Welt der Madame Bovary ist rundum trostlos, ohne Auswege oder Fluchtmöglichkeiten. Und völlig unnachsichtig, ohne Mitgefühl und Anteilnahme geißelt Flaubert dieses Leben, seine Figuren und ihre lächerlichen Bemühungen. Ja, er haßt das alles geradezu. "Thema, Personen, Wirkungen, all das liegt außerhalb meiner selbst", schreibt er an Louise Colet und fügt hinzu: "Ich schreibe dieses Buch wie jemand, der mit Bleikugeln auf jedem Fingerglied Klavier spielt." (am 27. 7. 52, a. a. O. S. 213) Die Personen sind ihm "zutiefst zuwider"; er habe durch sein Buch "einen außerordentlichen Ekel vor Themen mit einem gewöhnlichen Milieu bekommen." (an Louise Colet, 26. 8. 53, a. a. O. S. 287) Seine Heldin Emma Bovary schließlich bezeichnet Flaubert einmal als "eine etwas perverse Natur, eine Frau der falschen Poesie und der falschen Gefühle." (an Mademoiselle Leroyer de Chantepie, 30. 3. 57, a. a. O. S. 369)

Doch warum macht jemand so etwas? Warum schreibt und wütet jemand gegen sich selbst, setzt sich die Daumenschrauben an? Aus Selbsthaß, aus Verzweiflung, aus innerer Notwendigkeit? - Der deutsche Philosoph Karl Rosenkranz hat ungefähr zur selben Zeit aus demselben Gefühl heraus eine "Ästhetik des Häßlichen" (1853) geschrieben, nämlich aus dem Pflichtbewußtsein, der eigenen Zeit im Medium der Ästhetik den Spiegel vorzuhalten. Die Zeit, so Rosenkranz, sei nicht nur krankhaft und zerrissen, sondern geradezu "physisch und moralisch verderbt", weshalb sie sich auch an dem Häßlichen weide, "weil es für sie gleichsam das Ideal ihrer negativen Zustände wird." (vgl. Rosenkranz 1979. S. 52) Das Häßliche erscheine als das neue Ideal der Kunst, sei probater Ausdruck der Zeit und komme zudem - wen wundert's noch - aus Frankreich. Dabei tadelt Rosenkranz insbesondere die seit Balzacs "Comédie humaine" grassierende Vorliebe für die Behandlung des Alltäglichen und Gewöhnlichen. Wie eine vorweggenommene Kritik an Flauberts Roman liest sich dann die folgende Einschätzung: "Das Gewöhnliche, Alltägliche, wird durch seinen Mangel an Unterscheidung nichtssagend, langweilig, gemein und geht damit in die Häßlichkeit über. Man mißverstehe dies nicht. Nicht das Schöne wird unschön, das ist unmöglich, aber die Häufigkeit der Wiederholung, die Breite einer massenhaften Existenz, läßt es gleichgültig werden, weil ein anderes Exemplar als eine bloße Tautologie ohne den Reiz der Neuheit ist." Es gehe, so Rosenkranz weiter, darum, die "immer gleichen Motive durch die Individualisierung" "neu erscheinen" zu lassen. (a. a. O. S. 202)

Soweit die Ansicht des rechtsrheinischen Philosophen, des Anwalts des Schönen, Wahren und Guten.

Die linksrheinische Antwort auf den Spätidealismus liefert Flauberts Literatur und Literaturtheorie. "Die Zeit des Schönen ist vorbei. Die Menschheit, falls sie überhaupt zu ihm zurückkehren sollte, weiß im Augenblick nichts damit anzufangen." (an Louise Colet, 24. 4. 52, Briefe a. a. O. S. 195) An die Stelle des Schönen, Wahren und Guten, der Erhabenheit und erhebenden Wirkung soll in Analogie zur wissenschaftlichen Genauigkeit die Exaktheit von Beobachtungen und Beschreibungen treten. Das Schöne ist nicht schön, sondern bloße Verschönerung, der schöne Schein eines häßlichen Seins, also Verklärung; an die Stelle des Schönen hat vielmehr der Stil zu treten - das Ringen um den Ausdruck, die adäquate sprachliche Realisation. Schön ist der gelungene Ausdruck, Schönheit ist ein dem Häßlichen, der Wirklichkeit, abgerungenes Kapital, die künstlerische Verknappung des Lebens und der Wirklichkeit aufs Wesentliche: die treffende Sprachgeste. Flaubert nennt das später einmal die "Schrecken des Stils" (an George Sand, 27. 11. 66, a. a. O. S. 504) und versteht darunter die Qual, "die Dinge so darzustellen", wie sie ihm erscheinen, das auszudrücken, was er "für das Wahre" hält. (vgl. an George Sand, 10. 8. 68, a. a. O. S. 533)

Und das wären dann? - Die Ansicht von der ewigen Wiederkehr, dasjenige, was Nietzsche als Flauberts "instinktiven Pessimismus" bezeichnet hat (vgl. Nietzsche: KStA. Bd. 11. S. 600; Bd. 13. S. 75), der Haß auf die Bourgeoisie, insbesondere in Gestalt des Kleinbürgers, schließlich der noch umfassendere auf die Dummheit der Epoche. "Ich empfinde gegen die Dummheit meiner Epoche Haßfluten, die mich ersticken. Es steigt mir Sch... in den Mund wie bei einem verklemmten Bruch. Aber ich will sie behalten, sie eindicken und daraus einen Brei machen, mit dem ich das neunzehnte Jahrhundert beschmieren werde, wie man die indischen Pagoden mit Kuhfladen vergoldet. Und wer weiß? vielleicht wird das halten? Es bedarf nur eines Sonnenstrahls! der Inspiration eines Augenblicks, des Glücks eines Themas!" (an Louis Bouilhet, 30. 9. 55, a. a. O. S. 336) Dem eigenen Zeitalter den Spiegel vorzuhalten, Kritik zu üben, ohne sich einzumischen, ohne Partei zu ergreifen, ohne Für und Wider - das ist Flauberts erklärtes Ziel, sein Ideal.

Das Desengagement, ja Desinteresse in Flauberts Schreibstil - die Entfaltung der Dinge, Handlungen und Personen gleichsam aus sich selbst heraus - hat wiederum Nietzsche hellsichtig bemerkt, aber auch kritisiert. (vgl. KStA. Bd. 11. S. 253) Dieses "Objektiv-sein-wollen" sei, so Nietzsche, "ein modernes Mißverständniß"; man wolle dabei von sich absehen, "hineinflüchten in's Objekt, sich selber 'leugnen'." Herauskomme nur "Wissenschaftlichkeit oder Photographie d.h. Beschreibung ohne Perspektiven, eine Art chinesischer Malerei, lauter Vordergrund und alles überfüllt." (Nietzsche a. a. O. S. 57) Aber warum denn nicht? Zumindest ist dies einen Versuch wert. Kein Wunder ist es auch, daß Zola noch 1879 Flaubert als großes Vorbild feiert und die "Education sentimentale" als "den Prototyp des naturalistischen Romans" gewiß mißversteht. (zit. nach Flaubert 1979b. S. 598) Eine zeitgenössische Karikatur stellt Flaubert dar, wie er, "aufgespießt von einem Seziermesser, Emmas blutendes Herz vorweist." (Marcuse 1984. S. 133) Flaubert übernimmt später dieses Bild, notiert sich unter dem Eintrag "Roman" in seinem "Dictionnaire des idées reçues" (Wörterbuch der Gemeinplätze): "Manche Romane sind mit der Spitze eines Skalpells geschrieben. Beispiel: Madame Bovary." (Flaubert 1985. S. 135)

Flaubert arbeitet mit dem Seziermesser, operiert an verborgensten Stellen - wenn es dort nur etwas zu entdecken gibt, das nach Gefühlen und Leidenschaften aussieht. Vladimir Nabokov hat mit Blick auf "Madame Bovary" und um den naturalistischen Fehlschluß zurückzuweisen, davon gesprochen, daß es "um die äußerst empfindliche Infinitesimalrechnung menschlichen Geschicks und nicht um die Algebra gesellschaftlicher Konditionierung" gehe. (Nabokov 1991. S. 175)

Bereits eine Jugenderzählung, "Passion et vertu" (1837), die thematische Anklänge an "Madame Bovary" aufweist, dekliniert die Logik der Leidenschaften durch. Da ist auf der einen Seite die junge, verheiratete Mazza, romantisch veranlagt, denn sie liebt "die Poesie, das Meer, das Theater, Byron" (Flaubert 1991. S. 150), auf der anderen Seite Ernest, "ein kaltes Herz, ein enger Geist und obendrein noch ein Chemiker". (a. a. O. S. 148) Doch beherrscht Ernest wenigstens die Theorie wie die Praxis der Verführung, bringt er die richtigen Saiten in Mazzas Wesen zur richtigen Zeit zum Klingen. "Sie hatten lange Zeit, viele Stunden geplaudert, sich gesagt, daß sie sich liebten, von Poesie gesprochen, sich über eine weite und starke Liebe unterhalten, wie man sie bei Byron sieht, und sich dann über die gesellschaftlichen Zwänge beklagt, die sie beide banden und sie für das Leben trennten; und dann hatten sie über die Nöte des Herzens, über Leben und Tod, die Natur, das Meer gesprochen, das in den Nächten toste; schließlich hatten sie die Welt, ihre Leidenschaft verstanden, und ihre Blicke hatten sich sogar mehr gesagt als ihre Lippen, die sich so oft berührten." (a. a. O. S. 152) Aber diese ganze Szene ist falsch, verlogen, beruht auf Täuschungen und Selbsttäuschungen; Ernest handelt strategisch, will Mazza verführen, Mazza hingegen träumt vom anderen Leben, von der großen Leidenschaft und Liebe, von der grundsätzlichen Alternative zu ihrem gewohnten Alltag. Es kommt, was kommen muß: die beiderseitige Ernüchterung nach dem kurzen Augenblick der Vereinigung. Für Ernest ist Mazza bloß eine weitere Eroberung, ein Stück seiner Trophäensammlung, mehr nicht; Mazza empfindet danach zunächst "Enttäuschung und Bitterkeit" (a. a. O. S. 160), die dann aber - und das ist der peripatetische Punkt in der Geschichte - in "einen unstillbaren Durst nach unendlicher Liebe, grenzenloser Leidenschaft" umkippen. (vgl. a. a. O. S. 161) Ernest freilich ist Mazzas Liebe, ihr andauerndes Begehren, nur lästig, er flieht vor ihr, begründet im fernen Amerika - Flauberts romantische Zutaten - ein neues Leben. Mazza hingegen hängt sich an das, was sie nicht mehr hat, den Geliebten und unerwiderte, aber grenzenlose Gefühle, opfert schließlich Mann, Kinder, am Ende ihr eigenes Leben auf dem Altar ihrer Sehnsucht.

Schon der junge, nicht einmal siebzehnjährige Flaubert beweist die Sensibilität des erfahrenen Psychologen, der mit Geschick fatale menschliche Schwächen diagnostiziert: in "Passion et vertu" wie dann in "Madame Bovary" wird der Gegensatz von Ideal und Wirklichkeit behandelt, die Inkongruenz von Lebensentwürfen, "Biographieplanungen" (U. Beck), und der faktischen Realität. Um es auf unseren Zusammenhang hin zu pointieren: die Unmöglichkeit, den Alltag und seine Alternativen (Flucht, Ausbrüche) miteinander arrangieren zu können, um danach diesen Alltag wieder besser auszuhalten. Die Flaubert-Interpretin Enid Starkie hat das einmal sehr grundsätzlich formuliert: "Alle Figuren Flauberts schaffen für sich selbst Geschmacksrichtungen und Gefühle, die von ihrem wirklichen Wesen verschieden sind, und heften ihre Augen auf ein Ideal, das zu erreichen sie unfähig sind und das ihnen die Sicht auf die Wirklichkeit verdeckt." (Starkie 1971. S. 345)

Flauberts Helden, insbesondere aber Heldinnen, stecken allesamt in einem falschen Leben, ohne wirklich die Möglichkeit zu haben, zu entkommen in ein wahres Leben, das ihnen vorschwebt - jedoch nie als wirkliche Wirklichkeit, sondern immer nur als imaginierte, an romantischen Lektüreeindrücken gewonnene Realität. Deshalb ist auch alles so hypertroph, wachsen sich ihre Bedürfnisse ins Maßlose aus; denn nicht die Realität bildet den Bezugspunkt, sondern vielmehr die Literatur und das Lustprinzip. Wollte man nach dem geheimen Zentrum einer moralischen Lehre - es gibt freilich keine! - suchen, dann böte sich dafür nicht zuletzt die Warnung an: 'Hüte dich vor romantischen Büchern!' In den Worten des gesunden Menschenverstandes, des Volksvermögens, dem Flaubert in seinem "Dictionnaire" aufs Maul geschaut hat: "Romane verderben die Menschen." (Flaubert 1985. S. 135) Es geht um die Gefahren der Lektüre, genauer: um eine Verwechslung der Ebenen. Flauberts Heldinnen, Mazza und Emma, sind schlechte Leserinnen; ihre strikt identifikatorischen Lektüren können Realität und Fiktion nicht mehr auseinanderhalten, stülpen die Phantasie über die Wirklichkeit und versetzen sich selbst in die Figuren der Phantasie - distanzlos, haltlos, unreflektiert. Mazza hat die Lektüre Byrons den Kopf verdreht, und Emmas Lieblingsroman ist Bernardin de Saint-Pierres "Paul et Virginie", ein Buch, das "ihre Lebens- und vor allem Liebeserwartungen geprägt (hat)." (Wuthenow 1980. S. 127)

Was den Helden Flauberts nicht gelingt, ist die Synchronisation von Alltag und Ausbruch, noch allgemeiner: die Akzeptanz gesellschaftlicher Spielregeln. Was damit gemeint ist, verdeutlicht die Theorie der englischen Soziologen Stanley Cohen und Laurie Taylor, die in ihrem Buch "Ausbruchsversuche" die identitätsbildende und -stabilisierende Notwendigkeit von Ausbrüchen aus dem Gehäuse des Alltags, den "Netzen der Lebenswelt" (B. Waldenfels), herausgestellt haben. Alltag, so Cohen und Taylor, ist bekanntlich Routine, er ist "das große Schwungrad der Gesellschaft" (W. James), und er ist überlebensnotwendig, weil er für dauerhafte Orientierungen und Bindungen sorgt. Zugleich aber, und das demonstrieren Cohen und Taylor an vielen Beispielen (Spiele, Hobbies, Tourismus, Sex, Massenkultur etc.), benötigt die Alltagserfahrung Verschärfungen, Unterbrechungen, Ablenkungen - kurz: Ausbrüche. Diese ändern zwar den Alltag und den Lauf der eigenen kleinen Welt nicht - oder nur partiell -, aber sie führen oftmals zu Einstellungsänderungen, Perspektivenwechseln, zu neuen Sichtweisen, die die Welt zwar auch nicht ändern, aber mindestens die Art und Weise, wie wir sie wahrnehmen und erleben. (vgl. Cohen/Taylor 1977. S. 33, 113, 183) Und das ist notwendig und wichtig, will man den Alltag, in dem man einmal steckt, will man Abhängigkeiten aushalten, will man auch periodisch auftretenden Gefühlen der Entfremdung, der Langeweile, der Vorhersagbarkeit, Wiederholung und Routine besser entgegentreten können. (vgl. a. a. O. S. 193) Cohen/Taylors Botschaft lautet dann: "Ich breche aus, darum bin ich." (a. a. O. S. 218) D. h. nach ihrer beider Ansicht: ich weiß um die Fatalität dieser Strategie, um die begrenzte, ja pazifizierte Bedeutung meiner Ausbrüche (lizensierte Abenteuer, gesellschaftlich sanktionierte Handlungen), zugleich nähre ich beständig die Hoffnung und Illusion des wirklichen Ausbruchs, der Alternative zum Alltag, in den ich jederzeit nach dem Fallgesetz des Kreatürlichen zurückkehre. Alles nur Illusion, Potemkinsche Dörfer, Budenzauber - aber von bitterer, das Überleben sichernder Notwendigkeit.

Die Flaubertschen Helden haben das nicht gelernt, können nicht mit der puren Illusion des Ausbruchs auskommen; bei ihnen ist alles bitterer Ernst, vor allem die Vorstellung der Alternative zum Alltag, ihr romantisches Ideal - ihre letzte, definitive Antwort auf die Entfremdung.

2.

Wenn Flaubert davon spricht, in der "Madame Bovary" die Farbe Grau gestalten zu wollen, dann ist ihm das gelungen. Es herrschen das öde Grau der Monotonie und Routine, der Ton der Langeweile, die Stimmung der Ereignislosigkeit vor. Darin ist der Roman wieder geradezu klassisch, daß er "die Essenz, die Quintessenz des Provinzlebens an sich vermittelt." (Starkie a. a. O. S. 334)

Gleich zu Beginn, damit der Leser auch recht weiß, wo er sich befindet und was er zu erwarten hat, wird das Kind Charles Bovary vorgestellt, eine schon als Schüler mittelmäßige Erscheinung, die keinen bleibenden Eindruck hinterläßt. "Er war ein Bursche von ruhigem Wesen, der in den Pausen spielte, im Arbeitszimmer arbeitete, im Unterricht zuhörte, im Schlafsaal tief schlief, im Eßsaal kräftig aß." (Flaubert 1987. S. 16) Er ist zurückhaltend, antriebslos, ohne Ehrgeiz, einzig noch von der Mutter, die "auf dieses Kind alle ihre eitlen, zerbrochenen Hoffnungen" überträgt (vgl. a. a. O. S. 14), sekundär motiviert. Die Mutter sorgt auch dafür, daß ihr Sohn Medizin studiert, die Witwe eines Gerichtsvollziehers heiratet und das Amt eines Landarztes wahrnimmt.

In dieser Eigenschaft lernt er dann Emma kennen, die Tochter eines Bauern - eine junge Frau, nicht eigentlich schön zu nennen, aber doch mit verführerisch schönen Augen: "Sie waren braun, wirkten aber schwarz unter den Wimpern, und ihr Blick traf einen offen und unschuldig kühn." (a. a. O. S. 24) Und Charles Bovary wird getroffen; er verliebt sich, das erste und einzige Mal in seinem Leben, nähert sich Emma und bittet sie, nachdem seine ungeliebte erste Frau gestorben ist, ihn zu heiraten. Für Charles beginnt dann eine glückliche Zeit, er bescheidet sich mit den kleinen Dingen und Freuden des Alltags, ist ausgeglichen und genügt sich selbst. "Eine Mahlzeit zu zweit, eine abendliche Spazierfahrt auf der Landstraße, eine Bewegung ihrer Hand über das glattgescheitelte Haar, der Anblick ihres am Fensterkreuz hängenden Strohhuts und noch viele andere Dinge, von denen er nie geglaubt hätte, daß sie ihm Freude bereiteten, machten jetzt, daß sein Glück nie aufhörte." (a. a. O. S. 44)

Von Anfang an ist aber die Beziehung auf seiten Emmas gestört, und parallel zur Entwicklung ihres Gatten wächst ihre Unzufriedenheit. Sie können ihre Wünsche, Ansprüche und Bedürfnisse nicht miteinander synchronisieren, oder, um es mit einer zynischen Formulierung Sainte-Beuves auszudrücken, "sie versteht es nicht, sich ganz still zu fügen, ohne sich etwas merken zu lassen" (Sainte-Beuve, in: Flaubert 1987. S. 415), d. h. die gutbürgerliche Ehe-Hausfrau-Mutter-Rolle zu spielen.

Nein, eine gute Bürgerin ist sie - schon von Haus aus - ganz und gar nicht. Seit jeher liest sie, läßt für ihre Lektüren alles andere stehen und liegen und schaut sehnsüchtig auf die Welt des Adels. Einige Jahre im Kloster erzogen, lernt sie dort, vermittelt durch eine verarmte adlige Jungfer, die Lektürelust und -sucht kennen, verschlingt unzählige Liebesgeschichten aus Leihbibliotheken, liest Walter Scott und schwärmt für die Gotik und den Orient. Sie mag ihrer Umgebung intellektuell überlegen sein, insbesondere ihrem bornierten Mann, auf jeden Fall aber ist sie eine schlechte Leserin. Die romantischen Geschichten, ihre auch und gerade in der Ehe fortgesetzten Lektüren (Paul et Virginie; Balzac, Sue, Sand) wirken wie schleichendes Gift auf sie ein, vergrößern immer mehr den Abstand zur Realität und lassen Gefühle der Entfremdung und Langeweile aufkommen, zugleich damit auch die unbestimmte Sehnsucht nach einem anderen Mann, einem Geliebten, und nach einem Ausbruch aus der faden Alltäglichkeit. Zuerst noch vage: "Sie fragte sich, ob es nicht möglich gewesen wäre, durch andere Fügungen des Schicksals einen anderen Mann zu finden; und sie versuchte sich vorzustellen, wie diese ungeschehenen Ereignisse hätten sein können, wie dieses andere Leben, dieser Mann, den sie nicht kannte. Es waren ja nicht alle ihrem Mann ähnlich. Er hätte schön, geistreich, vornehm und anziehend sein können, so wie die Männer zweifellos waren, die ihre früheren Mitschülerinnen geheiratet hatten. (...) Ihr Dasein aber war kalt wie ein Speicher, dessen Fenster nach Norden gehen, und die Langeweile, diese lautlose Spinne, webte im Schatten ihr Netz in allen Winkeln ihres Herzens." (a. a. O. S. 57f.)

Nachdem dann etwas völlig Unerwartetes, etwas Außergewöhnliches in ihr Leben eingedrungen ist, die Einladung zu einem Ball beim Marquis d'Andervilliers, nimmt das Gefühl der Langeweile und Unzufriedenheit schließlich existentielle Züge an. Denn dieser Ball ist das entscheidende Ereignis, der besondere Augenblick, der ihr Leben teilt. Es gibt danach nur noch das bloße Weiterleben, ein Leben davor und danach; alles, alle Erlebnisse und Erfahrungen, beziehen sich von nun an auf diese Stunden: "Sie war da; und alles, was nicht dieser Ball war, lag im Dunkeln." (a. a. O.

S. 66) Noch die Tochter soll später den Namen einer jungen Frau vom Ball, nämlich Berthe, erhalten. (a. a. O. S. 109) Für Emma bildet der Ball "einen Riß" in ihrem Leben (vgl. a. a. O. S. 71); Einzelheiten verschwinden mit der Zeit, nur die Sehnsucht bleibt zurück, verstärkt das Leiden am Alltag. "So sollten sich künftig also die Tage aneinanderreihen, eintönig, endlos und nichts Neues bringend! Wie unbedeutend auch das Dasein anderer Leute war, sie hatten doch wenigstens die Aussicht, daß sich etwas ereignete. Irgendein Erlebnis brachte manchmal einen unerwarteten Umschwung und änderte die Szenerie. Aber in ihrem Leben ereignete sich nichts. Gott hatte es so gewollt! Ihre Zukunft glich einem langen Gang, an dessen Ende eine festverriegelte Tür lag." (a. a. O. S. 79) Der Alpdruck der Monotonie, der Wiederkehr, der endlosen Stagnation beherrscht Emma vollständig. No way out: die ganze Welt - ein Gefängnis. "Der Schulmeister mit seiner schwarzen Seidenkappe öffnete jeden Morgen seine Fensterläden zur selben Stunde, und der Feldhüter ging vorüber, den Säbel über den Kittel geschnallt. Abends und morgens wurden die Postpferde, immer drei zusammen, zur Tränke geführt. Von Zeit zu Zeit klingelte die Glocke an der Tür eines Wirtshauses, oder die kleinen kupfernen Becken, die der Friseur als Aushängeschild über der Tür hatte, quietschten im Wind an ihren beiden Stangen." (a. a. O. S. 80) Und so geht es weiter - Emmas Lähmung, die Perzeption der Welt unter dem Eindruck der Monotonie schreibt den Text, übermittelt das Gefühl und die Stimmung dessen, was ein moderner Soziologe mit "überdrüssiger Langeweile" bezeichnet hat: ein Warten auf irgend etwas anderes, was es auch sei. (vgl. Doehlemann 1991. S. 26) Ein Warten auf das Andere des Lebens und des Alltags, auf die Kehrseite, den erfüllten Augenblick, der über die stillstehende Zeit hinweghilft, der das Zeiterleben neu strukturiert. Unweigerlich läuft Emmas Geschichte auf den Ehebruch hinaus - wenn sich nur erst die Chance dazu bietet.

Davor steht noch der Ortswechsel, die topographische Voraussetzung dafür, um die festgewebten Netze der Lebenswelt wieder etwas lockern zu können. Mindestens der Möglichkeit nach. Aber Emma ist nur von einem Gefängnis in ein anderes und, wie sich im Verlauf herausstellt, noch weitaus engeres verlegt worden. Yonville-l'Abbaye ist bloß "ein Marktflecken", bietet nichts außer einer einzigen befahrbaren Straße, einer Kirche, einer Apotheke und dem notorischen Gasthaus zum Goldenen Löwen. Die Sozialkontakte sind geregelt und überschaubar: man weiß Bescheid voneinander. Schon im Ankunftskapitel macht Flaubert auf einigen wenigen Seiten deutlich, daß die Bovarys nur um einige Schritte weiter in die Provinz eingedrungen sind, tiefer hinein in die Welt des Gewöhnlichen. Man ahnt es schon: Charles Bovary ist rundum zufrieden - und Emma? Zunächst auch, so scheint es. Denn es gibt eine geistesverwandte Seele im Ort, den Gehilfen des Notars Guillarmin, Léon Dupuis. Er langweilt sich, ist romantisch veranlagt, verschlingt - wie Emma - Bücher gleich meter- und serienweise, um der eigenen Tristesse zu entkommen und künstlich sein Leben zu verschärfen. Aufschlußreich ist das erste Gespräch zwischen Emma und Léon: er schwärmt ihr von Abenden am Kamin vor, "während der Wind an den Fensterscheiben rüttelt und die Lampe brennt" (a. a. O. S. 101), träumt von "fernen Ländern" und beschwört seinen "Geist", der "bei Einzelheiten" verharrt oder "die großen Umrisse der Abenteuer" verfolgt. Er haßt "die Alltagshelden und die lauwarmen Gefühle, die man in der Wirklichkeit antrifft." Und Léon resümiert dann: "Es ist so tröstlich, sich in Gedanken aus den Enttäuschungen des Alltagslebens zu edlen Charakteren zu flüchten, zu reinen Zuneigungen und Bildern des Glücks. Für mich, der hier fern der großen Welt lebt, ist es die einzige Zerstreuung." (a. a. O. S. 101f.)

Das klingt sehr vertraut in Emmas Ohren, das entspricht durchaus ihren eigenen Empfindungen. Sie freundet sich mit Léon an, ist glücklich, eine wahlverwandte Seele gefunden zu haben. Äußerlich paßt sie sich an, versucht, so gut es ihr eben möglich ist, die Rolle der Haus- und Ehefrau zu spielen. Léon ist der eigentliche Gesprächspartner und Vertraute, mit ihm tauscht sie Bücher und Lektüreerfahrungen aus, schwärmt und schwelgt in fremden Gefilden und geliehenen Gefühlen. Nur innerlich brodelt es in ihr; im Innern - zunächst noch verschlossen - kämpfen romantisch-empfindsame Gefühle mit handfesten "Begierden, Wut und Haß." (a. a. O. S. 129) Mal reicht ihr die stumme Kommunikation, das Gefühl innerlicher Übereinstimmung aus, dann wieder träumt sie von Ausbrüchen. Aber alles ist noch unklar und diffus, unentschieden. Da platzt Léon mit der Nachricht herein, daß er den Ort verlassen will, um sich in Paris weiterzubilden. "Sie blickten einander an, und ihre Gedanken, in derselben Angst gefangen, umschlangen sich wie bei einer innigen Umarmung." (a. a. O. S. 142) Alles liegt in diesem Blick - die unausgesprochenen Gefühle, Begierden, verdrängten Wünsche. Zu spät. Kurze Zeit darauf unterhalten sich Charles Bovary und der Apotheker Homais über Léon. "'Der arme Léon!' sagte

Charles. 'Wie wird es ihm in Paris ergehen? ... Wird er sich dort einleben?'
- Madame Bovary seufzte." (a. a. O. S. 144) Erst der Blick, jetzt der Seufzer
- ein in Gesten zurückgestautes Leben voller Frustrationen, ein andauernd
falsches Leben. Der auf die Abreise Léons folgende Tag ist "trist", die Umwelt scheint "in einen schwarzen Nebel gehüllt, der die Umrisse der Dinge
undeutlich werden (läßt)." Emmas Gefühle schwanken zwischen "düste-
re(r) Melancholie" und "starre(r) Verzweiflung". (vgl. a. a. O. S. 146f.) Bis
auch diese Verwirrung der Gefühle dann wieder im Alltagsgrau erstickt
wird; die heftigen Leidenschaften schwinden, zurück bleiben lediglich ner-
vöse, psychosomatische Reaktionen ("Schwindelanfälle" [a. a. O. S. 149]).
Und vielleicht hat allein Charles' Mutter recht, wenn sie "diese Zustände"
einmal auf "allerhand verrückte() Ideen" und Emmas "Untätigkeit" zurück-
führt. (vgl. a. a. O. S. 150)

Die meisten Wahrheiten im Leben sind platt und einfach, nichtsdestoweniger aber von umwerfender Prägnanz: die Zeit heilt alle Wunden - und
so auch Emmas Leiden(schaften), die von der vorübergehenden und dabei
doch stillstehenden Zeit ausgetrocknet werden. An die Stelle des Bildes
von Léon treten zuerst noch einige Erinnerungen, mehr oder minder deutlich konturiert, die dann wieder einem vagen Gefühl von "Unausgefülltheit"
(a. a. O. S. 148) weichen. Das Ende vom Lied und Leid ist dann die Zu-
rückgeworfenheit auf sich selbst, das Gefühl der Einsamkeit und Verlas-
senheit, jetzt ohne die deutliche Vorstellung vom anderen. Die Sehnsucht
ist grenzenlos; sie kennt weder Maß und Ziel, noch ein bestimmtes Objekt
der Begierde. Sie wirft sich auf alles und jeden in der Nähe - unsensiblen
Menschen entfährt dabei nur all zu leichtfertig der Begriff Prostitution!

Der Anlaß ist gegeben, als Emma dem Schönling Rodolphe begegnet,
einem 34jährigen Junggesellen, der, "ohne sich dabei sehr zu plagen" (a. a.
O. S. 152), ein Landgut bewirtschaftet und als wohlhabend gilt. Flaubert
bezeichnet ihn darüber hinaus noch als "rücksichtslos und von scharfem
Verstand" (a. a. O. s. 155); im Klartext: er versteht sich auf die Verfüh-
rungskünste und will Emma unbedingt in seine Trophäensammlung einrei-
hen. Und nichts fällt ihm leichter als das; denn er durchschaut sogleich
Emmas trostlose Ehegemeinschaft und findet die richtigen Worte, den
Ton, auf den Emma so empfindlich reagiert. Geschickt setzt er in die Wirklichkeit um, was er in einem Selbstgespräch bereits inszeniert hatte: "Arme,
kleine Frau! Das lechzt nach Liebe wie ein Karpfen auf dem Küchentisch

nach Wasser. Drei schöne Worte, und sie ist verliebt in einen, da bin ich sicher! das wäre eine zärtliche Angelegenheit! bezaubernd! ... Aber wie wird man sie nachher wieder los?" (a. a. O. S. 155)

Auf der jährlichen Landwirtschaftsausstellung ist es dann soweit; inmitten des Gewimmels der Besucher, der Preisreden und Gespräche über Akkerbau und Viehzucht, des Geschwätzes über Preisbullen, Düngung und Entwässerung geschieht zunächst die orale Verführung. Rodolphe liegt Emma mit seinen Ansichten über das "Provinzleben" und seine "Öde", von "all den Existenzen, die es erstickt", von "den Illusionen, die darin untergingen" (a. a. O. S. 164), in den Ohren, um sie dann über den vermeintlichen Gleichklang ihrer Seelen und Gefühle dahin zu bringen, wo er sie von Anfang an hinhaben wollte. "Rodolphe sprach nicht mehr. Sie sahen sich an. Ein unsagbares Verlangen brachte ihre trockenen Lippen zum Zittern, und ohne Widerstand, ganz von selbst verschlangen sich ihre Finger ineinander." (a. a. O. S. 177)

Erich Köhler hat auf Flauberts "Technik der Überschneidung zweier Geschehnisebenen" hingewiesen (vgl. Köhler 1987. S. 83); in der Szene während der Landwirtschaftsausstellung werde, so Köhler, die Banalität des äußeren Geschehens mit der "untergründige(n) Banalität der Liebesbegegnung selbst" korreliert. "Die kreischende Stimme des Präsidenten mit den genannten Geldsummen, der evozierten Stallatmosphäre und dem lauten Pathos der aufgeblasenen Wichtigkeit stellt einen Gegensatz dar zu den die Geschlechtsgier sentimentalisch verhüllenden Liebesbeteuerungen Rodolphes, die absichtlich aus jener Mischung von männlicher Leidenschaft und primanerhafter Schwärmerei konstruiert sind, die Emmas romantischer Idealvorstellung entspricht." (Köhler a. a. O. S. 85) Doch in eins damit macht Flaubert mit einem Schlag deutlich, daß diese jährlich stattfindende Ausstellung - der Ort öffentlichen Feierns - den einzigen, eng beschränkten öffentlichen Raum darstellt, in dem Möglichkeiten zum Kennenlernen, zu neuen Begegnungen, damit auch allererst zur Anbahnung neuer (außerehelicher) Beziehungen liegen. In bezug auf das Geschehen im Roman, auf die Figur Emmas handelt es sich sozusagen um die letzte Chance - wehe, sie würde verpaßt.

Die wirkliche Verführung später auf einem Ausflug ist ebenso zwangsläufig wie uninteressant; Flaubert gesteht ihr nur wenig Platz zu - "und halb ohnmächtig, tränenüberströmt, mit einem langen Erbeben ihres ganzen Körpers und mit den Händen vor dem Gesicht gab sie sich hin." (a. a. O. S. 190) Viel entscheidender sind die inneren Vorgänge. Flaubert will die Veränderungen Emmas zeigen; er will die Hypertrophie von Emmas Vorstellungswelt in bezug auf die wirklichen und dabei wirklich banalen Ereignisse, den schönsten Augenblick, zeigen, ja er will sie sezieren. "Sie wiederholte immer wieder: 'Ich habe einen Geliebten! einen Geliebten!', und dieser Gedanke berauschte sie, als ob sie zum zweiten Mal zur Frau geworden wäre. (...) Sie war dabei, in eine wunderbare Welt einzutauchen, in der alles Leidenschaft, Ekstase, Taumel sein würde; eine blaue Unermeßlichkeit umgab sie, die Gipfel des Gefühls funkelten in ihren Gedanken, und der Alltag lag weit unten, im Schatten zwischen diesen Höhen." (a. a. O. S. 192) Flaubert spricht auch von Verklärung, erwähnt wieder Emmas romantische Lektüren; die Phantasien und Tagträume scheinen Wirklichkeit geworden zu sein: "die langen Träumereien ihrer Jugend wurden Wirklichkeit, indem sie sich nun zu dieser Art liebender Frauen zählte, die sie so sehr beneidet hatte." (ebd.) Emma schwimmt auf einer Woge des Glücks - eines Glücks, das aus dem Gefühl herrührt, endlich die geheimsten Wünsche realisiert zu haben, endlich die Wirklichkeit nach Maßgabe ihrer Vorstellungen ummodelliert zu haben.

Um so härter dann der Aufprall, die Desillusionierung; niemand vermag ungestraft das Realitätsprinzip zu ignorieren. Der Alltag, das ist die bürgerliche Ordnung, die Macht der anderen, und er kann sich den Ehebruch nicht erlauben; Rodolphe wiederum, der demi-monde Aristokrat, hat Emma verführt, und das allein reicht ihm, in seinem weiteren Lebensplan ist sie nicht weiter vorgesehen. Er schreibt ihr einen gewundenen und pathetischen Abschiedsbrief, Emma erkrankt - oder flüchtet sie sich nur wieder in Krankheiten? ("Bald litt sie an Herzschmerzen, bald tat ihr die Brust weh oder der Kopf, und bald klagte sie über Gliederschmerzen." [a. a. O. S. 246]) -, und über allem thront die feste bürgerliche Ordnung, jene "Prosa der Verhältnisse" (Hegel), die alle Menschen unter ihre Kuratel nimmt.

Eine äußere Auflehnung dagegen ist nur um den Preis des eigenen Untergangs zu haben, die interne Revolte führt zu Krankheiten (psychosomatischer Art) und Wahnsinn, treibt die Einsamen schließlich bis zum Suizid; auf der anderen Seite dann leitet die Einsicht in die eherne Macht dieser

Verhältnisse, in die Unveränderlichkeit des Gesellschafts'systems', nahtlos auch zu Pessimismus und Quietismus über. (Was dann z. B. auch die späte, europaweite Anerkennung der Schopenhauerschen Philosophie in der zweiten Hälfte des 19. Jahrhunderts erklärt.)

Beide Modelle hat Flaubert nacheinander vorgeführt: "Madame Bovary" erzählt noch die Geschichte vom Untergang eines einzelnen; die "Education sentimentale" - in der zweiten Fassung - dann diejenige von resignierter Anpassung. Über allem rangieren unangefochten das bürgerliche Leben und jenes Glück im Winkel, das Erich Köhler als wahre "Hölle" bezeichnet hat. (vgl. Köhler a. a. O. S. 97)

Die Hölle ist dieser bürgerliche Alltag für all diejenigen, die ihre Ansprüche, Bedürfnisse und Wünsche - in Kürze: ihre Lebenspläne - nicht mit der faktischen Realität abstimmen können, bei denen Anspruch und Wirklichkeit, Sein und Sollen auseinanderklaffen. Emma ist solch ein Fall - ihre Lebensgeschichte ist eine Fallgeschichte; sie könnte aus dem Psychologie-Handbuch stammen. Auch wenn es Flaubert immer abgelehnt hat, die Motivation für das Handeln seiner Figuren herauszuarbeiten, in Emmas Entwicklung ist alles geradlinig und konsequent. Die bürgerliche Hölle hat ein Feuer in ihr entfacht, das zum Flächenbrand geworden ist, das sie von innen restlos verzehrt. In einem letzten und einzigen Moment von hellsichtiger Erkenntnis bleibt es am Ende lediglich Charles Bovary - schon längst ist Emma tot, längst hat er auch ihre Liebesbriefe an Léon und Rodolphe entdeckt und sitzt nun dem Verführer Rodolphe gegenüber - vorbehalten, die gültige Einschätzung zu finden: "Das Schicksal ist daran schuld." (a. a. O. S. 404)

Das Ende des Romans ist schnell erzählt, nachdem die Klimax einmal überschritten ist; mag dabei auch - rein quantitativ - die Hälfte des Textes erst noch folgen. Bei einem Theaterbesuch in Rouen trifft Emma Léon wieder, sie entdecken erneut ihre Gefühle füreinander, und wieder beendet eine Verführung diese Sequenz. Unter dem Vorwand, Klavierstunden in der Stadt zu nehmen, gelingt es Emma, einmal in der Woche in der Nähe des Geliebten zu sein, mit dem sie in ein kleines Zimmerchen für ihre Tête-à-têtes flüchtet. Abgesehen von dem komplizierten Lügengebäude, das sie um sich errichten muß, stürzt sie sich nun immer tiefer in die finanzielle Abhängigkeit eines Wucherers, der lange Zeit nur bereitwillig die Galanterien seines Opfers unterstützt hat. Schließlich wird der Schuldenberg jedoch unübersehbar, der Wucherer drängt auf Tilgung der Schulden, Emma gerät in panische Verzweiflung. Letzte Anstrengungen, den geforderten Betrag beim früheren Geliebten Rodolphe einzutreiben, scheitern kläglich, so daß ihr - nun, da vermeintlich alle Wege versperrt sind - einzig noch der Selbstmord als Ausgang bleibt. Sie besorgt sich in der Apotheke unter einem Vorwand Arsen und stirbt einen langsamen Tod - den Tod der Sentimentalen, den Tod einer romantischen Bühnenheldin.

Wer am Ende Schuld daran hat? - Niemand weiß es genau: Emmas romantische Lektüresucht vielleicht; ihre beiden Verführer und der Wucherer zweifellos auch; ihr Ehemann möglicherweise; nicht zuletzt und bestimmt aber die Verhältnisse, die bürgerliche Ordnung.

Bemerkenswerterweise behält Flaubert den Schluß seines Romans dem Apotheker Homais vor, einer Nebenfigur, die während des gesamten Buches die Prinzipien, Vorstellungen und Gedanken des gesunden, bürgerlichen Menschenverstands vertritt. Immer auf dem Posten, Anwalt einer verballhornten Aufklärung und bürgerlicher Interessen zugleich, stets auf der Höhe der Zeit und der Politik blickt er vertrauensselig in die Zukunft. Ihm und der Klasse, die er vertritt, gehören die Welt, die Provinz und Frankreich, das Juste Milieu; der Fortschritt ist auf seiner Seite. "Seit Bovarys Tod sind drei Ärzte in Yonville aufeinander gefolgt, aber keinem ist es geglückt, Fuß zu fassen. Homais hat sie alle vertrieben. Er hat einen gewaltigen Zulauf. Die Behörden drücken beide Augen zu, und die öffentliche Meinung schützt ihn. - Kürzlich hat er das Kreuz der Ehrenlegion erhalten." (a. a. O. S. 405) Der Roman endet mit einem offenen Schluß, Gegenwart und Zukunft rücken zusammen in der Perspektive der Sieger. Sie schreiben die Geschichte, für die Verlierer bleibt nichts. Homais siegt, er bleibt, für sein Andenken ist gesorgt; denn in ihm spiegelt sich zugleich das Bürgertum in all seiner satten Zufriedenheit und Normalität. (vgl. dazu Schulz-Buschhaus 1982. S. 55; Köhler a. a. O. S. 96ff.)

Emma Bovary dagegen stirbt - mit ihr geht eine Epoche zu Ende, wird unheroisch die Romantik zu Grabe getragen, eingesargt mit ihr auch alle Vorstellungen und Ideale über Eingriffs- und Einflußmöglichkeiten des Einzelnen in den Lauf der Geschichte, sowohl der eigenen als auch der anderen, fremden. Ans Ende gekommen ist eine Idee: die des großen, autonomen Einzelnen, der - selbst erhaben - das Rad der Geschichte bewegen, beschleunigen oder verlangsamen möchte. Emma ist die Travestie der Aufklärung, nämlich ihre romantische Karikatur. Auch sie beherrscht noch die Vorstellung des Eingriffs in die eigene Geschichte und die Veränderbarkeit, eine absolute und unbedingte.

Doch ist die gesellschaftliche Entwicklung längst über solch hypertrophe romantische Grillen hinaus, spielen alle Menschen nurmehr Theater auf der Gesellschaftsbühne, übernehmen Rollen, regieren mittelmäßige Komödien den Spielplan. Eine könnte z. B. davon handeln, wie ein gewisser Apotheker und angesehener Bürger namens Homais im Örtchen Yonville-l'Abbaye ein Ladenmädchen verführt, dieses daraufhin zwingt, den Mund zu halten und schließlich von dem Mädchen, unter dem Vorwand der Schwangerschaft, in ein Verhältnis - versteht sich: ein überaus kostspieliges - gedrängt wird. So etwa, denke ich mir, könnte es sich abspielen, so etwa könnte die Geschichte des Biedermanns Homais weitergeschrieben werden. Ein Leben der Kompromisse, des Sowohl-Als auch, des geschickten Arrangements und der ewigen Täuschungsmanöver, solange die Kasse stimmt, solange die Ordnung der Geschäftsbücher noch gilt. Solange der Rubel bzw. Franc rollt, ist alles im Lot; Geld ausgeben ist gut, haushalten und investieren besser, alles mit Maßen. Im Überfluß steckt der Teufel; auch das hat die maßlose Emma nie begriffen. "Liebe und Konsum gehen in diesem Roman eine unauflösliche Bindung ein. In dem Maß wie Emmas Sinnlichkeit und Unmoral zunimmt, gerät sie in Schulden. Geldschulden und Liebesgenuß bis zum Überdruß verbildlichen sich gegenseitig. So wie sie gegen die gutbürgerliche Moral verstößt, verletzt sie die Regeln der Ökonomie." (Lehmann 1991. S. 96)

Daß dieses Buch gefährlich war, ja daß es geradezu angeklagt werden mußte, liegt auf der Hand. Am wenigsten sicher wegen indezenter, schamverletzender Stellen - wie heimlich, still und leise, wie dezent gestaltet Flaubert etwa die beiden Verführungsszenen -; die intelligenteren Leser - wie z. B. der Ankläger - haben die tatsächliche Gefahr dieses Buches sofort erkannt und auf den Punkt gebracht: es ist die Versöhnungslosigkeit, der Verzicht auf einen positiven Ausklang.

Barbey d'Aurevilly, einer von Flauberts schärfsten Widersachern, hat davon gesprochen, daß die "Emma Bovary" "ein Buch ohne Zärtlichkeit, ohne Idealität, ohne Poesie" ist - letzteres zu Unrecht, dafür stimmen jedoch die beiden anderen Einschätzungen um so mehr. Und Charles Baudelaire, der sich mit Flaubert auf einer ästhetischen Wellenlänge befindet, spricht gar von der "konsequenten Härte des Autors." (vgl. Flaubert 1987. S. 427 u. 447)

Eine maßgebliche Stimme aus dem zurückgebliebenen Deutschland, Rosenkranz' Abwehrgefechte gegen die Übermacht des Häßlichen, haben wir schon vernommen; ein anderer Rezensent äußert sich nach Erscheinen der deutschen Ausgabe der "Education sentimentale" so: "Der Verfasser der Madame Bovary und der Empfindsamen Erziehung scheint uns interessant eben als vollendetes Muster eines materialistischen Dichters. - In der scharfen Beobachtung der sinnlichen Natur kann Flaubert nicht wohl übertroffen werden: kein feinster Unterschied der Farbe, des Geschmacks, der Härte, der Wärme, der elektrischen Spannung entgeht ihm. Und er ist keineswegs bloß Naturbeschreiber, er ist Chemiker, Anatom, Physiolog, und unterzieht seiner Analyse, seinem Mikroskop nicht bloß die physische, sondern auch die psychische Natur. Aber überall sieht er nur Atome, nicht Organismen - Kräfte, nicht Gesetze - von außen stoßende Mechanik, nicht innere Spontaneität." Der gute Deutsche vermißt recht eigentlich die Versöhnung, einen "Mangel an moralischer Perspective." Deshalb könne Flaubert "das Gemeine, statt es zu verschleiern, nackt und kahl vor Augen" stellen. Der Kritiker wittert überall einen angekränkelten "Pessimismus", um sogleich sich und seine deutschen Leser damit zu trösten, daß Flauberts "Welt nur eine Welt niedern Grades" ist, ja "daß ihn die Schwäche seiner Augen hindert eine höhere Welt wahrzunehmen." (Heinrich Emil Homberger 1870; zit. nach Realismus und Gründerzeit 1975. Bd. 2. S. 118ff.) So leicht geht es, der deutsche Rezensent ist beileibe nicht die Ausnahme, sondern eher die Regel in Sachen des guten Geschmacks. Wer von der Kunst und Literatur Verklärung erwartet - "von der realen Welt", wie es heißt, "deren ideales Bild" zu zeichnen (vgl. a. a. O. S. 117) -, für den ist die "Madame Bovary", ist Flauberts ästhetisches Programm insgesamt ein einziges Skandalon - ein Schlag unter die Gürtellinie des guten Geschmacks und der korrespondierenden gesunden bürgerlichen Ordnung.

3.

Mindestens in diesem einen Punkt hat Flauberts großer Widersacher Jules Barbey d'Aurevilly wieder recht: das, worum es in der "Education senti-mentale" geht, ist "geradezu niederschmetternd gewöhnlich." Der Held ist mittelmäßig, seine "Freunde, Mätressen, die Gesellschaft, Gefühle, Leiden-schaften" genauso, ja die ganze Geschichte strotzt vor Banalitäten. (vgl. Flaubert 1979b. S. 581) Scharfsichtig notiert auch George Sand, nachdem sie zunächst davon gesprochen hat, daß Flaubert seinen Lesern "den ganz gewöhnlichen, platten Alltag" und zugleich "ein Lebensgefühl" vor Augen führen wollte, daß der Roman "das Ende des romantischen Strebens von 1840" beschreibe, "das an den bürgerlichen Realitäten zerbricht, an den Gaunereien der Spekulanten, an der bürgerlichen Leichtigkeit des prosai-schen Alltagslebens gleich neben der Härte des Existenzkampfes." (a. a. O. S. 590)

Damit scheinen Flauberts Intentionen getroffen zu sein. In den ver-gleichsweise wenigen brieflichen Bemerkungen zur "Education" heißt es einmal, daß er einen "psychologischen Zustand" beschreiben möchte, an anderer Stelle wieder, daß er sich diese "widerlichen Bürger" vom Hals schreiben will. (vgl. Flaubert 1977. S. 492 u. 539) Wiederum beschäftigt sich Flaubert mit einem ungeliebten Thema, schreibt er einen Roman ge-gen die Dummheit seiner Epoche. Diesmal jedoch nicht anhand eines Ein-zelfalles, einer privaten Geschichte, sondern des Ganzen, der Gesellschaft seiner Zeit insgesamt. Keine besondere Geschichte also, sondern die Ge-schichte von nichts Besonderem - einer Steigerung des Nichts. Der Hegel-schen Logik entstand noch in der Dialektik aus dem Sein und dem Nichts, im Prozeß des Werdens, ein Etwas; bei Flaubert dagegen ergibt die Begeg-nung nichts Besonderes mehr, vielmehr einen stagnierenden Alltag, worin die Geschichte und das Werden stillgestellt sind.

Bekanntlich war es Flauberts erklärtes Ziel, ein Buch über nichts schreiben zu wollen, darüber, daß es nichts mehr zu erzählen gibt. Genau hier hat Peter Bürger die Modernität Flauberts verortet, und genau darin sieht er dann auch die Meisterschaft der "Education", die an dem Punkt beginnt, wo die Geschichte am Alltag und in ihm erstickt ist: "es gibt nichts zu erzählen, und eben dies ist das einzige, was erzählbar ist." (Bürger 1988. S. 278) Erich Auerbach hat für diese Form des Nichts, für nichts Besonde-res eben, ein genaues Substrat benannt: die Alltäglichkeit. Im Gegensatz zu

Balzac, so Auerbach, wo das Leben noch brandet und schäumt, fließt es bei Flaubert nurmehr zäh und träge dahin. "Das Eigentliche der alltäglich-zeitgenössischen Vorgänge schien Flaubert nicht in stark bewegten Handlungen und Leidenschaften, nicht in dämonischen Menschen und Kräften, sondern im gedehnt Zuständlichen zu liegen, dessen Bewegung auf der Oberfläche nur leeres Getriebe ist; während darunter eine andere Bewegung stattfindet, fast unmerklich, aber doch überall und unablässig, so daß der politische, wirtschaftliche und gesellschaftliche Untergrund vergleichsweise stabil und zugleich unerträglich mit Spannung geladen scheint. Alle Ereignisse scheinen ihn kaum zu verändern; aber es zeigt sich, (...), etwas wie eine verborgene Drohung: es ist eine mit ihrer dummen Ausweglosigkeit wie mit einem Sprengsatz geladene Zeit." (Auerbach 1988. S. 458) Alltag, Dauer, Stagnation auf der einen - Geschichte, Bewegung, Veränderung auf der anderen Seite. Eine Vermittlung findet nicht (mehr) statt, scheinbar zumindest. Doch dann 'passieren', so mag Auerbach wohl insinuiert haben, 1848, 1870, 1917 ... völlig unvermutet!

Es gibt zwei zentrale Stellen im Roman, die den tiefen Gegensatz von Privatem und Öffentlichem, von Alltag und Geschichte anzeigen. Nicht von ungefähr haben sie mit dem Beginn und dem Ende der 48er Revolution zu tun.

Die Menschen sind in Aufruhr, es wird geschossen, überall herrschen Hektik und Chaos. Nur Frédéric Moreau, eine Geliebte im Arm, promeniert gemütlich durch die Straßen. "Aha! Da macht man ein paar Spießer kalt!" lautet sein lakonischer Kommentar. Darauf Flauberts Erklärung: "Denn es gibt Lebenslagen, in denen auch ein gar nicht herzloser Mensch seiner Umwelt so entfremdet ist, daß er, ohne mit der Wimper zu zucken, mit ansehen könnte, wie das ganze Menschengeschlecht untergeht." (Flaubert 1979a. S. 372) Die wirkliche Erklärung aber für Frédérics Unbetroffenheit wird ausgespart und ist doch jedem Leser unmittelbar präsent. Frédéric hat soviel mit seinen eigenen Problemen zu tun, seinen 'Beziehungskisten', daß ihn die politischen und gesellschaftlichen Dinge einfach kalt lassen. Die Revolution ist weit weg für ihn, betrifft ihn nicht; nur sein Liebesleben, das Verlangen nach derjenigen, die ihn zurückgewiesen hat, und der Überdruß über die, die ihn liebt und die er zurückweisen möchte, betrifft ihn wirklich. Nur das ist existentiell, darin ist er involviert. Nicht jedoch im lästigen Lärm der Straße, der kalt, aufdringlich und gefährlich an die Ohren der Schläfer klingt, der sie aus ihren Betten, aus dem Schlaf der Selbstgerechten oder auch dem stillen Liebesschlummer treibt.

Dann geht die Revolution zu Ende, in Paris wie in der Provinz, sang- und klanglos auch in Flauberts Romanen, in der "Education" ebenso wie später im "Bouvard et Pécuchet"-Fragment. Der Spuk ist vorüber, die alte Ordnung wieder in Kraft. Es ist, als wäre nichts gewesen, nichts geschehen. Und ist ja auch nicht - wenigstens in den Augen und im Leben des Herrn Moreau nicht, der immer noch mit sich, seinen Lieb- und Leidenschaften kämpft. "Am nächsten Morgen erfuhr er von seinem Diener die neuesten Ereignisse. Der Belagerungszustand war erklärt und die Nationalversammlung aufgelöst worden, und ein Teil der Volksvertreter befand sich in Mazas in Haft. Die öffentlichen Angelegenheiten ließen ihn gleichgültig, so stark nahmen ihn seine persönlichen Belange in Anspruch." (a. a. O. S. 539)

Eine Welt geht unter - doch was interessiert das schon Frédéric Moreau, dessen eigene Welt, seine Lebenswelt, gerade - jedoch ausdrücklich nicht unter den politischen Verhältnissen - zusammengestürzt ist? Denn das Eigene ist immer und in erster Linie das Nächste, Engste und Vertrauteste, es ist der eigene Leib und sein Befinden, erst danach und sehr viel später kommt das Andere, Fremde, aufgeschichtet nach den Graden der Vertrautheit und des eigenen existentiellen Engagements, kommen die persönlichen Beziehungen, Freundschaften, Affären usw. Nach mir, außer mir und neben mir rangieren die Gesellschaft, die Politik und die Geschichte - so ist die Welt des Alltags beschaffen, sind die Vorstellungen des Alltagsdenkens, jener "gang und gäben Denkformen", von denen Marx gesprochen hat und die Flaubert so unnachsichtig demonstriert und demontiert hat. Frédéric "konnte nur noch an sich, an sich allein denken, so weltverloren kam er sich mitten im Trümmerhaufen seiner Träume vor, so krank, leiderfüllt und tief entmutigt war er." (ebd.)

Eigentlich kann ein Roman kaum moderner sein, mindestens nicht, was die Gestaltung eines bestimmten Zeitgefühls, einer Gefühlslage und entsprechenden Denkweise angeht. Der Herr Moreau ist der Durchschnittsmensch schlechthin, unauffällig im Denken und Verhalten, mäßig begabt und hinreichend vermögend, dabei nicht ohne gewisse Qualitäten. Ein Jedermann, ein Dutzendgesicht, ein Mitläufer. Er lebte und lebt damals wie heute, hier oder dort - er ist ein Prototyp, Summe und Durchschnitt des alltäglichen Menschen, des gesunden Menschenverstandes und des gewöhnlichen Denkens. Man begegnet ihm auf Schritt und Tritt, erkennt ihn sofort, kann mit ihm mitempfinden. Ein Mensch, der seine Geschichte ist, ohne sie zu haben; der von Schicksal und Vorsehung spricht, insofern er gläubig ist, von Zeitumständen und Milieu, wenn er heute lebt. Sein Leben ist Passivität, ist Geschehenlassen; sein Erleben ist Widerfahren; beherrschendes Gefühl ist dasjenige, zu spät - immer schon zu spät! - gekommen zu sein. Das Leben geschieht anderswo, jedoch nie dort, wo man gerade ist; der Zug ist abgefahren, und man bleibt auf dem Bahnsteig zurück. Und dabei möchte man doch so gerne dabei sein, mittendrin sein, möchte das Leben im Augenblick, sofort. Das sind die Paradoxien des Alltagsdenkens. Drinstecken, ohne hinaussehen zu können und ohne zu merken, daß man tatsächlich drinsteckt, während man glaubt, draußen zu sein. Abwesend anwesend zu sein, ist der alltägliche Fluch, die Flucht aus Frustration.

Flaubert erzählt in der "Education" von allem und jedem und damit von nichts Besonderem. Das Leben ist nur ein träge dahinfließender Fluß ohne Stromschnellen, Wasserfälle, Engpässe oder mäandrierende Stellen. Es verläuft sich in den Biographien der Helden Frédéric Moreau und Charles Deslauriers, deren Entwicklung Flaubert eine Reihe von Jahren verfolgt. Dann bricht er seine Erzählung irgendwann einfach ab. "Nichts ist am Ende in Erfüllung gegangen, nur Zeit ist vergangen." (Wellershoff 1988. S. 87) Viel Zeit allerdings: die ganze Jugend bis in die hohen vierziger Jahre hinein.

Frédéric hatte eigentlich Schriftsteller werden wollen, hatte "große, erhabene Werke" schaffen wollen (vgl. Flaubert 1979a. S. 24), während Charles von einer Karriere als Machtmensch, als Politiker oder wenigstens einflußreicher Journalist träumte. Doch nichts davon geschieht. Frédéric macht statt dessen eine Erbschaft und schlägt sich mehr oder weniger beschäftigungslos, jedoch mit einem Hang zu geschäftiger Müßiggängerei durchs Leben, wohingegen Charles, dem der Leser immer nur sporadisch an der Seite von Frédéric begegnet, als mittelmäßiger Advokat endet. Nichts ist von ihren hochfliegenden Träumen übriggeblieben - Träume sind bekanntlich Schäume, gewichtslose Seifenblasen, die an der harten Realität zerplatzen. Zurück bleiben Erinnerungen, nicht an große Dinge, Leidenschaften oder Augenblicke, sondern an eher unscheinbare Details wie die

ihres ersten Bordellbesuchs, den beide übereinstimmend als ihr schönstes
Erlebnis bezeichnen. Dabei war eigentlich nichts passiert: "die Hitze, die
Bangnis vor dem Unbekannten, etwas wie Gewissensbisse und sogar das
Vergnügen darüber, mit einem einzigen Blick so viele Frauen zu seiner
Verfügung zu sehen, erregten ihn so stark, daß er kalkweiß wurde und reg-
los, wortlos stehenblieb. Da mußten alle die Frauenspersonen lachen und
hatten ihre Freude an seiner Befangenheit. Er aber war überzeugt, daß sie
ihn auslachten, und lief davon. Und da Frédéric das Geld hatte, mußte
auch Deslauriers notgedrungen mitgehen." (a. a. O. S. 552)

Das ist die Erinnerung an ein Nichts, an eine kleine nichtige Begebenheit, die zur Signatur des ganzen Lebens wird: der erinnerte schönste Augenblick ist kein Augenblick der Erfüllung, sondern einer des Versagens,
er beschwört eine verpaßte Gelegenheit herauf und idealisiert gerade dasjenige, was nicht war. Aber ist nicht das ganze abgelaufene Leben im
Rückblick eine Serie verpaßter Gelegenheiten? Sie wissen es nicht; Tatsache ist nur, daß sie ihre Träume nicht realisieren, daß sie ihre Lebenspro-
gramme und -planungen nicht erfüllen konnten. Der eine, der Romantiker
Frédéric, hat sein Leben "mit seinem Traum von wahrer Liebe", der andere, der Realist und Aufklärer Charles, hat es "mit seinen Machtträumen"
verpfuscht. War es "das Fehlen einer geradlinigen Zielstrebigkeit" oder im
Gegenteil eine "übermäßige() Geradlinigkeit", die sie aus der Spur gebracht hat? Sie wissen es nicht und geben nacheinander "dem Zufall die
Schuld, den Umständen, der Zeit, in die sie hineingeboren worden waren."
(a. a. O. S. 550) Ja, sie wissen es nicht, sie halten Rückblick auf ihr Leben
und werden, da sie mit Glück noch zwei, drei Jahrzehnte vor sich haben,
immer wieder solche Rückblicke halten, werden sich an Kleinigkeiten er-
wärmen, ihre Phantasien anstacheln, vielleicht sogar einmal Ahnungen davon bekommen, an welchen Ecken und Punkten ihres Lebens sie die falsche Richtung eingeschlagen haben. Doch ist das dann nur noch langweilig
für andere, und Flaubert erspart uns folgerichtig den Bericht vom Weiterleben seiner Helden von der traurigen Gestalt.

Wovon die Education noch mehr handelt: von Täuschungen und Selbsttäuschungen, von Lebenslügen; vom Theaterspielen auf der Bühne des Lebens, weil alle darin Rollen spielen; von geschickten und weniger geschickten Inszenierungen; von beiläufigen Zufällen mit fatalen Folgen - rundum
also: vom Leben in seiner extensiven Totalität. Die "Education sentimenta-

le" ist ein Bildungs- und Entwicklungsroman mit umgekehrtem Vorzeichen; denn die Suche des problematischen Menschen kommt am Ende nicht bei der Selbstfindung an, sondern bei der Sinnlosigkeit jeder Suche, bei der resignierten Einsicht in die Unmöglichkeit der Konstitution eines Selbst. "Entwicklung ist hier nicht Verwirklichung, sondern Scheitern, nicht Wesentlichwerden, sondern Auflösung aller wesentlichen Anlagen und Vorsätze. Die Sinn-Suche der Helden des klassischen Entwicklungsromans, die den Widerstand der Welt bewältigte, und sei es mittels bloßer Anpassung, nimmt hier den Kampf gar nicht mehr ernstlich auf, verzagt schon bei der leichtesten Kollision." (Köhler 1987. S. 122)

Die Zeit vergeht, das Leben fließt dahin, der Alltag dauert fort - und nichts geschieht eigentlich. Sichtlich und greifbar durch das ganze Buch hindurch an Frédérics Beziehung - vielmehr: seiner Nicht-Beziehung - zu Madame Arnoux, jener verheirateten Frau, der er gleich im Eingangskapitel auf einer Bootsfahrt begegnet und die ihn während seines weiteren berichteten Lebens bis in die tiefsten Träume und Tagträume verfolgt. Das stete Auf und Ab dieser nicht-stattfindenden Beziehung (Andeutungen, die nicht geklärt werden; Versprechungen, die nicht eingehalten werden; Verabredungen, die platzen) strukturiert den Roman. Die Nicht-Beziehung ist das Symbol für ein Leben, in dem nichts wirklich passiert, für eine Zeit, die nur ein Vorher und ein Nachher kennt, jedoch keine erfüllte Gegenwart - ein Fülle von Möglichkeiten, aber keine Wirklichkeit. Das Nichts und die leere Zeit.

Der junge Georg Lukács hat in seiner "Theorie des Romans" Flauberts "Education" als typischsten Roman des gesamten 19. Jahrhunderts bezeichnet, als sogenannten "Desillusionsroman", der ebenso der Gattung wie der Zeit die Rechnung aufmacht und die Versäumnisse und Defizite benennt. Nicht zuletzt darin liege die Bedeutung des Romans, daß er "die völlige Abwesenheit jeder Sinneserfüllung gestaltet" (Lukács [3]1976. S. 112) und, wie es bei anderer Gelegenheit einmal heißt, "die Bedeutungslosigkeit des Individuums" zeigt. (Lukács 1985. S. 46) Insbesondere weist Lukács dabei auf die Zeitgestaltung in der "Education" hin; denn die Zeit muß dann notwendig zum Problem werden, wenn sie, mit Dieter Wellershoff zu reden, "nicht mehr gegliedert (ist) durch Ziele, Erwartungen, Erinnerungen", sondern "sich zu einem spurlosen Verschwinden (verdünnt)." (Wellershoff a. a. O. S. 89) Lukács hat dafür die Begriffe 'Hoffnung' und 'Erinnerung' ge-

funden; beide verleihen der ablaufenden Zeit im Bewußtsein der Protagonisten Halt und Struktur. Das bloße Fließen und Strömen erhält eine Richtung, bekommt Sinn, mag dazwischen auch das Leben und die Wirklichkeit
zerrinnen.

Hoffnung und Erinnerung sind für Lukács "Zeiterlebnisse, die zugleich
Überwindungen der Zeit sind: ein Zusammensehen des Lebens als geron-
nene Einheit <u>ante rem</u> und sein zusammensehendes Erfassen <u>post rem</u>."
(Lukács [3]1976. S. 110) Wo die ganze äußere Wirklichkeit, so Lukács, "in
heterogene, morsche und fragmentarische Teile" zerfallen ist, wo auch der
Held "geradeso brüchig wie seine Umwelt" ist (ebd.), da bleiben einzig
noch Hoffnung und Erinnerung als mögliche Formen der Lebens- und
Zeitbewältigung zurück. Das Bewußtsein als Existenzial; Lukács liefert dafür die metaphysische Formel nach: "alles was geschieht ist sinnlos, brüchig
und trauervoll, es ist aber immer durchstrahlt von der Hoffnung oder von
der Erinnerung." (a. a. O. S. 112)

Zeit, Hoffnung und Erinnerung - in der Hoffnung wird die Zeit auf das
Erlebnis, den erfüllten Augenblick - konkret: die (freilich nie stattfindende) Vereinigung Frédérics mit Madame Arnoux -, ausgerichtet, alle Zeitwahrnehmungen sind bezogen auf dieses erwartete, erhoffte Ereignis, wie
umgekehrt dann auch die Erinnerung das Bewußtsein vom Erlebnis - in der
"Education" freilich wieder die Verkehrung davon: das Versagen, die
Nicht-Erfüllung - wachhält. Im Bewußtsein der Protagonisten der "Education" erhält die Zeit somit einen Prozeßcharakter, eine Richtung und sogar
teleologische Züge, die sie faktisch nicht hat; die Zeit wird re-konstruiert,
während Flaubert im Erzählprozeß selbst diese Ansichten wieder de-kon-
struiert. Gnadenlos fließt die Alltagszeit immer weiter, wird das Leben und
Erleben im Hoffnung-Erinnerung-Kreislauf porös, verschwindet schließlich mit zunehmendem Alter ganz in der Erinnerung - etwa an ein solch banales Ereignis wie den ersten gescheiterten Bordellbesuch.

Alltag und Banalisierung

Gustav Freytags "Soll und Haben"

Der Blick kehrt zurück in rechtsrheinische Gefilde. Ungefähr dieselbe Zeit: Mitte des 19. Jahrhunderts. Ort: überwiegend das noch provinzielle Breslau. Beteiligte: in der Hauptsache Kaufleute, brave Bürger, und ihre Widersacher, genußsüchtige Adlige, raffende Juden und lärmende Polen. Dazwischen strahlende Helden, "Ritter vom Geiste" und edle Fräuleins, am Ende dann glückliche Paare. Ende gut, alles gut. Eine deutsche Geschichte, dies "Soll und Haben", mehr noch, stelle ich mir vor, eine deutsche Saga, ein nationaler Mythos - the birth of a nation, und zwar aus dem Geist und dem Kapital des Kaufmanns, gegründet auf den Festen eines Handlungshauses rund um Kaffee, Tabak, Zucker, Palmöl und Talg.

Wenn bekanntlich das Wahre das Ganze ist, dann läßt sich an Freytags Roman ablesen, daß dies nur eine heillose Konstruktion ist. Das wahre Ganze ist das ganz Falsche: die Konstruktion einer strikt binär kodierten Wirklichkeit, die Verklärung des Innen- und die Verknappung des Außenraums, die Apologie des Banalen. Und nicht nur das, Freytag sagt auch immer deutlich, was und wie er etwas jeweils meint. Nichts bleibt ungeklärt, in der Schwebe oder in überschüssiger Metaphorik eingeschlossen, nichts, was gegen seinen Autoren weiter wirken könnte. Nein, auf alles und jeden in diesem Roman ist Verlaß, die Helden und Schurken sind von Beginn an, was sie sind, das Handlungsgeflecht, droht es bisweilen zu mäandrieren, ist doch an jedem Punkt als eindeutiges Nacheinander (in klarem Gegensatz zu Gutzkows Prinzip des Nebeneinander) erkennbar. Nichts Zufälliges also, Willkürliches, Chaotisches darin, vielmehr walten Ordnung und Übersicht - im Roman als ganzem und in der Welt des Bürgertums sowieso. Die Wirklichkeit in Freytags "Soll und Haben" ist eine geregelte, auf die Leitfäden der Kausalität und Rationalität verpflichtete, an den Gesetzen der Logik der Dinge und der Ethik der Pflichten orientierte Welt. Transzendentale Heimat ist das gemütliche Comtoir, das Geschäft: "sein Schicksal", äußert sich Freytag, nachdem er seinen Helden Anton Wohlfart eben erst in das Handlungshaus Schröter hat eintreten lassen, "war entschieden, er hatte jetzt eine Heimat, er gehörte in das Geschäft." (Freytag 1977. S. 42) Worauf die ganze Entwicklungs- und Bildungsgeschichte des Anton Wohlfart mutmaßlich hinauslaufen soll, das wird dem Leser - sei er aufmerksam oder auch nicht - mehrfach und nachdrücklich souffliert. Da weht z. B. "ein poetischer Duft" nach Kaffee aus der Schröterschen Handlung durchs elterliche Haus, ja erfüllt dies ganz. (vgl. a. a. O. S. 13) Andächtig lauscht schon der kleine Anton, "ein Muster für andere und ein Stolz seiner Familie" (a. a. O. S. 12), den Erzählungen des Vaters aus der großen Welt der Handlungshäuser: "und dann frug er scherzend seinen Sohn, ob er auch Kaufmann werden wolle. Und in der Seele des Kleinen schoß augenblicklich ein schönes Bild zusammen, wie die Strahlen bunter Glasperlen im Kaleidoskop, zusammengesetzt aus großen Zuckerhüten, Rosinen und Mandeln und goldenen Apfelsinen, aus dem freundlichen Lächeln seiner Eltern und all dem geheimnisvollen Entzücken, welches ihm selbst die ankommende Kiste je bereitet; bis er begeistert ausrief: 'Ja, Vater, ich will!'" (a. a. O. S. 14)

Die Poesie als Leitmotiv, diesmal in paradoxer Verkehrung und Verklärung. Nicht mehr die romantische Poesie hat Freytag im Visier; im Gegenteil hat er vor ihr nachdrücklich gewarnt und in autobiographischen Aufzeichnungen es geradezu als Idee von "Soll und Haben" bezeichnet, daß der Mensch sich hüten soll, "daß Gedanken und Wünsche, welche durch die Phantasie in ihm aufgeregt werden, nicht allzu große Herrschaft über sein Leben erhalten." (Freytag: GW 1. S. 179) Freytag meinte damit vor allem das schwärmerische Verhalten seines Helden Anton gegenüber der Familie des Barons v. Rothsattel, insbesondere gegenüber der Tochter Lenore. Die wirkliche, wahre Poesie jedoch, diejenige, die auch Freytag für sich selbst reklamiert, wenn er in der Widmung seines Romans von der Wahrheit des Schriftstellers "gegen seine Kunst und gegen sein Volk" (Freytag 1977. S. 10) redet, liegt in der Arbeit, in jener "Prosa der Verhältnisse", von denen bereits Hegel in den Ästhetikvorlesungen mit Blick auf den bürgerlichen Roman gesprochen hatte. Poetisch also ist einzig noch die Prosa der Verhältnisse, d. i. die bürgerliche Wirklichkeit in den Handlungshäusern, die Realität der Geschäftsbücher, die Ausgewogenheit von Soll und Haben.

Das Wahre ist das Ganze, und das ist ganz falsch. Falsch nicht als Konstruktion, als Roman, sondern als Prätention auf die Wirklichkeit. Wäre es nur so, wie Freytags poetologische Selbstaussagen es uns glauben machen wollen, daß "die Erfindung des Schriftstellers in der That Poesie und nicht schlechte Nachschrift der Wirklichkeit" ist, nämlich "etwas ganz Anderes, in der That ein Neues." (vgl. Freytag: GW 1. S. 181) Schlimm ist jedoch, daß Freytag dem Leser vorgaukelt, daß seine Erfindung - seine idealtypische Konstruktion - gleichsam die reinere, gereinigte und höhere Wirklichkeit - die idealistische Philosophie der Zeit redete so gern von der 'geistgeborenen Wirklichkeit' - vorstellt. Und Generationen gutgläubiger, harmoniebedürftiger Leser sind dann Freytag auf den Leim gegangen. (Liegt es daran, daß der Mensch die Ideologie benötigt, ein ideales transzendentales Obdach, das um so bergender aussieht, je mehr Versatzstücke aus der Realität - und sei die auch nur eingebildet - darin verarbeitet sind?)

Nicht erst Nietzsche, der aber mit aller Radikalität, hat den Freytagschen Realismus einer anmaßenden Prätention auf Realitätsabbildung überführt. Diese beschriebene und aufgeschriebene Wirklichkeit sei nichts weniger, so Nietzsche, als "Spießbürgerei" und "Plattdeutschelei". Die Romane der Freytag und Auerbach samt ihrer ästhetischen Lizensierung durch Julian Schmidt nichts anderes als "Nachwirkungen der romantischen Verehrung des Deutschen: aber falsch und unidealistisch." (Nietzsche: KStA 7. S. 266; auch Nietzsche: Briefe 2. S. 345) Alles in allem "eine Frucht der Hegelei: das Erste ist der Gedanke, der nun künstlich exemplifiziert wird. So der Stil bei Freytag: ein allgemeiner blasser Begriff, durch ein paar realistische Wörtchen aufgestutzt." (a. a. O. S. 164) Geschult am Stil der Moderne und mit einem feinen ästhetischen Sensorium ausgestattet, durchschaut Nietzsche das Gekünstelte bei Freytag, die Ästhetisierung und Raffinierung des Banalen - und zwar nicht im Sinn der ästhetischen Moderne vom Schlage Baudelaires oder Flauberts, die die Banalität des bürgerlichen Alltags- und Erwerbslebens in der Metropole oder in der Provinz transparent machen, sondern im Sinne einer rückwärtsgewandten Utopie, im Sinne einer ästhetischen Verklärung bzw. Idealisierung der banalen Durchschnittlichkeit. Freytag oder die Banalisierung des Alltags, das ist das Glück im trauten Winkel hinter verschlossenen Türen, ist Thomas Manns "machtgeschützte Innerlichkeit". Geld und Glück winken aus dem Verkauf geschätzter Kolonialwaren.

Aber schon zeitgenössische Stimmen - und nicht nur mißgünstige - haben Probleme mit dem Freytagschen Wirklichkeitsbegriff gehabt. Karl Gutzkow z. B., gewiß ein Neider, kann nicht erkennen, wo bei Freytag tatsächlich gearbeitet wird, wo dieser doch das Schmidtsche Motto vor seinen

Roman gesetzt hat, das deutsche Volk da zu suchen und darzustellen, wo es in seiner Tüchtigkeit zu finden ist, eben bei seiner Arbeit. (vgl. Gutzkow: Ein neuer Roman, in: Realismus und Gründerzeit 1975. S. 325) Hermann Marggraff pflichtet Gutzkow bei und merkt an, daß bestenfalls "das Comtorleben mit einer poetischen Aureole (verklärt werde)" (vgl. a. a. O. S. 349); Robert Giseke notiert in seiner Rezension des Romans, daß, wenngleich auch auf vermeintlich aktuelle Ereignisse darin angespielt werde, "doch nicht die Gesellschaft von heutzutage, sondern die von ehedem, der die eigentlichen, kennzeichnenden Beziehungen der Gegenwart völlig abgehen", geschildert werde. (vgl. a. a. O. S. 339)

Einzig noch der Kombattant und Freund Julian Schmidt wie der junge Theodor Fontane haben das Hohelied des Freytagschen Wirklichkeitsverständnisses angestimmt. Schmidt spricht wiederholt von Freytags "einsichtsvollste(r) Verherrlichung des Bürgerthums"; die Leser würden, laut Schmidt, "tief in das wirkliche Leben eingeführt, und die endlichen Bedingungen des Berufs, der Arbeit und des Genusses werden uns in der Form von Grund und Folge entwickelt." (a. a. O. S. 344; außerdem S. 346) Fontane endlich hält, ganz auf der Linie Julian Schmidts, "Soll und Haben" für "die erste Blüte des modernen Realismus", für "eine Verdeutschung (...) des neueren englischen Romans", worin das deutsche Bürgertum, Preußen ("der Staat der Zukunft") und der Protestantismus verherrlicht würden. (vgl. Fontane: WuS 28. S. 96 u. 104f.)

Alles nur eine Frage des Standpunktes, der politischen Gesinnung? - Es scheint so, doch nicht so ganz und ausschließlich; denn im Grunde allen zeitgenössischen Rezensenten ist aufgefallen, und man müßte die Liste der Namen unbedingt noch um Robert Prutz ("Die Poesie des Handels? Aber die studiert man nicht in einem Hause T. O. Schröter, wo man sich langweilt und langweilen muß") oder Adalbert Stifter ("Leihbibliotheksfutter") ergänzen, daß der Roman kein direktes, unmittelbares, - in der Sprache der Zeit - daguerreotypisches Abbild der Realität gewesen ist. (zur Rezeption vgl. Kienzle 1975, Richter 1978, Steinecke 1980) Es sei ihm, betont Freytag an anderer Stelle einmal, vielmehr darum gegangen, demjenigen, "was die Seele kräftig bewegt, Ausdruck durch die Sprache zu geben." (Freytag: GW 1. S. 204) Der Hegelianismus läßt grüßen. Und was Freytag dann an den Romanen von Dickens rühmt, mag er gewiß auch für sich selbst in Anschlag gebracht sehen: "Die fröhliche Auffassung des Lebens, das unendliche Behagen, der wackere Sinn, welcher hinter der drolligen Art hervorleuchtete, waren dem Deutschen damals so rührend, wie dem Wanderer eine Melodie aus dem Vaterhause, die unerwartet in sein Ohr tönt. Und alles war modernes Leben, im Grunde alltägliche Wirklichkeit und die eigene Weise zu empfinden, nur verklärt durch das liebevolle Gemüth eines echten Dichters." (Freytag: GW 16. S. 241, zit. nach Kienzle 1975. S. 41, Hervorhebung W. J.) Humor, Alltag und Dichtung - mit anderen Begriffen auch: Realität und ihre dichterische Überhöhung, ihre Verklärung. Hier sieht Freytag seine erste Aufgabe: die Wirklichkeit zu idealisieren, den Alltag - das Reizwort ist nun einmal gefallen - zu idyllisieren. Konkret: es geht ihm um die poetische Ausstaffierung bürgerlichen Erwerbslebens, um "die Ideologie des Geschäftslebens" qua "Poesie der Arbeit." (vgl. Kaiser 1977. S. 103)

Wir erinnern uns wieder. Als der einflußreiche Philosoph, Publizist und Literarhistoriker Karl Rosenkranz 1853 seine aus dem Geiste eines zeitgemäßen Hegelianismus geschriebene "Ästhetik des Häßlichen" publizierte und darin vor künstlerischer Formlosigkeit, Inkorrektheit und den zahllosen Spielarten der Defiguration warnte, wobei er Schreckensbilder nicht zuletzt aus jüngster Zeit (Kleist und Hoffmann, Balzac und Sue, aber auch Hebbel) zitierte und die "Zerrissenheit der Geister" für das Sichweiden "an dem Häßlichen", dem "Ideal ihrer negativen Zustände" (Rosenkranz 1979. S. 52), in Anschlag brachte, da tat er das, eigenem Bekunden nach, aus einem Gefühl der "Pflicht" heraus, weniger pathetisch, gleichwohl zutreffend: "aus Resignation". (vgl. a. a. O. S. VI) Nach dem "Ende der Kunstperiode" (Heine), spätestens seit Goethes Tod, war das Ideal der Schönheit mächtig in Gefahr, wo nicht gar völlig ins Abseits von Kitsch und Kommerz geraten. Überall erkannte der sensible Rosenkranz Häßlichkeiten am und im Werk, charakterisierte er modo negativo die moderne Kunst, in der er vor allem den Verlust an poetischer Versöhnung - auf gut deutsch: an Harmonie und Idealität - sah. Auf geradezu 'krankhafte' Weise gestört, so Rosenkranz, sei das Verhältnis von Kunst und Realität, von Vorbild und Abbild, wenn die Kunst einzig nur die Dissonanzen in der Wirklichkeit wahrnehme und gestalte. Was bleibe, sei zum Schluß der Weg zurück, freilich nicht ins romantische Innenreich, sondern in eine bessere Vergangenheit (der Klassik etwa) und - systematisch - in die Welt des entschärften Humors und der komischen Posse (Jean Paul und Raimund). Wie mag sich schließlich Rosenkranz gefreut haben, als 1855 Freytags Roman erschien und sich damit eine neue, vom Philosophen für unmöglich gehaltene Versöhnung von Kunst und Leben wieder andeutete?

Von nichts Geringerem als der "Verherrlichung des Bürgertums und insonderheit des deutschen Bürgertums" (Fontane a. a. O. S. 104) handelt der Roman, dessen auktorialer Erzähler seinen Protagonisten Anton Wohlfart einige Jahre durchs Leben und die Weltgeschichte verfolgt, bis er ihn dann in den Hafen der Ehe, in ein behagliches Heim und ein florierendes Geschäft führt.

Achtzehnjährig kommt Anton, bestens präpariert durch sein Elternhaus, in die Handlung von T. O. Schröter nach Breslau. Und unaufhaltsam ist dabei sein Weg nach oben, denn er verkörpert alle Tugenden und guten Eigenschaften, die ein rechter deutscher Jüngling haben muß, wenn er Karriere machen will: Ordnung, Anstand, Pünktlichkeit und - immer wieder - Ehre. Das verschafft ihm die allseitige Achtung unter den Kollegen und die Anerkennung durch den Prinzipal, zunehmend auch diejenige der Schwester. Bester Freund Antons im Geschäft, aber auch später noch ist der Adlige Fink, der, gleich weit von seiner Herkunft emanzipiert wie auf Distanz zum Bürgertum, ein loses Mundwerk führt und manch treffende Bemerkung über adlige Usancen wie über bürgerlichen Pflichteifer zu verbreiten weiß. Erste Bewährungsproben seines Einsatzes für das Geschäft und seinen Prinzipal liefert Anton anläßlich des polnischen Aufstandes, wo er mit Verhandlungsgeschick die Waren Schröters aus feindlichem Gebiet zurückbringt. Neue Stufen auf dem weiteren Weg nach oben. Dann aber erfährt Anton von den ruinösen Unternehmungen der von ihm verehrten Familie Rothsattel, eines Barons, der, um seinen aufwendigen Besitzstand und erheblichen Luxus zu wahren, in die Fänge betrügerischer jüdischer Geldverleiher geraten ist. Um das Letzte an Besitz zu retten, auch um der verehrten und umschwärmten Tochter des Freiherrn näher zu kommen, entschließt sich Anton, die polnischen Güter des Barons auf Vordermann zu bringen und in eine ertragreiche Wirtschaft zu verwandeln. Erfolgreich - unter tatkräftiger Unterstützung nicht zuletzt durch den aus Amerika heimgekehrten Fink - setzen sie sich im Krieg gegen die Polen (diese "Polakenwirtschaft" [Freytag 1977. S. 324]) zur Wehr. Nachdem schließlich auch noch der wahre Übeltäter, Veitel Itzig, dessen Lebensweg im übrigen immer parallel zur Geschichte Antons erzählt wird, seiner

Schurkereien überführt worden ist, jedoch durch einen tödlichen Unfall dem Rechtsspruch zuvorkommt, entscheidet sich Anton nach reiflicher Prüfung, d. h. nach Abwägung seiner Interessen, Neigungen und entsprechend der Ideologie seines Standes, ins Handlungsgeschäft zurückzukehren. Sabine, Schröters Schwester und Teilhaberin des Geschäfts, erwartet ihn bereits. "Da zittert ihre Hand und faßt nach der Lehne des Stuhls, sie hält sich fest und er eilt auf sie zu, und in leidenschaftlicher Bewegung, ohne daß er weiß, was er tut, kniet er neben dem Stuhl nieder, in den sie gesunken ist, und legt sein Haupt auf ihre Hand." (a. a. O. S. 755f.) Ende gut, alles gut. Anton wird Kompagnon, der späteren Heirat steht nichts mehr im Wege, die Zukunft ist klar, erstrahlt im Glanz positiver Bilanzen - Freytag kann getrost sein Opus schließen, in letzter Einstellung ein Liebespaar zeigend: "Und wieder schloß der glückliche Anton die Geliebte in seine Arme." (a. a. O. S. 836) Es bleibt noch die Lehre: "Die poetischen Träume, welche der Knabe Anton in seinem Vaterhause unter den Segenswünschen guter Eltern gehegt hat, sind ehrliche Träume gewesen. Ihnen wurde Erfüllung, und ihr Zauber wird fortan sein Leben weihen. Was ihn verlockte und störte und im Leben umherwarf, das hat er mit männlichem Gemüt überwunden. Das alte Buch seines Lebens ist zu Ende, und in eurem Geheimbuch, ihr guten Geister des Hauses, wird von jetzt ab 'mit Gott' verzeichnet: sein neues Soll und Haben." (ebd.)

Soweit so knapp das Handlungsgerüst des Romans, in dem es nichts Zufälliges gibt, wo die aktionsgeladene Handlung in jedem Punkt wohl motiviert ist, Ursachen und Folgen jederzeit hinreichend deutlich sind. Eine der vielen Paradoxien besteht darin, daß wortgewaltig und in mäandrierenden Geflechten immer gerade von dem weggeschrieben wird, was doch den eigentlichen Vorsatz des Buches (die Darstellung der Arbeit in Gestalt bürgerlichen Erwerbslebens) bilden soll. Gegenstände sind eigentlich Leben und Arbeit im Handlungsgeschäft, erzählt hingegen werden diebische Transaktionen von jüdischen Händlern und Geschäftsleuten, kriegerische Auseinandersetzungen zwischen Deutschen und Slawen, gemütliche Genreszenen unter Nebenfiguren. Wieso? - Eng damit hängt eine weitere Merkwürdigkeit zusammen: das Ausblenden von Gefühlsdarstellungen, der Verzicht auf Zärtlichkeiten, auf Sinnlichkeiten (nicht nur, vor allem aber in der erotischen Sphäre). Warum? - Von zeitgenössischer Realität, so Freytag, sollte die Rede sein, tatsächlich springt das Ungefähre des Irgendwo und Irgendwann sogleich jedem Leser ins Auge. Ob das mit der gemeinten Alltäglichkeit, der intendierten "alltäglichen Wirklichkeit", zu tun hat? Mit einem Alltag, der die Geschichte zum Verschwinden bringt?

Sogleich fällt auf, daß die Handlungsanteile ungleich verteilt sind; lediglich das erste und zweite Buch spielen im Hause Schröter, während die umfangreichen Bücher drei bis sechs überwiegend in Polen angesiedelt sind. Auch qualitativ entstehen dabei Brüche. Dem linear fortlaufenden Erzählfluß der letzten Bücher stehen in den ersten beiden Büchern Redundanzen gegenüber, ein Stocken, das erheblich mit dem Leben(sgefühl) der Menschen im Comtoir zu schaffen hat. Das Lob der Ordnung, das Freytag feiert, mag zwar für das Geschäft insgesamt ein beruhigender Hintergrund, ein Entlastungsmoment, sein, führt aber unweigerlich auch zur Langeweile. Denn wo für alles gesorgt ist, für alles Vorsorge getroffen worden ist und daher sich ein Leben - ein Alltag - von größtmöglicher Vorhersehbar- und Erwartbarkeit einstellt, da muß es notwendigerweise schnell zu Erlebnis- und Reizarmut kommen. Das Resultat heißt endlich Langeweile - dieses aus "jener peinigenden, wie eine Übelkeit aufquellenden Leere des Innern" rührende Gefühl (Stefan Zweig). Und die Langeweile, von Schopenhauer als Skandalon in der modernen Lebensführung entdeckt und attackiert, ist auch mehrfach ausgesprochener Gegenstand in Freytags Roman.

Was soll auch der Angestellte Anton Wohlfart tatsächlich tun nach Feierabend, wo sich die Lustbarkeiten im Hause auf ein jährlich einmalig stattfindendes Fest, die "Erinnerung an die Stunde, in welcher Herr Schröter als Teilhaber in das Geschäft seines Vaters eingetreten war" (Freytag 1977. S. 258), beschränken und selbst dieses Fest "einen ruhigen regelmäßigen Verlauf und einen leisen Anflug von Geschäftlichkeit" (ebd.) nimmt, wo sich die sämtlich im Hause wohnenden angestellten Junggesellen bestenfalls singend - als intimer kleiner Männergesangverein - unterhalten und wo alle Versuche, Vergnügungen (wie Tanztees) außer Haus aufzusuchen, von den Kollegen ebenso despektierlich wie neidvoll betrachtet, vom Hausherrn dagegen aus Ressentiments gegenüber dem Adel verachtet werden? Die Palette der Unterhaltungsmöglichkeiten ist nicht eben groß, und sie ist, wenn auch nicht erschöpft, so doch mindestens schnell ausgereizt. Anton taucht z. B. in die Abenteuer des Mittelalters bei Walter Scott oder in exotische Weiten der Wälder und Prärien Coopers ab (vgl. a. a. O. S.

145 u. 245); dann verlegt er sich auf Fremdsprachen, gibt "seine Zunge in die Zucht eines gebildeten Engländers" (a. a. O. S. 236). Nachhaltig aber stellt sich wieder und wieder das Gefühl der Langeweile ein - das Gefühl der Unausgelastetheit. Über Tag regiert noch "eine strenge Regelmäßigkeit" ("Sie haben viel Arbeit und wenig Zerstreuung zu erwarten", spricht der Prinzipal [a. a. O. S. 62]), "die ewige Gleichförmigkeit der Stunden und Tage" (a. a. O. S. 64), abends dann die Langeweile, das Loch, der Hohlraum. Eine gefährliche Zeit. "Es schien, als wenn die ernste und emsige Tätigkeit des Geschäfts jedes ungewöhnliche Familienereignis, jede Leidenschaft, jede schnelle Veränderung fernhielte von dem Leben der Hausgenossen. Verstimmung und Hader, Genuß und Schwärmerei, alles wurde niedergehalten durch den unablässigen gleichmäßigen Fluß der Arbeit." (a. a. O. S. 137)

Um diesen Gegensatz aushalten zu können, diesen Bruch zwischen angespannter, langdauernder Arbeitszeit und überwiegend leerer Freizeit, baut Wohlfart die Sandsäcke seiner Ideologie auf, preist seine deutschen Tugenden und stürzt sich, seine freie Zeit geringschätzend, um so tiefer in Arbeit. Der Eros, wo er keine Triebabfuhr erlebt, stilisiert sich vollends zum asketischen Eros herauf; die wirklichen Leidenschaften und Begierden werden kompensiert durch die "Leidenschaft", mit der er sich auf "die Arbeiten des Geschäfts" verlegt. (vgl. a. a. O. S. 204) Am Ende bemerkt Freytag einmal verräterisch, "daß Anton bei dem stillen und tätigen Leben, das er führte, nicht mehr träumte." (a. a. O. S. 319) Armer Anton, wohin hat dich das Bollwerk purer Ideologie gebracht, einer Denkweise, die, zum Selbstschutz installiert und um die Langeweile zu bekämpfen, letztendlich das falsche Leben gutheißt? Man kann es aber auch so ausdrücken: um die wirkliche Tristesse dieses bürgerlichen Erwerbslebens, die alltäglichen Routinen und Banalitäten ertragen zu können, bedarf es einer ideologischen Armierung, die der Entlastung dient - nämlich der Kompensierung von Mängeln. Sollte man das nicht wiederum Entlastung in der Entfremdung nennen?

Anders lassen sich, nachdem Freytag auf die Gleichförmigkeit aller Tätigkeiten häufiger hingewiesen hat, die vehementen Plädoyers für die ideale bürgerliche Handelsarbeit kaum verstehen. Im Gespräch mit Bernhard Ehrenthal, einem kränklichen, ebenso intelligenten wie schwärmerisch veranlagten Jüngling, mit dem sich Anton kurzzeitig angefreundet hat, schwadroniert er von der Weltläufigkeit des Kaufmanns, der angeblich mit dem ganzen Globus in Verbindung steht, und von angeblichen "Empfindungen und Taten": "Je ausgebreiteter sein Geschäft ist, desto mehr Menschen hat er, deren Glück oder Unglück er mitfühlen muß, und desto öfter ist er selbst in der Lage, sich zu freuen oder Schmerzen zu empfinden." (a. a. O. S. 240) Während des jährlichen Festtags dann, auf dem sich Fink zum Anwalt des mutmaßlichen amerikanischen Materialismus macht ("Was er besitzt, das hat ihm gerade nur den Wert, der sich in Dollars ausdrücken läßt"), repliziert Anton mit einer flammenden Rede auf die Tugenden deutscher Arbeit: "Wir alle, die wir hier sitzen und stehen, sind Arbeiter in einem Geschäft, das nicht uns gehört. Und jeder unter uns verrichtet seine Arbeit in der deutschen Weise, die du soeben verurteilt hast. Keinem von uns fällt ein zu denken, so und soviel Taler erhalte ich von der Firma, folglich ist mir die Firma so und soviel wert. Was etwa gewonnen wird durch die Arbeit, bei der wir geholfen, das freut auch uns und erfüllt uns mit Stolz. Und wenn die Handlung einen Verlust erlitten hat, so ist es allen Herren ärgerlich, vielleicht mehr, als dem Prinzipal." (a. a. O. S. 269) Am Ende des Festtags bringt es der schließlich doch noch überzeugte Fink auf den Begriff bzw. einen Toast: zum "Wohl eines deutschen Geschäfts, wo die Arbeit eine Freude ist, wo die Ehre eine Heimat hat; hoch unser Comtoir und unser Prinzipal!" (a. a. O. S. 274)

Die Sandsäcke der Ideologie, zentnerschwer lastende Begriffe wie Anstand, Ordnung, Pünktlichkeit, Fleiß und Ehre, Pflicht nicht zuletzt, befestigen den Innenraum eines Subjekts, das sich ohne das transzendentale Obdach dieser bürgerlichen Werte tatsächlich leer und ausgehöhlt vorkommt, das sich, zurückgeworfen auf sich selbst, nur unendlich langweilt. Welche Abgründe sich dann auftun und welche Prozesse in dieser Dialektik des Hohlraums freigesetzt werden können, das haben Flauberts Texte eindringlich gezeigt - wahre Teufelswerke in den Augen vieler deutscher Rezensenten. Ob Freytag diese prekäre Situation nicht gesehen hat oder nicht sehen wollte, mag dahingestellt bleiben. Probleme damit hat er auf jeden Fall gehabt; denn er ist nicht mehr, im Gegensatz etwa zu apologetischen Alltagsdarstellungen des 18. Jahrhunderts, in der Lage, bürgerliche Arbeits- und Lebenswirklichkeit, die Alltäglichkeit im Sinne einer "extensiven Totalität" (Lukács) auszugestalten. Das faktische Leben hat sich inzwischen einfach als zu begrenzt, reduziert, borniert erwiesen, um als panoramatisches Breitwandgemälde zu taugen. Tricks und erzählerische Umwege müssen herhalten, um die bürgerliche Ordnung schlußendlich doch noch triumphieren zu lassen. Anton Wohlfart wird zeitweilig aus den Fängen bürgerlichen Anstands befreit und zahlreichen Abenteuern mit Adligen, Juden, Polen, Fremden überhaupt ausgesetzt, deren Zweck einzig darin zu bestehen scheint, die Erfahrung zu bestärken, daß es zu Hause noch am schönsten ist. Zu Hause meint die deutsche Heimat, genauer noch: die vertraute Lebenswelt im Geschäft.

Erich Auerbach hat recht, wenn er resümierend über die deutsche Literatur zwischen 1840 und 1890, zwischen Gotthelf und Fontane, feststellt, daß es keine "ernste Darstellung der zeitgenössischen alltäglichen gesellschaftlichen Wirklichkeit auf dem Grunde der ständigen geschichtlichen Bewegung" gegeben hat. (Auerbach 1988. S. 480) Freytag schreibt geradezu von der zeitgenössischen Realität weg, widmet sich vielmehr (und sehr ausführlich) abenteuerlichen Vorgängen während eines polnischen Aufstands. Der erzählerische Trick (ermöglicht durch die Norm der Gattung Bildungs- bzw. Erziehungsroman) besteht darin, daß Freytag breit Abenteuer und Erlebnisse Antons in der Fremde berichtet und somit - quasi negatorisch - die wirklichen bürgerlichen Verhältnisse zu Hause, die er nicht zu gestalten in der Lage ist, bestätigt, idealisiert und verklärt. Denn je bösartiger der jüdische Wucherer, je gemeiner der polnische Pöbel und je verschwenderischer die Adligen auftreten, um so positiver sticht demgegenüber das rechtschaffene bürgerliche Leben ab - ein Leben, dessen tatsächliche Langeweile der Blick aus der Ferne in eine milde Gemütlichkeit rückverwandelt, in einen erstrebenswerten Zustand umfälscht. Erzählbar ist dieses verklärte bürgerliche Leben kaum noch, und die Idylle des Schlußtableaus, der harmonische Ausklang, ist zu Recht als Schulbeispiel "der Ideenlosigkeit und des antipoetischen Prinzips" (Lukács [3]1976. S. 117) interpretiert worden. Was hingegen erzählt wird, sind die Geschichten Antons rund um die Geschichte der polnischen Insurrektion, sind die Höhe- und Tiefpunkte, sind Anfang, Verlauf und Ende von Abenteuern, sind Ausnahmesituationen und -ereignisse, denen gegenüber dann wieder der bürgerliche Alltag als perennierende Gegenwart, als unveränderlicher, unveränderbarer Status quo erscheint.

Eng damit verknüpft ist noch eine weitere Merkwürdigkeit. All jene Personen (und Personengruppen), die auf der negativen Lebens- und Werteskala rangieren, mögen sie Ehrenthal oder Itzig, Rothsattel oder wie immer heißen, wirken lebensvoller, sinnlicher, anschaulicher als die Vertreter der bürgerlichen Ordnung, allen anderen voran eben die beiden Schröters, Bruder und Schwester, aber auch die zur Hintergrundstaffage verurteilten Angestellten der Handlung. (vgl. dazu schon Walzel, in: Scherer 1917. S. 652) Die Leiden, Gebrechen und Verbrechen, auch die Leidenschaften der 'Outcasts' sind durchaus einsichtig, ja, sie sind innerhalb der Konstruktion des Romans plausibel gestaltet (wenn auch bisweilen mit derben Pinselstrichen gezeichnet); auf der anderen Seite jedoch erstarren die positiven Helden der Arbeit und des Geschäfts zu bloßen Typen und Schemen: der Prinzipal ist einzig wandelnde Parole, ideologisches Sprachrohr, ein zur Statue gefrorenes Bild der Ordnung, während seine Schwester, abgesehen von ihrer "Würde" (Freytag 1977. S. 61) und "ruhige(n) Haltung" (a. a. O. S. 131), die Inkarnation der bürgerlichen Hausfrau präsentiert.

Überhaupt diese Sabine. Sie lebt zurückgezogen in den hinteren Winkeln des Hauses und der Handlung, zurückgezogen auf sich selbst und eingesperrt in einen Körperpanzer, dem bestenfalls noch einige unbedachte Seufzer entfahren. Die Herren der Handlung halten sie für "eine kalte Heilige" (a. a. O. S. 130), rational, kühl und berechnend, alles Gefühlige und Gefühlvolle im Keim erstickend. Bescheidenheit, Zurückhaltung und Contenance gelten ihr über alles, und hinter den Verpflichtungen gegenüber dem Geschäft wie ihrem Bruder haben mögliche andere Interessen zurückzustehen: "mit hundert Fäden bin ich festgebunden an den Brauch dieses Hauses, an die kleinen Pflichten des Haushalts und an das Leben des Bruders." (a. a. O. S. 314) So weist sie etwa einen Heiratsantrag Finks zurück und verhält sich damit so, wie der Bruder es von ihr "erwarten konnte". (a. a. O. S. 315) Eine ideale Frau, aber kein wirklicher Mensch, denn nur, wer dem Ideal eines asketischen Eros frönt, für den oder die können "Opfer" lustvoll erfahren werden: "wenn es ein Opfer war, so habe ich es diesem Hause gebracht (...)." (ebd.) Die Ordnung der Geschäftsbücher regiert die Ordnung der Gefühle. Die Poesie der Handlung des Geschäfts meint vor allem, daß das Glück und die Ordnung zusammenkommen und zueinander gehören. Entsagung macht sich dann doppelt und dreifach bezahlt; nur wer die längste Zeit entbehren kann, dem winkt schließlich, mag er dabei auch seine Jugend eingebüßt haben, das wohlverdiente Glück. Bis dahin jedoch haben die Gefühle zu schweigen, müssen alle starken Affekte unterdrückt werden als Abschlagszahlungen aufs Glück in der Ferne. Von romantischen Liebesvorstellungen ist nichts mehr übriggeblieben; Liebesschwüre und -ausbrüche, überhaupt heftige Gefühlsregungen sind erstickt worden im protestantische Diskurs des Arbeits- und Erwerbsethos, sie haben ihre Sprache verloren. Der Rest ist Schweigen und unablässiges Warten. Darin erfüllt sich ganz die Funktion der "Hüterin des Hauses" (Bebel).

Der Hausherr selbst liefert dann das ideologische Revers nach: man dürfe, so mahnt der Kaufmann einmal Anton Wohlfart, bei keiner Tätigkeit jemals das Gemüt "Macht über den Menschen (gewinnen lassen)". (a. a. O. S. 481) Ein Triumph des Hegelianismus im 19. Jahrhundert, O-Ton T. O. Schröter: "Wo die Macht aufhört in der Familie oder im einzelnen, da soll auch das Vermögen aufhören, das Geld soll frei dahinrollen in andere Hände, und die Pflugschar soll übergehn in eine andere Hand, welche sie besser zu führen weiß. Und die Familie, welche im Genusse erschlafft, soll wieder heruntersinken auf den Grund des Volkslebens, um frisch aufsteigender Kraft Raum zu machen. Jeden, der auf Kosten der freien Bewegung anderer für sich und seine Nachkommen ein ewiges Privilegium sucht, betrachte ich als einen Gegner der gesunden Entwicklung unseres Staats." (a. a. O. S. 480f.)

Schon Hegel inszenierte in der "Phänomenologie des Geistes" die Dialektik von Herrschaft und Knechtschaft, worunter er diejenige von Arbeit und Müßiggang verstand. Während der Herr, im eigentlichen: der Adlige, sich im Genuß verzehrt, bildet sich der Knecht, im eigentlichen: der Bürger, arbeitend weiter. Wo der Adlige auf Genuß, Verzehr und Konsum setzt, auf das Verbrauchen der Dinge, da optiert der Bürger auf Verzicht, Askese und eine "gehemmte Begierde" (Hegel), d. h. aufs Konservieren, mehr noch: die Steigerung der Produktion und Produktivität. So auch noch bei Freytag. Hier schießen die positiven Werte zusammen: "deutsch, bürgerlich, kaufmännisch." (Mayer, in: Freytag 1977. S. 838) Und weiter: Anstand, Ehre, Ordnung, Pünktlichkeit und Sauberkeit. Als Leichen im Keller der Ordnung dagegen: eine Unfähigkeit, Gefühle zu zeigen und zu leben, existentielle Langeweile und eine tiefsitzende Angst gegenüber allem Fremden.

Die Ideologie bürgerlicher Alltagsordnung im Winkel einer machtgeschützten Innerlichkeit muß seit dem 19. Jahrhundert (und eigentlich bis heute) mit rigiden Ausschlußmechanismen arbeiten: nach Innen mit Sublimationen und Kompensationen (Askeseideale, Konstruktion künftig harmonisch-glücklicher Zustände), nach Außen mit Ressentiments und Stigmatisierungen (das/der Fremde als Bedrohung). Erst wenn beides zusammenwirkt, läßt sich behaglich leben: als Gefühlskrüppel und Ordnungsfanatiker!

Stichproben

1. Von der langen Kälte vor und nach dem heißen Sommer. Brinkmann - Wellershoff - Born

Zur Archäologie der frühen 60er Jahre: das bruchlose Wirken der Tradition, vom Nierentisch zum weißen Schleiflackdesign, die Omnipräsenz von Vater und Onkel, Adenauer und Erhard, die Legende vom "Wohlstand für alle", des Mercedes für wenige. Und die Jugend, die Mädchen in Petticoats und Pepitakleidchen, die Jungen in den viel zu weiten Anzügen? Sie machen alle irgendwie mit, äußerlich. Revolte intern. Der Kragenrand als Demarkationslinie. Bis hierher und nicht länger die Haare. Mögen die Mädchen auch kreischen beim Auftritt der Beatles im Star Club, die Jungens Dampf ablassen bei Mick Jaggers "Can't get no satisfaction", insgesamt bleiben sie noch brav und ruhig. Langeweile und Melancholie. "Eine ganze Generation ließ den Kopf hängen,/ gerade erst geboren, und schon traurig und müde./ Alles war uns um wenigstens einen Knopf an den Blusen/ der Frauen zu prüde." (Wondratschek 1986. 14) Es gibt kein richtiges Leben im falschen; die 50er Jahre sind nicht vergangen, nur älter geworden in den 60ern. Geändert hat sich wenig. "Solange sie sich erinnern konnten, die Trümmerkinder, wars eigentlich ziemlich fad gewesen, diese Fünfziger, dieser nahtlose Aufbau, Wirtschaftswunder, Wundertüte mit Pepita-Muster, ewige Sonntagnachmittage in den neuen Siedlungen mit Rasenmähen und Paul Anka, na gut, die paar vertrockneten Progressiven, Böll, Gott ja, Konkret so aufregend wie Kirchenfunk, die Rollkragenpullover bei der Humanistischen Union, na und? Kultur als Käsestulle." (Fauser 1978. S. 71)

Der Auftritt des Dichters Brinkmann, Rolf Dieter. Einige Erzählungen von ihm kennt man schon, auch Gedichte. Dann im Jahr der Revolte der Roman "Keiner weiß mehr". Ein anderer Zungenschlag, eine andere Wellenlänge. Gegenläufig zum Zeitstrom, der die Literatur verabschiedet und sich auf der Straße aktionistisch verzettelt. Hier spricht einer, der auf alles 'scheißt' - die Tradition, die Bewegung, die Politik. "Alles ereignet sich nur jetzt, in einem Augenblick, und in diesem Augenblick ist die Person, die schreibt, anwesend." Sagt der Lyriker, die Person, die schreibt, und fügt hinzu: "Die alltäglichen Dinge werden ... aus ihrem miesen, muffigen Kontext herausgenommen, sie werden der gängigen Interpretation entzogen, und plötzlich sehen wir, wie schön sie sind ... ein Schlittschuh, der über die Eisfläche gleitet, eine Hand, die einem Hund Hundefutter hinhält. Mein liebstes Gemüse broccoli - denn die alltäglichen Sachen und Ereignisse um uns sind terrorisiert worden; dieser winzige, aber überall verteilte Terror wird zersetzt, das konkrete Detail befreit." (Brinkmann 1982. S. 249 u. 251) Der Alltag und der Augenblick - das sind die beiden Bezugspunkte des Romans.

Und keiner weiß mehr darin, auch und erst recht nicht der Erzähler. Rubbish, das sogenannte Wissen aus Erfahrung, ein Wissen um Veränderung. Handlung und Aktivität und all das. Nichts Neues unter der Sonne der Großstadt - sagen wir Köln. "Ob er sich schon den neuen deutschen Film angesehen habe. Warum sollte er ihn sich angesehen haben, er erhoffte sich davon auch keine Weisheiten. Man könne sich denken, wie der aussehen würde. Genauso beschissen wie das, was geschrieben wurde, genauso scheißig uninteressant. Also beschissen. Alles. Aus. Am Ende. Nichts mehr los." (Brinkmann 1970. S. 45)

Das Drehbuch des Romans: Szenen und Bilder einer Beziehung. Standphotos, die Bewegungen im Stillstand ablichten. Ein Mann, eine Frau, ein Kind - er, sie, es. Keine Symbiose, keine Liebe. Sexualität auf der Schwundstufe. Nichts bewegt sich zusammen, aufeinander zu, immer nur voneinander weg. Viele kleine Fluchten. Ein Fortgehen ohne anzukommen.

Ein deutscher Alltag, ein deutlicher Alltag, irgendwann im Herbst 1967, zehn Jahre vor jenem anderen spektakulären Herbst. "Es ist ein Roman über den deutschen Alltag in der Mitte der sechziger Jahre. Erstarrung und Lähmung kennzeichnen die Situation, verkrustete Beziehungsstrukturen und personale Abhängigkeiten prägen das Binnenklima der Kleinfamilie. Zumutend bis an die Grenzen des Erträglichen beschreibt der ungefilterte Gedankenfluß des Protagonisten seine Kreisbewegungen." (S. Späth 1989. S. 38) Es geht um Ereignislosigkeit, um Antriebshemmungen und Erstickungsanfälle, auch um ohnmächtige Ausbruchsversuche aus dem Gehäuse der Alltäglichkeit. Mit dem Seziermesser seiner Wortwut und seines aufgestauten Hasses schneidet Brinkmann in deutsche Eingeweide - furor teutonicus. Ans Licht befördert er dabei die Wurmfortsätze, genannt Kultur: "Deutschland, verrecke. Mit deinen ordentlichen Leuten in Massen sonntags nachmittags auf den Straßen. Deinen Hausfrauen. Deinen Kindern, Säuglingen, sauber und wieder eingewickelt in sauberstes Weiß. Mit den langweiligen Büchern, den langweiligen Filmen. Mit Roy Black und Udo Jürgens. Mit Thomas Fritsch. Verrecke mit deinen Wein-Königinnen Jahr für Jahr und mit Thomas Liessem. Mit dem Kölner Dom. Verrecke, auf der Stelle, sofort. Mit deinen Dralonmännern. Lupolenmännern. Deinen ausgebufften Polyesterjungs in all den Büros von halb neun bis fünf Uhr nachmittags und den tapferen, kleinen Frauen, die es immer noch einmal aufs neue versuchen. (...) Argumentieren lohnt sich schon nicht mehr. Zusammenficken sollte man alles, zusammenficken." (Brinkmann 1970. S. 132f.)

Von all dem fühlt sich der Protagonist, Brinkmann selbst, eingeschnürt, aber auch abhängig. Und er will heraus, fort - bloß weg von hier, "heraus aus diesem Zustand." (a. a. O. S. 9) Inmitten der alltäglichen Welt der Inauthentizität, des Man (Heidegger), das sich im bloßen Gerede und Geschreibe ergießt, erfährt sich Brinkmann als Fremder: "was habe ich mit dem allem zu tun, (...), was hatte er mit allem wirklich zu tun, was konnte er überhaupt damit zu tun haben, (...)." (a. a. O. S. 16) Die exzentrische Position eines Fremden, seine Randständigkeit, prädestiniert ihn zum genauen Beobachter, zum peniblen Registrator des Geläufigen. Doch gehört dessen Blick keinem Auge des Entdeckers, der sich begierig über die Dinge hermacht, sondern eher einem Leidenden, der sich abgestoßen fühlt. Immer wieder fixiert Brinkmann z. B. "ein unbewegliches stummes Bild inmitten anonym alltäglicher Vorgänge" (a. a. O. S. 28): zwei ältere Homosexuelle in einem Pissoir, die, "einander etwas den offenen Hosenschlitz mit den aus der Hose herausgezogenen steifen Stummeln zugedreht", onanieren; Ansichten seines Arbeitszimmers und Aussichten auf umliegende Häuser; Wartende an einer Straßenbahnhaltestelle. Ein zwanghafter Voyeurismus treibt ihn auf die Straße, die er flanierend durchstreift. "Jedesmal war es für ihn ein befreiendes Gefühl, wieder unten aus dem Haus herauszukommen und sich einzufügen in die anderen Geräusche und Bewegungen, den Verkehr, die Leute, beschäftigt mit genauen Zielen, Aufgaben, die zu erledigen waren. Er hatte Zeit und konnte darin herumgehen, sich das ansehen, das Geschiebe, die Geräusche hören, Wagen, Leute, von alledem er sich wie von etwas Sicherem umgeben fühlte, das immer da war, eine feststehende Ordnung aus Geschäftszeiten, offenen Kaufhäusern, den einzelnen Ständen in den Hallen mit genau abgeteilten Waren, alles voll, aufgehäuft." (a. a. O. S. 74f.)

Zwar bietet das Flanieren eine zeitweilige Ablenkung für Brinkmann, eine kleine Flucht aus dem Beziehungsalltag, doch ist die vorgefundene Ordnung nicht seine eigene, kann er sich nicht in sie hineinfinden. Er bleibt der bloße Beobachter mit dem 'kalten Blick' - ein Fremder eben. "Er konnte nicht irgendwo anders hingehen, konnte nicht weggehen, um irgendwo anders zurückzukommen mit jemand anderem." (a. a. O. S. 80) Das gilt auch noch für London, jene Stadt, die er in seinen Tagträumen als die Alternative, das ganz Andere, preist, "fremd und voll anderer Bilder." (a. a. O. S. 39) Deutschland im Herbst bleibt sein Schicksal, seine BeeRDigung, Köln die Stadt, die ihm alle Fluchtwege versperrt, "Mittelmaß und Wahn" (H. M. Enzensberger) die ständigen Bezugspunkte seines Leidens wie Furors. Nur in ohnmächtigen Gewaltphantasien vermag er sich kurzfristig Luft zu verschaffen, Atem zu holen, um das Leben überhaupt weiter aushalten zu können. Die Gewalt als Sedativ, jedoch letzten Endes als untaugliches Mittel. Dann der Aufschrei: "Ich will nicht mehr." (a. a. O. S. 73) Immer wieder, immer häufiger. Nichts Neues weit und breit, keine lebbare Alternative, eine Bewegung im Stillstand, die ewige Wiederkehr - zusammengefaßt in den letzten Zeilen des Romans: "Man steigt eine Treppe hoch, eine Tür wird geöffnet und fällt ins Schloß, ein Ruck, hier bin ich, ich bin hier. Woooooooo? Hiiiiiiiier! O 1979, alles ist besser geworden. Man könnte auf der Stelle sterben. Immerzu. Und sie kommt herein, er kann sie sehen und sagt: Guten Tag!!!" (a. a. O. S. 182)

Der Tod als letzte Möglichkeit? Als definitive Flucht? - Am 23. 4. 1975 starb der Dichter Rolf Dieter Brinkmann bei einem Verkehrsunfall in London. Vielleicht so, wie er an einer Stelle von "Keiner weiß mehr" den Verkehrstod seiner Frau imaginiert hat? Man braucht nur die Personalpronomen auszutauschen. Nicht sie, sondern er.

"Einer mußte schließlich auf der Strecke bleiben. Er. Das war gleichsam abgemacht. Und er war es. Er rennt über eine Straße, die Kreuzung dort bei dem Hochhaus, Wagen kommen schnell und dicht hintereinander aufgefahren heran, ein Wagen schleudert ihn weg, gegen einen anderen Wagen. Alles geschieht sehr schnell und ist nur ein einziges zusammengeschobenes Geräusch, der stumpfe Aufprall seines Körpers gegen die

Karosserie, die Bremsen, das Schleifen von Gummi auf dem Asphalt, mehrere dicht nachgekommene Wagen, die aus der Bahn geraten, und er wie leichter Plunder, ein Stoffballen, sich überschlagend in der Luft. Fast gleichzeitig kommt auch das Aufklatschen des Körpers auf der Straße, tot, er, in dem Blechgerümpel, zuckt hier noch unregelmäßig mit einem Bein, das andere Bein verborgen, unter ihm abgeknickt, das Gesicht ist nicht mehr genau zu erkennen." (a. a. O. S. 77)

*

Rückblende. Zwei Jahre früher. Wieder geht es um den deutschen Alltag, wiederum in einer Dreierbeziehung - nur diesmal von der anderen Seite. Ausgeleuchtet wird der Innenraum durchschnittlicher Existenzen. Wechselnde Erzählperspektiven. Vater, Tochter, Sohn; Rentner, Lehrerin und gescheiterter Student. 1966 - das Jahr der Rezession, der Stagnation. Es geht nicht mehr so ungehemmt weiter wie bisher mit dem Fortschritt. Zeit zum Nachdenken also? Zum Überdenken, wie man wurde, was man ist?

Nein, das gerade nicht. Thematisiert wird vielmehr die Unfähigkeit, die eigene Rolle zu durchschauen bzw. zu reflektieren. Die Figuren in Dieter Wellershoffs erstem Roman "Ein schöner Tag" sitzen fest in ihrer Geschichte - in Geschichten, die auch etwas über den Zustand der Republik erzählen. Von "exemplarischen Zustandsbildern" ist im Zusammenhang mit Wellershoffs späteren Romanen gesprochen worden. (vgl. Tschierske 1990. S. 28) Völlig zu Recht; es gilt aber schon für den Erstling. Denn darin führt Wellershoff Menschen vor, "die die herrschenden Normen auf eine Weise verinnerlicht haben, daß sie daran zu Grunde gehen." (Wellershoff 1980a. S. 170) Es sind Menschen, die einen festen Körperpanzer um sich aufgebaut haben, unfähig sind, sich auseinanderzusetzen, sich miteinander zu verständigen, ihre Ängste, Wünsche und Bedürfnisse zu artikulieren.

Mit Blick auf Ronald D. Laing hat Wellershoff einmal von den anhaltenden "Mißverständnissen zwischen Menschen" gesprochen, von "Täuschungen und Selbsttäuschungen", davon, was sich Menschen nicht nur antun, sondern was sie sich ständig auch vormachen. "Angst und Mißtrauen, eigene Verletztheiten bestimmen die Gesprächspartner. Sie belauern sich, durchschauen sich und verkennen sich dauernd, jeder ist gefesselt an seine fixen Ideen." (Wellershoff 1980a. S. 56)

Was Wellershoff hier über Laing äußert, charakterisiert schließlich auch seinen ersten Roman. Einige Tage im Leben dreier Menschen. Szenen aus kleinbürgerlichen Verhältnissen: ein Vater, der immer noch seinem Lebenstraum - einen Lastenausgleich für eine 1945 bezahlte Hypothek zu erhalten - hinterherjagt, eine Tochter, die die Familie ernährt, und ein Sohn, der nach gescheitertem Studium unambitioniert in Gelegenheitsarbeiten jobbt. Sie alle träumen vom Leben, einem Leben, das anders ist als das wirkliche, und merken dabei nicht, daß das Leben, daß sie nur spielen, das Spiel um ihr eigenes Leben ist. Sie spielen Leben und leben aneinander vorbei mit ihren unausgesprochenen Wünschen und Ängsten, mit ihren Träumen, in denen die anderen nicht vorkommen. Die Tochter will am liebsten den Vater in einem Altenheim unterbringen, der Sohn will endlich aus der Vormundschaft ausbrechen und einen Neuanfang machen, einzig der Vater hält beharrlich an der Familienidylle fest - er will retten, was nicht mehr zu retten ist, den Zusammenhalt in der Familie. Aber keiner kann über seinen Schatten springen, über die Geschichte, in die er mit den anderen verstrickt ist, und so wird dann das Familienspiel weitergespielt - mindestens so lange wie der Vater noch lebt, zu dessen 71. Geburtstag man sich am Ende wieder versammelt. Der Ausklang an einem schönen Tag; verdeckt und übertüncht die Gegensätze, Rivalitäten und Mißverständnisse. Aufgeschoben bis zu einer anderen, neuen Gelegenheit, die jedoch nie kommt und nie kommen kann, weil allen die Voraussetzung dazu fehlt, die Fähigkeit zur offenen Auseinandersetzung, zur unverzerrten Kommunikation. Unwidersprochen stellt der Vater in den Raum: "Ich habe gedacht, jeder Tag ist neu, jeden Tag kann man neu anfangen, wenn man sich das vornimmt, und es ist nur ein Entschluß, sich zu sagen, jetzt ist alles verziehen. Aber wenn man sich das vornimmt, dann gibt es schon gar nichts mehr zu verzeihen. Dann ist es ja schon vorbei damit." (Wellershoff 1981. S. 200f.)

Ja, wäre das schön, so einfach etwas Neues, ein neues Leben beginnen zu können, die Altlasten zu vergessen, einen Schlußstrich zu ziehen und frisch drauflos von vorne anzufangen. Das wäre wirklich einmal ein schöner Tag. Im Zusammenhang des Romans jedoch klingt das bitter ironisch, wie ein höhnischer Kommentar zu den erfolglosen und ohnmächtigen Ausbruchsversuchen, die die Schwester und ihr Bruder zuvor unternommen haben. Doch sie können nicht aus sich heraus, der Körperpanzer hält sie fest im Griff. Unfähig zur Auseinandersetzung, unfähig zu neuen Kontakten und einer neuen Nähe kommen sie immer wieder auf den Ausgangspunkt zurück. Mehr noch: diese Figuren sind von der "Unfähigkeit zu trauern" (A. Mitscherlich) bestimmt, weil sie unfähig sind zu fühlen, d. h. - mit Agnes Heller zu sprechen - sich involvieren zu lassen. Es bleibt also bei bloßen Wünschen und Träumen, die jedoch nie artikuliert werden, schon gar nicht im Raum derer, die es am meisten in der Folge betreffen würde. Drei Solipsisten, die zufällig zusammenhocken; drei Menschen, drei Schicksale, drei Leben - Gemeinsamkeit stiftet einzig die Gewohnheit. Im Grunde aber ist jeder für sich allein - Deutschland im Herbst, die Kehrseite des Wirtschaftswunders, der Utopieverlust. Später wird man dann von Orientierungskrise reden.

*

Jetzt der Blick zurück nach vorn. Bereits näher an uns heran. Nicolas Borns Roman "Die erdabgewandte Seite der Geschichte", 1976 erschienen, geht auf die Zeit des heißen Sommers von 1968 zurück. Wie Brinkmann schließt sich auch Born dem Wellershoffschen Konzept eines "Neuen Realismus" an. Doch klingt es radikaler, subjektiver als bei Wellershoff - radikal subjektivistisch nämlich. Der Alltag ist nicht mehr Alltag schlechthin, sondern ein aparter, ein privater; die Geschichte nicht länger universal oder total, sondern partikular. Bezugspunkt ist die eigene Biographie.

Darin auch verpaßt Borns Roman der Literatur der 70er Jahr ihre Signatur - einer "Dekade der Ich-Geschichten, im unverblümten, direkten Sinne. Jeder wollte von sich, hauptsächlich von sich erzählen." (Hage 1982. S. 28) Literatur eines neuen "Erfahrungshungers", worunter Michael Rutschky die 70er Jahre insgesamt begriffen hat. Literatur der Innerlichkeit und Subjektivität, die skeptisch den großen und groben Entwürfen aus der Zeit der Studentenbewegung gegenübertritt und stattdessen die Rechte des 'subjektiven Faktors' (Lenin), die Ansprüche der eigenen Individualität, einklagt. Ohne dabei jedoch - dies gilt es mit Ralf Schnell festzuhalten - apolitisch zu werden. Im Gegenteil. Denn wenn auch diese Literatur "auf eine Abkehr von gesellschaftlichen Institutionen, auf Mißtrauen gegenüber den etablierten Parteien und den sozialen Hierarchien deutet, so enthält

doch der Entpolitisierungsprozeß zugleich eine stärkere Betonung indivi-
dueller Interessen und Motivationen, eine programmatische Rückerobe-
rung der eigenen Sinnlichkeit, die im Politisierungsprozeß der sechziger
Jahre nicht selten verlorengegangen schien." (Schnell 1986. S. 255)

Borns Roman ist vor allem eine Bilanz des Verlustes. Im Rückblick auf
die Zeit der Studentenbewegung, in der seine Geschichte angesiedelt ist,
weist er hellsichtig auf deren Defizite hin - nicht anklagend, nicht besserwisserisch, aber doch mit der gesunden Skepsis desjenigen, der seine Individualität gegen die "Gefangenschaft in der Äußerlichkeit" behauptet
und sich dem Vorwurf der "Flucht in die Innerlichkeit" bewußt aussetzt.
(vgl. Born 1979. S. 51) Vordergründig schreibt Born 'nur' die Geschichte
einer Beziehung, eines Krampfes, der nicht vorübergeht; hintergründig
aber zeichnet er die Stimmung jener Jahre hinein, die aufgeregten Diskus-
sionen über Sinn, Zweck und Ziel von Geschichte, eher beiläufig auch die
Möglichkeiten des Schreibens.

Im Vordergrund also: der Erzähler, seine Partnerin Maria und die kleine Tochter - der Schwebezustand eines Verhältnisses, wie bei Brinkmann,
nur verhaltener, resignierter. Dahinter beginnen die Konturen allmählich
zu verblassen: der Freund Lasski, ein exponierter Vertreter der Bewegung,
und die Aktionen selbst. Wie ein "ausgebrannter Lebensprofi" (a. a. O. S.
104) kommt sich der Erzähler vor, leer und antriebsgehemmt, eingekapselt
in einer "Ich-Verklemmung", wie Maria bemerkt. (a. a. O. S. 174) Zum Beobachten verurteilt, ohne selbst eingreifen zu können, weil ihm die Antworten fehlen und die Frage selbst unkonstruierbar geworden ist, mit Bloch zu
reden. Der Mann der Menge, ein unbeteiligter Flaneur. "Diese Aufmärsche
unter Transparenten kamen mir wie eine Öffentlichkeit vor, der wir, durch
besondere Umstände entschuldigt, fernblieben. Ich hatte keine Antworten
auf bestimmte Fragen der Geschichte, konnte alle Antworten, je selbstge-
wisser und gerechter sie klangen, nur noch verachten. Die Antworten waren Sache junger Vikare und organisierter Sozialarbeiter." (a. a. O. S. 97)
So schwimmt er denn gleichsam an den Leuten vorbei, mittendrin und zugleich kilometerweit entfernt. "Ein empfindungsloser Körper, der wie ein
Eiswürfel wegrutschte, sobald man ihn anfassen wollte, das heißt, ich habe
mich wohl gefühlt, leicht und unverletzbar, taub und heiter, und mein Glas
war immer schnell leer." (a. a. O. S. 104)

Die Geschichte ist, sinniert der Erzähler einmal, "zugefroren in den Weihern und Tümpeln des Tiergartens." (a. a. O. S. 65) Wenn sie denn überhaupt je stattgefunden hat. Der Eintritt ins Posthistoire. Von weitem winkt die Theorie Arnold Gehlens. Bewegungslosigkeit, Erstarrung. Aufgegeben der Gedanke an ein sogenanntes Subjekt der Geschichte, an einen Aktivposten, der Veränderungen initiieren soll. Bloß "linke Kopfprobleme", die auch "auf dem Kehrrichthaufen" landen werden, wie der Freund Lasski durchaus selbstkritisch feststellt. (vgl. a. a. O. S. 106)

Im Gegenzug wird Geschichte zurückgenommen ins Individuum, ins private Schicksal und die eigene Befindlichkeit. Und damit verschiebt sich auch die Aufmerksamkeitsrichtung des Erzählers; er berichtet nurmehr von sich und den eigenen angestrengten Schreibversuchen. Er denkt, "daß Geschichten wie diese die eigentliche Geschichte ausmachen und daß die Weltgeschichte nur die chronische Geschichte ihrer Verwaltung ist. Nicht vor dem Hintergrund einer ruchlosen weltgeschichtlichen Spirale, deren Bewegungen immer enger und unentrinnbarer werden, spielte sich unsere Geschichte ab, vielmehr vollzog sich das gesellschaftliche Leben, dieser atemlose Stillstand in der Bewegung, vor dem Hintergrund unserer Geschichte." (a. a. O. S. 203) Hintergrund und Vordergrund vertauschen sich. Geschichte ist für Born die Geschichte des Individuums, eine persönliche Biographie. Und sie ist erzählbar - einzig noch. Dahinter ist nicht nichts, aber doch sehr wenig, ein "atemloser Stillstand."

Diese Verkehrung birgt jedoch auch Gefahren in sich. Denn wenn es keinen Anhalt mehr in der Geschichte gibt, wenn die äußeren Bezugspunkte fehlen und einzig ein geschichts- und gesichtsloser Alltag übrigbleibt, dann ist das Individuum wieder ganz auf sich selbst zurückgeworfen. "Es ist so, dachte ich, daß ich alles nur noch durch mich selber erklären kann, außerhalb gibt es keine Erklärungen mehr." (a. a. O. S. 19) Die Auflösung und Zurücknahme der Geschichte in erzählbare Alltagsgeschichten ("Solche Tätigkeiten wie das Rasieren, das Abwaschen des Geschirrs, der Gang zum Briefkasten hatten noch etwas von der alten Notwendigkeit." [a. a. O. S. 19f.]) rückt dann die Befindlichkeit des Schreibenden in den Mittelpunkt. Peinlich genau registriert er seine Körperfunktionen, achtet er auf seine physischen und psychischen Zustände. Und nicht von ungefähr kommt der Erzähler auch zur Beobachtung seiner Herzfunktionen in eine Klinik. Denn der Körper somatisiert die Leiden an der Geschichte und Gesellschaft, die das Bewußtsein zwar feststellt, auf die es jedoch keine Antworten mehr weiß - ein Leiden an Deutschland, das am Ende den Körper unheilbar infiziert hat.

Auch Nicolas Born stirbt früh. Am 7. 12. 1979 an einem Krebsleiden.

*

Drei Romane, drei Möglichkeiten der "Erfahrbarkeit der Welt" (Wellershoff), drei Reaktionen schließlich auf das Bundesdeutschland der 60er Jahre. Aufschrei und Anklage, aber auch Verzweiflung bei Brinkmann, ein genaues Psychogramm kleinbürgerlicher Existenzen bei Wellershoff, resignierte Einsicht in die Unmöglichkeit von Veränderungen bei Born. Mentalitätsgeschichtliche Dokumente von Bestand sind sie alle. Das zeichnet sie auch vor vielen anderen Arbeiten, insbesondere solchen - späteren - über die und aus der Studentenbewegung aus (Uwe Timms "Heißer Sommer" [1974] oder Gerd Fuchs' "Beringer und die lange Wut" [1973]). Denn diese Texte geben im Medium der Literatur nicht nur die Atmosphäre einer zurückliegenden Zeit wieder, sondern tiefer noch etwas von dem, was bis heute - und sicher anhaltend - die Literatur so notwendig macht. Nicht als "Auferstehungsengel der Geschichte" (Friedrich Hebbel), sondern als Modell, das in eins mit der Erfahrbarkeit von Welt die Möglichkeiten und Fähigkeiten, aber auch die Deformationen und Entfremdungen des Ich im Alltag anschaulich gestaltet.

2. Sein, Dasein, Anderssein.
Das Werk von Hermann Lenz

I. Auskünfte

Hermann Lenz, geboren am 26. 2. 1913 in Stuttgart; Studium der Kunstge-schichte, Archäologie und Germanistik in Heidelberg und München; Kriegsteilnehmer; nach der Entlassung aus amerikanischer Gefangenschaft freier Schriftsteller in Stuttgart; von 1951 bis 1971 Sekretär des Süddeut-schen Schriftstellerverbandes; lebt seit 1975 in München. Gedichte, Roma-ne, Erzählungen und Essaybände. (vgl. Koch 1986. S. 1)

Unauffällig wie diese Biographie des Hermann Lenz sind auch seine Bücher - randständige Erscheinungen auf dem literarischen Markt, jeden-falls frei von allen Moden. Sie paßten und passen nicht zum jeweiligen lite-rarischen Zeitgeist, nicht zur Literatur der sogenannten 'inneren Emigra-tion', auch nicht zum Nonkonformismus der 50er Jahre, schon gar nicht zum politisch exponierten Realismus der 60er Jahre, eher vielleicht schon zur 'Neuen Subjektivität' als Abkehrbewegung zur Literatur um '68. Denn 1973/74 wird der nun schon über sechzigjährige Lenz von keinem Geringe-ren als dem Kollegen Peter Handke wiederentdeckt. Doch so ganz auf der Linie der Neuen Subjektivität bzw. Innerlichkeit liegt Lenz nicht; dafür ist sein Begriff von Subjektivität zu alt, wird sein von Mark Aurel entlehnter Vorsatz 'Sieh nach innen' bereits seit Jahrzehnten in immer neuen, neu-al-ten Büchern variiert. Nein, er paßt wirklich nicht hinein - weder in unsere Zeit, die wir uns angewöhnt haben Gegenwart oder Moderne zu nennen, noch in deren Moden.

Immer wieder kommt Hermann Lenz in autobiographischen Aufzeich-nungen, die parallel zum Werk entstehen und in denen er bereitwillig Aus-kunft gibt, auf seine Unzeitgemäßheit und Außenseiterrolle zu sprechen. So heißt es in dem fiktiven Nachruf "Wie ich ihn sehe", worin Lenz in die Rolle eines Beobachters seiner selbst geschlüpft ist: "das Vergangene oder die mit Patina belegte Zeit, wie er zu sagen pflegte, (hat) all seine Arbeiten beeinflußt oder infiziert (...). Er war kein Mensch des 'Gegenwärtigen' und erinnerte mich oft daran, daß es Gegenwart gar nicht gibt; es gebe nur Vergangenheit (womit er wahrscheinlich recht hatte)." (Lenz 1981a. S. 21) Lenz fühlt sich erst wohl und heimisch in der guten alten Zeit des Biedermeier, weit vor der 1848er Revolution, oder auch im alten Wien vor dem 1. Weltkrieg. Literarische Vorbilder und ständige Lektürebegleiter sind ihm Stifter, Raabe und vor allem Mörike. Er liebt den Stuttgarter Raum, Fahrradfahrten durch Stuttgarts Umgebung und Wanderungen durch den Bayerischen Wald, mit freiem Blick nach Böhmen, wie es an vielen Stellen heißt. Natur und Stille, eine befriedete bessere Vergangenheit und die Entdeckung dessen, was Lenz den "inneren Bezirk" nennt, markieren dann auch einige Eckpunkte seines Schreibens.

Steckt darin der Wunsch nach Idylle, die Hoffnung auf einen Zustand des "Vollglücks in der Beschränkung" (Jean Paul)? Doch was sollte daran so verwerflich sein?

"'Mörikes Zeit', das war damals für mich eine Art Zauberwort, und ich meine, es sei nicht allzu beschämend, wenn ich heute noch davon überzeugt bin, zumindest was die Geschmackssachen (also auch die Literatur) beträfen, könne sich diese Zeit immer noch sehen lassen." (Lenz 1981b. S. 526) Und die erste Zeile von Lenz' erstem publizierten Gedicht lautet programmatisch: "In ein gerolltes Weinblatt möcht ich kriechen."

Wirklichkeitsflucht, Realitätsblindheit?

Mag an der Oberfläche der Lenzschen Texte immer wieder der Eskapismus durchbrechen, die Motive fürs Schreiben liegen tiefer, nämlich in der Geschichte selbst - einer Katastrophengeschichte. Gemeint sind die zwölf Jahre des Faschismus und der Krieg schließlich - Jahre, die Lenz um seine Jugend bringen und seine Pläne durcheinanderwirbeln. Von Anfang an ist er gegen den Nationalsozialismus, ahnt er die Katastrophe und schreibt. Er schreibt, um sich abzulenken, um sich auf den eigenen "inneren Bezirk" zu konzentrieren, um - schlußendlich - "ein Gegengewicht zu haben gegen Rohheit und Grausamkeit." (Lenz 1981a. S. 26) "Zu wissen, daß es einen Bezirk gibt, der nicht zerstört werden kann, das half mir, durchzukommen." (a. a. O. S. 27)

Seit seinem ersten Schreibversuch ist es stets diese Doppelperspektive gewesen, die Lenz motiviert hat: ein Schreiben gegen die Zeit, eine Abwehrhaltung, und zur Erkundung des eigenen Ich. "Ich schreibe also, um mir ein Bild zu machen; übrigens ein Bild von mir selbst, weil ich weiß, daß jeder nur das erkennen kann, was seiner Mentalität entspricht." (ebd.)

In einem kurzen Essay von 1975 äußert sich Lenz darüber, was er "für bemerkenswert" hält: "über das sogenannte 'Dritte Reich' Bescheid gewußt zu haben, auch als es sich noch nicht vernichtend spreizte, und zu wissen, die Natur werde mich überleben. An einem klaren Septemberabend im Bayerischen Wald einen überwachsenen Weg entlangzugehen und nach Böhmen hinauszuschauen, das lohnt sich jedenfalls; freilich werde ich auch dort ein gewisses Fremdheitsgefühl nicht los. Und obwohl die ersten sechs Jahre, die ich als Analphabet verbracht habe, vielleicht die glücklichsten meines Lebens gewesen sind, möchte ich etwas geschrieben haben, das mehr ist als Druck und Papier." (a. a. O. S. 29)

Abgesehen davon, daß Lenz hier eben dasjenige festhält, was ihm bemerkenswert erscheint, enthält diese Passage auch einen Hinweis auf den wohl letzten und tiefsten Schreibimpuls, nämlich die Erfahrung des unwiederbringlichen Verlusts der Kindheit und damit zugleich der Einheit, der Harmonie und des Glücks. Was danach - nach dem Verlust der Kindheit - kommt, ist ein Zustand des Bewußtseins, der Bewußtheit über den Bruch - lesend und schreibend zur Sprache gebracht. Insbesondere das Schreiben und sein Resultat, der Text, sind für Lenz andauernde Versuche, über den Bruch hinwegzukommen und das transzendental heimatlos gewordene Ich wieder neu 'festzustellen', immer wieder neue utopische Orte zu entwerfen.

"Jede Utopie", formuliert Lenz in einem neueren Text, "ist eine Illusion. Sie entsteht durch ein Gefühl des Ungenügens und des Alleingelassenseins, also aus Einsamkeit. Wer sie aufbaut, der bildet eine Sphäre aus, die dem Druck der Gegenwart widersteht; denn jeder Utopist will den ihn einengenden oder bedrückenden Lebensumständen zumindest in der Phantasie entkommen." (Lenz 1989. S. 125)

In dem Roman "Die Augen eines Dieners" (1964) gibt es eine Parallelstelle zur zitierten autobiographischen Notiz; sie mag auch als Leitmotiv bei der Beschäftigung mit dem Lenzschen Werk dienen: "Wasik (...) dachte, er sei immer gleich alt gewesen. 'Von deinem sechsten Geburtstag an hast du alles gewußt ...' Da war etwas gewesen, das sich zwar niemals verändert, aber trotzdem alles bestimmt und eingefärbt hatte, wahrscheinlich weil das Etwas hauptsächlich aus Angst bestand." (Lenz 1979. S. 127)

Der sechste Geburtstag, das ist das Jahr der Einschulung, der Initiation in die geschriebene und beschriebene Welt, der Verlust des Analphabetismus und damit der Naivität, die Entdeckung der großen Welt als Sprache und Geist, als Sprachspiel, als Fremdes und Anderes, die Einweisung in einen perennierenden Alltag, das ist das Ende der Unschuld ...

II. Schreiben, wie man ist

"Leben und Schreiben" heißt der Band mit Vorlesungen, die Lenz an der Frankfurter Universität gehalten hat. Nichts hochgestochen Theoretisches darin, auch keine tiefschürfenden ästhetischen Reflexionen, vielmehr Adnoten zum Werk, Rückblicke und Einblicke in einen fortlaufenden Erzählprozeß, wo alles "miteinander verbunden (ist) wie ein Gespinst." (Lenz 1986a. S. 20) An einer Stelle gleich zu Beginn der ersten Vorlesung bemerkt Lenz über die Gegenstände seines Schreibens: "Ich (...) bin, wie jedes Lebewesen, nicht ohne Vater und Mutter, also nicht ohne Vergangenheit, denkbar, wie ein Stuhl oder jeder andere Gegenstand, der ohne den nicht existiert, der ihn gemacht hat. Weshalb die Vergangenheit in alles hineinreicht und ohne Vergangenheit, die sich als Erfahrung manifestiert, nichts existiert. Dazu kommen die in jeder Familie überlieferten Geschichten, die Vater und Mutter erzählen, weshalb die Historie bis zu den Groß- und Urgroßeltern lebendig bleibt. Wobei daran erinnert werden darf, daß Geschichte nichts anderes ist als das Geschichtete, das Abgelagerte, von dem uns die Erdgeschichte ein deutliches Bild vor Augen stellt." (a. a. O. S. 12f.)

Geschichte als das Geschichtete, das im Prozeß des Erzählens freigelegt, abgetragen und ansichtig gemacht wird. Geschichtenerzählen als Annäherung und Erkundung an das Gemenge aus Geschichtetem, das dann abkürzend und behelfsmäßig Geschichte genannt wird. Erzählen, so mag das Bild von den Ablagerungen weiter nahelegen, dringt in die Tiefen vor, befördert eine um die andere Schicht zutage. Geschichte ist aber näherhin immer Geschichte des Individuums, nichts Abstraktes oder Apartes, sondern sie wird am "Leitfaden des Leibes" (Nietzsche) entwickelt. Die Geschichte, von der Hermann Lenz unablässig seit Mitte der 30er Jahre in Romanen und Erzählungen, in Geschichten, Kunde gibt, ist immer seine eigene; die erzählten Geschichten sind Bestandteile, Details und Momente einer Lebensgeschichte. Mal notdürftig hinter den Namen fiktiver Personen kaschiert, offenkundiger dann in der bislang auf acht Bände angewachsenen Biographie des Eugen Rapp, Lenz' alter ego. Auch in diesem Sinne sind alle Bücher von Lenz "wie ein Gespinst" miteinander verbunden - Bausteine eines einzigen unendlichen Textes.

Dennoch: einerseits - andererseits. Der Vorwurf des Schreibens ist immer das eigene Leben; deutlich zweigeteilt fällt aber das Werk aus. Direkte autobiographische Bücher stehen - bisweilen zeitgleich - neben solchen von fiktivem Zuschnitt. Warum diese Zweiteilung?

Mir scheint, es handelt sich um zwei verschiedene Perspektiven auf dieselbe Sache, um zwei Modelle, die das Leben und eine ganz bestimmte Lebenshaltung in der Geschichte unter verschiedenen Sichtweisen porträtieren. Während sich die autobiographischen Romane Eugen Rapps um die minuziöse Rekonstruktion eines Lebenslaufs bemühen, um die Feststellung eines einzelnen Subjekts im Ablauf der Geschichte des 20. Jahrhunderts, konstruieren die fiktiven Erzählungen und Romane "Gegenbilder" (Moritz 1989. S. 315), utopische Projektionen einer besseren Vergangenheit oder vagen Zukunft, in denen sich die Protagonisten, allesamt Außenseiter, gebrochene Figuren und Geistesverwandte des Eugen Rapp, zu bewähren haben.

Konstruktion und Rekonstruktion. Ein magischer Realismus mit surrealistischen Einsprengseln (etwa in den frühen Texten "Das doppelte Gesicht" [1949] und "Spiegelhütte" [1962]) steht einer detailversessenen Beschreibungsliteratur gegenüber; Bedeutendes und Bedeutungsvolles kontrastiert mit banalen Alltäglichkeiten. Es ging und geht Lenz um lädierte Persönlichkeiten, um Eugen Rapp und seine vielen Geschwister, die Lenz mit ihrer antiquierten stoischen Haltung verschiedenen Lebenssituationen und historischen Zeiten aussetzt. Die Romane und Erzählungen führen ein "Probehandeln" (Wellershoff) vor; erprobt werden Haltungen - z. B. eine stoische Lebensführung - in der Geschichte. Vermessen wird dabei der Zeitraum von Mitte des 19. Jahrhunderts bis in die 70er und 80er Jahre unseres Jahrhunderts. Mal unter penibelster Betonung von Alltagsabläufen, dann wieder mit Blick auf existentielle Krisensituationen.

Wie kommt der Einzelne durch die Zeit, wie schafft er sein Leben? - Fragen des Hermann Lenz.

III. Nachrichten aus dem inneren Bezirk

Sie mögen herkommen, wohnen oder sich aufhalten, wo immer sie wollen, ob im alten Wien, in Stuttgart oder München der 30er oder 60er Jahre, im zeitlosen Raum von Drommersheim, Außenseiter, Eckensteher und Randständige sind sie allemal, die Lenzschen Helden - oder besser: Antihelden -, denn sie bewegen nichts, greifen nirgends ein, verändern nichts, selten einmal sich selbst. Stoiker, wie gesagt, Liebhaber von Mark Aurel, Skeptiker und Fatalisten sind es. Die Gegenwart zählt nicht, ebensowenig die Zukunft; was bleibt und dauert, ist einzig die Vergangenheit. "Wer stehenbleibt, rückt weit vor in der Zeit", heißt es im Erzählband "Spiegelhütte" und bildet zugleich das Motto. (vgl. Lenz 1977a. S. 158) Die Lenzschen Figuren sind Gegenfiguren, Fremde, "die nicht mehr zu den andern gehören", liest man weiter in "Spiegelhütte". "Wir haben niemals zu ihnen gehört, wir können uns angleichen und versuchen, so freundlich und liebenswürdig wie nur möglich zu sein, damit wir uns von niemand unterscheiden - es gelingt uns doch nie ganz. Entweder, wir werden ein unbehagliches Gefühl gegenüber allen anderen nicht los, oder, wir sind ihnen nicht geheuer." (a. a. O. S. 12)

Bereits der Protagonist und Erzähler aus der frühen Erzählung "Das stille Haus" (als Buch 1947) beschreibt sich als stillen Menschen, der am liebsten in sich "hineinschaute" (Lenz 1947. S. 6), andere Menschen eher meidet und nach einer tiefen Kränkung durch den Vater von sich sagt: "Ich bin tief in mich selbst zurückgekrochen wie die empfindliche Schnecke, deren Haut man mit dem Messer geritzt hat; aber meine Träume, die Begierde nach Alleinsein, hielten meine verwundeten Sinne, nur dauerte es bei mir lang, bis ich mich wieder hervorwagte und den eigenen Wünschen trauen konnte." (a. a. O. S. 52)

Die Figuren sind austauschbar; ähnlich wie der junge Erzähler aus dem "Stillen Haus" empfinden auch die Protagonisten des Erzählbandes "Das doppelte Gesicht" (1949). Sie leben für sich, abgewandt und auf ihr eigenes Innere bezogen, auf den eigenen inneren Bezirk. Die Einsamkeit und Verzichtsgesten sind ihnen Tugenden, Veränderungslosigkeit ihr Ideal. Das Glück winkt im Stillen und in kleinen Gesten oder erfüllt sich in Naturbeobachtungen und stammt aus Lektüren und intensiven Kunstbetrachtungen.

Selbst in Zeitläufen extremer politischer Gefährdung, z. B. im faschistischen Regime, dessen Schergen den oppositionellen Adligen von Sy und seine Tochter im Roman "Im Inneren Bezirk" (1970) verfolgen und einsperren, üben sich die Helden noch in Gelassenheit, beziehen sich auf "das Vertraute, das Lautlose und das Leise" (Lenz 1970. S. 84). Beide, Vater und Tochter, rechnen sich einer Minderheit zu, jedoch einer, die letzten Endes auch "nichts ausrichten wird" (a. a. O. S. 166). Deshalb, so könnte man als Lehre heraushören wollen, sollte man die schlimme Zeit am besten übersehen und überhören, für nichts achten und sich anstellen, "als wär's dieselbe Zeit wie eh und je." (a. a. O. S. 61) Und die Tochter, die einmal den Faschismus als "Schlamm der Zeit" bezeichnet, redet über die Oppositionshaltung folgendermaßen: "Wer widerstehen will der Zeit, der muß sich so fein machen, daß er zwischen Fäden eines Leinenstoffes durchschlüpfen kann." (a. a. O. S. 205)

Der Zeit widerstehen beide, Vater und Tochter, auch noch nach Kriegsende in einer vermeintlich neuen Gesellschaft. Lenz hat ihren Lebensweg 1980 in dem Roman "Constantinsallee" durch die Jahre weiterverfolgt, bis sich ihre Spuren dann im elterlichen Stuttgarter Haus eben in der Constantinsallee verlieren. Sie haben sich geschickt der Zeit und ihren verschiedenen Gestalten entzogen, haben das "Nebendraußenstehen" kultiviert. (vgl. Lenz 1980. S. 666) Wie das schließlich aussehen könnte, hat Lenz an einer Stelle des Romans einmal so beschrieben: "sitzen, lesen können, unberührt von allem, was als Wolke (Angstgewölk) aus der Zeit aufstieg und den Atem benahm..." (a. a. O. S. 647).

Rückzug, Einsamkeit, Stille und Selbstvergessenheit heißen die Ideale der Lenzschen Figuren; stille Häuser und innere Bezirke sind ihnen wichtig. Ihr geheimnisvoller Weg geht, wie sie bei Novalis erfahren können und bei Mark Aurel als ihrem ständigen Wegbegleiter lesen, immer nach innen. Kein Wunder, daß ihnen die Geschichte, die (großgeschriebene) äußere Weltgeschichte, daher als mechanisches Räderwerk erscheint, von unbekannter Hand mit unbekanntem Ziel vorangetrieben. Lenz spricht von der

Geschichte als "Geschichtsrad", "Mechanismus", "Mühlstein", "Fahrrad", "Uhrwerk", "Maschinerie", als "Fluß" oder auch als Prozeß mit "eisernen Gesetzen". (vgl. Moritz 1989 S. 81) Nur eins gibt es nicht: den Fortschritt zum Besseren, eine Entwicklung zum Höheren. Die radikale Absage an jede Teleologie.

'Sich heraushalten' ist die gemeinsame Maxime der Lenzschen Helden; positiv gewendet: Für-sich-sein ist das wichtigste.

Zum Beispiel der Diener Anton Wasik aus dem Roman "Die Augen eines Dieners" (1964). Er kommt zu der Erkenntnis: "Vor deiner Haut beginnt die Fremde. Du hast nur ein Haus in dir selbst; und alles andere verändert sich." (Lenz 1979. S. 183) Überhaupt ist der Diener Wasik, dessen unspektakuläre Lebensgeschichte zwischen einem Manöver im Jahre 1912 und der Nachkriegsära der 50er und frühen 60er Jahre ausgebreitet wird, eine Musterfigur Lenzens, ein älterer Bruder jenes Eugen Rapp - aber noch bescheidener als dieser. Peter Handke hat diesen Roman besonders geschätzt und mit seiner Empfehlung die Wiederentdeckung des Hermann Lenz eingeleitet. Er habe, sagt Handke, während der Lektüre "den Zustand einer wachsenden Ungestörtheit", ja Geborgenheit empfunden. (Handke 1981. S. 37f.) Und Lenz selbst spricht von einem ihm wichtigen Buch, woraus er "immer wieder einzelne Sätze" zitiere. (Lenz 1981a. S. 22)

In drei unterschiedlich langen Teilen erzählt Lenz einzelne Episoden aus der Lebensgeschichte des Dieners Wasik, in chronologischer und linearer Folge, beschleunigt dann im letzten Teil, der die Altersjahre in einem vermeintlich neuen Staat behandelt. Da ist die Rede von einem Manövereinsatz, von zahlreichen Begebnissen auf Schloß Schoeneben bei Wien, dem Sitz der adligen Familie Engelsleben, Wasiks Herrschaften, - parallel dazu - vom Schicksal dieser Familie, deren letzter Sproß schließlich Trambahnschaffner wird und Wasiks Tochter aus später Ehe heiratet, viel auch von den Zwischenkriegsjahren und dem Faschismus, den Wasik als subalterner Angestellter in der Registratur eines Ministeriums übersteht. Auch die häufigen Verluste - Enttäuschungen, selbst Tode - werden berichtet, nie jedoch in ihrer historischen Dimension, sondern immer hinsichtlich ihrer existentiellen Bedeutung und Bedrohung in den Blick genommen. Denn das Leben des Dieners Wasik ist - insgesamt und überhaupt - eine gewöhnliche, unspektakuläre, alltägliche Angelegenheit. Ein normaler Lebenslauf mit geradem Ausgang, keiner mit auf- und absteigenden Verläufen.

Ein normales Leben, aber zugleich ein abseitiges Leben, eines am Rande. Denn ein Diener muß sich, so lautet Wasiks tiefste Überzeugung, "abwesend verhalten." (Lenz 1979. S. 42) Wasik steht gleichsam über und neben den Geschehnissen (vgl. a. a. O. S. 19); mindestens erweckt er den Eindruck, daß ihn nichts etwas angehe, daß ihm alles gleichgültig sei. (vgl. a. a. O. S. 32) Doch sieht derjenige, der außerhalb steht, die Dinge genauer, weil er nicht involviert ist, sondern beobachten kann. Und auch Wasiks Herrschaft hält einmal dafür, daß der Diener "schärfer" in die Geschehnisse hineinsieht, weil er "danebensteh(t)". (a. a. O. S. 19) Wasik lebt ganz nach innen, für sich; er spricht davon, daß des Menschen einziges Zuhause der eigene Leib ist (vgl. a. a. O. S. 115), und weiter, daß es wichtig ist, "sich wenigstens im eignen Kopfe eine Heimstatt zu errichten." (a. a. O. S. 117) Wie in anderen Romanen auch wird dabei die ablaufende Zeit verurteilt, die Gegenwart als "Mischmaschzeit" (a. a. O. S. 112) gekennzeichnet und hinter die Vergangenheit zurückgestellt: "Vergangenheit war immer; es gab nur Vergangenheit, Vergangenheit und täglichen Dienst, (...)." (a. a. O. S. 102)

Der Blick auf die Welt aus den Augen des Dieners fällt immer von unten, nämlich aus der Alltagsperspektive und lebensweltlicher Orientierung. Das macht Lenz durch die Erzählweise klar, die in der Er-Form gehalten und zugleich strikt auf die Sicht des Anton Wasik beschränkt ist: eben die Welt in und aus den Augen eines Dieners - und nur in ihnen. Als Anton Wasik z. B. von der Ermordung des Thronfolgers erfährt, muß er an den Attentäter denken, daran, was dieser wohl für ein Mensch war, und seine Gedanken schweifen fort, kehren in jenes Café zurück, wo er selbst sich zur Tatzeit aufgehalten hatte. Nichts über mögliche politische Auswirkungen, keine Erzählerkommentare, keine Einschübe oder Abschweifungen. Lakonisch fährt Lenz fort: "Dann begann der Krieg." (a. a. O. S. 105) Eben. Absatzende. Was folgt: nichts über den Krieg, nichts über Erlebnisse und Erfahrungen des Dieners. Statt dessen: "Wasik verlor in Galizien den Ring seiner Mutter und kam nach dem Kriege in die Stadt zurück. Es breitete sich nebeliges Regenwetter aus; die Stadt war unverändert." (a. a. O. S. 106) Punktum. Es kommt, was kommen muß, unweigerlich. Die Technik der Aussparung weist darauf hin, daß mit dem Krieg ein Bruch, eine Zäsur stattgefunden hat, die jedoch das Alltagsbewußtsein mit Macht auszublenden versucht. Es mag Wasik darum gegangen sein, den Krieg zu überstehen, um danach genau dort wieder anzufangen, wo das bisherige Leben abrupt abgeschnitten worden war. Denn Wasik hält auf das Alte, "die alte Ordnung". (a. a. O. S. 141) Was ihn stört, wird ausgeblendet, unterdrückt, verdrängt - er hält es sich vom Leib, läßt es nicht an sich herankommen. Das probate Mittel schließlich dazu - von Lenz wieder und wieder empfohlen - sind die Hinweise, die die Lektüre von Mark Aurel bereitstellt: "'Sieh nach innen' oder: 'Grabe innen!'" (a. a. O. S. 24) "Auf welch geringer Scholle der ganzen Erde gehst du! Dies bedenke und stell dir nichts als wichtig vor als zu handeln, wie deine eigene Natur es weiß, und zu leiden, wie die allgemeine Natur es bringt." (a. a. O. S. 109)

Ob das hilft? - Mindestens dem Diener Anton Wasik hat's geholfen, durch seine Zeit und Geschichte zu kommen.

Lenz' Romane erzählen Lebensgeschichten und beschreiben gleichzeitig Versuchsanordnungen, Möglichkeiten, das Leben und die Geschichte zu meistern - sollte man sagen: zu überstehen? "Wer sich in der schwindenden Zeit zurechtfand, hatte es weit gebracht." (a. a. O. S. 189) So heißt es zu Beginn des dritten Teils von "Die Augen eines Dieners". Man könnte den Satz auch als Motiv vor das Gesamtwerk von Lenz setzen: die erzählten Lebensgeschichten wollen Haltungen vermitteln, ein "Probehandeln" zeigen, wie es sich in der Welt und unter vorgefundenen Verhältnissen leben läßt - ganz alltäglich, ganz gewöhnlich und unauffällig.

Jürgen Petersen rechnet deshalb wohl auch nicht zu Unrecht das Lenzsche Werk insgesamt dem 'Nouveau roman' zu, stehen doch, so Petersen, Lenzens Werke spätestens seit den 60er Jahren "im Zeichen einer moderaten Deskriptionspoesie, die keine Kernaussage verfolgt und deren Gegenstand eine Alltagswelt bildet, die etwas ganz und gar Unprätentiöses hat." (Petersen 1991. S. 341)

So auch die Welt jenes Eugen Rapp, des ständigen alter ego von Hermann Lenz, dessen Lebensweg der Autor in bislang acht Büchern verfolgt hat. Präziser: in acht Romanen, weil alles Geschriebene, so Lenz in "Leben und Schreiben", fiktiv ist, mithin auch eine beschriebene Autobiographie. "Autobiographie und Fiktion schmelzen beim Schreiben ineinander" (Lenz 1986a. S. 95), behauptet Lenz, hält zugleich aber daran fest, daß er "Vergangenes deutlich (...) machen" und "die persönliche Erfahrung" aufspüren will. (vgl. a. a. O. S. 92) Die Grenzen sind fließend. Die Romane über Eugen Rapp haben etwas von einem Experiment an sich; es geht Lenz darum, einen - seinen - Lebensweg zu rekonstruieren, ein Individuum in seiner Geschichte möglichst umfassend 'festzustellen', d. h. die verschiedenen Schichten - Geschichte als das Geschichtete - freizulegen, Herkunft und Vergangenheit, Einflüsse und Zusammenhänge aufzuzeigen. In dem Roman "Constantinsallee" spricht Lenz davon, daß es darum geht, Erinnerungen 'hervorzuholen' und 'in Wörter einzuschließen' (vgl. Lenz 1980. S. 705), und in der Erzählung über Mörike, "Erinnerung an Eduard" (1981), heißt es auch, daß die erzählte und damit erinnerte Zeit, obwohl tatsächlich "verschwunden als Ablagerung unter dem Fluß", wieder "gegenwärtig in der Phantasie dessen [wird], der zurückschaut ..." (Lenz 1981c. S. 12) So entsteht dann das umfassend-umfängliche Porträt einer Persönlichkeit; jedoch nichts Abgerundetes und Abgeschlossenes, sondern immer nur Aspekte und Momente. Präsentiert werden perspektivische Ausschnitte und Annäherungen. Der 'andere' Name schafft hierbei die nötige Distanz, den Abstand zum eigenen Leben und Erleben.

Die Geschichte Eugen Rapps ist eine endlose Geschichte vieler Geschichten und Schichten, und sie ist erzählbar einzig noch aus der Perspektive von unten, in alltagsweltlicher Einstellung; mal aus den Augen Eugen Rapps, mal aus denen seiner Umwelt, der Großeltern, Eltern, seiner Schwester oder seiner Frau.

Eugen Rapps Geschichte verquickt Alltagszeit und Lebenszeit so miteinander, daß deutlich wird, daß (und wie) der Alltag - das Alltagsleben, die Alltagszeit und der vertraute lebensweltliche Raum - für Eugen Rapp das stabile Korsett fürs Leben und Überleben bildet: Jahrzehnte etwa wohnt er im selben elterlichen Haus im selben Zimmer unterm Dach, geht dieselben Wege spazieren und verbringt seine Urlaube an denselben Plätzen im Bayerischen Wald usw. Der Alltag strukturiert sein Leben, gibt Takt und Rhythmus an, ordnet es - "Manche brauchten Aufregungen, sonst stumpften sie ab. Und du? fragte sich Eugen. Dir würd's bei so was grausen." (Lenz 1986b. S. 14) An anderer Stelle werden "(a)lltägliche Erinnerungen, Tätigkeiten und Handgriffe" beschworen, "die zu ihm gehörten wie schwarz spiegelndes Wasser mit Eisrändern, das er ansah, wenn er neben dem Feuerbach ging, der um Weiden- und Erlenwurzeln bog, während der

Zaunkönig flog und ins Gebüsch oder unter eine Wurzel schlüpfte, die übers Wasser hing; (...)." (a. a. O. S. 150)

Der Alltag bietet Rückhalt und Sicherheit, feste Orientierungspunkte im Denken und Handeln, hält den Einbruch der Zeitgeschichte wenn nicht zurück, so doch auf Distanz. Der Alltag verstetigt das Leben - wie dann auch die Erzählung darüber, die in Eugen Rapps Geschichte als langer, gleichmäßiger Strom, als breiter epischer Fluß dahinfließt, ohne Stromschnellen, Hindernisse oder gar Wasserfälle. Er entspringt mit der Erzählung von Eugen Rapps Großeltern und Elternhaus ("Verlassene Zimmer" [1966]), bringt dann Eugen Rapps Jugend ins Spiel ("Andere Tage" [1968]), berichtet über die Zeit des Faschismus und die Kriegsteilnahme ("Neue Zeit" [1975]), um dann im Nachkriegsdeutschland, zuerst in der "Durcheinanderzeit" vor der Währungsreform, dann im neugegründeten Staat mit dem mühseligen Aufbau einer Dichterexistenz weiterzufließen. ("Tagebuch vom Überleben und Leben" [1978], "Ein Fremdling" [1983], "Der Wanderer" [1986], "Seltsamer Abschied" [1988] "Herbstlicht" [1992]) Und noch ist kein Ende in Sicht.

Er habe, sagt Lenz einmal in einem Interview, mit seinen Romanen über Eugen Rapp nicht mehr und nicht weniger als ein "tägliches Leben" beschreiben wollen. (Hoffmeister 1989. S. 14) Wie es jemand schafft, durch die Zeit zu kommen, allen Anfeindungen zu widerstehen, eine Identität zu bekommen bzw. eine Persönlichkeit zu werden - das ist die Geschichte Eugen Rapps, Hermann Lenz' und nicht zuletzt auch, so paradox es klingen mag, unseres Jahrhunderts, in dem nichts schwerer ist, als sich selbst zu finden und zu behaupten. Genau davon aber handeln die Romane: vom unausgesetzten Versuch und unabschließbaren Projekt, man selbst zu sein - genauer: allererst zu werden.

Ob man dabei nun die Lenzsche Lösung, die das Selbstsein nur im Fremdsein und Anderssein - nur in der Distanz und im "Abstand zwischen sich und den anderen Menschen" (Lenz 1986b. S. 123) - sieht, akzeptiert oder aber verwirft, mindestens jedoch weist Rapp/Lenz auf eine Möglichkeit hin, "in der schwindenden Zeit" (Lenz 1979. S. 189) zurechtzukommen.

Das Gedicht "Rückblick" schließt folgendermaßen:

"Was die andern so 'Leben' nennen,

War für dich mühsam.

Geschafft hast du es nie.

Wenn du nur durchkommst." (Lenz 1977b. S. 28)

3. Winners and Losers.
Über Dieter Wellershoffs "Der Sieger nimmt alles"

I.

Beim Wiederlesen von "Der Sieger nimmt alles" wurde mir schlagartig klar:
Ulrich Vogtmann, diesen Typ, den kannte ich doch. Der wohnte in unserer
Nachbarschaft und war Inhaber eines stattlichen Unternehmens, dessen
Produkte denen, die sich dafür interessierten, bundesweit vertraut waren.
Ab und an begegneten wir uns am nahegelegenen See, wo ich spazieren
ging und er seine Lacoste-Kleidung und seine Dogge ausführte. Er hatte es
nur einen Sprung weit, da sein Haus, protzig und geschmacklos im neurei-
chen Stil der frühen 60er Jahre gebaut, dem See direkt gegenüberlag.
Meist parkten gleich mehrere Wagen davor: das jeweils neueste Mercedes-
Modell der 500er Klasse, wohl als Geschäftswagen, ein Porsche für die
Freizeit und etwas Kleineres, häufig wechselnd, für die Ehefrau. Und dann
noch dieser gewaltige Wohnwagen! Ein Abziehbild der Villa auf Rädern,
genauso groß, genauso häßlich. Wie konnte jemand, fragte ich mich, der
offensichtlich Geld hatte, ein solches Monster fahren, schlimmer noch, darin seinen Urlaub verbringen und sich auf jedem Campingplatz damit bla-
mieren? Oder war diese falsche Bescheidenheit eine - freilich kleine - Bedingung für den Reichtum? Spiegelte sich darin der Bewußtseinsstand
seines Besitzers? Seht her, hier komme ich, im Wohnwagen. Ich könnte
auch anders, will es aber nicht.

Einmal traf ich ihn beim abendlichen Spaziergang in unserer Straße.
Die Dogge voraus. Eingehakt bei ihm eine sehr viel jüngere große schlanke
Frau, die ihn um einiges überragte, die ihn das aber doch nicht ständig
merken lassen wollte. Verschiedene Parfumdüfte mischten sich, verbreiteten sich durch die Straße. Eingehüllt in ihre eigenen Wolken promenierten
sie so ihres Wegs. War das nun seine Frau, die Unternehmersgattin? Zweifel kamen mir, als ich, nur wenige Tage später, wieder einmal an seinem

Haus vorbeispazierte und im Vorgarten eine etwa fünfzigjährige, immer noch stattliche Frau Gartenarbeiten erledigen sah. Kurz schaute sie von der Arbeit auf. Ein harter, ein verbitterter Blick. Aha, dachte ich, das war also die Frau, die andere die Geliebte.

Doch halt, die Phantasie geht mit mir durch. Lassen wir es und lassen wir ihn, den Unternehmer, weiter sein Leben und seine Geschäfte führen, die keineswegs alle so seriös sind, wie es äußere Anständigkeit, behaglicher Wohlstand und scheinbare Geordnetheit vorspiegeln. Mehrfach schon hat die Lokalpresse auf unsaubere Geschäftspraktiken bei den Verkäufern unseres Unternehmers hingewiesen, auch Prozesse soll es schon gegeben haben. Doch interessiert mich das weiter nicht. Seine Geschäfte gehen immerhin gut - sie florieren, um im Jargon zu bleiben.

Morgens sehe ich ihn oft im Wagen, natürlich dem Mercedes, eine Zigarette zwischen den Lippen, durch unsere Straße brausen. Die Anfangsbuchstaben seines Nachnamens zieren das Nummernschild. Alle Lieferwagen der Firma sind damit ausgestattet. Die Nummer 1 jedoch fährt der Chef persönlich, wie gesagt, natürlich im Mercedes.

II.

Klischees, nichts als Klischees. Oder anders: Stereotype, also Bilder und Vorstellungen, "denen ein hoher Verallgemeinerungsgrad eignet und die durch ihre besondere Starrheit und Zählebigkeit zu Wahrnehmungs- und Verhaltensdispositionen werden." (Raeithel 1975. S. 333f.) Die Welt nicht als das, was der Fall ist, sondern als das, was unsere Blicke inszenieren. Denn das Auge inszeniert die Wahrnehmung (vgl. Merleau-Ponty 1986), stiftet jenen Beziehungssinn, von dem Nietzsche einmal gesprochen hat. Mehr noch, "(i)n dem Blick, der den andern in sich aufnimmt, offenbart man sich selbst; mit demselben Akt, in dem das Subjekt sein Objekt zu erkennen sucht, gibt es sich hier dem Objekte preis", wie Georg Simmel in seiner "Soziologie der Sinne" dazu passend ergänzt. (vgl. Simmel 1908. S. 648)

Wenn auch Simmel dabei auf den kommunikativen Aspekt des Sehens und Gesehenwerdens abstellt, so zielt er nicht zuletzt auch auf den Erkenntnisprozeß insgesamt. Die niedere oder untere Stufe der sinnlichen

Erkenntnis ist die basale Form des Erkennens überhaupt. In ihr vollzieht sich das Alltagswissen. Und mit diesem teilt sie alle Vor- und Nachteile, ja ist dafür allererst die Voraussetzung. Denn die sinnliche Erkenntnis ist ebenso unmittelbar wie dogmatisch. Sie geht direkt auf die Dinge zu, vertraut ihnen und sich ihnen an und liefert sich damit zugleich, dort, wo sie den Sinnenschein für schon gedeckt hält, völlig aus. Einerseits sorgt sie für - im besten Fall reibungslose - Orientierung in der Umwelt, andererseits führt sie - zumindest der Möglichkeit nach - zu Verzerrungen, zu Vorurteilen, zu Klischees eben. Sie erkennt und verkennt in einem, weil sie das Eine, das sie erkennt, nicht in seinen vielfältigen Relationen, Beziehungen, Abhängigkeiten überschaut. Die Nähe von Alltagswissen und Metaphysik; beide gehen vom Einzelnen aufs Allgemeine, das sie monistisch zurechtstutzen. Das Falsche liegt darin, um noch einmal Simmel zu Wort kommen zu lassen, "daß entweder eine partielle Wahrheit zu einer absolut gültigen verallgemeinert, oder aus der Beobachtung gewisser Thatsachen ein Schluß auf das Ganze gezogen wird, der unmöglich wäre, wenn die Beobachtung noch weiter ausgedehnt wäre; (...)." (Simmel 1989. S. 120)

Ich bekenne mich also freimütig schuldig, Klischees aufgesessen zu sein und auch weiter in mein Porträt unseres lokalen Unternehmers hineingeschrieben zu haben. Eins kommt zum andern, ein Klischee ergänzt das andere. Das Ganze nur, weil ich Ulrich Vogtmann im Unternehmer der nächsten Umgebung gesehen habe, wie dieser mir umgekehrt Ulrich Vogtmann erst nahegebracht hat. Das Problem des Transfers, die alte hermeneutische Frage nach der Einfühlung, dem Sich-Hineinversetzen.

III.

Das Problem, so gewendet, scheint dann aber nur alle kritischen Urteile über Wellershoffs Roman endgültig zu bestätigen. Den Kritikern nämlich, mindestens denen der großen Presse, erscheint der Roman als "(e)ine fleißige, nicht selten klischeebesetzte und stilistisch unsichere Collage" (J. Hieber), dessen Fabel "von einschlägig geläufigen Typen bevölkert" sei (P. Gillies) und deren Protagonist nichts weiter als eine "linkisch verzerrte Schaufigur" vorstelle (H. Vormweg). Insgesamt und überhaupt: ein "hochambitionierter Trivialroman", an dem jedoch nichts stimme. "Wellershoff hat ein aufregendes Thema verspielt." (B. Dobrick) Da scheint denn auch Lothar Baiers ehrenrühriger Versuch, Wellershoffs Roman gegen seine Kritiker in Schutz zu nehmen, fruchtlos zu sein. Baier versteht es zwar, auf einsichtige Weise die Argumente der Kritiker zu entlarven, worin jedoch die Qualitäten des Romans stecken, vermag er nicht mehr deutlich zu machen.

Wo könnten sie sich also verbergen, die möglichen Qualitäten?

Nur wenige Rezensenten haben seinerzeit dem Buch positiv gegenübergestanden. Interessant an ihren Besprechungen ist dabei der gemeinsame Tenor, die Richtung, in der sie sich bewegen und worin Möglichkeiten angedeutet sind, die die Großkritik übersehen hat. "Wellershoff vermittelt mit unbestechlicher, unerbittlicher Genauigkeit die innere und äußere Realität seiner Figuren, ihres Selbstgefühls, ihres Handelns; scheinbare Kleinigkeiten zeigen sich als Anlässe und Motive: Anblicke schaffen Durchblicke", heißt es z. B. bei Ute Bohmeier. Und Hiltrud Gnüg fügt präzisierend hinzu, daß sich bei Wellershoff "(b)anale Alltagsszenen, in denen sich an der Oberfläche nichts ereignet, (...) als subtile Seelendramen heraus(stellen), die für den Handlungsverlauf wichtig werden." Norbert Schachtsiek-Freitag schließlich faßt dies ins Große zusammen und spricht vom Mut des Autors, "die Klischees, die die Wirklichkeit erzeugt, zu summieren und mit dem allmählichen Zerfall eines Menschen zu kontrastieren, um auf den pathologischen Zustand einer Gesellschaft aufmerksam zu machen, in der das 'Haben' mehr als das 'Sein' gilt." So ergibt sich dann für diese Kritiker ein "Bild gesellschaftlicher Zustände".

Es geht um 'Kleinigkeiten', 'banale Alltagsszenen' und 'Klischees', die Wellershoff gestaltet hat. Die Klammer, mit der diese mit den gesellschaftlichen Zuständen im Großen verbunden sind, macht die Kritikerin Ursula Reinhold kenntlich: "Auffälligkeiten im Alltag, Strukturen psychopathologischen Verhaltens werden (...) als Preis von Konkurrenzbeziehungen, Vergesellschaftung und Fremdbestimmung sichtbar gemacht."

Doch gelingt das Wellershoff tatsächlich?

IV.

Bevor ich mich dem Roman zuwende, mag der Hinweis auf einen anderen Roman, Hanns-Josef Ortheils "Schwerenöter" (1987), gestattet sein. Ähnlich wie Wellershoff stellt nämlich auch Ortheil die Geschichte der Bundesrepublik dar. Anhand der Biographie eines ungleichen Brüderpaars, das in etwa so alt ist wie die BRD (und der Autor dazu, der sich in vielen Zügen selbst porträtiert), läßt Ortheil Stationen einer beinahe 40jährigen Geschichte Revue passieren. Vom Kleinbürgermief und der Klerisei der 50er Jahre ist darin die Rede, natürlich auch von Adenauer, auf den der Aufbruch der 60er Jahre, die Studentenbewegung und die Kritische Theorie, schließlich Willy Brandts Regierungsübernahme folgen. Auch der Zusammenbruch aller Illusionen, die Zersplitterung der Linken, die neue Innerlichkeit und die neuen Ufer an ökologisch-alternativen Gestaden werden thematisiert. Alles hat seinen Platz in diesem Roman, der die Großbiographie eines Staates mit der kleineren einer aufbegehrenden Generation zusammenfaßt: Adenauer und Erhard, Brandt und Schmidt, Stalin, Chruschtschow und Kennedy, der Existenzialismus und die Marxismen, Tunix und die Grünen, Josef Beuys und Joschka Fischer, der sich - wohl als besondere Pointe - am Ende als Zwillingsbruder des Erzählers zu erkennen gibt.

Alles hat Platz und alles stimmt, die Daten, Fakten und Ereignisse. Einen Roman ergibt das dennoch nicht, bloß die Bebilderung eines kritischen Geschichtsbuches. Ortheil erzählt die Geschichte und deren Geschichten weder von oben noch von unten, weder als die von Haupt- und Staatsaktionen noch als die am eigenen Leib erfahrene. Darin besteht das Dilemma. Die eigenartige Schräglage, die er wählt, will beides verknüpfen und verfehlt beides zugleich. Eine neue Synthese will nicht entstehen. Die Figuren bleiben blaß, haben keine eigentümliche Gestalt und erst recht keine Psychologie. Abgesehen davon sind sie überaus unsympathisch weil besserwisserisch und belehrend, und mit penetranter Aufdringlichkeit wissen sie immer schon über alles Bescheid. Sie sind nichts als Sprachrohre dessen, was gerade angesagt ist. Und damit sie das sein können, läßt Ortheil sie bis zur Ermüdung des Lesers an allem, was Republik und Gemüter bewegte und bewegt, teilnehmen und ihre Erfahrungen nicht nur in den Großstädten und der deutschen Provinz, sondern nacheinander auch in New York, Rom und Paris machen. Eine unendliche Geschichte, aber unendlich langweilig.

Gewiß hat Ortheil dabei um die Probleme eines solchen enzyklopädischen Romans gewußt. Doch auch die Mittel der Ironie, der Distanzierung, zu denen er greift, um die Allmacht des auktorialen Erzählers wenn nicht zu brechen, so doch zu mildern, schlagen zurück. Denn was entsteht, ist ein allwissender Erzähler mit schlechtem Gewissen und ein Buch, dessen Autor, ein Germanist, um die Fragwürdigkeit des traditionellen Erzählens weiß und doch nicht darauf verzichten kann.

Wenn es denn stimmt, daß der Roman, wie Walser formuliert hat, im besten Fall die Geschichtsschreibung des Alltags ist, dann gilt auch das Umgekehrte, daß ein schlechter Roman über den historischen Höhenkamm wandert und dabei das reale Substrat, den Alltag, aus dem Blick verliert.

V.

Wenn das Eine nicht geht, bleibt zu prüfen, wie es mit dem Anderen aussieht. Wellershoff vermeidet in seinem Buch die Nacherzählung bundesdeutscher Geschichte(n). Über die Anfänge der Republik, in denen sich sein Protagonist Ulrich Vogtmann ohne Ambitionen im Studium herumdrückt, erfährt der Leser ebensowenig wie über die gewachsene Prosperität in den 60er Jahren. Lediglich die neugebaute Villa der Vogtmanns weckt einige Assoziationen. Und nur im Vorbeigehen erwähnt Wellershoff die dramatischen Vorgänge aus den Jahren 1977 und '78, der Zeit, da auch der Riß durch Vogtmanns Biographie geht. Im Radio hört Vogtmann von dem Attentat auf den Generalbundesanwalt. "Die beiden Terroristen, die vor drei Tagen den Generalbundesanwalt Buback und einen Fahrer auf offener Straße erschossen und einen mitfahrenden Polizisten lebensgefährlich verletzt hatten, waren noch nicht gefaßt." (Wellershoff 1983. S. 454) Schließlich liest er "auf der ersten, dritten und der letzten Seite der Zeitungen: In Köln hatte ein Kommando von Terroristen den Arbeitgeberpräsidenten Schleyer entführt. Sie hatten seinen Wagen auf offener Straße angehalten und vier seiner Begleiter mit Maschinenpistolen erschossen." (a. a. O. S. 482)

So spärlich die Informationen sind, so bedacht sind sie von Wellershoff gewählt. Die äußeren Ereignisse sind Eckdaten, Marksteine, die zum einen die Geschichte historisch situieren, zum anderen aber und gravierender noch die Möglichkeit bieten, die Reflexe im Alltagsbewußtsein des Protagonisten aufzuzeigen. Denn darum geht es Wellershoff in erster Linie: um die Vermittlung von Alltag und Geschichte, um die Darstellung alltäglichen Lebens und Denkens, um die Pathologie des Gewöhnlichen und Normalen. Vogtmanns Reaktion auf die Entführung Schleyers: "Er sah die Bilder der Wohnstraße, des durchschossenen Autos, die Blutflecken, die Leichen, und eine Stimme, die nicht zu ihm gehörte, sagte: Gut, so ist das also, alles geht kaputt. Und während er unverwandt auf die Fotos blickte, merkte er, wie er ruhiger wurde, wie er sich glättete. Gut, sagte die Stimme, gut, die Schlacht geht weiter." (ebd.)

Die Stimme aus dem Unterbewußten ist doppelt strukturiert. Es wird gesprochen, gleichsam durch Ulrich Vogtmann hindurch, nämlich in der Stimme des "Man" (Heidegger), des Volksempfindens und der öffentlichen Meinung, die die Apokalypse vom Untergang des Rechtsstaates beschwört. Zugleich jedoch spricht sich Vogtmann hier auch selbst aus. Denn was dort auf der Straße passiert, hat Stellvertreterfunktion. Es sind Vogtmanns eigene Kämpfe, es ist sein "Kampf" mit der Gesellschaft und gegen sie. Die "Schlacht geht weiter", nämlich um Marktanteile und Gewinne und um die eigene Existenz dazu.

Die Radionachrichten melden außerdem, daß marokkanische Fallschirmjäger auf Veranlassung des damaligen französischen Staatspräsidenten Giscard d'Estaing die Regierungstruppen Zaires im Bürgerkrieg unterstützen. Nach Zaire wollte Vogtmann ein Atemlähmungsgift aus amerikanischen Armeebeständen exportieren, ein Geschäft, das durch den anhaltenden Krieg in Gefahr geraten war. Nun jubelt er, die "Schlacht geht weiter", und der Sieg scheint greifbar nahe. "'Ich gewinne einen Krieg', sagte er." (a. a. O. S. 455) Kampf, Schlacht, Krieg, Gewinner und Verlierer: "Der Sieger bestimmte, was in den Geschichtsbüchern stand, und der Verlierer konnte nicht widersprechen. Dem Verlierer wurde der Mund gestopft." (a. a. O. S. 358)

VI.

Um Alltag und Alltäglichkeit sollte es in "Der Sieger nimmt alles" gehen? In einem Roman, der die Entwicklung des Kleine-Leute-Kinds Ulrich Vogtmann zum Unternehmer schildert? Der entsprechend der Norm der Gattung Entwicklungsroman teleologisch endet, freilich mit negativem Vorzeichen? Der das deutsche Wirtschaftswunder mit einer Einzelgeschichte synchronisiert und Aufstieg, Höhepunkt und freien Fall eines Geschäftsmanns darstellt? Wie paßt das alles zusammen?

Nun, es paßt gut zusammen. Denn Wellershoff erzählt seine Geschichte nicht linear, sondern wählt dazu perspektivische Ausschnitte. Zuerst werden wir in die Zeit von Vogtmanns Studienjahren zurückversetzt, wo er die Bekanntschaft mit dem rheinischen Unternehmer Pattberg macht und schnell die Gelegenheit ergreift, in die Familie einzuheiraten, um die Grundlagen für seinen Lebenstraum zu schaffen, "das große Geld zu machen." (a. a. O. S. 58) Dann sind schon achtzehn Jahre vergangen, Jahre, in denen Vogtmann hartnäckig die Vergrößerung des Unternehmens betrieben, seiner Frau einen Sohn gemacht und sich und der Familie einen neuen Bungalow gebaut hat. Die Geschäfte gehen gut, und noch ist ein Einverständnis zwischen den Eheleuten Elisabeth und Ulrich vorhanden. Doch dann überstürzen sich die Ereignisse. Im blinden Wahn, noch größer, reicher und mächtiger werden zu wollen, fällt Vogtmann gleich mehrfach auf Betrüger und Spekulanten herein. Nun beschleunigt sich die Geschichte. Sind es Wochen oder nur einzelne Tage, die geschildert werden? Um das Schlimmste zu verhindern, jagt Vogtmann kreuz und quer durch die Republik, von einem Termin zum andern. Seine Frau hat ihm inzwischen als Geschäftsführer gekündigt, und geblieben ist ihm nur der repräsentative Wagen als Relikt aus besseren Tagen. Aber die Löcher lassen sich nicht mehr stopfen, der Untergang ist vorprogrammiert. Der Infarkt, Ausgangs- und Endpunkt des Romans, vollstreckt nur endgültig die Niederlage. Für den Verlierer bleibt nichts, er stirbt an einem "Ort spurlosen Verschwindens" (a. a. O. S. 9), in einem Hotel. Was er zurückläßt, ist ein Scherbenhaufen: ein straffällig gewordener Sohn, eine depressive Frau, die sich mit Tabletten beruhigt, und ein weiterer Toter, Eliabeths Bruder, der sich zuvor im Eingeständnis seiner Ohnmacht gegenüber Vogtmann erschossen hat.

Wellershoff erzählt Ausschnitte und Details, deren scheinbare Nebensächlich- und Beiläufigkeit die Geschichte allererst ergibt. Da ist die Rede von Frühstücksgesprächen und einem - einem einzigen - Urlaub der Familie, von langen und einsamen Autobahnfahrten, von Besprechungen und obligatorischen Geschäftsessen, von einem Modenschaubesuch mit der mondänen Geliebten und von einer Party. Personen treten auf, verschwinden wieder, spurlos. Nichts Besonderes passiert eben. Und darin besteht nicht zuletzt auch die Tragik des Ulrich Vogtmann, eines durchschnittlichen Menschen, der, wie Wellershoff in einem Interview einmal betont, "aus einem absurden Impuls heraus" eine ungeliebte Frau heiratet und dadurch nach oben katapultiert wird. Doch er verändert sich nicht. Er bleibt als Kleine-Leute-Kind stigmatisiert, äußerlich sichtbar in einer kleinen Verkrüppelung der beiden äußeren Zehen, die "wurmartig nach innen gekrümmt" sind und "die benachbarten Zehen wie in einem ängstlichen, zimperlichen Krampf" überlappen. (vgl. a. a. O. S. 11) Das Ressentiment bleibt sein ständiger Begleiter wie auch sein dauerndes Minderwertigkeitsgefühl dem Reichtum seiner Frau gegenüber. "Er hatte nichts, was er ihr geben konnte." (a. a. O. S. 133) An "die Frauen der Herrschenden" wagt er sich nicht heran, wagt nicht einmal, sie anzublicken, bleibt er "ein verdammter Knecht." (a. a. O. S. 165) Andere, raffiniertere Geschäftsleute schüchtern ihn eher ein, machen ihn befangen. Nur im Umgang mit Untergebenen und Abhängigen, mit Menschen, deren Unterlegenheit er spürt, spreizt er sich, spielt sich auf, dominiert er. Immer wieder beschleicht ihn "sein Niemandsgefühl." (a. a. O. S. 24) Im Grunde hat er dabei stets nur den einen Wunsch, einfach zu leben, ein einfaches Leben diesseits des Kampfes zu führen. "Die Augen schließen und alles laufenlassen: Das war es vielleicht. Er mußte aufhören zu kämpfen und einfach leben, etwas, das er nie gekonnt hatte. Leben. Es war immer nur eine Erwartung gewesen, der dauernde Versuch, endlich irgendwo anzukommen, wo das Leben stattfand." (a. a. O. S. 453) Doch dazu ist es bereits zu spät.

Vogtmanns Bemühungen - sein Leben - sind ganz darauf abgestellt, den Makel der Vergangenheit abzustreifen. Und in der Heirat mit Elisabeth bietet sich die Gelegenheit dazu. Einmal auf die Spur gesetzt, vollzieht sich dann sein Leben mit unerbittlicher Konsequenz, mit der Folgerichtigkeit des Wahns, über immer neue äußere Erfolge einen inneren Mangel kompensieren zu können. Ab und an blitzt jedoch in Vogtmann die Einsicht auf, etwas Sinnloses zu tun. Doch sogleich holen ihn die vermeintliche Realität und sein internalisiertes Leistungsbewußtsein wieder ein. "Er steckte immer in einem falschen Leben. Das falsche war das einzige Leben und man mußte sich darin bewähren. Doch man wollte es nicht. Man versuchte es besser zu machen, und alles wurde falsch." (a. a. O. S. 124)

Dieses halbklare Bewußtsein prädestiniert Vogtmann zum Außenseiter, ja zum Fremden. Und fremd kommt er auch seiner Frau vor - "fremd wie ein Feind" (a. a. O. S. 97), heißt es nach achtzehn Jahren Ehe. Doch bereits zu Beginn ihrer Beziehung, auf der Hochzeitsreise nämlich, hat Elisabeth plötzlich das Gefühl, einem Fremden gegenüberzustehen. Vogtmann ist und bleibt bis zum Schluß der Fremde in der Familie. "Er hatte etwas von einem Schachspieler und von einem Sportler, war aber etwas Drittes dazwischen, das sie nicht definieren konnte." (a. a. O. S. 99) Das, was Elisabeth hier nicht definieren kann, das Dritte, liegt im Schnittpunkt zwischen kühler Berechnung und spielerischem Leichtsinn, die beide Vogtmanns Charakter prägen. Schachspieler und Sportler, beides zugleich, aber beides nur zur Hälfte und oft mit schlechtem Gewissen.

Umgetrieben fühlt er sich - hierin ähnelt er den anderen Helden Wellershoffscher Romane - zwischen dem Alltag, an dem er leidet und der ihn einengt, und dem flüchtigen Augenblick, dem Ausbruch aus dem Gewohnten und der Ablenkung. Doch ebenso wie er den Alltag als drückend und belastend empfindet und stets nach der Alternative schaut, ebenso benötigt er ihn auch, wie er umgekehrt vor den Folgen der Ausnahmesituationen, dann, wenn sich konkrete Möglichkeiten des Ausbruchs anbieten, zurückschreckt, sich in die bergende Obhut seiner Alltäglichkeit zurückzieht.

Was Wellershoff in diesem Verhalten porträtiert, ist die exakte literarische Vermittlung soziologischer und philosophischer Einsichten über die Struktur des Alltäglichen. Der Alltag, so die Erkenntnisse marxistischer wie phänomenologisch orientierter Theoretiker, erscheint unter der doppelten Bestimmung, den Einzelnen ebenso zu entlasten wie zu entfremden. Weil er - in der Regel - hinsichtlich seiner Räume und Zeiten fest umgrenzt und strukturiert ist, damit ereignisarm und vorhersehbar wird, kann er aufgrund seiner Zyklik und Monotonie als belastend empfunden werden.

Henri Lefebvre hat das Alltägliche als "das Bescheidene und das Solide, das Selbstverständliche" definiert, als "das, dessen Teile und Fragmente sich in einem Stundenplan verketten. Und zwar, ohne daß man (der Betroffene) die Artikulationen dieser Teile prüfen muß." (Lefebvre 1972. S. 40) Und Karel Kosík hat vor allem auf die "Gliederung" innerhalb der Gleichförmigkeit des Alltagslebens hingewiesen. "Die Alltäglichkeit ist vor allem die Gliederung des individuellen Lebens der Menschen im Rahmen jedes Tages: die Wiederholbarkeit ihrer Verrichtungen ist in der Wiederholbarkeit eines jeden Tages, in der Zeiteinteilung eines jeden Tages fixiert." (Kosík 1986. S. 71f.)

Wo diese Permanenz, die ewige Wiederkehr, ins deutliche Bewußtsein rückt, kann der Einzelne den Alltag schließlich als entfremdet, als Druck und Belastung empfinden und darauf - im schlimmsten Fall - psychotisch reagieren. Die andere Seite der Belastung aber ist die lebens- und existenzsichernde Funktion der Alltäglichkeit. Denn der Alltag stellt auch eine Entlastung für den Einzelnen dar. Er ist eine der vielen Institutionen, die, wie Arnold Gehlen gezeigt hat, dem Einzelnen die Bürde der Orientierung abnehmen. Im Alltag, in seinen überschaubaren Räumen und abgemessenen Zeiten, ist alles schon vorstrukturiert und geregelt. Es wird für den Einzelnen, für jeden Einzelnen, immer schon gesorgt, und er kann, wenn er will zumindest, sich darin aufgehoben fühlen, beheimatet schließlich in Familie und Lebenswelt. Der Alltag macht so die Welt übersichtlich, weil er sie teilt und einteilt.

Das ist wieder das schon oft bemerkte Schibboleth des Alltags: Entfremdung und Entlastung! Nur als dieser Widerspruch kann der Alltag begriffen werden. Und ähnlich widersprüchlich, ja paradox ist das alltägliche Bewußtsein strukturiert. Die Gleichförmigkeit und Gliederung des Alltags prägen auch das Denken, das sich in der Bequemlichkeit des Überschaubaren und Absehbaren eingerichtet hat. In Abwandlung einer Wittgensteinschen Formulierung: die Grenzen der alltäglichen Welt stecken auch die des Alltagsdenkens ab. Es ist eine nur "reproduktive Auseinandersetzung" (Alheit 1976. S. 35) mit der Umwelt. Es ist borniert, konkretistisch und mißt alles an Bekanntem, an bekannten Größen der je eigenen Erfahrung und der je eigenen Lebenswelt. Das Fremde wird zurückgewiesen, wenn es sich nicht mit Bekanntem verrechnen läßt. In gewisser Weise ist das Alltagsdenken schließlich existentiell, insofern es am eigenen Leib orientiert ist und alles andere darauf - und auf die unmittelbare Umwelt - bezieht.

Thomas Leithäuser hat insbesondere vier Merkmale des Alltagsdenkens hervorgehoben: die "Enthistorisierung", "die sich verstärkenden Mystifikationen", "partielle Pathologisierung" und das "soziale Vorurteil als (pervertierte politische) Ordnungsstruktur". (vgl. Leithäuser 1974. S. 155ff.) Allgemeiner noch formuliert: "Alltagsbewußtsein meint die Bewußtlosigkeit von gesellschaftlichen Verhältnissen, deren Entstehungsgeschichte, von in sie eingepflanzten Verhaltens- und Handlungsstrukturen. (...) Alltagsbewußtsein ist das gegen Erkenntnis und Einsicht blockierte Bewußtsein: es kommt mit der Welt zurecht, weil es deren Ecken und Kanten nicht spürt, weil es ihre Antagonismen nicht erfaßt. Im Alltagsbewußtsein ist die Schere, die das, was über den Kofferrand hinaussteht, sich unterm Kofferrand hindurchquetscht, abschneidet." (Leithäuser 1975. S. 55f.) Wiederum überlappen sich auch im Alltagsbewußtsein und -denken beide Aspekte, Entfremdung und Entlastung. Es ist ebenso notwendig, weil es für den Einzelnen existenzsichernd ist und dessen Umwelt strukturiert, wie notwendig entfremdet, was Leithäuser - dem damaligen Zeitgeist Tribut zahlend - auf die Ideo-Logik des Kapitals zurückgeführt hat, was aber auch - allgemeiner noch - ontologisch als niedere Form der Erkenntnis gedeutet werden kann. Akzeptiert man diese weitergehende ontologische Interpretation, ohne freilich Leithäusers Merkmale zu vergessen, dann erhält man einen Interpretationsrahmen, um Wellershoffs Alltagsdarstellungen zu verstehen.

Dazu Beispiele aus Ulrich Vogtmanns Vita. Zwei haben wir schon kennengelernt: seinen Umgang mit dem Bürgerkrieg in Zaire, den er, ohne die Hintergründe zu verstehen, als seinen Kampf begreift und dementsprechend auf den eigenen Leib bezieht, und seine Einschätzung des Terrorismus, den er, landläufigen sozialen Vorurteilen entsprechend, als Untergang des Rechtsstaates deutet. Auch was Leithäuser die "partielle Pathologisierung" nennt, begegnet in Wellershoffs Roman wieder, etwa wenn Ulrich Vogtmann sich am Ende seines Kampfes von der ganzen Welt bedroht sieht. "Im Inneren seiner Schwäche dachte er hilflos: die Schweine machen Jagd auf mich, und er meinte alle, die er gekannt hatte, die er kannte, auch die Straße hier, die Menschen." (Wellershoff 1983. S. 489) Während einer seiner zahllosen Autofahrten nimmt Vogtmann eine Tramperin mit. In seiner Phantasie will ihm diese Begegnung als der Auftakt eines möglichen Ausbruchs aus dem Alltagszwang erscheinen. Er mystifiziert den Augenblick, die Gelegenheit, und imaginiert die Möglichkeit eines anderen Lebens. "Man mußte nur die Gelegenheiten ergreifen, mußte den Augenblick erkennen. Das war es." (a. a. O. S. 364) Doch bieten sich dann tatsächlich einmal die Gelegenheiten, dann schreckt er entweder davor zurück oder erlebt diese Augenblicke als desillusionierend. Denn es sind Augenblicke, aus denen nichts folgt - wie auch das flüchtige Abenteuer mit einer Bundesbahnsekretärin. "Dies alles war so zufällig wie das ganze Leben, so fremd, so namenlos. Morgen in der Frühe würde er sich aus ihren Armen lösen, um zuerst in sein Apartment und dann in sein Büro zu fahren, und sie nie wiedersehen." (a. a. O. S. 393) Der Alltag nährt und zerstört gleichzeitig Illusionen. Er weckt ständig Hoffnungen auf ein anderes Leben, auf den erfüllten Augenblick als die Alternative, um sie sogleich wieder als Illusionen zu entlarven. - Gibt es überhaupt ein richtiges Leben im falschen?

Der Alltagsmensch Ulrich Vogtmann, die Kunstfigur, steht für beides ein, erfährt beides am eigenen Leib, die Entlastung und die Entfremdung. Er benötigt den Rückhalt in der Familie und die Frau an seiner Seite, seinen Alltag eben als Bedingung für den Erfolg, und kann ihn doch nicht akzeptieren, fühlt sich fremd darin, bedroht und belastet. Doch Aussteigen kann er ebenfalls nicht. Denn die Alternativen sind nur Scheinalternativen bzw. erforderten, um wirklich zu werden, den völligen Bruch, die Preisgabe seines Lebenszieles. Auf dieser Drehscheibe muß er dann zugrunde gehen.

VII.

"Der Sieger nimmt alles" setzt insofern die Tradition der klassischen Moderne fort, als Wellershoff seine Aufmerksamkeitsrichtung dem Beiläufigen und Zufälligen, den kleinen Details und unspektakulären Szenen widmet. Er akzeptiert die seit den 70er Jahren dominierende Tendenz der 'Neuen Subjektivität', indem er den Privatraum einer Figur ausleuchtet und von dort her - dem Ortheilschen Versuch diametral entgegengesetzt - die Konturen einer Gesellschaft sichtbar macht, die in ihrem Alltag - und damit in dem ihrer einzelnen Mitglieder - Geschichte zum Verschwinden bringt. In der Feinstruktur schließlich entwickelt Wellershoff das genaue

Psycho- und Soziogramm einer alltäglichen Existenz, literarisiert er sozial-wissenschaftliche Einsichten.

Ja, aber das bedeutet doch, daß Literatur Erkenntnis vermittelt!? Allerdings, denn Wellershoff teilt die - soll man sagen: inzwischen leider antiquierte - Ansicht, wonach Literatur und Kunst ganz allgemein ein spezifischer Modus oder, wie Wellershoff selbst sagt, "ein Organ der Erkenntnis" sind. (Wellershoff 1980a. S. 71)

Zitiert hat Wellershoff meines Wissens nach die Lukácssche Ästhetik nie, obwohl er sie doch gut zu kennen scheint. Dort kann man nämlich lesen, daß Literatur, insbesondere "die dichterische Sprache", "die beiden Pole des Alltagslebens: Verschwommenheit und Erstarrung" zu überwinden versucht (vgl. Lukács 1981. Bd. 1. S. 54) - ein Satz, der auch für Wellershoffs Roman in Anschlag zu bringen ist.

Wellershoff greift Klischees auf, verweist auf Alltägliches und alltägliches Denken - einschließlich unseres eigenen - und macht sie durchsichtig. Erkennen jedoch müssen wir das am Ende selbst. Der Schriftsteller erzählt nur Geschichten, meint Wellershoff. "Aber der Leser muß diese Geschichten mit seinen Erfahrungsmöglichkeiten realisieren. Dabei erfährt er sich dann auch selbst. Er wird durch die fiktionalen Figuren über seine eigene begrenzte praktische Erfahrung hinausgeführt." (Wellershoff 1980a, S. 91)

4. ... die Kulisse für das ordentliche Voranleben. Anmerkungen zu Brigitte Kronauers Prosa

I.

Wiederholungen und Redundanzen: Alltag ist das, was immer wieder geschieht - alle Tage eben, was routiniert und gewöhnlich ist. Nichts Besonderes, nichts Aufregendes oder irgendwie Bewegendes, nichts, worüber man normalerweise ins Grübeln geriete. Normalerweise. Aber Normen und Gewohnheiten bilden ja auch das Korsett des Alltags und der Alltäglichkeit. Alltag ist immer jedermanns Alltag, und außerhalb des Alltags existiert zunächst einmal nichts. Jeder lebt seinen Alltag in eng begrenzten Räumen und abgemessenen Zeiten - zu Hause, bei der Arbeit, im Sportverein oder im Garten.

Seit der Phänomenologie und vor allem phänomenologischen Soziologie (Schütz, Berger, Luckmann) hat sich auch der Terminus "Lebenswelt" eingebürgert. Sie ist die Welt in unmittelbarer Reichweite, schichtet sich nach Bezirken von Reichweiten und damit Zugriffsmöglichkeiten rund um das Hier und Jetzt meines Körpers auf. Hier steh' ich und leb' ich - im Grenzfall (und damit schlimmst möglichen Fall) ein ganzes Leben lang.

Alltag und Lebenswelt passen zusammen wie Deckel und Topf, präziser: wie Raum und Zeit. Was der Alltag nämlich in bezug auf die Zeit, ist die Lebenswelt in bezug auf den Raum. Gemeinsam konstituieren sie etwas, das die Soziologin Helga Nowotny einmal "die erstreckte Gegenwart" genannt hat. (Nowotny 1989. S.9) Darin sind sowohl die Zukunft wie die Vergangenheit zugunsten einer universellen und totalen Dominanz des Hier und Jetzt getilgt. Der Alltag, das ist die "Wirklichkeit par excellence", "die oberste Wirklichkeit". (Berger/ Luckmann 1982. S. 24 u. 28)

Noch ein Drittes gesellt sich schließlich zu Alltag und Lebenswelt hinzu: die natürliche Einstellung. Dieser ebenfalls der Phänomenologie entlehnte und von Soziologen fruchtbar gemachte Begriff bezeichnet das Subjektkorrelat zu den objektiven, d. h. hier: gegebenen und vorgefundenen, Strukturen. Jedermanns Ich lernt sich in einer ihm zunächst fremd gegenüberstehenden, dann allmählich durch Sozialisationsakte vertrauter werdenden Umwelt zu orientieren; es lernt lesen und damit die Gebrauchsregeln kennen, die Grundrechenarten und Elementarsätze; es bildet daraufhin eine Art von Rezeptwissen aus, ein Bewußtsein vom Umgang mit Menschen und Dingen, Institutionen und Sitten. Menschliches Bewußtsein ist immer den Dingen zugewandt, ist Bewußtsein von etwas bzw. zu etwas. Wo diese ständige Korrespondenz unterbrochen wird, wo sie - mindestens - problematisch zu werden beginnt, reden Psychologen auch von Schizophrenie (Ludwig Binswanger). Mit anderen Worten: die natürliche Einstellung gibt zugleich den Gradmesser für die Bestimmung von Normalität ab.

Alltag, Lebenswelt und natürliche Einstellung - sie bilden den Hintergrund des Lebens, die Grundkoordinaten, das stabile Korsett der Geschichte und ihrer Geschichten. Denn auch Revolutionen haben ihren Alltag. Und was wäre der Sonntag der Geschichte ohne die vielen Wochentage dazwischen, ganz abgesehen von den auch sonntags herrschenden Zeitzyklen? Immer müssen Menschen essen, trinken und schlafen - um nur dies hier zu nennen.

Der Alltag, so Brigitte Kronauer, ist "die Kulisse für das ordentliche Voranleben." (Kronauer 1986. S. 101) Notwendig und unausweichlich, permanent und aufdringlich ist er da, ganz nah, immer, eine überlebensnotwendige Institution - eben die Kulisse für das Theater des Lebens. Nichts Neues unter der Sonne, die ewige Wiederkehr. Nietzsche hat recht, doch genauso die Anthropologie: Der Alltag ist immer beides, Entfremdung und Entlastung, entfremdete Entlastung und Entlastung in der Entfremdung. Es geht einzig noch darum, wie man damit fertig werden kann, wie man sich einrichten soll oder muß, wie man weiter voranleben kann.

II.

Aber ich habe ja vorhin von 'normalerweise' und 'zunächst' gesprochen. Wenn der Alltag schon unser ständiger Begleiter ist, mal der lästige, dann mal wieder der angenehme Lebenspartner, so fragt sich dennoch, ob er der einzige sein und bleiben muß. Wie sieht es denn mit Geliebten aus, mit flüchtigen Affären, kleinen Fluchten und Betrügereien? Dabei ist freilich eins klar: der Lebensgefährte - um das Bild weiter zu bemühen - bleibt, die Geliebten kommen und gehen, wechseln einander ab; andersherum: Ausnahmen bestätigen wieder einmal die Regel, Abwechslungen - Fluchten,

Ablenkungen, ekstatische Augenblicke - sind nur möglich vor dem Hintergrund des Dauernden, Geregelten, Alltäglichen.

Wenn sich Alltag und Lebenswelt in erster Linie durch permanente Dauer und Konstanz auszeichnen, wenn menschliches Leben durch stetige Zeitläufe in überschaubaren Räumen erst alltäglich wird, dann kann jede nur denkbare oder wirkliche Alternative dazu selbst nicht wieder in normalen Zeitvorstellungen und -maßen gefaßt werden.

Das Revers von Dauer kann nur der Augenblick sein, das Flüchtige, Vorüberhuschende, ein blitzhafter Moment, eine plötzliche Ekstase, worin das Andere des Lebens im Alltag aufscheint - in Momenten intensivsten, ekstatischen Erlebens (Rausch, Droge, Orgasmus) oder auch in Momenten schlagartiger Erkenntnis (reflexiver oder kontemplativer Akte). Auf jeden Fall kann die Alternative zur Alltäglichkeit, zur fließenden und dabei doch andauernden Zeit, nur in anderen Zeiterlebnissen, in solchen, die die Zeit in der Zeit aufheben, gesehen werden - wie immer die im einzelnen aussehen mögen.

Nun also Literatur und Alltag. Was hat es damit auf sich?

Die Zusammenstellung kann vieles bedeuten, vor allem aber die zentralen Fragen umfassen: Was stellt die Literatur am Alltag dar, und wie vermittelt sie dann diese Alltäglichkeit?

III.

Vier Romane, "Frau Mühlenbeck im Gehäus" (1980), "Rita Münster" (1983), "Berittener Bogenschütze" (1986) und "Die Frau in den Kissen" (1990), einige Erzählbändchen - teilweise wiederabgedruckt in "Die gemusterte Nacht" (1981), unlängst die Geschichten um die Figur "Schnurrer" (1992) - und einen Band "Aufsätze zur Literatur" (1987) hat Brigitte Kronauer bislang vorgelegt.

Dabei spielt die Auseinandersetzung mit dem Alltag, mit alltäglich banalen Dingen, Begebenheiten und Situationen seit den frühen Erzählungen eine herausragende Rolle. Wie es überhaupt bei Brigitte Kronauer eine ganze Reihe von stets wiederkehrenden Motiven, Bildern und Themen gibt: alte Frauen, Ruhephantasien (auf der Couch oder im Bett), Katzen,

Tiere überhaupt, Natur, das Oszillieren zwischen gespanntester Aufmerksamkeit und Entspannung.

Dieses Interesse am Alltag ist auch der Literaturkritik nicht verborgen geblieben. Anläßlich von "Rita Münster" schlägt Christel Dormagen "eine alltagsethnologische" Lesart des Romans vor, weil er davon handelt, "das täglich Belanglose dingfest (zu machen), dem zufällig Begegneten den Punktstrahlerglanz mikrobischer Sinnfälligkeit (zu verleihen)." Über "Berittener Bogenschütze" urteilt Uwe Schweikert, daß es ein Buch über das Leiden am Ungenügen der Wirklichkeit, über den Gegensatz von romantischer Wunschwelt und prosaischem Alltag, von ekstatischem Augenblick und ordentlichem Voranleben sei. Und mit Blick auf "Die Frau in den Kissen" hält Leonore Schwartz dafür, daß hierin "der Alltag nicht als Folie für ein abgehobenes Anschauen, Reflektieren und Urteilen, sondern als Erlebnis der Fülle, der uneingeschränkten Hingabe an das Sichtbare, Hörbare und Spürbare" erscheint. Ja, mehr noch sei das Buch "ein Panorama der Wahrnehmungen, ein Assoziationsgeflecht, das stets im Konkreten verankert bleibt. Es erkundet, ergründet und bestätigt die jedermann zugängliche Lebenswelt mit einer seltenen Bereitschaft zum sinnlich Direkten, einem unbeirrbaren ästhetischen Instinkt." Als Tenor in allen Kritiken klingt an: Kronauers Sensibilität für Alltägliches, für genaue Beobachtungen und subtile Beschreibungen - Schauen und Schreiben.

Im Verdacht, eine weitere und letzte Vertreterin der "Neuen Subjektivität" bzw. "Innerlichkeit" zu sein, steht Brigitte Kronauer allerdings nicht im entferntesten; die Lektüre einiger weniger Sätze läßt bereits erkennen, in welche Tradition sie sich - wenn überhaupt - stellt. Hinweise darauf erhält der Leser in den Essays und Aufsätzen zur Literatur, die u. a. Porträts und Interpretationen von Ror Wolf, Robert Walser, Hubert Fichte und Klaus Sandler enthalten und nicht zuletzt auch immer Bezüge zum eigenen Werk formulieren. Leider gibt es keine einläßliche Auseinandersetzung mit dem "Nouveau Roman", den Brigitte Kronauer in ihrem kurzen Vorwort einmal zum "Inbegriff moderner Literatur überhaupt" kürt (vgl. Kronauer 1987. S. 7) und der ihre Schreibtechnik gewiß nachhaltig beeinflußt hat. Dafür aber lassen sich dann im Subtext der Essays über Ror Wolf und des Nachrufs auf Klaus Sandler verkappte Selbsteinschätzungen finden.

"Literatur", so heißt es am Ende des Vorworts zu den Essays kurz und präzise, "wird gesehen als das grundsätzlich Fiktionale, weit entfernt vom naiv Autobiographischen, weit entfernt vom gescheit Essayistischen." Literarische Texte sind für Brigitte Kronauer "modellierte Gestalt, Gefüge, deren Souveränität sich ergibt aus der kalkulierten, relativierten, relativierenden Position ihrer einzelnen Bausteine, nicht-zufällige, also poetische Gebilde, ob von ihren Konstrukteuren als Gegenentwurf zur davon sehr verschiedenen Wirklichkeit, als deren vereinfachtes Abbild oder als beides zugleich gedacht." (a. a. O. S. 8) Literatur als Fiktion und Konstruktion, als modellierte Form, gleich weit vom Autobiographischen wie Essayistischen entfernt.

Kunst als Erkenntnis also - nur wovon? Brigitte Kronauer zur Frage, warum Literatur gemacht wird: "Mir scheinen die wichtigsten Motive, die man natürlich auch zu einem zusammenfassen kann, folgende zu sein: a) die Dinge aus der vergehenden Zeit zu retten, b) gegen die Übermacht der Natur (der Wirklichkeit, in die wir geboren werden) anzugehen, c) die uns umgebende chaotische Umwelt zu ordnen, bzw. ihr eine Ordnung entgegenzustellen, d) gegen die Übermacht der Literatur (aller geschriebenen und gesprochenen Sprachformen und der damit verbundenen Denk- und Gefühlszwänge) anzugehen, e) die Dinge einzeln und deutlich, noch nicht Gesagtes vorhanden zu machen." (a. a. O. S. 15) Das ist hinreichend allgemein, geht jedenfalls weit über den angedeuteten Zusammenhang ihrer Ror Wolf-Lektüre hinaus. Und es ist sicher nicht neu; Anklänge an alte hermeneutische Traditionen (Schleiermacher etwa), an Sartre, aber auch an das lyrische Programm eines Rolf Dieter Brinkmann lassen sich finden. Bemerkenswert ist dann die Radikalität, mit der solche poetologischen Basissätze in die literarische Praxis umgesetzt werden.

Was diese Basissätze in bezug auf die Raum- und Zeitgestaltung im Roman, auf die Inhalte schlechthin bedeuten, hat Brigitte Kronauer an anderer Stelle gesagt. Zeitstrukturen und -ordnungen wie Linearität und Abfolgen spielen keine Rolle mehr ("die adverbialen Bestimmungen geraten ins Schwimmen"; a. a. O. S. 12), wie auch die Räume ihre scheinbare Vertrautheit verlieren, wenn wir das 'Rezeptwissen' über sie problematisieren. "Die Parolen, nach denen wir unsere Umgebung und Umstände in Reih und Glied antreten lassen, kommen in Massen vor, nur eben in einer Weise, als hätte die benutzende Person das Rezept zu ihrem Gebrauch nicht studiert.

Dadurch bringt sie die Realität zum Quietschen." (ebd.) Schließlich zur Frage des Individuums: "Auch die letzte Bastion, die Einzelperson, ist meist aufgelöst in Massen oder Zustände, das Individuum wird anonymisiert, aus den Konturen genommen, (...)." (ebd.) An anderer Stelle und mit der Brigitte Kronauer eigenen Apodiktik kann man lesen, daß die Geschichte (das Ereignis) und das Ich bloße Fiktionen sind. (vgl. a. a. O. S. 45) Befreit man sich und die Literatur, so müßte man jetzt hinzufügen, endlich von diesem metaphysischen Ballast (theologisch-ontologisch-geschichtsphilosophischer Manier), dann werden der Blick und das Schreiben frei. Alles ist nun gleich gültig, gleichwertig, nirgends existiert eine ontologische Hierarchie, die zwischen den Tätigkeiten im Haushalt, existentiellen Handlungen und Befindlichkeiten, auch angestrengtester Reflexion unterscheidet, Dinge und Menschen separiert und Wichtiges von Unbedeutendem sondert.

Die Aufsätze und Essays formulieren eine ästhetische Grundhaltung, die in allen Texten beherzt wie auch - mehr oder weniger explizit - ausgesprochen wird.

IV.

Sucht man nach einem geheimen Gravitationspunkt im Werk von Brigitte Kronauer, dann bietet sich dafür eben nicht zuletzt der Alltag an - die Alltagsdarstellung. Doch wie verträgt sich das dann wieder mit der radikalen wie weitreichenden Ansicht, daß Literatur immer Konstruktion ist, auf jeden Fall auf den (auto-)biographischen Hintergrund verzichtet? Weitergehend noch ist ja, laut Kronauer, das Ich eine pure Fiktion, ebenso auch die Geschichte - doch das könnte uns schon wieder näher an den Alltag heranbringen.

Alle vier Romane, Roman-Konstruktionen, sind geprägt von Gegensatzpaaren und Alternativsetzungen, die wieder gekoppelt sind mit je verschiedenen Personen bzw. Personengruppen. Es gibt den Erzähler/die Erzählerin und die anderen, das Medium und die Protagonisten. Gegenüber stehen sich Beobachten, Reflektieren und Schreiben auf der einen, Handeln auf der anderen Seite. Während der Erzähler ganz auf die Reaktion eingestellt ist, ganz Bewußtsein und ganz Schreib-Medium ist, bleibt die

Sphäre des Handelns immer den anderen vorbehalten. Mehr noch: Gegensätze, die sich durch die Bücher hindurchziehen, sind Alltag und Augenblick, Voranleben und Ekstase, der Teil und das Ganze. Dies alles dann vor dem ästhetisch-poetologischen Hintergrund der Frage, ob und wie Geschichte und Geschichten erzählt werden können, ob Erzählen überhaupt noch möglich ist angesichts der "Inkohärenz der Wirklichkeit". (Ricoeur 1989. S. 25) Muß nicht das alte Paradigma Erzählen verabschiedet werden?

Ja, zunächst hat dies den Anschein, wenn man traditionellerweise zum Begriff Erzählung die Darstellung einer Geschichte mit Anfang und Ende, mit Entwicklungen, Handlungen und Passionen, Helden und Opfern mit stabilen oder sich wandelnden Charakterzügen, also psychologischen Details assoziiert. In diesem Sinne sind Kronauers Texte tatsächlich keine Erzählungen mehr. Denn sie verzichten weitgehend - und in ihrem letzten Roman fast völlig - auf narrative Momente, auf eine Fabel - eine fabulierte Geschichte - und dazugehörige Charaktere. Ihre Romane sind vielmehr Bewußtseinsromane radikalster Art - Kopfreisen und -geburten, Konstruktionen von Sinn, bloße Ansichten und Meinungen.

Am Schluß von "Rita Münster" sagt Rita Münster einen Satz, der auf ein umfassendes Programm deutet: "Wichtig (...) ist das Bild, das die Welt durch meine Augen anzunehmen, zu erreichen verlangt." (Kronauer 1988. S. 270) Die Welt als Konstruktion von Wirklichkeit, der Autor als Konstrukteur und Sinnstifter - in der Nähe winkt die Phänomenologie. Maurice Merleau-Ponty hat unablässig darüber geschrieben, daß der Leib durch die Augen die Wahrnehmung inszeniert und damit Welt allererst konstituiert: "die Welt ist Sehen der Welt." (Merleau-Ponty 1986. S. 105) Jeder aber sieht anders, mehr oder weniger, denn bei jedem Einzelnen fängt die Welt immer wieder neu an, unverwechselbar, unvertretbar als Privatwelt - ich komme damit wieder auf die anfänglichen Bemerkungen über Alltag, Lebenswelt und natürliche Einstellung zurück.

Die Welt ist meine Welt, ich sehe und konstruiere sie; Sinn ist nicht einfach da, sondern wird gemacht, geschaffen, - nicht zuletzt - geschrieben, vor allem in der Literatur. Die Welt in den Büchern ist die Welt in den Büchern, ist, in Brigitte Kronauers Romanen, Brigitte Kronauers Welt und Welt-Anschauung. Die geschriebene Welt ist die Welt, keine Widerspiegelung, Mimesis oder Reproduktion jener anderen, vermeintlich wirklichen Welt, sondern ihr Eindruck, nämlich ihre Konstruktion und Fiktion. Man könnte auch Imagination sagen.

Brigitte Kronauer konstruiert und imaginiert eine komplexe Romanwelt, prall gefüllt mit Bildern, aber mit gleichsam angehaltenen Bildern, Standphotos ähnlich, die keinen fortlaufenden Film ergeben: es ist ein abgelichteter Alltag zwar, aber ohne Dynamik, Entwicklung und Progression. Geschichte ist darin stillgestellt, eingefroren. Es gibt dies und das und jenes, Bilder und Bildserien, Assoziationsketten, ein Denken in Bildern nicht zuletzt. Doch handelt es sich immer um einzelne Einstellungen, nie um Bewegungen. Beweglich ist allein das Denken, die Reflexion; die Bilder bleiben dagegen kalt, und der Sinnlichkeit, die sie darstellen, ist nicht mehr mit dem alten Einfühlungsparadigma, dem Sichhineinversetzen und Nachbilden, beizukommen. Brigitte Kronauers Bücher fordern Askese und hellwache Konzentration.

Der thematische Zusammenhang, wenn man so will: die innere Entwicklung von "Frau Mühlenbeck im Gehäus" bis zur "Frau in den Kissen", besteht in der literarischen Auslotung verschiedener Möglichkeiten und Konsequenzen alltäglichen Lebens. Erprobt werden immer auch verschiedene Erzählmuster und -techniken: auktoriales Erzählen, die erlebte Rede, das Ich-Erzählen, einfaches und mehrperspektivisches Erzählen.

Es bleibt jedoch immer bei der Thematisierung von Alltäglichkeit, vom "Stocken im Alltag" (Hugo Dittberner) wie auch von den impliziten Möglichkeiten, ohne daß, wie in der Literatur der siebziger und frühen achtziger Jahre (Wilhelm Genazinos "Abschaffel"; Christoph Heins "Drachenblut"), über Entfremdung, Verdinglichung u. ä. ausdrücklich gehandelt würde. Der Mensch hat nichts anderes als seinen Alltag und einige wenige herausragende Augenblicke; noch für Abenteuer, Entspannung und Urlaub ist bereits vorab gesorgt. Doch in jedem einzelnen Moment, in jedem möglichen Augenblick des Alltags, beim Blick aus dem Fenster oder auf einem Einkaufsgang könnte, so Brigitte Kronauer, die Möglichkeit zu einer hypothetischen Literatur, einer neuen Konstruktion, stecken. Selbst nach einem zufälligen Zoobesuch, am Tisch des Zoocafés sitzend und ausruhend, wie bei der "Frau in den Kissen". (vgl. Kronauer 1990. z. B. S. 63)

"Frau Mühlenbeck im Gehäus" hat noch die größte Ähnlichkeit mit dem traditionellen Roman, wenngleich auch hier schon das konstruktive Element, eine mathematische Präzision, Regie führt. Abgesehen vom nur wenige Seiten umfassenden Schlußkapitel weist jedes der sechs Hauptkapitel einen strengen Vierertakt von Unterkapiteln auf: auf Ich-Erzählungen der Frau Mühlenbeck aus ihrem vergangenen Leben (I) folgen Berichte einer namenlosen Erzählerin über das, was sie als Mitbewohnerin und Nachbarin von Frau Mühlenbeck erfährt, vor allem sieht und hört (II); danach präsentiert sich wieder Frau Mühlenbeck selbst mit Episoden aus ihrem gegenwärtigen Leben (III), worauf sich dann wieder die zweite Erzählerin in Erinnerungen und Rückblicken nun ihr eigenes Leben zu vergegenwärtigen versucht (IV).

Während Frau Mühlenbeck, die im Roman das Realitätsprinzip verkörpert, feste Konturen gewinnt, bleibt die namenlose Erzählerin, eine junge Lehrerin, über die wir nur wenig erfahren - ihren Schulstreß, einen Mittelmeerurlaub mit Freund -, blaß und undeutlich. Sie ist ein Wahrnehmungs- und Beobachtungsmedium, eine Meisterin der Beschreibung, also ganz Auge, Ohr und Feder sozusagen; Frau Mühlenbeck dagegen ist eine Figur aus dem Leben, ein durchschnittlicher Mensch, aber immer auf dem Boden der Tatsachen. Überaus geschickt ist dabei die ständige Konfrontation dieser beiden Figuren, die außer der Zufälligkeit, nebeneinander zu wohnen, nichts miteinander verbindet.

Woher resultiert aber die unterschiedliche Plastizität der Figuren? - Mir scheint, daß der Bezugspunkt, die Spiegelfläche, ihre Alltäglichkeit ist. Während sich nämlich Frau Mühlenbeck in ihrem Alltag aufgehoben fühlt, ihn als Lebensbedingung akzeptiert, sich auf Strukturen und Abläufe einläßt, ist für die Lehrerin der Alltag, die Realität, ständig problematisch. Während sich die eine naiv dem Leben aussetzt, stutzt die andere in jedem Augenblick aufs neue, muß beobachten und reflektieren - schreibend die Irritationen, denen sie fortwährend ausgesetzt ist, bannen. Was für Frau Mühlenbeck Routinetätigkeiten sind, Spülen, Waschen, Kochen, Kaffee zubereiten etc., sind für die aufmerksame Lehrerin Tätigkeiten, die ihre besondere Zuwendung verdienen. Die Kehrseite davon ist die, daß die naiv im Alltag voranlebende Frau Mühlenbeck immerhin noch ihre Geschichte - einzelne für sie wichtige Begebenheiten ihrer Biographie - in aufsteigender, chronologischer Linie 'erzählen' kann, wohingegen das Schreibmedium Lehrerin im gegenwärtigen, perennierenden Alltag hängenbleibt, nur einzelne Bilder, Situationen, Augenblicke heraufbeschwören kann. Ohne Folge und Teleologie, Linearität und Zusammenhang.

Frau Mühlenbeck hat noch eine Geschichte, eine erzählbare Biographie, während die Lehrerin nur auf einen Fragmenthaufen sieht, auf Teile und Ausschnitte - dem Benjaminschen Engel der Geschichte ähnlich. Die eine ist das naive Leben, die sich, ohne darüber nachzudenken, dem ursprünglichen Voranleben und Weiterleben hingibt; die andere ist ganz Denken, der das Leben abhanden kommt. Ein Hiatus, ein Riß, der auch das 'Projekt Moderne' von Beginn an charakterisiert. Zwei Lebensmodelle bzw. -entwürfe, die beide gleichermaßen problematisch sind - ambivalent, um Brigitte Kronauers eigenen Begriff zu verwenden.

Frau Mühlenbecks Leben ist geregelt - alltägliche Abläufe, immer wiederkehrende Handlungen verpassen ihm seine Signatur. Die Uhr an der Wand und das Radio messen dieses Leben ab. (vgl. Kronauer 1984. S. 65, 102, 125, 186ff.) Frau Mühlenbeck selbst ist von der ewigen Wiederkehr überzeugt: "Verstehen Sie, ist es nicht merkwürdig, wie sich die Situationen wiederholen, wie man sich, ehe man sich versieht, in ähnlichen Handlungen wiederfindet, ich meine, wie man immer vergleichbare Dinge oder Vorkommnisse auf sich zieht?" - "Manchmal denke ich: Meine Güte, das war vorgestern doch auch schon so! Da hat sich die gleiche Szene abgespielt. Es hängt mit dem Wesen, mit dem Charakter zusammen, es läßt sich durch mein ganzes Leben verfolgen." (a. a. O. S. 116; ähnlich auch S. 28, 126f., 150) Zugleich ist Frau Mühlenbeck ständig dabei, gegenüber ihrer Gesprächspartnerin die eigene Biographie als abgerundetes, sinnvolles und überschaubar-geordnetes Ganzes darzustellen. Alles, das vergangene wie das gegenwärtige Leben, gehorcht einem Plan und wird demgemäß erzählt, nämlich immer vom Jetzt zurückblickend auf die Geschichte - den Normen der Gattung Autobiographie entsprechend. Brigitte Kronauer spricht in einem Essay einmal vom Herstellen und Verknüpfen von Erlebnissen "zu symptomatischen Bewegungen eines Lebenslaufs." (Kronauer 1991. S. 54) Und genau darin übt sich Frau Mühlenbeck fortwährend. Alle Geschichten, die sie erzählt, dienen einzig der Illustration ihres eigenen Lebensentwurfs, ihrer Selbsteinschätzung und Inszenierung; sie sollen ihre Hilfsbereitschaft, ihr Kämpfertum, ihre Willensstärke, ihren Mut und ihre Energie in plastischen Bildern zeigen. (vgl. Kronauer 1984. S. 128, 134, 169, 175)

Doch die Kehrseite davon scheint im Subtext auf, in den Beobachtungen der Lehrerin ebenso wie in Frau Mühlenbecks eigenen Gesten und Bewegungen, die ihre Rede häufig genug konterkarieren, ja zeigen, daß manche Selbstdeutung auf einer Fiktion, einer Lebenslüge, beruht. (vgl. etwa
a. a. O. S. 12) Entlarvend auch die messerscharfen Beobachtungen der
Lehrerin, die Frau Mühlenbecks Selbstbildnisse und Stilisierungen kor-
rigieren. Plötzlich entstehen so Risse in der Fassade, Brüche im Alltag -
nur auf der Oberfläche noch ist alles "alltäglich und perfekt zu Ende gebracht, verstaut, beseitigt, erledigt." (a. a. O. S. 209) Darunter jedoch ein
Chaos: ein Leiden an der Monotonie, an der Ereignislosigkeit eines träge
dahinfließenden Lebens - immer nur Haushaltstätigkeiten, immer nur Waschen, Bügeln, Putzen, Kochen, dazu das ununterbrochene Radio, Stimmen
von Draußen, ein kleiner Einbruch ins "Gehäus". Unmerklich haben sich so
Funktion und Bedeutung der Alltäglichkeit verschoben. Vergraben die Erinnerung an "die leidenschaftlichen Augenblicke, die kurzen Momente." (a.
a. O. S. 147) Ganz selten nur eine vage Dämmerung, immer wieder zurück-
gestaut, verdrängt, abgehakt: die Möglichkeit eines anderen Lebens, eines
besseren - wer weiß? -, der Zweifel am gegenwärtigen. Im kurzen Schlußkapitel resümiert dann Frau Mühlenbeck: "Ach, warum geht alles so gleich-
mäßig dahin!" (a. a. O. S. 217) - "Interessante Bücher lese ich immer wieder, einzelne Stellen, fünf, zehnmal. Lieber würde ich alles erleben, auch
das ganze Leben noch mal, auch mit allem Schlimmen." (ebd.) - "Ach, was
würde ich darum geben, noch einmal ganz neu anfangen zu können, noch
einmal einen ganz neuen Aufbruch zu wagen, einen völlig anderen Weg
einzuschlagen, ein ganz anders geartetes Leben zu führen." (a. a. O. S. 218)

Auf der anderen Seite die Lehrerin, mehr als nur antriebsgehemmt, von
einer obsessiven Beobachtungs- und Beschreibungssucht geradezu geplagt.
Fremd im eigenen Leben ist sie ganz Auge und Ohr am fremden Leben; sie
schreibt ihre Beobachtungen auf, um da zu sein, um überhaupt etwas zu
sein, die verfließende Zeit im Augenblick - in einzelnen Momentaufnahmen - festzuhalten. Wiederum vom Ende her: "Ich kann nicht mehr weiter!"
- "Es gibt kein Zurück!" - "Nur der Weg nach vorn ist frei!" (a. a. O. S. 222)
Der Weg zurück - da liegen verschiedene Bilder verstreut auf der Strecke,
immer wieder auf das Grunddilemma, die Unbehaustheit der Lehrerin, zie-
lend, auf ihre Unzufriedenheit mit dem Beruf, eine mißlungene Beziehung,
aber auch Urlaube unter südlicher Sonne. Aber nichts Deutliches, Umris-

senes, klar Konturiertes. Das Leben flutet durch die Erzählerin hindurch, will in ihr keine Gestalt, keine Biographie annehmen. Und sie weiß es, spricht von ihrer "Apathie und Schläfrigkeit" (a. a. O. S. 37), dem ständigen Wunsch, sich zurückzuziehen, in den Schlaf zu entfliehen. "Es gibt nichts Schöneres, als wenn ich im Bett versinke, unter dicken Zudecken. Für zwei Stunden tiefer Schlaf!" (a. a. O. S. 14) Der Wunsch nach Schlaf und Ruhe ist recht eigentlich eine Todesphantasie: "Nachmittags, beim Schlafen, muß es warm und still sein. Es ist so gut zu wissen, daß man sich darauf verlassen kann, so, als würde man aufhören zu leben, stumm wie vielleicht in der Tiefsee darf man sich unter der dicken Bettdecke verästeln." (a. a. O. S. 24f.; ähnlich S. 27, 48, 156)

Frau Mühlenbeck und die namenlose Erzählerin sind wechselseitig aufeinander bezogen, ergänzen sich, weisen innerhalb der Romankonstruktion jeweils auf die Defizite der anderen hin. Sie repräsentieren zwei alternative Lebensweisen bzw. -modelle: ein an Tradition gebundenes, einfaches, ja naives Leben, das Voranleben, und eine moderne, auf Reflexion und theoretische Rechtfertigung abgestellte Lebensweise; pointiert: ein auf das alltägliche Entlastungsprinzip zurückgreifendes Leben und ein unter Entfremdungsstrukturen leidendes Leben.

Der Alltag oszilliert zwischen den Polen Entfremdung und Entlastung. Nur eins ist heute nicht (mehr) zu haben: eine ungebrochen-feste Identität, die über allen Anfechtungen steht. Selbst Frau Mühlenbeck unterliegt Selbsttäuschungen, Fiktionen, dem Schein; von der Erzählerin ganz zu schweigen. Wir erinnern uns wieder an Kronauers Essay über Robert Walser und Ror Wolf: Das Ich und die Geschichte als Fiktion.

V.

Auch in der von Brigitte Kronauer als Trilogie bezeichneten Romanfolge "Rita Münster", "Berittener Bogenschütze" und "Die Frau in den Kissen" geht es wieder um die Erprobung von Modellen, um Konstruktionen von Wahrnehmungen und Inszenierungen von Wirklichkeit, worin mit Oppositionen gearbeitet wird. Wenn auch insgesamt schwächer als in "Frau Mühlenbeck", stehen sich wiederum zwei Personengruppen gegenüber (mit Ausnahme allerdings von "Rita Münster"). Dem Literaturwissenschaftler und Spezialisten für "Gespenstergeschichten" Matthias Roth in "Berittener Bogenschütze" tritt in Gestalt seiner Vermieterin Frau Bartels das Realitätsprinzip wuchtig und lebenstüchtig entgegen. In der "Frau in den Kissen" ist es eine ältere, lebenserfahrene Frau, die in Gesprächen mit der Erzählerin, einer jüngeren Frau, Aspekte eines naiven, sich im täglichen Voranleben erschöpfenden Lebens kundgibt. Sie sind keine Hauptfiguren, oft nur in beiläufigen Situationen auftauchend, aber sie sind doch zugleich so etwas wie Korrektive, andauernde Einsprüche des Alltagslebens gegen die Kopfmenschen und Intellektuellen - sei es der aufgrund seiner déformation professionelle, seiner Lektüreversessenheit, am wirklichen Leben vorbeilaufende Matthias Roth, oder sei es die sich in obsessiven Wahrnehmungs- und Beschreibungsversuchen zurücknehmende Erzählerin aus "Die Frau in den Kissen".

Doch hat die Opposition der beiden Figurengruppen noch eine zusätzliche, bedeutendere Funktion. Gekoppelt nämlich an die Figuren sind unterschiedliche Zeitwahrnehmungen und -erfahrungen. Es geht um die Zeit als Verlauf, Dauer und Linearität einerseits, um Zeiträume, und um Momente, Augenblicke und Ekstasen, um Zeitpunkte. Wo die eine Figurengruppe, das Realitätsprinzip repräsentierend, auch die Zeit als Voranleben und -schreiten, als Kontinuum, wahrnimmt und auch darin agiert, fällt für die andere Gruppe - am deutlichsten in der "Frau in den Kissen" - das Leben und die Wirklichkeit im Augenblick (einem einzigen oder - im Rückblick - einigen wenigen) zusammen. Fatal genug ist beides: das naive Leben in der Dauer wird ereignisarm, folgenlos, langweilig - es erstarrt, der Mensch wird träge; das momentane, erinnerungslose Leben dagegen kann nicht auf Dauer gestellt werden - jeder Versuch dazu endet im Wahn oder in der Selbstzerstörung. Schreibend nur lassen sie sich als Alternativen setzen, durchspielen; die Romankonstruktion vergegenwärtigt die Ambivalenzen, schafft das Gleichgewicht, hält die Mitte, die der Leser dann selbst entziffern muß.

Alltag und Augenblick, Dauer und Ekstase, Voranleben und Innehalten - das sind die Oppositionen, die sich durch die Texte Brigitte Kronauers hindurchziehen. Es gibt darin Menschen mit gesundem Menschenverstand und Mutterwitz, ganz auf dem Boden der Realität, naiv, aber glücklich, gefestigt und zuversichtlich; und es gibt darin Intellektuelle, messerscharfe Beobachter, doch antriebsgehemmt, unfähig zum Handeln, randständige

Betrachter ihrer selbst und des ablaufenden Lebens, hochreflektiert und apathisch zugleich. Menschen, die leben, und solche, die denken. Weniger polemisch: Realisten, die dem Prinzip Wirklichkeit vertrauen, und Idealisten, die dieses Prinzip allererst wieder schwermachen, in Frage stellen. Alltäglich leben sie alle, in vorgefundenen Welten, übersichtlichen Räumen und abgemessenen Zeiten. Doch Brigitte Kronauer zeigt, daß und worin sich beide täuschen, Kopf und Sinne, nämlich in der Einseitigkeit ihres Prinzips, in der Blindheit für die Kehrseite. Nur in der Romankonstruktion ist ein Fluchtpunkt angedeutet, flüchtig und schemenhaft wie der Augenblick. Trotz aller Stagnation und weiten, bewegungslosen Strecken scheint am Ende doch immer noch ein Finale auf, den Kopfmenschen und Intellektuellen, Rita Münster, Matthias Roth und der namenlosen Erzählerin aus "Die Frau in den Kissen", vorbehalten. Denn alle drei Romane schließen mit einem ähnlichen Tableau, der Evokation einer Ekstase, die den einzelnen aus sich herausschleudert und ihn zugleich wieder eins mit den Dingen, der Umwelt, sein läßt: eine, wie es Uwe Schweikert einmal mit Bezug auf "Rita Münster" formuliert hat, "rauschhafte Erfahrung des grenzenlosen Eins- und All-Eins-Seins/ Alleinseins." (Schweikert 1984. S. 170)

Dies ist ein Moment intensivster Gegenwärtigkeit, ein Nu, in dem der Mensch glaubt, das Wesen der Dinge zu fassen, endlich Bescheid zu wissen, sich und die Welt bzw. sich in der Welt zu begreifen. Es ist jener Augenblick, über den die Scholastiker bereits nachgedacht, den die Mystiker und Kierkegaard immer wieder beschworen haben und der selbst linke Metaphysiker und Marxisten wie Lukács, Bloch oder Benjamin fasziniert hat: "Dieser Augenblick ist ein Anfang und ein Ende. Nichts kann darauf und daraus folgen, nichts kann es mit dem Leben verbinden. Es ist ein Augenblick; er bedeutet nicht das Leben, er ist das Leben, ein anderes, jenem gewöhnlichen ausschließend entgegengesetztes." (Lukács 1971. S. 226)

Rita Münster erfährt den Augenblick der Existenzerhellung, woraus faktisch nichts folgen mag, der sie aber in ihrem Denken und ihrer Einstellung verändert, als Augenblick einer anderen Zeitwahrnehmung: "Die Sekunden fließen in mich und aus mir heraus, immerzu eine Ankunft, immerzu ein Abschied, ein immerwährendes Treppensteigen, auf und ab, ich gehe durch die Abfolge der Augenblicke, als hätte ich weder Vergangenheit noch Zukunft, ich stelle die Gegenwart her." (Kronauer 1988. S. 270) Die namenlose Erzählerin aus der "Frau in den Kissen" dagegen erlebt diesen Augenblick als panoramatische Zusammenschau ihres Lebensraums, als Blick über die Großstadt, worin sich in einem einzigen Bild plötzlich die ganze Welt aus der unmittelbaren Umwelt aufbaut: "Jetzt ist es vogelperspektivisch steil unter mir, gleich fast mit mir auf einer Höhe, aber wahr ist, daß sich eine endgültige Landschaft herausgeschraubt hat, glänzende Inseln aus der Befangenheit der vernünftigen Zusammenhänge." (Kronauer 1990. S. 425) Matthias Roth endlich schläft mit dem Blick auf die geliebte Frau seines Freundes und der Erinnerung an einen Augenblick engster Gemeinsamkeit mit dieser Frau auf dem Sofa ein, nimmt das kleine Glück mit in den Schlaf hinüber - vielleicht in den Tod als den großen Schlaf? (vgl. Kronauer 1986. S. 416f.)

Und scheint nicht gerade "im Chaos der Gefühllosigkeit, der Gipfellosigkeit der Welt und unseres Lebens" erst wieder "die Möglichkeit einer Lebensvertiefung" auf (Petersen 1991. S. 412)?

Die Last der Zeit

Monate, Jahre später. Wie lange ist es her, seit ich mit dieser Arbeit begonnen habe? Ich muß nachschlagen. Peinlich genau habe ich notiert, wann was geschrieben worden ist. Danach habe ich am 29. 1. 1990 den ersten Satz des ersten Kapitels geschrieben - so spät also doch erst? Vorher aber schon, Wochen und Monate, erste Überlegungen, Aufzeichnungen, Notate. Die sind nicht datiert. Lektüren vor allem. Das Umfeld sondieren, Grenzen abstecken, Übergänge sichten. Ist es mir gelungen? Weiß ich jetzt wirklich mehr und weiter? Habe ich Erkenntnisgewinne - Fortschritte - erzielen können? Hat sich die Dunkelheit gelichtet - mindestens ein wenig? Hat sich die Arbeit gelohnt? - Je mehr und je länger ich schreibe, um so unsicherer werde ich wieder.

Immer noch sitze ich morgens mit übereinandergeschlagenen Beinen, die Füße überm Eck der Tischplatte abgelegt, am Frühstückstisch. Immer wieder derselbe morgendliche Ärger über die Zeitung, dasselbe kurze Innehalten vor der Arbeit am Schreibtisch, die kleinen Fluchten und Verzögerungstaktiken. Nur das Rauchen habe ich inzwischen aufgegeben.

Ich sehe durch die Balkontüre in den Garten. Heute ist ein besonders milder Tag, kalendarisch zwar noch im tiefsten Winter, doch sollen die Temperaturen auf über zehn Grad ansteigen. So war es in den letzten drei Jahren immer, erinnere ich mich. Einen richtigen Winter mit Eis und Schnee, mit Minusrekorden hat es schon lange nicht mehr gegeben. Kürzlich waren wir in der Eifel - ein strahlend blauer Himmel, Sonnenschein, herrliche Temperaturen. Einige Mücken tanzten, und selbst eine fette Wespe brummte im Sonnenschein. Deutliche Vorboten des kommenden Frühlings. Im hinteren Teil des Gartens stolziert gerade ein Fasan gemächlich durch die Wiese. Dabei stößt er merkwürdig aufgeregt klingende Laute hervor; das hört sich so blechern und albern an. Wie sollte man ihn da wohl noch ernst nehmen? Wird sich auch die Nachbarskatze zur Rechten denken, die gewiß wieder irgendwo auf der Lauer liegt. Wie der Fischreiher, der sich im Teich der Nachbarn zur Linken reichlich mit Goldfischen versorgt. Gleich ist es acht Uhr. Dann werden, wie an jedem Donnerstagmorgen, die Friedhofsgärtner ihre Maschinen in Gang setzen, einen kleinen Bagger und einige Gefährte - Tempokarren? kleine Lkws? - zur Beseitigung anfallender Erde, Laubs und Astwerks. Ich kenne keinen zweiten vergleichbar blitzsauberen Friedhof wie unseren hier im Dorf.

Jetzt sitze ich am Schreibtisch. Schon eine eigentümliche Gesellschaft, muß ich denken, die sich da am frühen Morgen versammelt, um mich durch die Stunden zu begleiten: Katzen, Fischreiher, Fasane und Friedhofsangestellte. Unzählige Vögel schließlich noch - mürrische Amseln, vorlaute Spatzen, die sich bis aufs Fensterbrett vorwagen, Kiebitze und Elstern, Enten vom nahegelegenen See und Tauben, zumeist Zuchttauben aus den Siedlungen; für Ärger sorgen dann noch zänkische Möwen, die der Wind ab und an aus ihrer gewohnten Richtung - der Rheinmündung entgegen - drängt.

Zwischen den ersten Überlegungen und diesem Nachwort liegen einige Jahre, tausende Stunden zwischen Anspannung und Leerlauf, Konzentration und Müßiggang. Jede Menge Zeit. Erfüllte, produktive Zeit und vergeudete Zeit, bedeutungsvolle Augenblicke und bedeutungslose Zeiten des Wartens und der Dauer. Auf jeden Fall ist sie weg, verschwunden, versickert in den Poren des Alltags, unserer aller ersten Wirklichkeit. Zeit und Alltag, objektive Zeit und subjektive Zeit, mechanische, meßbare Zeit und gelebte Zeit - in anderer Terminologie: Zeit als linearer Prozeß und Zeit als zyklische Wiederholung. Wo ist sie hin? Wo sind sie geblieben, die letzten drei Jahre, die heißen Sommer und lauen Winter, wo sind sie hin, die großen historischen Ereignisse - die deutsche Revolution von 1989, die Wiedervereinigung, der Golfkrieg ...?

"Was ist die Zeit?", fragt Thomas Mann zu Beginn des sechsten Kapitels seines "Zauberbergs" und antwortet mit einer Zusammenfassung der schmalen Ergebnisse zweitausendjähriger Überlegungen aus Theologie, Philosophie und den Wissenschaften: "Ein Geheimnis, - wesenlos und allmächtig. Eine Bedingung der Erscheinungswelt, eine Bewegung, verkoppelt und vermengt dem Dasein der Körper im Raum und ihrer Bewegung. Wäre aber keine Zeit, wenn keine Bewegung wäre? Keine Bewegung, wenn keine Zeit? Frage nur! Ist die Zeit eine Funktion des Raumes? Oder umgekehrt? Oder sind beide identisch? Nur zu gefragt! Die Zeit ist tätig, sie hat verbale Beschaffenheit, sie 'zeitigt'. Was zeitigt sie denn? Veränderung! Jetzt ist nicht Damals, Hier nicht Dort, denn zwischen beiden liegt Bewegung. Da aber die Bewegung, an der man die Zeit mißt, kreisläufig ist, in sich selber beschlossen, so ist das eine Bewegung und Veränderung, die man fast ebensogut als Ruhe und Stillstand bezeichnen könnte; denn das Damals wiederholt sich beständig im Jetzt, das Dort im Hier. Da ferner eine endliche Zeit und ein begrenzter Raum auch mit der verzweifeltsten Anstrengung nicht vorgestellt werden können, so hat man sich entschlossen, Zeit und Raum als ewig und unendlich zu 'denken', - in der Meinung offenbar, dies gelinge, wenn nicht recht gut, so doch etwas besser. Bedeutet aber nicht die Statuierung des Ewigen und Unendlichen die logisch-rechnerische Vernichtung alles Begrenzten und Endlichen, seine verhältnismäßige Reduzierung auf Null? Ist im Ewigen ein Nacheinander möglich, im Unendlichen ein Nebeneinander? Wie vertragen sich mit den Notannahmen des Ewigen und Unendlichen Begriffe wie Entfernung, Bewegung, Veränderung, auch nur das Vorhandensein begrenzter Körper im All? Das frage du nur immerhin!" (Thomas Mann 1975. Bd. 5. S. 365)

Ein Bündel voller Fragen, ewiger Fragen, endloser Antworten. Was ist die Zeit? Thomas Mann hält sich an die Philosophie von Aristoteles bis Heidegger, mit einem kräftigen Schuß Bergson: wiederholt sie sich nun, oder ist sie ein unendlicher Progreß; ist sie kreisförmig oder linear - wirklich oder nur in unserer Vorstellung, dem inneren Zeitbewußtsein?

Die Frage aller Fragen nach dem Wesen, die schon Augustinus beschäftigte: "Was ist also die Zeit? Wenn mich niemand danach fragt, so weiß ich es, will ich es aber dem Fragenden auseinandersetzen, so weiß ich es nicht." (Augustinus 1982. S. 84) Wenn wir schon nicht das Wesen der Zeit zu fassen bekommen, wie sieht es dann mit den Erscheinungen der Zeit aus? Oder sollten wir sagen: den Erscheinungen in der Zeit? Auch darauf hat Augustinus bereits eine paradoxe Antwort: "Es gibt weder Zukunft noch Vergangenheit, und es läßt sich eigentlich nicht sagen: 'Es gibt drei Zeiten, Vergangenheit, Gegenwart und Zukunft.' Dagegen ließe sich vielleicht im eigentlichen Sinne sagen: 'Es gibt drei Zeiten, und zwar die Gegenwart des Vergangenen, die Gegenwart des Gegenwärtigen und die Gegenwart des Zukünftigen.' Denn es sind diese drei in der Seele, und anderswo sehe ich sie nicht. Gegenwärtig ist die Erinnerung des Vergangenen, gegenwärtig ist die Anschauung des Gegenwärtigen, gegenwärtig ist die Erwartung des Künftigen. Wenn ich es so sagen darf, dann sehe ich drei Zeiten und bekenne, es sind deren drei." (a. a. O. S. 87)

Zeit, das wird aus dem Zitat deutlich, ist für Augustinus zunächst ein subjektives Phänomen, ferner und weitreichender noch ist sie eine subjektive Konstruktion, denn alles, was geschieht, geschieht gleichzeitig. Ordnung in das Chaos bringt allererst mein Verstand, der die Unterscheidungen setzt. In dieser Frage pointiert die Systemtheorie, so radikal sie bisweilen klingen mag, nur die augustinischen Ansichten, wenn sie die Zeit der Gegenwart als unbeobachtbar, ja als unsichtbar begreift. "Wenn man die Zeit mit Hilfe der Unterscheidung von Vergangenheit und Zukunft beobachtet, ist die Gegenwart der blinde Fleck dieses Beobachtens, das 'überall und nirgends' dieses Konzepts von Zeit. Oder, wie wir auch sagen können: die Repräsentation von Gleichzeitigkeit in der Zeit." (Luhmann 1991. S. 50)

Alles, was geschieht, geschieht jetzt, in diesem Augenblick, dem "vorüberfliegenden Nu". (vgl. Augustinus a. a. O. S. 87) Aber es wäre nicht, geschähe nicht, wenn ich nicht selbst die Zeitebenen einschöbe, wenn ich nicht selbst differenzierte mit Blick auf vorher und nachher, - in Augustinus' Sprache - in bezug auf Erinnerung, Anschauung und Erwartung. Alles, was ist, ist zunächst um mich herum, in Reichweite (unterschiedlichster Grade) und im Blickwinkel; es ist hier und jetzt.

Ich schaue mich um, lasse den Blick vom Schreibtisch in den Garten abschweifen, beobachte die Friedhofsangestellten und gerate ins Grübeln. Nichts anderes ist sowohl bei Augustinus wie auch bei Luhmann gemeint. Da, dort hinten auf dem breiten Hauptweg des Friedhofs die junge Frau - war sie vor drei Jahren auch schon dort, gehörte sie da schon zur Kolonne der Gartenarbeiter? Die Erinnerung schaltet zurück, holt Bilder aus der jüngeren Vergangenheit hervor, vom sommerlichen Spaziergang auf dem Friedhof, einer pompös inszenierten Beerdigung, von einem Regentag im Herbst - oder was es schon Frühwinter? -, wo sich die Arbeiter vor dem prasselnden Regen unter das schützende Dach einer Bretterbude zurückgezogen hatten, Bierflaschen leerend. Nein, dieses Mädchen war nicht bei ihnen. Sie muß neu hinzugekommen sein, ein Lehrling vielleicht oder eine Praktikantin. Allein unter einer Horde von Männern, sicherlich kein angenehmer Job. Jetzt versuche ich mir vorzustellen, wie es wohl wäre, wenn mehr Mädchen in solchen Berufen arbeiten würden, in einigen Jahren möglicherweise. Was wäre dann anders? Hätte es eine Bedeutung für die Toten, ein wenig mehr Anteilnahme und Fürsorglichkeit etwa, oder auch für die zurückbleibenden Angehörigen, die ihre 'lieben Toten' nun in besseren Händen wüßten?

Wieder sehe ich in den Garten, wende mich dem zu, was gerade geschieht: eine Karre fährt scheppernd über den Hauptweg des Friedhofs, biegt dann scharf nach links ab zu den neu ausgehobenen, 'frischen' Gräbern. Ich höre unsere Vermieterin über die Steinplatten des Gartenwegs schlurfen. Noch kann ich sie nicht sehen, weil sie sich in der Nähe des Hauses befindet. Was wird sie machen? Höre ich weiter das Schlurfen, dann wird sie den Weg in den Garten wählen, in Richtung Friedhof, und ich werde sie sehen können; bricht dagegen ihr Schlurfen ab, wird sie zur Tochter nach nebenan gehen, über die Wiese ohne Platten an den verrosteten Kinderschaukeln vorbei. Dann sehe ich sie nicht. Nein, diesmal kippt sie nur Putzwasser aus, schlurft zurück ins Haus, die fünf Stufen hoch, ich höre sie stöhnen - oder ist es ein Seufzer? Seit einer Knieoperation im letzten Jahr fällt ihr das Laufen zusehends schwerer, an Fahrradfahren ist schon gar nicht mehr zu denken.

Ich schaue mich im Zimmer um, muß weiter an unsere Vermieterin denken, schweife ab und überlege, wie es wohl werden wird mit ihr. Wie lange mag es mit ihr so weitergehen; wird sie, eine Frau von jetzt 82 Jahren, am Ende zum Pflegefall, wird sie von ihren Kindern dann versorgt werden, oder wird sie in ein Altenpflegeheim gesteckt - also weggesteckt? Noch ist sie in der Lage, für sich selbst zu sorgen - mit gewissen Einschränkungen zwar, aber immerhin. Doch wie lange noch? Ein Jahr oder einige Jahre? Und dann - was mag dann auch mit uns passieren? Ich höre, wie sie mit den Kochtöpfen herumhantiert, ein Stuhl wird hin- und hergeschoben, Wasser läuft. Sie räuspert sich.

Der "Alltag", so formuliert es der Soziologe, "birgt zwar 'Geschichten', aber er ist selbst keine Geschichte." (Alheit 1990. S. 118) Gilt das nicht für die Zeit schlechthin? Für die Alltagszeit innerhalb unserer Lebenszeit? Der Soziologe unterscheidet diese beiden Zeithorizonte voneinander; unter "Alltagszeit" versteht er "die Perspektive aktuell-spontaner Handlungsorientierung, die vor allem für die Routinen des tagtäglichen Lebens benötigt wird. Sie hat eher zyklischen Charakter. Lebenszeit dagegen aktiviert einen weiteren Horizont. Sie steht für die 'Sequenzialisierung' einzelner Handlungen und Erlebnisse, für die subjektive 'Kontinuität' und 'Kohä-

renz', und ist deshalb eher auf <u>Linearität</u> angelegt." (Alheit a. a. O. S. 36)
Eine entscheidende Aufgabe menschlichen Lebens bestehe darin, beide
Zeitperspektiven miteinander zu synchronisieren, sie wechselseitig zu nor-
malisieren, sie aufeinander abzustimmen, meint der Soziologe am Ende.
(vgl. a. a. O. S. 41ff.)

Die Zeit ist immer hier und jetzt, im Moment und Augenblick, dem Nu.
Sie ist permanente Gegenwart, Gleichzeitigkeit aller Ereignisse. Ich stehe
mittendrin. Und ich reagiere. Rudimentärste, gleichermaßen basale wie
banale Reaktionsmuster sind dabei die Alltagsverhaltensweisen, von einem
imaginären Stundenplan diktiert: Aufstehen, Zähne putzen, Frühstück machen usw. - Glieder einer Kette, die, miteinander verbunden, an einem Faden aufgereiht sind, wo jedes Glied seinen bestimmten Vorgänger und
Nachfolger hat. Erst das, dann das, dann wieder das, zumeist in irre-
versibler Weise. Das ist die einfachste Art, das Leben zu bewältigen, ein
Chaos zu ordnen und zu strukturieren, Übersichtlichkeiten und Erwartbar-
keiten ins Unbekannte hineinzubringen. Alles läuft - nach einer gewissen
Eingewöhnungsphase - geschäftsmäßig ab, routiniert und nach einem Schema. Man braucht gar nicht weiter darüber nachzudenken. Prinzip der
(Denk-)Ökonomie, auch der Faulheit - der Weg des geringsten Widerstands. Schließlich sind die Rhythmen sogar habitualisiert, reduzieren sich
Denktätigkeiten aufs Minimum. Egal ob es sich hier um Haushaltstätigkeiten und Körperpflege, um Schreibtischarbeiten oder um mechanisch-ma-
schinenmäßige Hantierungen handelt. Je größer das Maß an Gewöhnung,
um so höher der Grad der Alltäglichkeit - der Gedankenlosigkeit und rezi-
proken Routine.

Wie oft etwa mag schon unsere Vermieterin ihr Abwaschwasser in den
Garten gekippt haben (man muß ja sorgfältig mit dem Wasser haushalten)?
Zu immer denselben Zeiten am Tag. Wie oft schon mag sie dieses und je-
nes in gerade dieser Reihenfolge - und nur in dieser! - getan haben, über
Jahrzehnte hinweg, ein ganzes Leben lang womöglich?

Aber warum bei den anderen anfangen, warum nicht bei der eigenen
Person? Doch geht das überhaupt? Ist es nicht viel leichter, als Beobachter
eines Fremden aufzutreten? Denn der Andere, Fremde steht mir ja leib-
haft gegenüber, von Angesicht zu Angesicht im besten Falle, und ich kann
ihm zusehen, mehr oder weniger oberflächlich, mehr oder minder eindring-

lich, je nach Interessenlage. Ich kann ihn gegebenenfalls häufiger beobachten, bei verschiedenen Gelegenheiten oder in ein und derselben Situation, bei sich wiederholenden Ereignissen, und ich registriere dann bestimmte typische Verhaltensweisen an ihm, rechne sie hoch zu Stereotypen, zu seinen 'Eigenschaften' und 'Marotten', oder konstruiere etwelche Zusammenhänge. Immer bleibe ich in der Rolle des Beobachters, schalte lediglich zwischen Wahrnehmung und Deutung, Beobachtung und Interpretation hin und her.

Doch bei mir selbst - wie sieht es da aus? Ich sehe mich nicht oder doch nur sehr selten, im Spiegel. Und auch da sieht man sich eigentlich, mag man auch täglich hineinsehen, eher seltener, mindestens im Sinne von bewußter Wahrnehmung, Beobachtung und anschließender Deutung. Das meint auch Heiner Müllers Standardwitz vom Mann, der morgens in den Spiegel sieht und dann sagt: Kenn' ich nicht, rasier' ich nicht. Schrecken stellt sich oft genug beim Blick in den Spiegel ein, wenigstens ab einem bestimmten Alter: dort die neue, tiefere Falte, hier Hautveränderungen, das Wachsen der Stirnglatze. Könnten diese Pigmentveränderungen nicht am Ende auch Anzeichen einer schlimmen Krankheit sein? Wenn ich mich sehe, sehe ich mich oberflächlich, unkonzentriert, beiläufig. Bedeutungsvoller und aufschlußreicher sind da die "Spiegel ohne Spiegel", die anderen Mitmenschen, in deren Blick und Horizont ich auftauche, die mich wahrnehmen und aus deren Anschlußreaktionen, aus deren Verhalten mir gegenüber, meine Selbstwahrnehmung - meine Selbstreflexion und Selbstdeutung - allererst stimuliert wird.

Da trifft mich z. B. ein alter Freund auf der Straße nach Jahren zum ersten Mal wieder, in meiner Heimatstadt, die ich vor zehn Jahren verlassen habe. Gut siehst du aus, geradezu phantastisch, platzt es da aus ihm heraus, du hast dich kaum verändert, es muß dir sehr gut gehen. Dabei bemerke ich, daß er eigentlich recht hat. Ja, ich fühle mich wohl und zufrieden in meiner Haut, die er sieht und ich nur fühle, gut, daß es ein anderer mich wieder einmal bemerken läßt. Er dagegen, ich traue mich kaum, es ihm zu sagen, sieht eingefallen aus, mitgenommen, verbittert. Wer weiß, was ihm zugestoßen ist. Das Schicksal, seine Geschichte, hat sich in seinen Körper eingezeichnet. Ein vorsichtiges Tasten meinerseits, zögernde Fragen, die er aber sofort versteht, auf die er sogleich mit einem ausführlichen Bericht über die zurückliegenden Jahre reagiert. Die Körperreaktionen sind nur die sichtbar nach außen, an die Oberfläche getretenen Zeichen des Inneren - der Befindlichkeit. Anzeichen und Simulationen psychischer Gesundheit oder Krankheit, Verschiebungen auf eine zweite, andere Ebene, die Hautoberfläche.

Was sehe ich, wenn ich mich beobachte? - Wenig. Denn ich bin mir selbst zu nahe, zu aufdringlich. Ich bin immer nur hier und jetzt, fortwährend, pausenlos. Im Unterschied zu dieser Selbstwahrnehmung ist die Wahrnehmung des Anderen - sagen wir wieder: des alten Freundes - immer zweiwertig: ich sehe ihn jetzt und habe zugleich Erinnerungsbilder von früher, anhand derer ich Vergleiche ziehe. Zeit ist nun doppelt gegenwärtig, als Erinnerung und Wahrnehmung. Vergangenheit und Erlebnisgegenwart überkreuzen sich. In der Unterhaltung miteinander erzählen wir uns Geschichten aus der zurückliegenden Zeit - am Ende haben wir einen Verlauf, eine Entwicklung herausgefunden. Und wer weiß, wo das alles noch enden wird?

Wenn ich mich dagegen ansehe, sehe ich mich immer jetzt an, in einem bestimmten Augenblick, einem kurzen Moment, aber mir scheint es so, als sähe ich immer in 'dasselbe dumme Gesicht'. Der Augenblick erstarrt sofort zur Dauer, zur unveränderlichen Gegenwart. So habe ich mich schon zigmal gesehen, und so werde ich mich noch ebensooft ansehen - scheinbar unveränderlich. Das ist der trügerische Schein der bloßen Wahrnehmung; sie ist differenzlos. Sie sieht immer nur jetzt. Gedeckt wird der Schein erst durch die Erinnerung und das dabei mitspielende Denken, die Reflexion. Dadurch nämlich ergeben sich erst Differenzen, entsteht ein Früher (= vergangene Gegenwart) im Unterschied zum Jetzt (= augenblickliche Gegenwart); mit der Differenz schließlich ist auch die Veränderung gegeben und reflektierbar geworden.

Ich schaue mich im Spiegel an und halte daneben Fotografien von früher, Kinderporträts, von den Eltern und Verwandten geknipst, Aufnahmen des Jugendlichen im Kreis von Freunden, Urlaubsbilder eines Zwanzigjährigen. Verschiedene Entwicklungsstadien. Was hast du dich verändert, wie bist du älter geworden, stelle ich fest, wehmütig, wenn Bilder aus glücklichen Tagen im Album auftauchen, nüchtern auch, wenn ich daran denke, was du seit dieser oder jener Aufnahme schon hinter dich gebracht hast. So oder so aber werden verschiedene Zeitebenen durcheinandergeschaltet, wirbeln im Kopf Erinnerungsbilder, ganze Serien und Geschichten sowie Augenblickswahrnehmungen herum, durchdringen sich.

Etwas Eigenartiges bildet sich heraus. Während das Denken die gegenwärtige Wahrnehmung zur Dauer erstarren läßt und sich nicht vorstellen kann, wie es wohl sein wird demnächst, wie zukünftige Entwicklungen und Veränderungen des eigenen Körpers (und seines Aussehens) ausschauen mögen, so hält es als Erinnerung gerade das Punktuelle, Einmalige, Besondere fest. Erinnerung fixiert das Abweichende von der Regel, das Ereignishafte, Abenteuerliche, worin das Leben gerade de-rhythmisiert, damit destabilisiert und dis-kontinuiert erscheint. Wenn das Leben vor allem dauert, nämlich sich - sein eigenes Überleben sichernd - in alltäglichen, wiederkehrenden, rhythmischen bzw. zyklischen Abläufen selbst organisiert, sorgen die Erinnerungen für Ausbrüche und Abweichungen. Sie sind der Stoff, aus dem die Träume und Tagträume gestrickt sind, das Material unserer Erzählungen und Geschichten, wenn wir mit anderen zusammensitzen, der Fundus unserer Lebens- und unser aller Weltgeschichte. Wir erinnern uns an dasjenige, was die Routine gesprengt hat, besondere Begebenheiten, Abwechslungen und Abenteuer, Romanzen und Liebschaften, Urlaube und Wochenendvergnügen. Weißt du noch damals, als ...; stell dir vor, was mir gestern passiert ist, während ...; so etwas habe ich noch nie erlebt, da... Besondere Ereignisse, einmalige Begebenheiten, Ausnahmen von der Regel bleiben in der Erinnerung haften, prägen sich bildhaft ein. Als Hintergrundfolie ist zwar der Alltag stets präsent - ja, er ist allererst die Voraussetzung dafür, um die Unterbrechung in der Routine zu bemerken-, doch erinnert wird nur das punktuelle Ereignis in seiner Abgeschlossenheit. Und es wird erinnert, erzählt, neu reflektiert, weil es zum einen anders und interessanter ist als die pure Alltäglichkeit, zum anderen aber auch weil es abgeschlossen in der Zeit ist, abgerundet, zu Ende gebracht. Es steht als dieser besondere Augenblick, dieses spezifische Ereignis, diese pikante Gelegenheit singulär in der Zeit; es ist ein besonderes Jetzt, weil es die Regularien und Normen, die eingefleischten Verhaltensweisen durchbrochen hat. Und daran mag sich jeder gern zurückerinnern - als ein Beweis dafür, daß das Leben nicht gar so langweilig ist, wie es sich tagtäglich, grau in grau darstellt, als eine Ermunterung auch für das, was wir Zukunft nennen. Denn wer weiß, was uns noch alles blüht, was uns noch alles an Abenteuern zustoßen könnte. Schon an der nächsten Ecke könnten sie uns auflauern. Wem fiele da nicht die geradezu notorische Geschichte von jenem Mann ein, der nur gerade einmal an die nächste Straßenecke wollte, um sich eine Schachtel Zigaretten zu holen ... "Die Straße - das heißt der unregierbare, anarchische Bereich, in dem das Unvorhersehbare entsteht, die Bühne der zufälligen Begegnung." (Bruckner/Finkielkraut 1981. S. 24)

Erinnerung ist damit nicht zuletzt dasjenige Moment, das Hoffnung stiftet und die Zeitebenen miteinander verknüpft: Vergangene Erlebnisse, die uns jetzt stimulieren und uns Erwartungen an die Zukunft richten lassen. Erinnerungen konstituieren je spezifische Perspektiven in jedermanns Leben. Deine Perspektiven sind es dann auch, die, wie es Merleau-Ponty ausgedrückt hat, die Zeit allererst 'entfalten' und 'konstituieren'. (vgl. Merleau-Ponty 1966. S. 470f.) "Nicht also ist das Vergangene vergangen, noch das Künftige künftig. Beide existieren nur, sofern eine Subjektivität die Fülle des An-sich-seins durchbricht, eine Perspektive darin aufreißt und das Nichtsein hineinträgt. Eine Vergangenheit und eine Zukunft entspringen, indem ich nach ihnen aushole." (a. a. O. S. 478) Steckt dieses Zeitbeziehungsgeflecht (Perspektive, Konstruktion, Ordnung) nicht auch schon in der Hegelschen Ansicht der Zeit, wenn er davon spricht, daß die Unterschiede der Zeitebenen nicht in der Wirklichkeit und in der Natur sind, sondern "nur in der subjektiven Vorstellung, in der Erinnerung und in der Furcht oder Hoffnung"? (Hegel: Enzyklopädie 1969. S. 211)

Zeit als Dauer und als Augenblick, als Last und als Lust. Die bleierne Zeit - der Alltag: "er lastet auf mir mit all seinem Gewicht" (Merleau-Ponty a. a. O. S. 473) - wird unterbrochen durch den besonderen Augenblick, einen ausgezeichneten Moment - an der Spitze: die Ekstase -, worin die Statik der Wirklichkeit 'plötzlich' latente Möglichkeiten enthüllt. Hier öffnen sich dann auch wieder unendliche Felder für Literatur und Kunst, nämlich in Gestalt der geronnenen Erinnerungen, Erzählungen und Zeit-Bilder von der ständigen Alterität dieser Welt. Kunst als "Gedächtnis der Menschheit" (Georg Lukács) - warum nicht?

Veränderung, Andersheit, Entgrenzungsfähigkeit - sie machen den Menschen zum Menschen, denn er ist der geborene Grenzüberschreiter (Georg Simmel). Stagnation, die Erstarrung im Alltag, ist tödlich, im besten Fall aber zwangsneurotisch. Ich wiederhole mich, zum zigten Mal. Am besten, ich breche ab und höre einfach hier auf ...

***

"Gewöhnung ist ein Einschlafen oder doch ein Haltwerden des Zeitsinnes, und wenn die Jugendjahre langsam erlebt werden, das spätere Leben aber immer hastiger abläuft und hineilt, so muß auch das auf Gewöhnung beruhen. Wir wissen wohl, daß die Einschaltung von Um- und Neugewöhnungen das einzige Mittel ist, unser Leben zu halten, unseren Zeitsinn aufzufrischen, eine Verjüngung, Verstärkung, Verlangsamung unseres Zeiterlebnisses und damit die Erneuerung unseres Lebensgefühls überhaupt zu erzielen. Dies ist der Zweck des Orts- und Luftwechsels, der Badereise, die Erholsamkeit der Abwechslung und der Episode." (Thomas Mann 1975. Bd. 4. S. 111)

Literatur

Johann Christoph Adelung: Grammatisch-kritisches Wörterbuch der Hochdeutschen Mundart, mit beständiger Vergleichung der übrigen Mundarten, besonders aber der Oberdeutschen. 4 Bde. Neueste Ausgabe. Wien 1807/1808.

Peter Alheit: Alltagswissen und Klassenbewußtsein. Zur Konstitutionsanalyse gesellschaftlichen Bewußtseins im Spätkapitalismus. Diss. Kassel 1976.

Peter Alheit: Alltagsleben. Zur Bedeutung eines gesellschaftlichen 'Restphänomens'. Frankfurt, New York 1983.

Peter Alheit: Alltag und Biographie. Studien zur gesellschaftlichen Konstitution biographischer Perspektiven. Bremen 1990. (= Forschungsreihe des Forschungsschwerpunkts "Arbeit und Bildung". Bd. 4)

Der Alltag. H. 2/3. 1985. Moral. (Hg.) Walter Keller.

Miklós Almási: Phänomenologie des Scheins. Die Seinsweise der gesellschaftlichen Scheinformen. Budapest 1977.

Günther Anders: Die Antiquiertheit des Menschen. 2 Bde. München 1980. (Bd. 1. 5. Auflage)

Birgitta Arens: Katzengold. München 1985. (= Serie Piper 276)

Erich Auerbach: Mimesis. Dargestellte Wirklichkeit in der abendländischen Literatur. Bern und Stuttgart [8]1988.

Aurelius Augustinus: Aufstieg zu Gott. (Hg.) Ladislaus Boros. Olten 1983.

Gaston Bachelard: Poetik des Raumes. Frankfurt/M. 1987.

Joachim Bark: Bildungsromane, in: Horst Albert Glaser (Hg.): Deutsche Literatur. Eine Sozialgeschichte. 7. Vom Nachmärz zur Gründerzeit: Realismus 1848-1880. Reinbek 1982. S. 144-162

Roland Barthes: Am Nullpunkt der Literatur. Frankfurt/M. 1985.

Roland Barthes: Mythen des Alltags. Frankfurt/M. 1964.

Jean Baudrillard: Das System der Dinge. Über unser Verhältnis zu den alltäglichen Gegenständen. Frankfurt/M., New York 1991. (= Reihe Campus 1039)

Ulrich Beck: Risikogesellschaft. Frankfurt/M. 1986.

Jurek Becker: Bronsteins Kinder. Frankfurt/M. 1986.

Gottfried Benn: Gesammelte Werke in acht Bänden. (Hg.) Dieter Wellershoff. Wiesbaden 1960.

Peter L. Berger, Thomas Luckmann: Die gesellschaftliche Konstruktion der Wirklichkeit. Eine Theorie der Wissenssoziologie. Frankfurt/M. 1982. (= Fischer Tb 6623)

Peter L. Berger, Brigitte Berger, Hansfried Kellner: Das Unbehagen in der Modernität. Frankfurt/M., New York 1987.

Thomas Bernhard: Auslöschung. Frankfurt/M. 1986.

Martin Beutelspacher: Kultivierung bei lebendigem Leibe. Alltägliche Körpererfahrung in der Aufklärung. Weingarten 1986.

Burkhard Biella: Zur Kritik des anthropofugalen Denkens. Essen 1986.

Klaus Peter Biesenbach: Subjektivität ohne Substanz. Georg Simmels Wendung einer theoretischen Ernüchterung. Frankfurt/M. 1988.

Ludwig Binswanger: Schizophrenie. Pfullingen 1957.

Maurice Blanchot: Der Gesang der Sirenen. Essays zur modernen Literatur. Frankfurt/M. 1988. (=Fischer Tb Wissenschaft 7402)

Silvio Blatter: Genormte Tage, verschüttete Zeit. Frankfurt/M. 1976.

Silvio Blatter: Kein schöner Land. Frankfurt/M. 1983.

Silvio Blatter: Das blaue Haus. Frankfurt/M. 1990.

Ernst Bloch: Werkausgabe. Gesamtausgabe in 16 Bänden. Frankfurt/M. 1977.

Norbert Bolz: Auszug aus der entzauberten Welt. Philosophischer Extremismus zwischen den Weltkriegen. München [2]1991.

Nicolas Born: Die erdabgewandte Seite der Geschichte. Reinbek 1979. (=rororo 4370)

Nicolas Born: Gedichte 1976-1978. Reinbek 1983.

Ulrich Bräker: Der arme Mann im Tockenburg. Mit einem Nachwort herausgegeben von Werner Günther. Stuttgart 1983.

Fernand Braudel: Sozialgeschichte des 15. bis 18. Jahrhunderts. Der Alltag. München 1985.

Rolf Dieter Brinkmann: Keiner weiß mehr. Reinbek 1970. (=rororo 1254)

Rolf Dieter Brinkmann: Der Film in Worten: Prosa, Erzählungen, Essays, Hörspiele, Fotos, Collagen 1965-1975. Reinbek 1982.

Pascal Bruckner, Alain Finkielkraut: Das Abenteuer gleich um die Ecke. Kleines Handbuch der Alltagsüberlebenskunst. München, Wien 1981.

Rüdiger Bubner: Ästhetische Erfahrung. Frankfurt/M. 1989.

Christa Bürger: Einleitung: Die Dichotomie von hoher und niederer Literatur. Eine Problemskizze, in: Christa Bürger, Peter Bürger, Jochen Schulte-Sasse (Hg.): Zur Dichotomisierung von hoher und niederer Literatur. Frankfurt/M. 1982. S. 9-39

Peter Bürger: Prosa der Moderne. Frankfurt/M. 1988.

Michel Butor: Individuum und Gruppe im Roman, in: Akzente. 1963. H. 6. S. 675-690

Johann Heinrich Campe: Wörterbuch der Deutschen Sprache. 5 Bde und 1 Egbd. Mit einer Einführung und Bibliographie von Helmut Henne. Reprogr. Nachdruck der Ausgabe Braunschweig 1807. Hildesheim, New York 1969-1970.

Elias Canetti: Das Geheimherz der Uhr. Aufzeichnungen 1973 bis 1985. Frankfurt/M. 1990. (=Fischer Tb 9577)

Stanley Cohen, Laurie Taylor: Ausbruchsversuche. Identität und Widerstand in der modernen Lebenswelt. Frankfurt/M. 1977.

Mihaly Csikszentmihalyi: Flow. Das Geheimnis des Glücks. Stuttgart 1992.

Arthur C. Danto: Die Verklärung des Gewöhnlichen. Eine Philosophie der Kunst. Frankfurt/M. 1984.

Theodor Wilhelm Danzel: Zur Literatur und Philosophie der Goethezeit. (Hg.) Hans Mayer. Stuttgart 1962.

Karl Heinz Delille (Hg.): "Das Leben ist eine heilsame Katastrophe". Alltagsbilder in deutschsprachiger Gegenwartsliteratur. Goethe-Institut Coimbra 1990.

Peter Demetz: Die Fiktionen des Realismus, in: Neue Rundschau. 1977. H. 4. S. 554-567

Deutsches Wörterbuch von Jacob und Wilhelm Grimm. Nachdruck. 33 Bde. München 1984.

Denis Diderot: Enzyklopädie. Philosophische und politische Texte aus der 'Encyclopédie' sowie Prospekt und Ankündigung der letzten Bände. Mit einem Vorwort von Ralph-Rainer Wuthenow. München 1969. (= dtv 4026)

Wilhelm Dilthey: Der Aufbau der geschichtlichen Welt in den Geisteswissenschaften. Einleitung von Manfred Riedel. Frankfurt/M. 1981.

Hugo Dittberner: Ruhe hinter Gardinen. Gedichte 1971-1980. Reinbek 1980. (= dnb 140)

Hugo Dittberner: Wie man Provinzen erobert. Erzählungen. Reinbek 1986.

Hugo Dittberner: Geschichte einiger Leser. Zürich 1990.

Alfred Döblin: Berlin Alexanderplatz. (Hg.) Walter Muschg. Frankfurt/M., Wien, Zürich 1978.

Martin Doehlemann: Langeweile? Deutung eines verbreiteten Phänomens. Frankfurt/M. 1991.

Hans Peter Dreitzel: Die gesellschaftlichen Leiden und das Leiden an der Gesellschaft. Eine Pathologie des Alltagslebens. Stuttgart ³1980.

Hans Driesch: Alltagsrätsel des Seelenlebens. Stuttgart 1938.

Norbert Einstein: Der Alltag. Aufsätze zum Wesen der Gesellschaft. (1918), in: Der Alltag. 1984. H. 4.

Hans Magnus Enzensberger: Mittelmaß und Wahn. Gesammelte Zerstreuungen. Frankfurt/M. 1988.

Hartmut Esser: Alltagshandeln und Verstehen. Zum Verhältnis von erklärender und verstehender Soziologie. Tübingen 1991.

Jörg Fauser: Der Strand der Städte. Berlin 1978.

Ludwig Fels: Kanakenfauna. München 1984. (= dtv 6352)

Wolfgang Ferchl: Zwischen 'Schlüsselroman', Kolportage und Artistik. Studien zur gesellschaftskritischen Romanliteratur der 50er Jahre in der BRD in ihrem sozialgeschichtlichen und poetologischen Kontext. Amsterdam, Atlanta, GA 1991. (= Amsterdamer Publikationen zur Sprache und Literatur 93)

Johann Gottlieb Fichte: Die Grundzüge des gegenwärtigen Zeitalters. (1806). Mit einer Einleitung von Alwin Diemer. Hamburg 1978.

Gustave Flaubert: Briefe. (Hg.) Helmut Scheffel. Zürich 1977. (= detebe-Klassiker 20386)

Gustave Flaubert: Lehrjahre des Herzens. (Ü.) Walter Widmer. Wiesbaden 1979. (= Flaubert 1979a)

Gustave Flaubert: Die Erziehung des Herzens. (Ü.) Emil Alfons Rheinhardt. Zürich 1979. (= detebe-Klassiker 20723) (= Flaubert 1979b)

Gustave Flaubert: Madame Bovary. Zürich ³1987. (= detebe-Klassiker 20721)

Gustave Flaubert: Wörterbuch der Gemeinplätze. München 1985.

Gustave Flaubert: Jugendwerke. Erste Erzählungen. (Hg.) Traugott König. Zürich 1991. (= detebe-Klassiker 21979)

Theodor Fontane: Aufsätze zur Literatur. Aufsätze und Aufzeichnungen. (Hg.) Walter Keitel und Helmuth Nürnberger. Frankfurt/Berlin/Wien 1979. (= Werke und Schriften Bd. 28)

Michel Foucault: Schriften zur Literatur. Frankfurt/M. 1991. (= Fischer Tb 7405)

Gustav Freytag: Gesammelte Werke. Leipzig ³1910.

Gustav Freytag: Soll und Haben. Mit einem Nachwort von Hans Mayer. Textredaktion Meinhard Hasenbein. München, Wien 1977.

Max Frisch: Gesammelte Werke in zeitlicher Folge. Werkausgabe Edition Suhrkamp in zwölf Bänden. (Hg.) Hans Mayer unter Mitwirkung von Walter Schmitz. Frankfurt/M. 1976.

Franz Fühmann: Das Ohr des Dionysios. Nachgelassene Erzählungen. (Hg.) Ingrid Prignitz. Rostock 1985.

Franz Fühmann: Im Berg. Texte aus dem Nachlaß. (Hg.) Ingrid Prignitz. Rostock 1991.

Arnold Gehlen: Studien zur Anthropologie und Soziologie. Neuwied 1963.

Arnold Gehlen: Zeit-Bilder. Zur Soziologie und Ästhetik der modernen Malerei. Frankfurt/M. 1965.

Christian Fürchtegott Gellerts Briefwechsel. (Hg.) John F. Reynolds. Bd. 1 (1740-1755). Berlin, New York 1983; Bd. 2 (1756-1759). Berlin, New York 1987; Bd. 3 (1760-1763). Berlin, New York 1991.

Christian Fürchtegott Gellerts sämmtliche Schriften. Theil 1-10. Leipzig, bey Weidmanns Erben und Reich, und Caspar Fritsch. 1769-1774.

Christian Fürchtegott Gellert: Gesammelte Schriften. Kritische, kommentierte Ausgabe. (Hg.) Bernd Witte. 6 Bde. Berlin, New York 1988ff.

Wilhelm Genazino: Abschaffel. Eine Trilogie. Reinbek 1985. (= rororo 5542)

Wilhelm Genazino: Die Liebe zur Einfalt. Reinbek 1990.

Wilhelm Genazino/Barbara Kisse: Vom Ufer aus. Göttingen 1990.

Klaus Gössler: Karl Marx und Probleme des Alltagserkennens, in: Deutsche Zeitschrift für Philosophie. 1983. H. 11. S. 1260-1272

J. W. Goethe: Werke. Berliner Ausgabe in 22 Dünndruckbänden. Bd. 13. Aus meinem Leben. Dichtung und Wahrheit. Berlin ⁴1976.

Erving Goffman: Stigma. Über Techniken der Bewältigung beschädigter Identität. Frankfurt/M. 1975.

Erving Goffman: Rahmen-Analyse. Ein Versuch über die Organisation von Alltagserfahrungen. Frankfurt/M. 1980.

Lucien Goldmann: Die Struktur der Aufklärung, in: Erforschung der deutschen Aufklärung. (Hg.) Peter Pütz. Königstein/Ts. 1980. S. 108-113

Edmond und Jules de Goncourt: Blitzlichter. Porträts aus dem 19. Jahrhundert. (Hg.) Anita Albus. Nördlingen 1989.

Peter Gorsen: Transformierte Alltäglichkeit oder Transzendenz der Kunst. Reflexionen zur Entästhetisierung. Frankfurt/M. 1981.

Richard Grathoff: Milieu und Lebenswelt. Frankfurt/M. 1989.

Georg Groddeck: Verdrängen und Heilen. Aufsätze zur Psychoanalyse und psychosomatischen Medizin. München 1974.

Jürgen Habermas: Strukturwandel der Öffentlichkeit. Untersuchungen zu einer Kategorie der bürgerlichen Gesellschaft. Sonderausgabe der Sammlung Luchterhand. Neuwied und Berlin [6]1974.

Jürgen Habermas: Theorie des kommunikativen Handelns. 2 Bde. Frankfurt/M. 1981.

Volker Hage: Die Wiederkehr des Erzählers. Neue deutsche Literatur der siebziger Jahre. Frankfurt/M., Berlin, Wien 1982.

Peter Handke: Jemand Anderer - Hermann Lenz (1974), in: Über Hermann Lenz. (Hg.) Helmut und Ingrid Kreuzer. München 1981. S. 37-43

Handwörterbuch der Deutschen Sprache, zum Gebrauche des Lesens, Sprechens und Schreibens, mit Angabe der nächsten sinnverwandten Wörter und einer kleinen Sprachlehre. Leipzig, bey Christian Gottlieb Rabenhorst. 1798.

Ludwig Harig: Ordnung ist das ganze Leben. München, Wien 1986.

Ludwig Harig: Weh dem, der aus der Reihe tanzt. München, Wien 1990.

Frigga Haug: Zeit der Privatisierungen? Verarbeitung gesellschaftlicher Umbrüche in Arbeit und Lebensweise, in: Das Argument 156. 1986. S. 174-190

G. W. F. Hegel: Briefe von und an Hegel. 4 Bde. (Hg.) Johannes Hoffmeister. Hamburg [3]1969.

G. W. F. Hegel: Werke in zwanzig Bänden. Redaktion Eva Moldenhauer und Karl Markus Michel. Frankfurt/M. 1971 u.ö.

G. W. F. Hegel: Enzyklopädie der philosophischen Wissenschaften im Grundrisse 1830. (Hg.) Friedhelm Nicolin und Otto Pöggeler. Hamburg [7]1969.

G. W. F. Hegel: Ästhetik. 2 Bde. (Hg.) Friedrich Bassenge. Berlin und Weimar [3]1976.

Martin Heidegger: Sein und Zeit. Tübingen [15]1984.

Martin Heidegger: Wegmarken. Frankfurt/M. 1967.

Christoph Hein: Drachenblut. Darmstadt und Neuwied 1983.

Klaus Heinemann, Peter Ludes: Zeitbewußtsein und Kontrolle der Zeit, in: Kurt Hammerich und Michael Klein (Hg.): Materialien zur Soziologie des Alltags. Opladen 1978. S. 220-243

Marion Heister: "Winzige Katastrophen". Eine Untersuchung zur Schreibweise von Angestelltenromanen. Frankfurt/M., Bern, New York, Paris 1989.

Agnes Heller: Alltag und Geschichte. Neuwied 1970.

Agnes Heller: Das Alltagsleben. Frankfurt/M. 1978.

Agnes Heller: Theorie der Gefühle. Studienausgabe. Hamburg 1981.

Agnes Heller: The Power of Shame. A Rational Perspective. London, Boston, Melbourne and Henley 1985.

Wolfhart Henckmann/Konrad Lotter (Hg.): Lexikon der Ästhetik. München 1992.

Friedrich W. Heubach: Das bedingte Leben. Theorie der psycho-logischen Gegenständlichkeit der Dinge. Ein Beitrag zur Psychologie des Alltags. München 1987.

Heinz Hillmann: Alltagsphantasie und dichterische Phantasie. Versuch einer Produktionsästhetik. Kronberg/Ts. 1977.

Jochen Hörisch: Die verdutzte Kommunikation. Literaturgeschichte als Problemgeschichte, in: Merkur 513. 1991. S. 1096-1104

Donna L. Hoffmeister: Vertrauter Alltag, gemischte Gefühle. Gespräche mit Schriftstellern über Arbeit in der Literatur. Bonn 1989.

Wolfgang Hogrebe: Deutsche Philosophie im XIX. Jahrhundert. München 1987.

Heinrich Emil Homberger: Der realistische Roman (1870), in: Realismus und Gründerzeit. Manifeste und Dokumente zur deutschen Literatur 1848-1880. (Hg.) Max Bucher u. a. Bd. 2. Manifeste und Dokumente. Stuttgart 1975. S. 117-121

Matthias Horx: Die wilden Achtziger. Eine Zeitgeist-Reise durch die Bundesrepublik. München 1989. (=Goldmann Tb 9469)

Klaus Hübner: Alltag im literarischen Werk. Eine literatursoziologische Studie zu Goethes Werther. Heidelberg ²1987.

Edmund Husserl: Die Krisis der europäischen Wissenschaften und die transzendentale Phänomenologie. (Hg.) Elisabeth Ströker. Hamburg ²1982.

Aldous Huxley: Narrenreigen. München und Zürich 1983.

Franz Innerhofer: Der Emporkömmling. München 1986. (=dtv 10544)

Urs Jaeggi, Manfred Faßler: Kopf und Hand. Das Verhältnis von Gesellschaft und Bewußtsein. Frankfurt/M., New York 1982.

Hans Robert Jauß: Ästhetische Erfahrung und literarische Hermeneutik. Bd. 1. Versuche im Feld der ästhetischen Erfahrung. München 1977.

Manfred Jendryschik: Der feurige Gaukler auf dem Eis. Halle-Leipzig 1981.

Ernst Jünger: Sämtliche Werke. Erste Abteilung. Tagebücher I. Bd. 1. Der Erste Weltkrieg. Stuttgart 1978.

Ernst Jünger: Das abenteuerliche Herz. Erste Fassung. Stuttgart 1987. (=Cotta's Bibliothek der Moderne 67)

Werner Jung: Schöner Schein der Häßlichkeit oder Häßlichkeit des schönen Scheins. Frankfurt/M. 1987.

Werner Jung: Die Anstrengung des Erinnerns, in: Neue Deutsche Hefte. 197. 1988. S. 96-104

Werner Jung: Vom Alltag, der Neuen Subjektivität und der Politisierung des Privaten. Anmerkungen zur Lyrik der 70er Jahre, in: Dieter Breuer (Hg.): Deutsche Lyrik nach 1945. Frankfurt/M. 1988. S. 261-283

Werner Jung: Verantwortung und/oder Widerstand. Aspekte der Technikkritik und Momente einer neuen Ethik bei Günther Anders, Hans Jonas und Ulrich Beck, in: Matthias Gatzemeier (Hg.): Verantwortung in Wissenschaft und Technik. Mannheim, Wien, Zürich 1989. S. 56-71

Werner Jung: "Die besten Regeln sind die wenigsten". Gellerts Poetik, in: Bernd Witte (Hg.): "Ein Lehrer der ganzen Nation". München 1990. S. 116-124

Werner Jung: Das Geld und die guten Worte. Zur Rolle des Geldes bei Gellert, in: Witte a. a. O. S. 134-150.

Herbert Kaiser: Studien zum Deutschen Roman nach 1848. Duisburg 1977.

Kants Werke. Akademie-Textausgabe. I-IX. Berlin 1968.

Immanuel Kant: Ausgewählte kleine Schriften. Hamburg 1969. (=Taschenausgaben der Philosophischen Bibliothek Heft 24)

Walter Keller und Nikolaus Wyss (Hg.): Reisen ins tägliche Leben. Zürich 1982.

Harald Kerber, Arnold Schmieder: Reminiszenzen über das Verhältnis von Kunst und Gesellschaft und von Theorie und Alltagsbewußtsein, in: Psychologie und Gesellschaftskritik 16. 1980. S. 17-30

Michael Kienzle: Der Erfolgsroman. Zur Kritik seiner poetischen Ökonomie bei Gustav Freytag und Eugenie Marlitt. Stuttgart 1975.

Ingomar von Kieseritzky: Trägheit oder Szenen aus der Vita activa. München 1990. (=dtv 11238)

Endre Kiss: Die Grundprinzipien des modernen Alltagsbewußtseins im Spiegel ihrer Geschichte, in: Prima Philosophie. H. 2. 1992. S. 279-293

Thomas Kleinspehn: Der verdrängte Alltag. Gießen 1975.

Jürgen Klüver: Die Konstruktion der sozialen Realität Wissenschaft: Alltag und System. Braunschweig, Wiesbaden 1988.

Roland Koch: Hermann Lenz, in: Kritisches Lexikon zur deutschsprachigen Gegenwartsliteratur. 24. Nachlieferung 1986.

Erich Köhler: Vorlesungen zur Geschichte der Französischen Literatur. Das 19. Jahrhundert. II. (Hg.) Henning Krauß und Dietmar Rieger. Stuttgart, Berlin, Köln, Mainz 1987.

Franz Koppe: Grundbegriffe der Ästhetik. Frankfurt/M. 1983.

Reinhart Koselleck: Kritik und Krise. Eine Studie zur Pathogenese der bürgerlichen Welt. Frankfurt/M. [3]1979. (=stw 36)

Karel Kosík: Die Dialektik des Konkreten. Eine Studie zur Problematik des modernen Menschen und der Welt. Frankfurt/M. [2]1986.

Ursula Krechel: Zweite Natur. Darmstadt, Neuwied 1981.

Helmut und Ingrid Kreuzer (Hg.): Über Hermann Lenz. München 1981.

Brigitte Kronauer: Frau Mühlenbeck im Gehäus. München 1984. (=dtv 10356)

Brigitte Kronauer: Berittener Bogenschütze. Stuttgart 1986. (Rezension: Uwe Schweikert: Die Leere im Herzen der Dinge, in: Literatur Konkret. 1986/87)

Brigitte Kronauer: Aufsätze zur Literatur. Stuttgart 1987.

Brigitte Kronauer: Rita Münster. Stuttgart [3]1988. (Rezension: Christel Dormagen: Rita Münster: Eine Rasterfahnderin aus Liebe gewissermaßen, in: Literatur Konkret. 1983/84)

Brigitte Kronauer: Die gemusterte Nacht. Erzählungen. München 1989. (=dtv 11037)

Brigitte Kronauer: Die Frau in den Kissen. Stuttgart 1990. (Rezensionen: Werner Jung: Emphasen und Augenblicke zu Standbildern verewigt, in: Volkszeitung, 14. 9. 1990; Leonore Schwartz: Der Tag im Kopf der Erzählerin, in: Der Tagesspiegel, 2. 10. 1990)

Brigitte Kronauer: Literatur und sentimentale Hautflechte, in: Konkret. 1991. H. 3. S. 54

Brigitte Kronauer: Schnurrer. Geschichten. Stuttgart 1992. (Rezension: Werner Jung: Leise fauchende Schuhe, in: Freitag, 28. 2. 1992)

Johann Georg Krünitz: Oekonomische Encyklopädie, oder allgemeines System der Staats-Stadt-Haus-u. Landwirtschaft in alphabetischer Ordnung. Siebenter Theil. Berlin ²1784.

Jürgen Kuczynski: Geschichte des Alltags des deutschen Volkes. 6 Bde. Köln 1981-1985.

Milan Kundera: Die Kunst des Romans. Essays. Frankfurt/M. 1989. (=Fischer Tb 6897)

Georges Labica (Hg.): Kritisches Wörterbuch des Marxismus. 8 Bde. Berlin 1983-1989.

Klaus Laermann: Alltags-Zeit. Über die unauffälligste Form sozialen Zwangs, in: Kursbuch 41. 1975. S. 87-105

Henri Lefebvre: Das Alltagsleben in der modernen Welt. Frankfurt/M. 1972.

Henri Lefebvre: Kritik des Alltagslebens. 3 Bde. (Hg.) Dieter Prokop. Kronberg/Ts. 1977.

Christine Lehmann: Das Modell Clarissa. Liebe, Verführung, Sexualität und Tod der Romanheldinnen des 18. und 19. Jahrhunderts. Stuttgart 1991.

Gerhard Lehmann: Das Subjekt der Alltäglichkeit. Soziologisches in Heideggers Fundamentalontologie, in: Archiv für angewandte Soziologie 5. 1932/33. S. 15-39

Ursula M. Lehr/Hans Thomae: Alltags-Psychologie. Aufgaben, Methoden, Ergebnisse. Darmstadt 1991.

Thomas Leithäuser: Gesellschaftliche Determinationen von Bewußtseinsabläufen, in: Politische Psychologie. Wien 1974. S. 155ff.

Thomas Leithäuser: Das, was schwer zu machen ist: Undogmatische Theorie und phantasievolle Praxis, in: Ernst Bloch zum 90. Geburtstag: Es muß nicht immer Marmor sein. Berlin 1975.

Thomas Leithäuser: Formen des Alltagsbewußtseins. Frankfurt/M. 1976. (=Leithäuser 1976a)

Thomas Leithäuser: Kapitalistische Produktion und Vergesellschaftung des Alltags, in: Thomas Leithäuser und Walter R. Heinz (Hg.): Produktion, Arbeit, Sozialisation. Frankfurt/M. 1976. S. 48-68 (=Leithäuser 1976b)

Thomas Leithäuser: Praxis, Wiederholungszwang und Zeiterfahrung, in: Schülein, Rammstedt, Horn, Leithäuser, Wacker, Bosse: Politische Psychologie. Entwürfe zu einer historisch-materialistischen Theorie des Subjekts. Frankfurt/M. 1981. S. 107-123

Thomas Leithäuser, Birgit Volmberg, Gunther Salje, Ute Volmberg, Bernhard Wutka: Entwurf zu einer Empirie des Alltagsbewußtseins. Frankfurt/M. [2]1981.

Hermann Lenz: Das stille Haus. Stuttgart 1947.

Hermann Lenz: Im inneren Bezirk. Köln 1970.

Hermann Lenz: Spiegelhütte. Frankfurt/M. 1977. (=BS 543) (=1977a)

Hermann Lenz: Wie die Zeit vergeht. Gedichte. Frankfurt/M. 1977. (=1977b)

Hermann Lenz: Die Augen eines Dieners. Frankfurt/M. [2]1979. (=st 348)

Hermann Lenz: Der innere Bezirk. Roman in drei Büchern. Frankfurt/M. 1980.

Hermann Lenz: Wie ich ihn sehe, in: Über Hermann Lenz. (Hg.) Helmut und Ingrid Kreuzer. München 1981. S. 19-24 (=1981a)

Hermann Lenz: Der ausgestopfe Steppenwolf. Meine Besuche in Dichterhäusern, in: Jahrbuch der Deutschen Schillergesellschaft 25. 1981. S. 525-532 (=1981b)

Hermann Lenz: Erinnerung an Eduard. Frankfurt/M. 1981. (=1981c)

Hermann Lenz: Leben und Schreiben. Frankfurter Vorlesungen. Frankfurt/M. 1986. (=es NF 425) (=1986a)

Hermann Lenz: Der Wanderer. Frankfurt/M. 1986. (=1986b)

Hermann Lenz: Mein Weg nach Wien, in: Hermann Lenz. Gedichte und Prosa. Im Auftrag der Literarischen Gesellschaft (Scheffelbund) Karlsruhe. Auswahl und Nachwort Karl Foldenauer. Karlsruhe 1989. S. 125-137

Gotthold Ephraim Lessing: Sämtliche Werke. Unveränderter photomechanischer Abdruck der von Karl Lachmann und Franz Muncker 1886 bis 1924 herausgegebenen Ausgabe von Gotthold Ephraim Lessings sämtlichen Schriften. Berlin, New York 1979.

Eckhard Lobsien: Der Alltag des Ulysses. Die Vermittlung von ästhetischer und lebensweltlicher Erfahrung. Stuttgart 1978.

Thomas Luckmann: Philosophie, Sozialwissenschaft und Alltagsleben, in: Soziale Welt. 1973. H. 2-3. S. 137-168

Niklas Luhmann: Die Knappheit der Zeit und die Vordringlichkeit des Befristeten, in: ders.: Politische Planung. Aufsätze zur Soziologie von Politik. Opladen 1971. S. 143-164

Niklas Luhmann: Weltzeit und Systemgeschichte, in: ders.: Soziologische Aufklärung 2. Aufsätze zur Theorie der Gesellschaft. Opladen 1975. S. 103-133

Niklas Luhmann: Liebe als Passion. Frankfurt/M. 1982.

Niklas Luhmann: Die Autopoiesis des Bewußtseins, in: Soziale Welt. 1985. H. 4. S. 402-446

Niklas Luhmann: Die Lebenswelt - nach Rücksprache mit Phänomenologen, in: Archiv für Rechts- und Sozialphilosophie 72. 1986. S. 176-194

Niklas Luhmann: Soziale Systeme. Frankfurt/M. 1987. (=stw 666)

Niklas Luhmann: Weltkunst, in: N. Luhmann/F. D. Bunsen/D. Baecker (Hg.): Unbeobachtbare Welt. Über Kunst und Architektur. Bielefeld 1990. S. 7-45

Niklas Luhmann: Soziologie des Risikos. Berlin, New York 1991.

Niklas Luhmann: Die Wissenschaft der Gesellschaft. Frankfurt/M. 1992. (=stw 1001)

Georg Lukács zum 10. April 1970. (Hg.) Soziologisches Lektorat des Luchterhand Verlags. Neuwied und Berlin 1970.

Georg Lukács: Die Seele und die Formen. Sonderausgabe der Sammlung Luchterhand. Neuwied und Berlin 1971.

Georg Lukács: Taktik und Ethik. Politische Aufsätze I. (Hg.) Jörg Kammler und Frank Benseler. Darmstadt und Neuwied 1975.

Georg Lukács: Die Theorie des Romans. Sonderausgabe der Sammlung Luchterhand. Darmstadt und Neuwied ³1976.

Georg Lukács: Geschichte und Klassenbewußtsein. Sonderausgabe der Sammlung Luchterhand. Darmstadt und Neuwied ⁴1976.

Georg Lukács: Kunst und objektive Wahrheit. (Hg.) Werner Mittenzwei. Leipzig 1977.

Georg Lukács: Gelebtes Denken. Autobiographie im Dialog. Red.: István Eörsi. Frankfurt/M. 1980.

Georg Lukács: Die Eigenart des Ästhetischen. 2 Bde. Textrevision Jürgen Jahn. Berlin und Weimar 1981.

Georg Lukács: Wie ist die faschistische Philosophie in Deutschland entstanden? (Hg.) László Sziklai. Budapest 1982.

Georg Lukács: Zur Ontologie des gesellschaftlichen Seins. 2 Bde. (Hg.) Frank Benseler. Bd. 1. Darmstadt und Neuwied 1984; Bd. 2. Darmstadt und Neuwied 1986.

Georg Lukács: Dostojewski. Notizen und Entwürfe. (Hg.) J. C. Nyíri. Budapest 1985.

Georg Lukács: Ethikkonspekte [unveröffentlichte Typoskripte; Lukács-Archivum, Budapest]

Georg Lukács: Was ist das Neue in der Kunst? [unveröffentlichtes Typoskript 1939/40; Lukács-Archivum, Budapest Archiv Nr. II/67-280]

Jean-Francois Lyotard: Das postmoderne Wissen. Graz, Wien 1986.

Bernhard Lypp: Die Erschütterung des Alltäglichen. Kunstphilosophische Studien. München 1991.

Thomas H. Macho: Todesmetaphern. Zur Logik der Grenzerfahrung. Frankfurt/M. 1987.

Thomas Mann: Das erzählerische Werk. Taschenbuchausgabe in zwölf Bänden. Frankfurt/M. 1975.

Ludwig Marcuse: Obszön. Geschichte einer Entrüstung. Zürich 1984. (=detebe 21158)

Pierre Carlet de Marivaux: Das Leben der Marianne. Der Bauer im Glück. Romane. (Hg.) Norbert Miller. München 1968.

Karl Marx, Friedrich Engels: Werke. 39 Bde. und Ergbd. in 2 Teilen. Berlin 1956-1968.

Heinz Maus: Die Traumhölle des Justemilieu, in: Schopenhauer und Marx. Philosophie des Elends - Elend der Philosophie? (Hg.) Hans Ebeling und Ludger Lütkehaus. Königstein/Ts. 1980. S. 43-59

Albert Mehrabian: Räume des Alltags. Wie die Umwelt unser Verhalten bestimmt. Frankfurt/M., New York 1987.

Robert Menasse: Selige Zeiten. Brüchige Welt. Salzburg, Wien 1991.

Maurice Merleau-Ponty: Phänomenologie der Wahrnehmung. Berlin 1966.

Maurice Merleau-Ponty: Das Sichtbare und das Unsichtbare. (Hg.) Claude Lefort. München 1986.

Thomas Metscher: Herausforderung dieser Zeit. Zur Philosophie und Literatur der Gegenwart. Düsseldorf 1989.

Fritz Mierau (Hg.): Die Erweckung des Wortes. Essays der russischen Formalen Schule. Leipzig 1987.

Alexander Mitscherlich (Hg.): Psycho-Pathographien des Alltags. Schriftsteller und Psychoanalyse. Frankfurt/M. 1982. (= st 762)

Karl Philipp Moritz: Anton Reiser, in: ders.: Die Schriften in dreißig Bänden. (Hg.) Petra und Uwe Nettelbeck. Bde. XV u. XVI. Nördlingen 1987.

Karl Philipp Moritz: Magazin für Erfahrungsseelenkunde als ein Lesebuch für Gelehrte und Ungelehrte, in: ders.: Die Schriften in dreißig Bänden. (Hg.) Petra und Uwe Nettelbeck. Bde. I-X. Nördlingen 1986.

Rainer Moritz (Hg.): Einladung, Hermann Lenz zu lesen. Frankfurt/M. 1988.

Rainer Moritz: Schreiben, wie man ist. Hermann Lenz: Grundlinien seines Werkes. Tübingen 1989.

Tilmann Moser: Romane als Krankengeschichten. Frankfurt/M. 1985.

Vladimir Nabokov: Die Kunst des Lesens. Meisterwerke der europäischen Literatur. (Hg.) Fredson Bowers. Frankfurt/M. 1991. (=Fischer Tb 10495)

Hans Natonek: Schminke und Alltag. Bunte Prosa. Leipzig 1927.

Friedrich Nicolai: Sebaldus Nothanker. Kritische Ausgabe. (Hg.) Bernd Witte. Stuttgart 1991.

Friedrich Nietzsche: Sämtliche Werke. Kritische Studienausgabe in 15 Bänden. (Hg.) Giorgio Colli und Mazzino Montinari. München 1980.

Bernd Nitzschke: Die reale Innenwelt. Anmerkungen zur psychischen Realität bei Freud und Schopenhauer. München 1978.

Helga Nowotny: Eigenzeit. Entstehung und Strukturierung eines Zeitgefühls. Frankfurt/M. [2]1989.

Hanns-Josef Ortheil: Schwerenöter. München, Zürich 1987.

Karl Otten: Der unbekannte Zivilist. (Hg.) Ellen Otten. Stuttgart 1981.

Karl Otten: Das tägliche Gesicht der Zeit. Eine Flaschenpost aus den Zwanzigern. (Hg.) Gregor Ackermann und Werner Jung. Aachen 1989.

Heinz Paetzold: Die Ästhetik des späten Georg Lukács, in: Gvozden Flego, Wolfdietrich Schmied-Kowarzik (Hg.): Georg Lukács - Ersehnte Totalität. Bochum 1986. S. 187-195

Jan Patocka: Kunst und Zeit. Kulturphilosophische Schriften. (Hg.) Klaus Nellen und Ilja Srubar. Stuttgart 1988.

Werner J. Patzelt: Grundlagen der Ethnomethodologie. Theorie, Empirie und politikwissenschaftlicher Nutzen einer Soziologie des Alltags. München 1987.

Heinz und Ingrid Pepperle (Hg.): Die Hegelsche Linke. Dokumente zu Philosophie und Politik im deutschen Vormärz. Frankfurt/M. 1986.

Jürgen H. Petersen: Der deutsche Roman der Moderne. Grundlegung - Typologie - Entwicklung. Stuttgart 1991.

Edo Pivcevic: Von Husserl zu Sartre. Auf den Spuren der Phänomenologie. München 1972.

Herbert Plügge: Der Mensch und sein Leib. Tübingen 1967.

Hans-Georg Pott: Alltäglichkeit als Kategorie der Ästhetik. Studien zur philosophischen Ästhetik im 20. Jahrhundert. Frankfurt/M. 1974.

Hans-Georg Pott: Neue Theorie des Romans. Sterne - Jean Paul - Joyce - Schmidt. München 1990.

Hans Gerd Prodoehl: Theorie des Alltags. Berlin 1983.

Gert Raeithel u. a.: Europäische Amerika-Urteile im 20. Jahrhundert, in: Sprache im technischen Zeitalter 56. 1975. S. 333f.

Otthein Rammstedt: Alltagsbewußtsein von Zeit, in: Kölner Zeitschrift für Soziologie und Sozialpsychologie. 1975. H. 1. S. 47-63

Realismus und Gründerzeit. Manifeste und Dokumente zur deutschen Literatur 1848-1880. (Hg.) Max Bucher u. a. Bd. 2. Manifeste und Dokumente. Stuttgart 1975.

Ruth Rehmann: Die Leute im Tal. München 1989. (= dtv 11038)

Claus Richter: Leiden an der Gesellschaft. Vom literarischen Liberalismus zum poetischen Realismus. Königstein/Ts. 1978.

Paul Ricoeur: Die lebendige Metapher. München 1986.

Paul Ricoeur: Zeit und Erzählung. Bd. 1. Zeit und historische Erzählung. München 1988.

Paul Ricoeur: Zeit und Erzählung. Bd. 2. Zeit und literarische Erzählung. München 1989.

Karl Rosenkranz: Ästhetik des Hässlichen (1853). Mit einem Vorwort zum Neudruck von Wolfhart Henckmann. Darmstadt 1979.

Jean-Jacques Rousseau: Schriften. 2 Bde. (Hg.) Henning Ritter. Frankfurt/M., Berlin, Wien 1981.

Michael Rutschky: Erfahrungshunger. Köln 1980.

Wilhelm Salber: Der Alltag ist nicht grau. Bonn 1989.

Hans Jörg Sandkühler: Praxis und Geschichtsbewußtsein. Studie zur materialistischen Dialektik, Erkenntnistheorie und Hermeneutik. Frankfurt/M. 1973.

Jean-Paul Sartre: Der Idiot der Familie. 4 Bde. Reinbek 1977-1979.

Jürgen Scharfschwerdt: Grundprobleme der Literatursoziologie. Ein wissenschaftsgeschichtlicher Überblick. Stuttgart, Berlin, Köln, Mainz 1977.

Max Scheler: Die Stellung des Menschen im Kosmos. Bern [10]1983.

Wilhelm Scherer: Geschichte der deutschen Literatur. Mit einem Anhang: Die deutsche Literatur von Goethes Tod bis zur Gegenwart von Oskar Walzel. Berlin o. J. [1917].

Wolfgang Schirmacher: Von Schopenhauer zu Marx: Das Problem des Fortschritts, in: ders. (Hg.): Schopenhauer in der Postmoderne. Schopenhauer - Studien 3. Wien 1989. S. 41-47

Siegfried J. Schmidt: Die Selbstorganisation des Literatursystems im 18. Jahrhundert. Frankfurt/M. 1989.

Michael Schneider: Geschichte als Gestalt. Gustav Freytags Roman "Soll und Haben". Stuttgart 1980.

Ralf Schnell: Die Literatur der Bundesrepublik: Autoren, Geschichte, Literaturbetrieb. Stuttgart 1986.

Arthur Schopenhauer: Sämtliche Werke. 6 Bde. (Hg.) Arthur Hübscher. Leipzig 1938.

Arthur Schopenhauer: Metaphysik der Sitten. Philosophische Vorlesungen Teil IV. Aus dem handschriftlichen Nachlaß. (Hg.) Volker Spierling. München, Zürich 1985.

Arthur Schopenhauer: Der handschriftliche Nachlaß. 5 Bde. (Hg.) Arthur Hübscher. München 1985.

Agi Schründer: Alltag, in: Enzyklopädie Erziehungswissenschaft. Bd. 1. Stuttgart 1983. S. 303-311

Alfred Schütz: Gesammelte Aufsätze. 1. Das Problem der sozialen Wirklichkeit. Den Haag 1971.

Alfred Schütz: Der sinnhafte Aufbau der sozialen Welt. Eine Einleitung in die verstehende Soziologie. Frankfurt/M. ^{2}1981.

Alfred Schütz: Das Problem der Relevanz. (Hg.) Richard M. Zaner. Frankfurt/M. 1982.

Alfred Schütz, Thomas Luckmann: Strukturen der Lebenswelt. 2 Bde. Frankfurt/M. ^{3}1988 u. 1984.

Walter Schulz: Metaphysik des Schwebens. Untersuchungen zur Geschichte der Ästhetik. Pfullingen 1985.

Ulrich Schulz-Buschhaus: Stendhal, Balzac, Flaubert, in: Peter Brockmeier, H. H. Wetzel (Hg.): Französische Literatur in Einzeldarstellungen. Bd. 2. Von Stendhal bis Zola. Stuttgart 1982. S. 7-71

Dietrich Schwanitz: Der Unfall und die Weltgeschichte: zur Thematisierung der Alltagswelt in Laurence Sternes 'Tristram Shandy', in: Hans-Heinrich Freitag, Peter Hühn (Hg.): Literarische Ansichten der Wirklichkeit. Frankfurt/M. 1980. S. 143-172

Dietrich Schwanitz: Systemtheorie und Literatur. Ein neues Paradigma. Opladen 1990.

Uwe Schweikert: 'Es geht aufrichtig, nämlich gekünstelt zu!' Ein Versuch über Brigitte Kronauer, in: Neue Rundschau. 1984. H. 3. S. 155-171

Georges Simenon: Der Mörder. Zürich 1980. (=detebe 20682)

Über Simenon. (Hg.) Claudia Schmölders und Christian Strich. Zürich 1978. (=detebe 154)

Georg Simmel: Gesamtausgabe Bd. 2. Aufsätze 1887 bis 1890. Über sociale Differenzierung. Die Probleme der Geschichtsphilosophie (1892). (Hg.) Heinz-Jürgen Dahme. Frankfurt/M. 1989.

Georg Simmel: Gesamtausgabe Bd. 6. Philosophie des Geldes. (Hg.) David P. Frisby und Klaus Christian Köhnke. Frankfurt/M. 1989.

Georg Simmel: Soziologie. Untersuchungen über die Formen der Vergesellschaftung. Leipzig 1908.

Georg Simmel: Das Individuum und die Freiheit. Essais. Berlin 1984.

Hans-Georg Soeffner (Hg.): Kultur und Alltag. Göttingen 1988. (=Soziale Welt. Sonderband 6)
Hans-Georg Soeffner: Auslegung des Alltags - Der Alltag der Auslegung. Zur wissenssoziologischen Konzeption einer sozialwissenschaftlichen Hermeneutik. Frankfurt/M. 1989.
Manfred Sommer: Lebenswelt und Zeitbewußtsein. Frankfurt/M. 1990.
Gerold Späth: Commedia. Frankfurt/M. 1980.
Gerold Späth: Heißer Sonntag. Zwölf Geschichten. Frankfurt/M. 1982. (=Fischer Tb 5076)
Sibylle Späth: Rolf Dieter Brinkmann. Stuttgart 1989.
Kaspar Spinner: Samuel Richardson - Clarissa, oder die Geschichte einer jungen Dame, in: Kaspar H. Spinner und Frank-Rutger Hausmann (Hg.): Eros - Liebe - Leidenschaft. Bonn 1988. S. 52-69
Enid Starkie: Gustave Flaubert. Kindheit - Lehrzeit - Frühe Meisterschaft. Hamburg und Düsseldorf 1971.
Günter Steffens: Die Annäherung an das Glück. Köln 1976.
Hartmut Steinecke: Gustav Freytag: Soll und Haben (1855). Weltbild und Wirkung eines deutschen Bestsellers, in: Romane und Erzählungen des Bürgerlichen Realismus. Neue Interpretationen. (Hg.) Horst Denkler. Stuttgart 1980. S. 138-152
Laurence Sterne: Leben und Meinungen von Tristram Shandy, Gentleman. (Ü.) O. Weith. Stuttgart 1972.
László Sziklai: Georg Lukács und seine Zeit 1930-1945. Wien, Köln, Graz 1985.

Jürgen Theobaldy: Sonntags Kino. Berlin 1978.
Hans Peter Thurn: Literatur und Alltag im 20. Jahrhundert, in: Kurt Hammerich und Michael Klein (Hg.): Materialien zur Soziologie des Alltags. Opladen 1978. S. 325-352
Hans Peter Thurn: Der Mensch im Alltag. Grundrisse einer Anthropologie des Alltagslebens. Stuttgart 1980.
Leo Trotzki: Fragen des Alltagslebens. Hamburg 1923.
Ulrich Tschierske: Das Glück, der Tod und "der Augenblick". Realismus und Utopie im Werk Dieter Wellershoffs. Tübingen 1990.
Christoph Türcke: Der tolle Mensch. Nietzsche und der Wahnsinn der Vernunft. Frankfurt/M. 1989.

Jochen Vogt: Aspekte erzählender Prosa. Eine Einführung in Erzähltechnik und Romantheorie. Opladen ⁷1990.
Jochen Vogt: 'Erinnerung ist unsere Aufgabe'. Über Literatur, Moral und Politik 1945-1990. Opladen 1991.
Dietmar Voss: Hegel, Bataille und die Poetik der Moderne - Überlegungen zu einer dialektischen Rekonstruktion der 'subversiven' Moderne, in: Jochen C. Schütze, Hans-Ulrich Treichel und Dietmar Voss (Hg.): Die Fremdheit der Sprache. Studien zur Literatur der Moderne. Berlin 1988. S. 6-25

Bernhard Waldenfels: Der Spielraum des Verhaltens. Frankfurt/M. 1980.

Bernhard Waldenfels: In den Netzen der Lebenswelt. Frankfurt/M. 1985.

Martin Walser: Ehen in Philippsburg. Frankfurt/M. 1985. (= st 1209)

Martin Walser: Meine Muse ist der Mangel, in: Die Neue Gesellschaft/ Frankfurter Hefte. 1988. H. 8. S. 709-713

Robert Walser: Aus dem Bleistiftgebiet. 2 Bde. Frankfurt/M. 1990. (= st 1548)

Bernd Jürgen Warneken: Bürgerliche Emanzipation und aufrechter Gang. Zur Geschichte eines Haltungsideals, in: Das Argument 179. 1990. S. 39-52

Ian Watt: Der bürgerliche Roman. Frankfurt/M. 1974.

Nikolaus Wegmann: Diskurse der Empfindsamkeit. Zur Geschichte eines Gefühls in der Literatur des 18. Jahrhunderts. Stuttgart 1988.

Dieter Wellershoff: Literatur und Lustprinzip. Essays. Köln 1973.

Dieter Wellershoff: Die Wahrheit der Literatur. Sieben Gespräche. München 1980. (= 1980a)

Dieter Wellershoff: Das Verschwinden im Bild. Essays. Köln 1980. (= 1980b)

Dieter Wellershoff: Ein schöner Tag. Frankfurt/M. 1981. (= Fischer Tb 2114)

Dieter Wellershoff: Der Sieger nimmt alles. Köln 1983. (Rezensionen dazu: Jochen Hieber: Der Verlierer muß fallen, in: FAZ, 10. 9. 1983; Peter Gillies: Kein Erbarmen mit Unternehmern, in: Die Welt, 17. 9. 1983; Heinrich Vormweg: Der Schreiber als Rechner, in: Süddeutsche Zeitung, 3./4. 9. 1983; Barbara M. Dobrick: Der Leser geht leer aus, in: Kultur und Gesellschaft 1985. H. 12. S. 17; Werner Jung: Bemerkungen zu Dieter Wellershoffs neuem Roman 'Der Sieger nimmt alles', in: Kürbiskern. 1984. H. 4. S. 119-122; Lothar Baier: Ceterum censeo: Wellershoff ist zu verreißen, in: Merkur 425. 1984. S. 360-364; Ute Bohmeier: Geld als höchstes Ziel, in: Kölner Stadt-Anzeiger, 23. 9. 1983; Hiltrud Gnüg: Ein moderner Abenteuerroman, in: Neue Zürcher Zeitung, 16. 9. 1983; Norbert Schachtsiek-Freitag: Wenn Geld das höchste Gut ist, in: Deutsches Allgemeines Sonntagsblatt, 15. 1. 1984; Ursula Reinhold: Dieter Wellershoff: Der Sieger nimmt alles, in: Weimarer Beiträge. 1988. H. 2. S. 283-292)

Dieter Wellershoff: Wahrnehmung und Phantasie. Essays zur Literatur. Köln 1987.

Dieter Wellershoff: Der Roman und die Erfahrbarkeit der Welt. Köln 1988.

Dieter Wellershoff: Double, Alter ego und Schatten-Ich. Schreiben und Lesen als mimetische Kur. Graz, Wien 1991.

Dieter Wellershoff: Das geordnete Chaos. Essays zur Literatur. Köln 1992.

Lutz Winckler: Autor - Markt - Publikum. Zur Geschichte der Literaturproduktion. Berlin 1986.

Bernd Witte: Die andere Gesellschaft. Der Ursprung des bürgerlichen Romans in Gellerts Leben der Schwedischen Gräfinn von G..., in: ders. (Hg.): "Ein Lehrer der ganzen Nation". Leben und Werk Christian Fürchtegott Gellerts. München 1990. S. 66-85

Ludwig Wittgenstein: Philosophische Untersuchungen. Frankfurt/M. 1977.

Gernot Wolfgruber: Herrenjahre. München 1988. (=dtv 1483)

Ralph-Rainer Wuthenow: Im Buch die Bücher oder Der Leser als Held. Frankfurt/M. 1980.

Wolf Wondratschek: Carmen oder bin ich das Arschloch der achtziger Jahre. Zürich 1986.

Viktor Žmegač: Der europäische Roman. Geschichte seiner Poetik. Tübingen 1990.

Dénes Zoltai: Das homogene Medium in der Kunst. Zur Aktualität und Potentialität der ästhetischen Theorie beim späten Lukács, in: Udo Bermbach, Günter Trautmann (Hg.): Georg Lukács. Kultur - Politik - Ontologie. Opladen 1987. S. 222-232

Stefan Zweig: Vierundzwanzig Stunden aus dem Leben einer Frau, in: Ludger Lütkehaus (Hg.): "O Wollust, o Hölle." Die Onanie - Stationen einer Inquisition. Frankfurt/M. 1992. S. 262-277

Aus dem Programm Literaturwissenschaft

Walter Delabar/Werner Jung/
Ingrid Pergande (Hrsg.)

Neue Generation –
Neues Erzählen

Deutsche Prosa-Literatur
der achtziger Jahre

1993. 247 S. Kart.
ISBN 3-531-12447-1

Literatur einer „belle epoque", einer
satten Generation, die nichts mehr
erlebt hat und nichts mehr zu erzählen weiß? Oder Literatur, in der
alles erlaubt ist, jedes Thema, jeder
Stil, und für die nichts mehr Verbind-
liches und kein Tabu existiert? Die
deutsche Prosa der achtziger Jahre
muß sich viele Fragen und Unterstel-
lungen gefallen lassen, in denen
Ratlosigkeit durchscheint, unter anderem deshalb, weil am Ende der
Dekade niemand ein konsensfähi-
ges Resümee zu ziehen vermochte.
Der Band, in dem Beiträge zur
Literatur der Bundesrepublik, der
DDR, Österreichs und der Schweiz
versammelt sind, stellt Autoren, die
sich in den achtziger Jahren durchgesetzt haben, neben Trends, die
sich in der neuen Literatur erkennen
lassen, und Themen, die von besonderer Bedeutung gewesen sind.

Wolfgang Emmerich

Die andere
deutsche Literatur

Aufsätze zur Literatur aus der DDR

1993. 231 S. Kart.
ISBN 3-531-12436-6

Die ‚bessere' DDR-Literatur der C.
Wolf und H. Müller, der V. Braun
und C. Hein hat seit der Wende
1989 einen beträchtlichen Kurs-
sturz erlitten. Die hier vorgelegten
Aufsätze aus den letzten 15 Jahren
bieten die Möglichkeit, eigene Urteile und Vorurteile anhand gründli-

cher Gattungsquerschnitte und ex-
emplarischer Textanalysen erneut
zu überprüfen. U. a. geht es um die
‚Modernisierung' der Erzähllitera-
tur, ‚Dialektik der Aufklärung' in
jüngeren Texten, antike Mythen in
Theaterstücken aus der DDR, neuere Landschaftslyrik und die Prenz-
lauer-Berg-Szene. Abschließend
werden der Status der literarischen
Intelligenz und die Zukunftsaussich-
ten einer nun gesamtdeutschen Literatur bilanziert.

Helmut Schmiedt

Liebe, Ehe, Ehebruch

Ein Spannungsfeld in deutscher
Prosa von Christian Fürchtegott
Gellert bis Elfriede Jelinek

1993. 163 S. Kart.
ISBN 3-531-12389-0

Die literarische Darstellung des Ehe-
bruchs hat sich seit dem 17. Jahrhundert, entsprechend den Veränderungen in der Realgeschichte von
Ehe und Familie, stark gewandelt.
Die Arbeit untersucht diesen Prozeß
in ausführlichen Textanalysen; be-
sprochen werden unter anderem
Goethes ‚Wahlverwandschaften',
Arnims ‚Gräfin Dolores', Fontanes
‚Effi Briest', Martin Walsers ‚Ein
fliehendes Pferd' und Elfriede Jeli-
neks ‚Lust'.

WESTDEUTSCHER
VERLAG
OPLADEN · WIESBADEN

If you have any concerns about our products,
you can contact us on
ProductSafety@springernature.com

In case Publisher is established outside the EU,
the EU authorized representative is:
Springer Nature Customer Service Center GmbH
Europaplatz 3, 69115 Heidelberg, Germany

Printed by Libri Plureos GmbH
in Hamburg, Germany